SHETLAND LACE

ZAUBERHAFTE STRICKSPITZEN

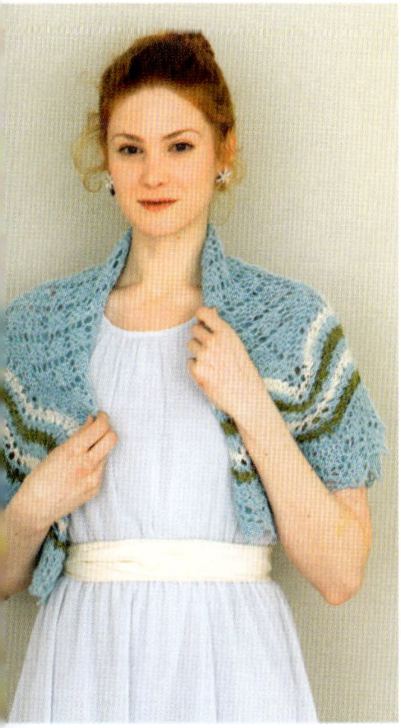

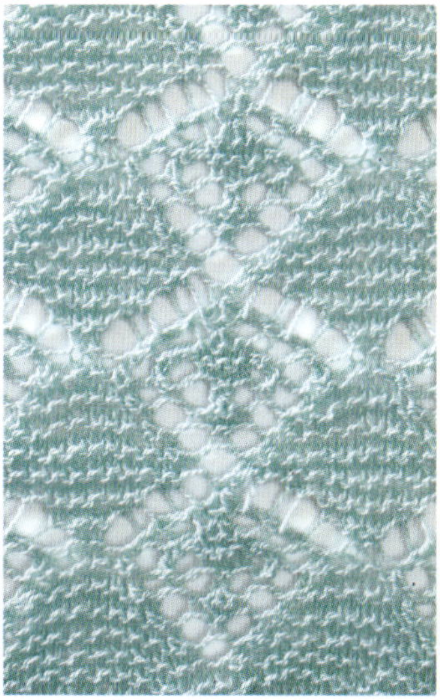

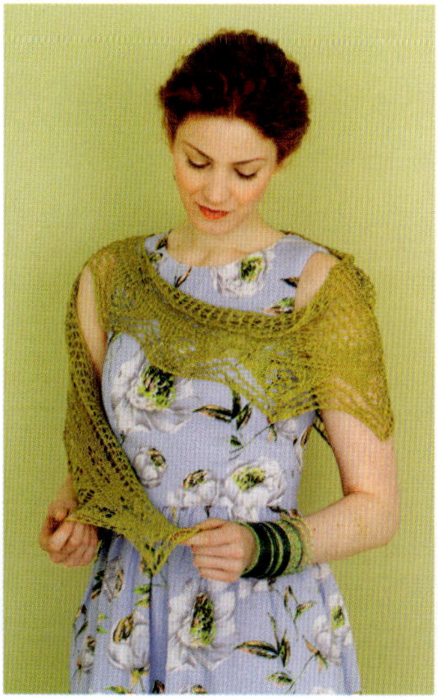

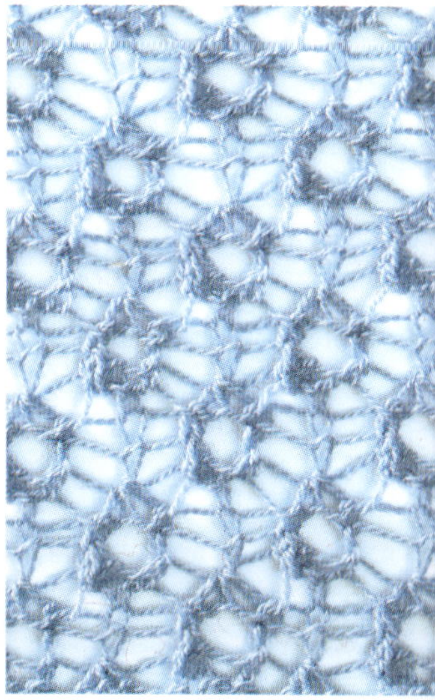

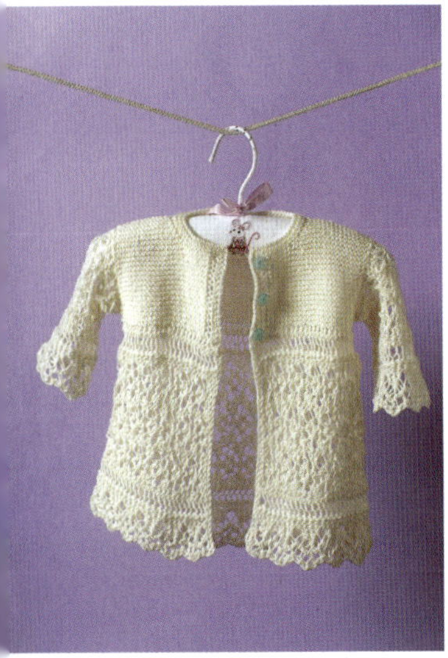
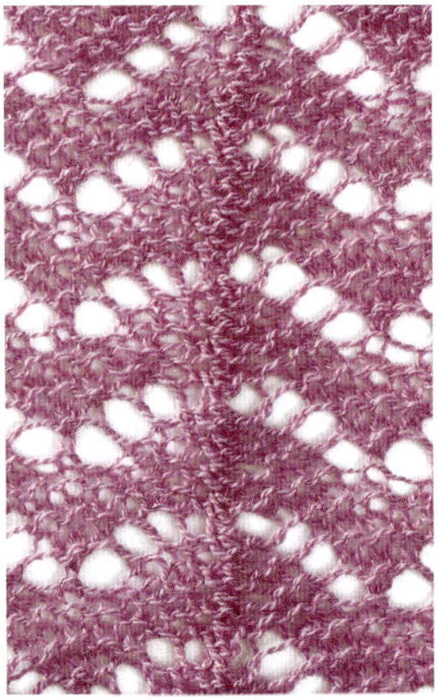
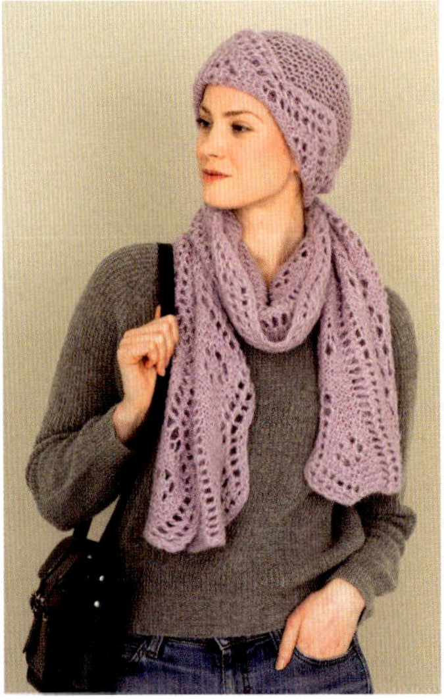
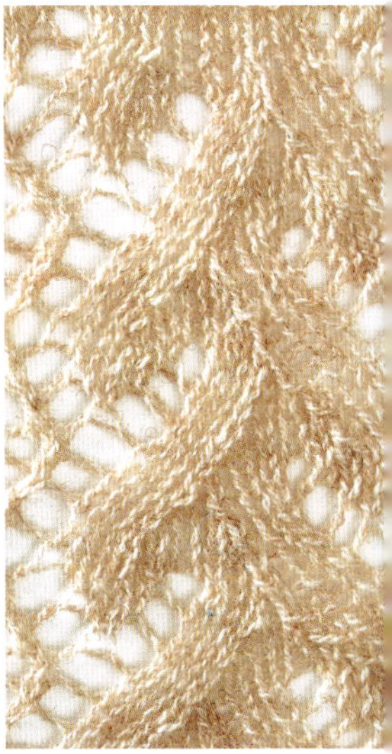

SHETLAND LACE
ZAUBERHAFTE STRICKSPITZEN

Muster, Techniken und Strickmodelle für duftige Schultertücher und mehr

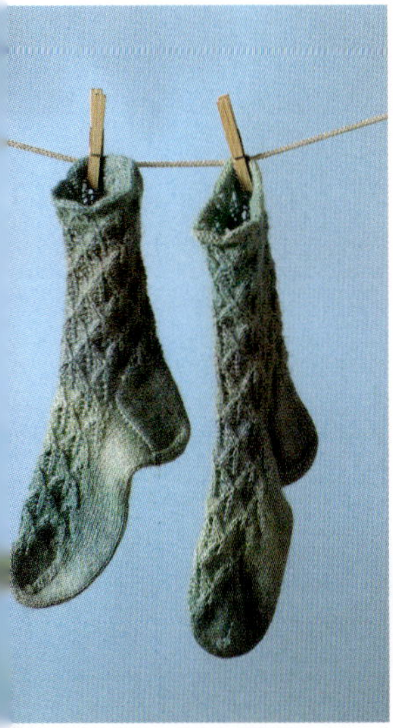
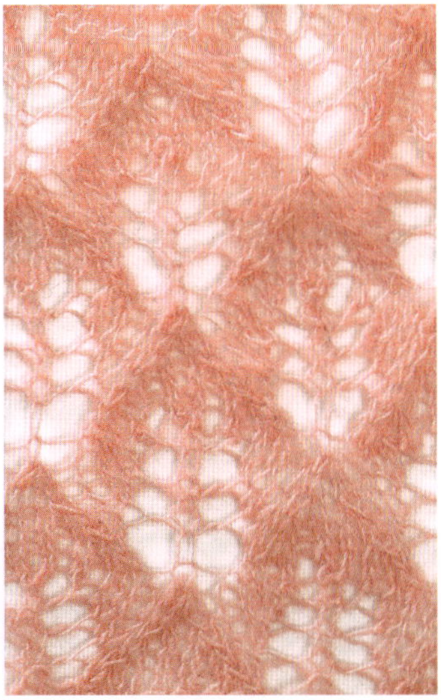
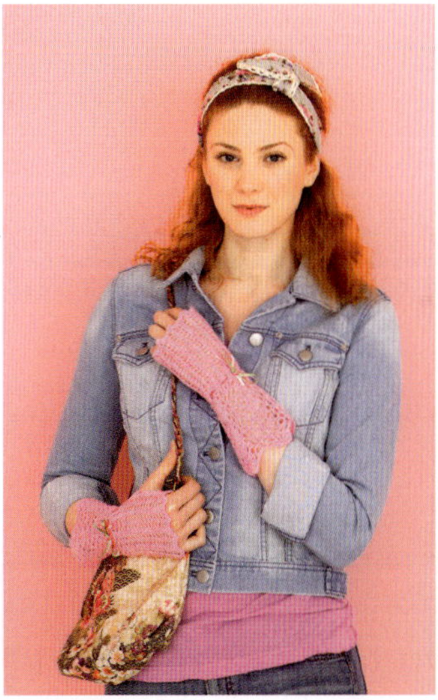
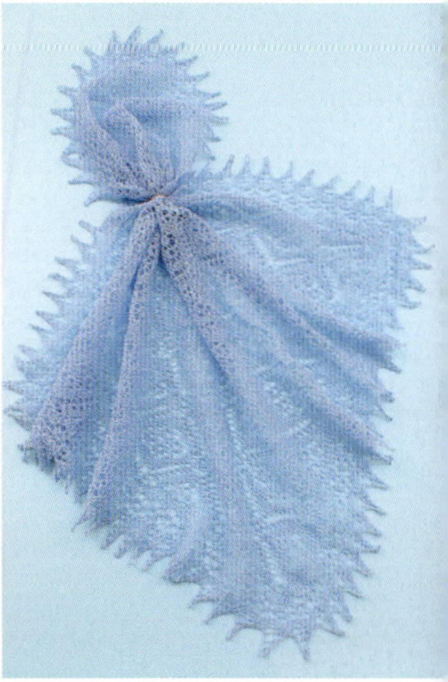

Elizabeth Lovick

stiebner

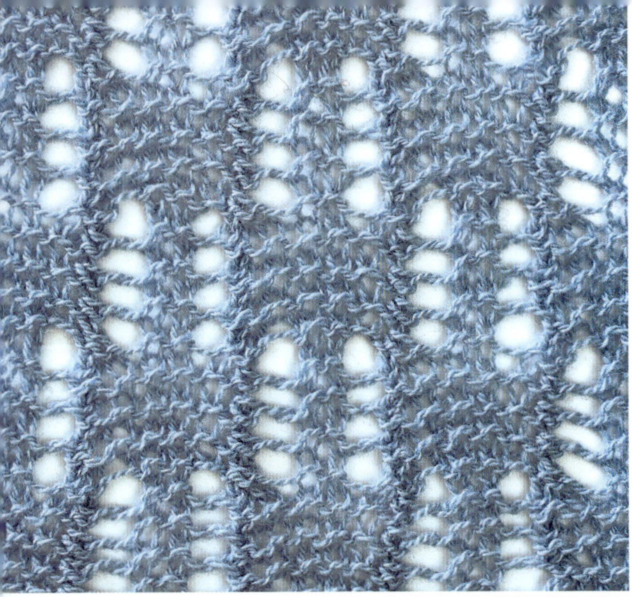

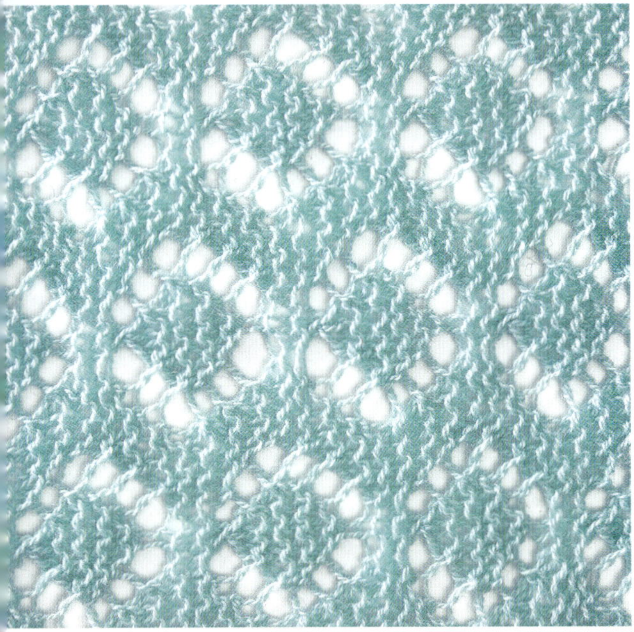

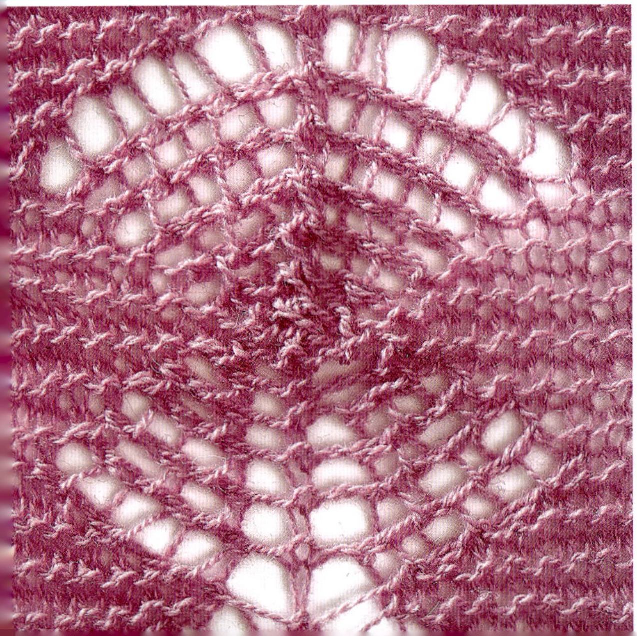

Erstmals erschienen 2013 unter dem Titel
„The Magic of Shetland Lace Knitting"
bei Quarto, Inc.

5., durchgesehene Neuauflage 2022

Stiebner Verlag GmbH
Hirtenweg 8 b
D-82031 Grünwald
www.stiebner.com

Übersetzung aus dem Englischen:
Birgit Lamerz-Beckschäfer
Redaktion: Julia Niehaus, Berlin
Satz: Dirk Brauns, Berlin

Bibliografische Information der Deutschen Nationalbibliothek
Die Deutsche Nationalbibliothek verzeichnet diese Publikation in der Deutschen Nationalbibliografie; detaillierte bibliografische Daten sind im Internet über http://dnb.dnb.de abrufbar.

ISBN 978-3-8307-0946-6

Printed in China

FSC
www.fsc.org
MIX
Papier aus verantwortungsvollen Quellen
FSC® C016973

Inhalt

Über dieses Buch 6

Der Zauber von Shetland Lace 8

Grundwissen 12

Ausrüstung und Zubehör 14

Strickgarne 16

Grundtechniken 18

Strickschrift 23

Ränder und Nähte 24

Maschen anstricken 26

Fehler korrigieren 28

Spitze spannen 30

Shetland Lace selbst entwerfen 32

Muster kombinieren 38

Strickmuster 46

Musterübersicht 48

Strickanleitungen 52

Strickmodelle 120

Hauchzarte Stola 124

Mütze und Schal 126

Schultertuch 129

Baby-Set 132

Fingerlose Handschuhe 136

Zehn-Maschen-Strümpfe 138

Halbmond-Stola 140

Register 142

Abkürzungen 143

Symbole 143

Dank und Quellen 144

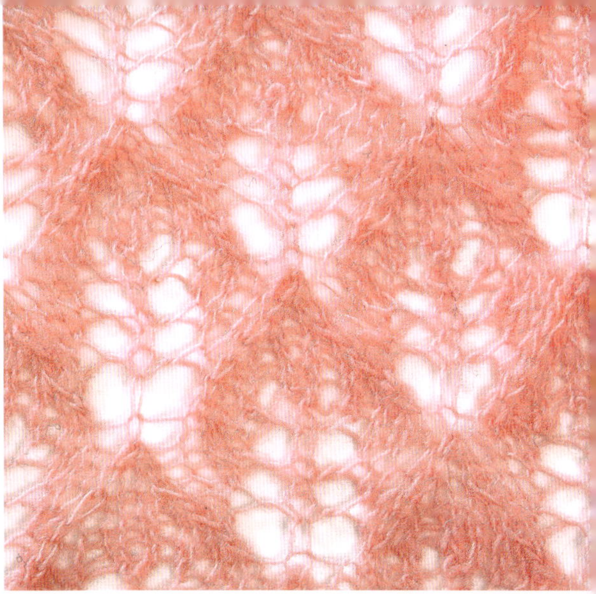

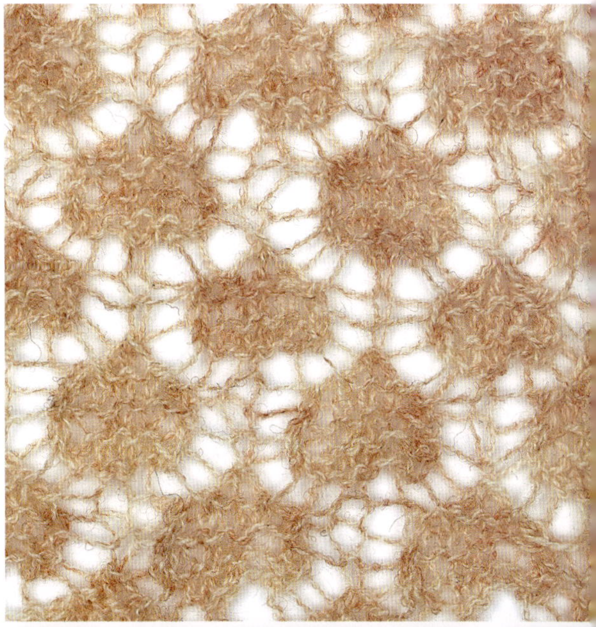

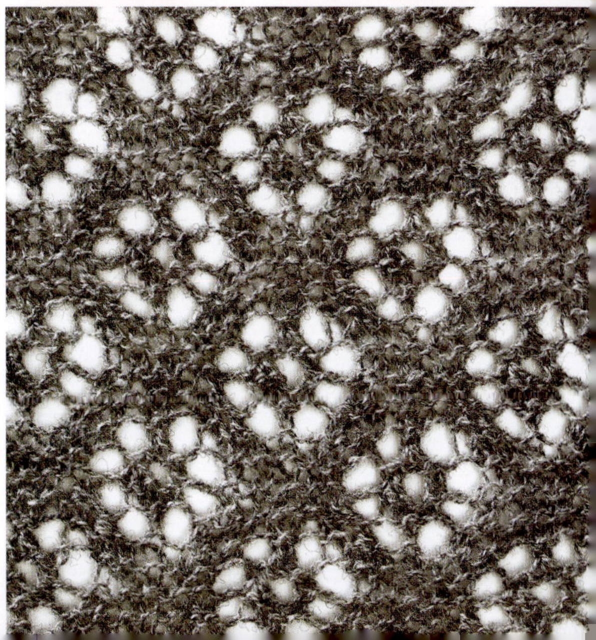

Über dieses Buch

Dieses Buch begleitet Strickneulinge Schritt für Schritt vom ersten Umschlag bis zu komplizierten Spitzenmustern. Es vermittelt sämtliche Grundkenntnisse, die Sie benötigen, um eine Vielzahl traditioneller Shetland-Motive, -Muster und -Einsätze mit klingenden Namen wie Cat's Paw, Candle Light oder Horse Shoe zu meistern. Im Anleitungsteil sind die Muster nach Anzahl der Maschen und Reihen sortiert. Eine Übersicht über sämtliche Muster erleichtert Suche und Auswahl. Im dritten und letzten Teil finden Sie Inspiration und Tipps dazu, wie sich die einzelnen Muster kombinieren und elegante Shetland Lace-Accessoires wie Schals, Mützen und Stolen anfertigen lassen.

Grundwissen

Das Kapitel erklärt alle Grundtechniken, die Sie beim Stricken von Shetland Lace beherrschen sollten. Vom Anschlagen der Maschen über Umschläge bis zur Korrektur von Fehlern wird alles Schritt für Schritt gezeigt. Der zweite Abschnitt zum Entwerfen und Konstruieren von Shetland Lace gibt Hilfestellungen bei der Verwirklichung eigener Ideen.

Fachkundiger Rat und hilfreiche Tipps

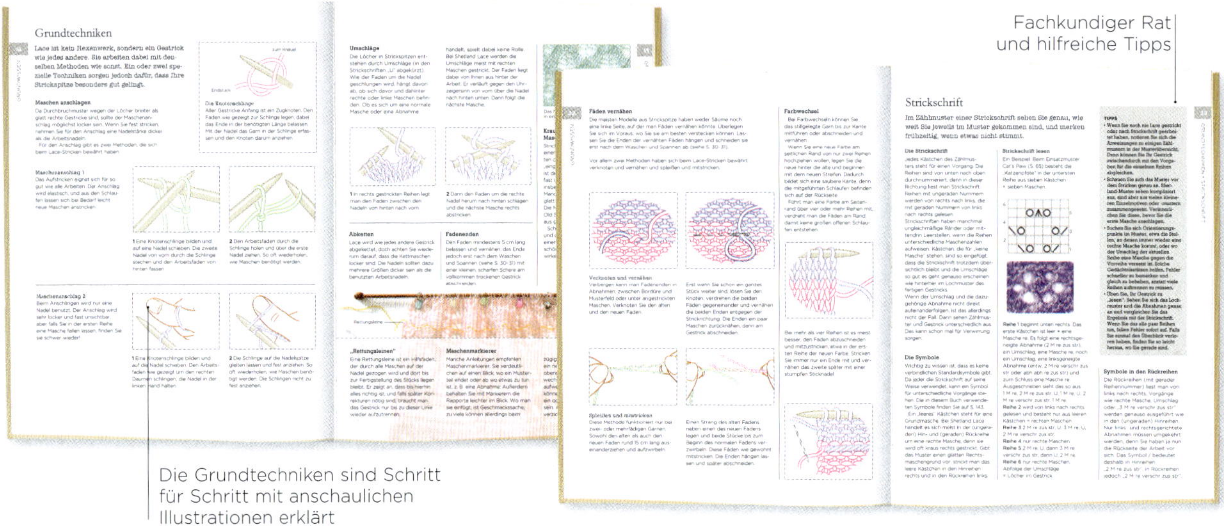

Die Grundtechniken sind Schritt für Schritt mit anschaulichen Illustrationen erklärt

Musterübersicht

Die Musterübersicht zeigt sämtliche Muster verkleinert nebeneinander. So haben Sie einen Überblick über alle Möglichkeiten, können sich inspirieren lassen oder nach einem bestimmten Muster suchen. In vier Kategorien (Flächenmuster, Einsätze, Lace-Muster und Einzelmotive) können Sie gezielt das Muster auswählen, das Ihnen zusagt und am besten passt.

Verkleinerte Ansichten der Muster

Angabe zur Anzahl der Maschen und Reihen

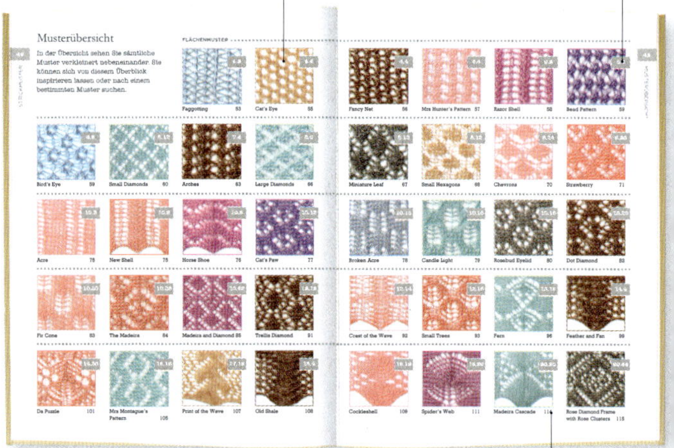

Kategorien: Flächenmuster, Einsätze, Lace-Muster, Einzelmotive

Seitenverweis

Strickmuster

Im Anleitungsteil sind die Muster nach Anzahl der Maschen und Reihen sortiert. Die erste Zahl gibt die Anzahl Maschen zu Beginn des Mustersatzes (Rapport) an, die zweite die Anzahl der Reihen pro Mustersatz. Bei Flächenmustern besagt die Angabe darunter, wie viele zusätzliche Maschen Sie brauchen, um das Muster zu zentrieren.

Keines der Muster ist komplizierter als die anderen, doch manche erfordern ein wenig mehr Konzentration; Sie finden dazu eine Angabe auf einer Skala von 1 (leicht) bis 3 (anspruchsvoll).

Zu allen Mustern der Stufe 1 und einigen der Stufe 2 gibt es Anleitungen, nicht aber für Muster der Stufe 3. Der Grund dafür ist, dass diese Anleitungen mit zunehmender Maschenzahl und Komplexität unübersichtlich werden, während das Zählmuster der Strickschrift ein gut überschaubares „Abbild“ bietet.

Strickschriften sind für jedes Muster vorhanden. Jeweils ein Rapport ist rot umrandet. Damit Sie das Muster im Kontext sehen, sind daneben weitere Mustersätze abgebildet. Größere Strickschriften sind dadurch nicht immer vollständig.

Hier und da zeigen „Mix & Match“-Strickproben beispielhaft, wie man die Muster miteinander kombinieren kann. Alle darauf abgebildeten Muster sind im Buch erklärt. Seitenzahlen verweisen auf die zugehörigen Strickanleitungen.

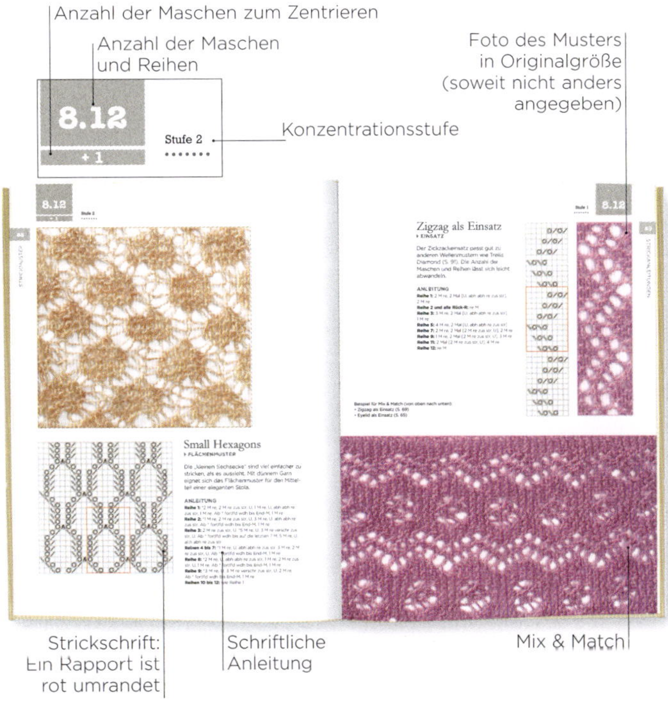

Alle Strickproben im Anleitungskapitel sind mit sehr feinem zweifädigem Garn und Nadeln der Stärke 4,5 mm gestrickt.

Strickmodelle

Die in diesem Buch vorgestellten Muster lassen sich auf tausenderlei Weise miteinander kombinieren und für verschiedenste Accessoires verwenden. Das Kapitel zeigt eine Auswahl wunderschöner Strickdesigns, die Sie zu eigenen Entwürfen inspirieren sollen.

Zu jedem Modell werden Muster-Alternativen vorgestellt. Sie sehen daran, wie vielseitig die Muster sind. So wird jedes Werk ein Unikat.

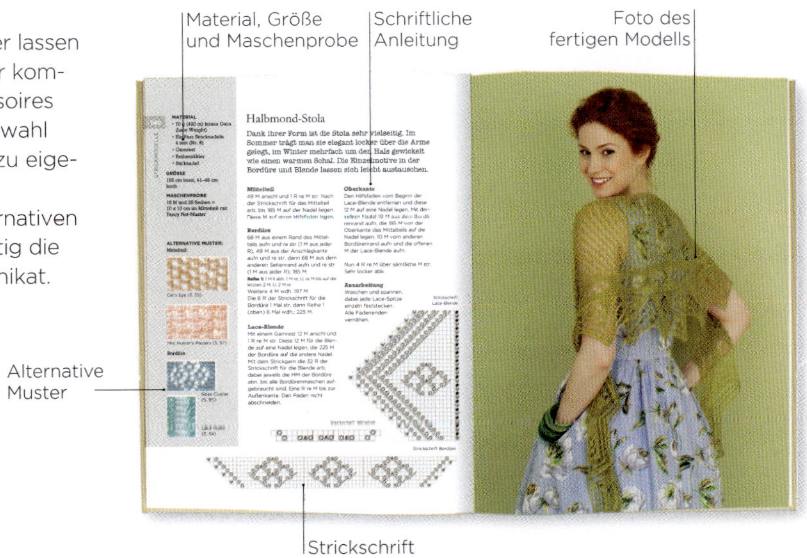

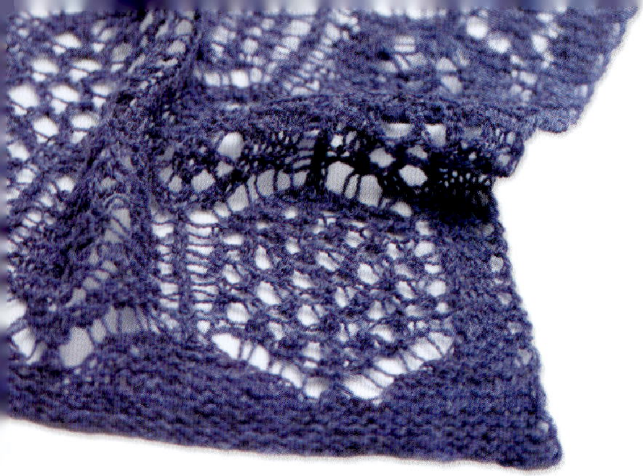

Leicht und luftig Charakteristisch für dieses federleichte Gestrick ist das makellose Maschenbild.

Das kleine Flugzeug hat nur 33 Sitzplätze. Wir durchfliegen eine dicke Wolke, und im Sinkflug rütteln Windböen an der Maschine. Doch dann zerreißt der Dunstschleier und am Ende der Tragfläche taucht plötzlich ein steiler Hügel auf. Wir drehen bei und verlieren rasch an Höhe. Die Landebahn ragt bis ins Meer hinaus und wird von Brechern überrannt, doch die Landung verläuft glatt.

Der Zauber von Shetland Lace

Als die Tür geöffnet wird, schlägt uns heftiger Wind entgegen. Zum Glück sind es nur wenige Schritte bis zum Terminal. Willkommen auf den Shetlands! Das Land ist baumlos, rau. In den Augen vieler sogar karg und schroff. Hier leben erfinderische Menschen, robuste Ponys und Schafe mit einzigartiger Wolle. Sie alle sind schon seit Jahrhunderten hier und an die Bedingungen gewöhnt. Sie verstehen das Land zu nutzen.

Feinstes Vlies

Wann die ersten Schafe auf die Shetlandinseln kamen, ist nicht bekannt. Reisende im 17. und 18. Jahrhundert beschreiben kleine Tiere in vielen Farbschlägen und berichten von besonderen Exemplaren, die wesentlich feinere Wolle liefern als die übrigen. Diese wertvollen Tiere wurden außer Sichtweite hinter dem Haus gehalten, damit sie nicht gestohlen wurden. Obwohl man später Merinowidder aus Spanien holte, um mehr von diesen besonderen Schafen zu züchten, blieb der Anteil bis heute in etwa gleich – nur ein Zehntel jeder Herde liefert die feine Wolle.

Feine Wolle lässt sich zu feinem Garn verspinnen, aus dem man feine Spitzen stricken kann. Die Anfänge der Spitzenstrickerei auf den

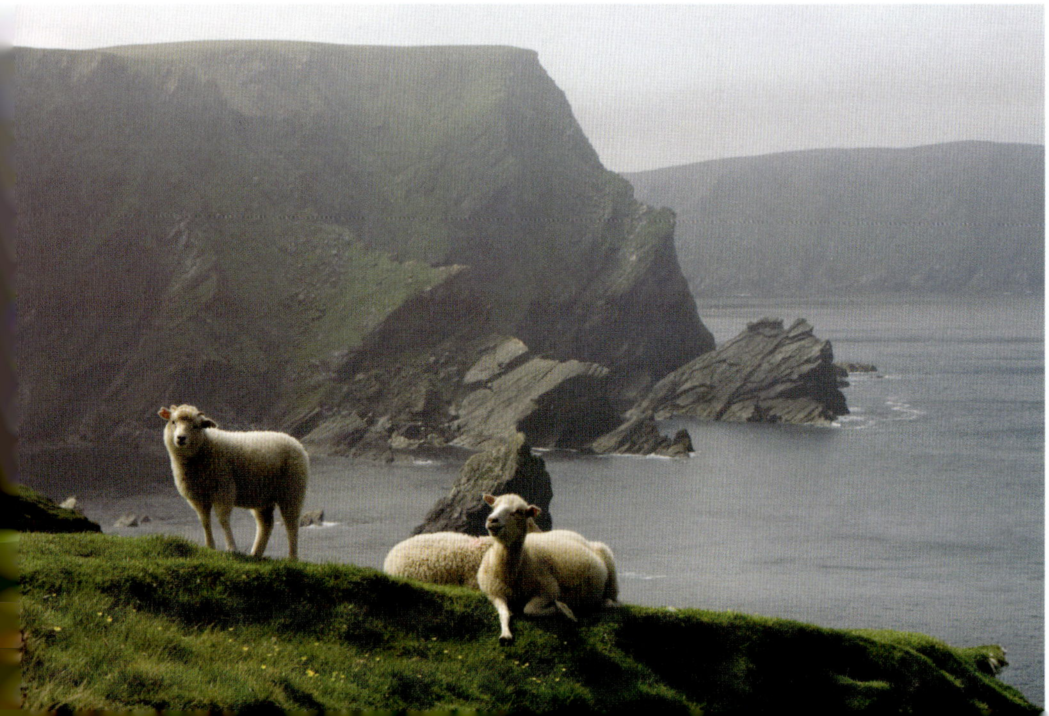

Feinstes Garn Traditionell fertigt man auf den Shetlandinseln aus dem feinsten Wollflaum die feinsten Schals.

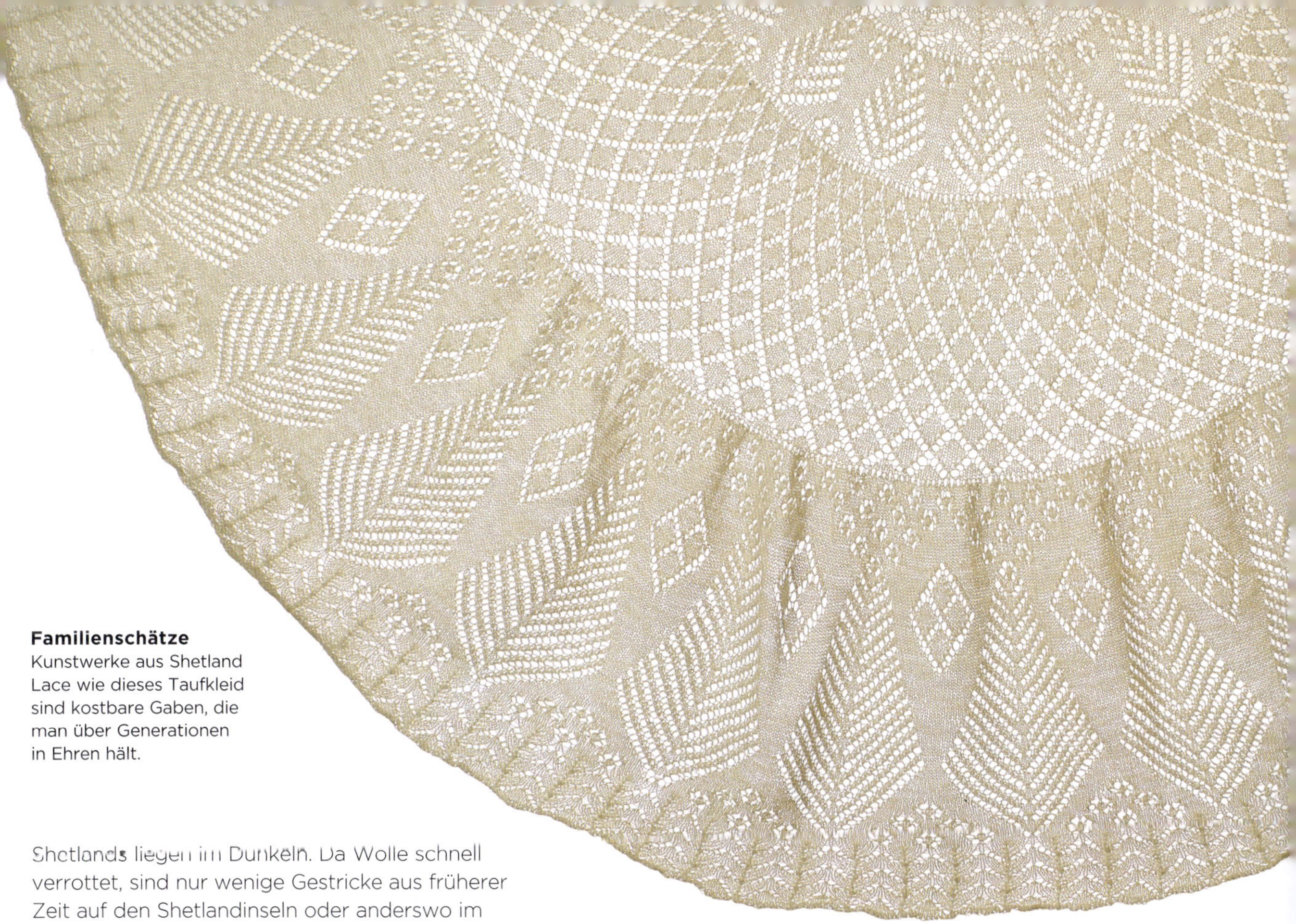

Familienschätze
Kunstwerke aus Shetland Lace wie dieses Taufkleid sind kostbare Gaben, die man über Generationen in Ehren hält.

Shetlands liegen im Dunkeln. Da Wolle schnell verrottet, sind nur wenige Gestricke aus früherer Zeit auf den Shetlandinseln oder anderswo im hohen Norden erhalten. Das älteste bekannte Stück stammt aus dem frühen 19. Jahrhundert, aber es ist so komplex, dass es mit Sicherheit schon damals eine lange Tradition gab.

Findige Frauen

Wer mehr darüber erfahren will, muss sich mit der Geschichte ihrer Schöpfer befassen. Stellen Sie sich vor, Sie lebten vor ein paar Jahrhunderten auf den Shetlandinseln. Um Dinge zu kaufen, die Sie nicht selbst herstellen können, etwa Metallwaren wie Kochtöpfe und Messer, brauchen Sie Geld.

Sie haben Schafe. Sie können spinnen und stricken. Auf Schiffen kommen Händler, die bereit sind, Ihre Strickwaren zu kaufen. Je höher sie die Qualität Ihrer Waren einschätzen, desto mehr bezahlen sie dafür. Mehrfarbige Stücke wirken aufwendiger als einfarbige und erzielen bessere Preise. Noch höher im Kurs stehen Spitzen – und je feiner sie sind, desto mehr wird dafür bezahlt.

Wer nahe der Hauptstadt Lerwick wohnt, kann seine Waren bei den Läden dort abliefern, doch die Bewohner der anderen Inseln müssen sich noch etwas mehr einfallen lassen. Fähren gibt es noch nicht. Sie brauchen ein besonderes Produkt, das ihnen bei möglichst geringem

Spitzenherstellung Das gestellte Foto zeigt die Phasen der Spitzenherstellung. Die Frau links kardiert die Rohwolle zum Flor (Kardenband), den ihre Kollegin in der Mitte zu Garn verspinnt. Die Frau rechts strickt daraus einen Lochmusterschal.

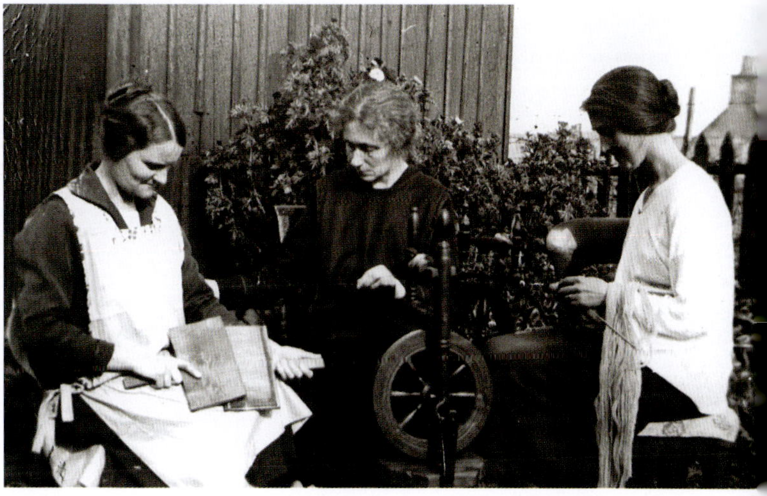

Materialaufwand möglichst viel Geld einbringt. Die Lösung: Hauchdünne Gestricke mit filigransten Spitzenmustern.

Wedding ring Shawls

Schultertücher aus Unst (einer Insel nördlich von Shetland Mainland) heißen auf Englisch auch Wedding ring Shawls. Sie sind so hauchzart, dass man eine 2 x 2 m große Stola durch einen Trauring ziehen kann. Nur wenige konnten die Wolle zu so feinem Garn spinnen, und nur wenige konnten daraus solche Tücher stricken.

Die weichste, dünnste Wolle wächst am Hals des Schafs. Diesen Flaum verwendete man für die feinen Schals. Er ließ sich herauskämmen, ohne das Tier zu scheren, und wurde getrennt verarbeitet.

Arbeit für alle Jahreszeiten

Das Spinnen der feinsten Wolle und das Stricken der zartesten Tücher war meist Sache der Großmütter, Behinderten und ledigen älteren Frauen. Denn während die jungen Frauen auf dem Feld und in der Küche arbeiteten, versorgten Großmütter und unverheiratete Tanten die Kleinkinder und spannen und strickten für Kost und Logis. Das superfeine Garn war nicht wie heute einfädig, sondern zweifädig und aus je vier oder fünf Haaren versponnen. Das Schwierige dabei war der richtige Drall: Ist die Drehung zu straff, wird das Garn zu hart; ist sie zu lasch, fällt der Faden auseinander.

Versponnen und gestrickt wurde in der Regel rohe, nicht entfettete Schweißwolle, doch damals wie heute hing dies auch von den Präferenzen

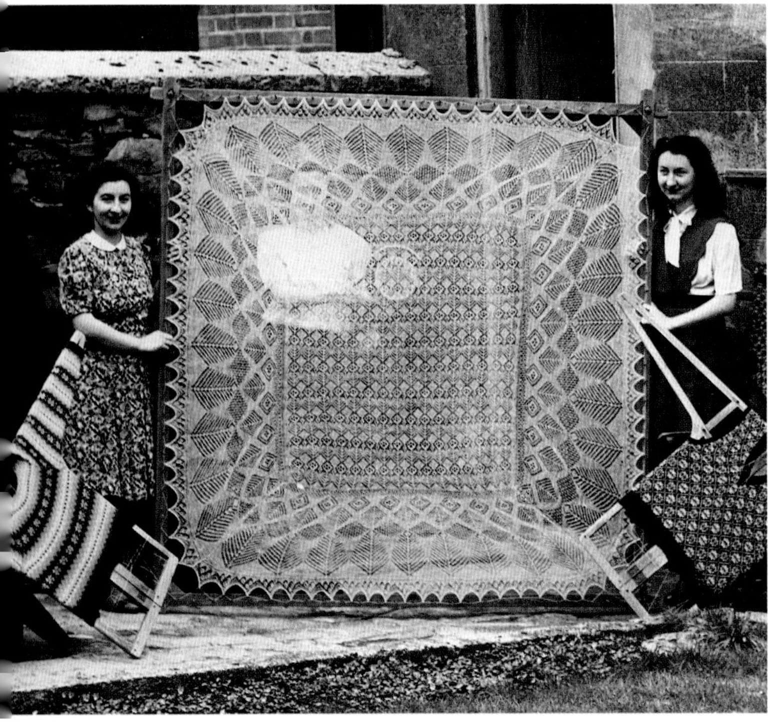

Wie ein Spinnennetz Ein feines Schultertuch auf dem Spannrahmen. Das Gestrick ist so leicht und transparent, dass die Frau dahinter gut zu sehen ist.

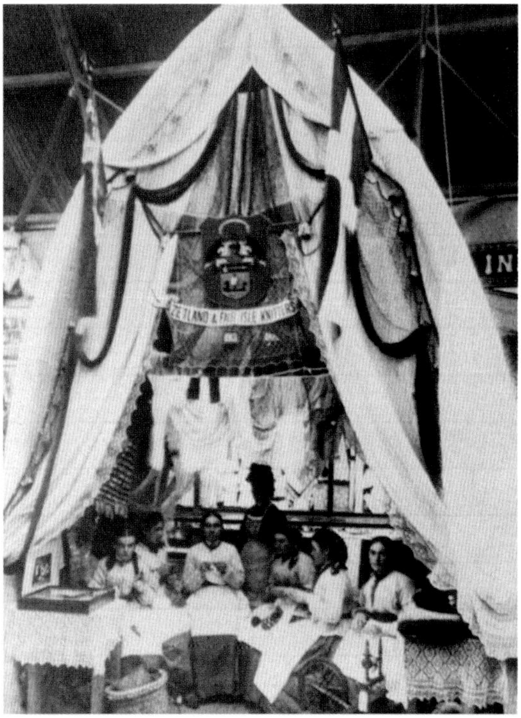

Reklame für Shetland Lace Sechs hübsche junge Schottinnen spannen und strickten 1851 bei der Weltausstellung in London. Auch eine kleinere Messe im selben Jahr in Edinburgh machte die feinen Gestricke von den Shetlandinseln im 19. Jahrhundert weithin bekannt und förderte den Absatz.

der Strickerin ab. Stricken konnte man die feinen Schultertücher nur bei gutem Licht, das heißt, in den hellsten Stunden des Tages, und nur, wenn die übrigen Familienmitglieder auf den Feldern arbeiteten und es im Haus so still war, dass man sich auf die komplexen Muster konzentrieren konnte. Meist wurde das Garn im Winter gesponnen und im Sommer verstrickt, wenn man 20 und mehr Stunden Tageslicht hatte. Für eine Stola brauchte eine Frau von der Rohwolle bis zur Fertigstellung oft ein Jahr.

Shetland Lace heute

Heutzutage ist Shetland Lace Strickfans überall auf der Welt ein Begriff. Feinste Garne aus Schurwolle, Seide, Kaschmir und vielen anderen Fasern und Gemischen stehen zur Verfügung. Wir haben Zeit, zu unserem Vergnügen zu stricken. Und wir brauchen uns nicht auf hauchzarte Schultertücher zu beschränken, denn Shetland Lace-Muster wirken genauso wunderschön aus dickem Garn als Tagesdecke, Überwurf und Kissenhülle. Praktisch alle Muster in diesem Buch eignen sich auch für solche Gestricke.

Einen Wedding ring Shawl zu stricken, erfordert enorm viel Können und Ausdauer, aber bei guter Beleuchtung und in geheizten Räumen, das heißt, mit warmen Händen, können wir das ganze Jahr über bequem und beharrlich daran arbeiten.

Strickneulinge, die ihren ersten Umschlag noch vor sich haben, werden von der Schönheit der Shetland-Muster genauso angetan sein wie erfahrene Strickerinnen und staunen, wie einfach sie im Grunde zu arbeiten sind. Und Sie werden genau wie ich immer wieder fasziniert sein, wie anders das fertige Stück aussieht, wenn das formlose Gestrick sich beim Waschen und Spannen wie durch einen Zauber in ein luftig-leichtes Gespinst verwandelt.

Wildnis pur Die über 100 Shetlandinseln mit ihrer urwüchsigen Naturschönheit und den ständig wechselnden Farben und Texturen inspirieren Künstler aller Art.

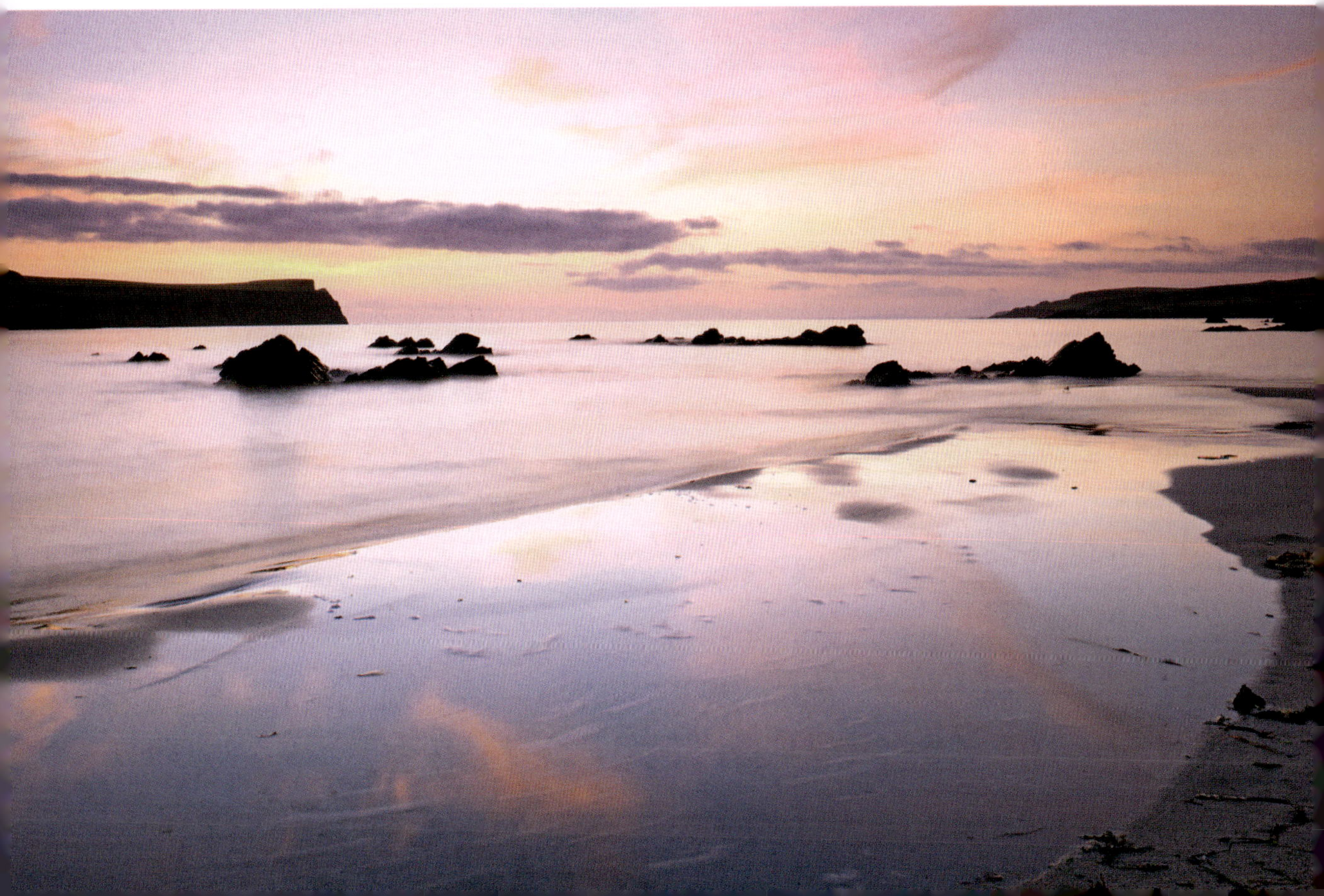

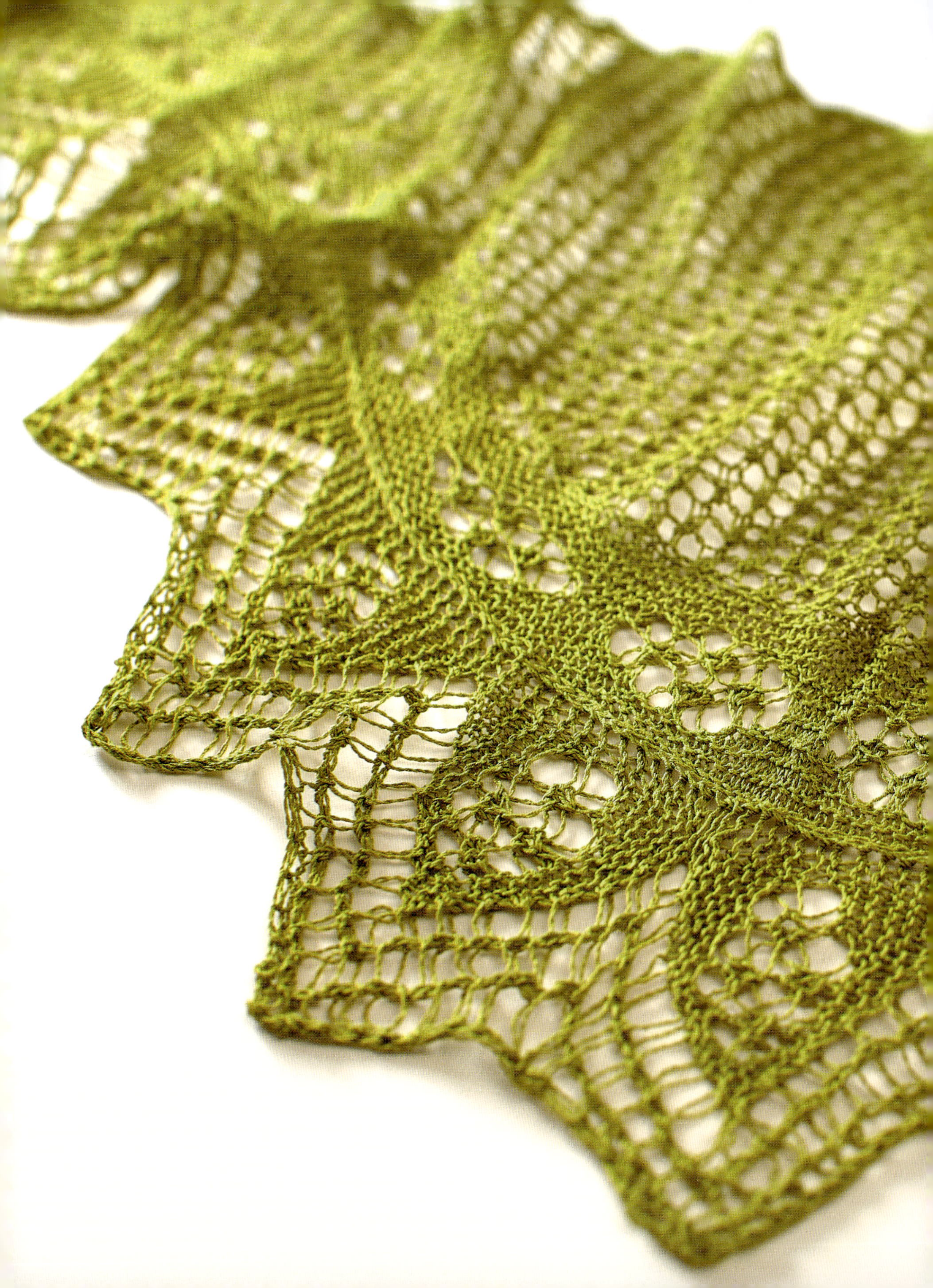

GRUNDWISSEN

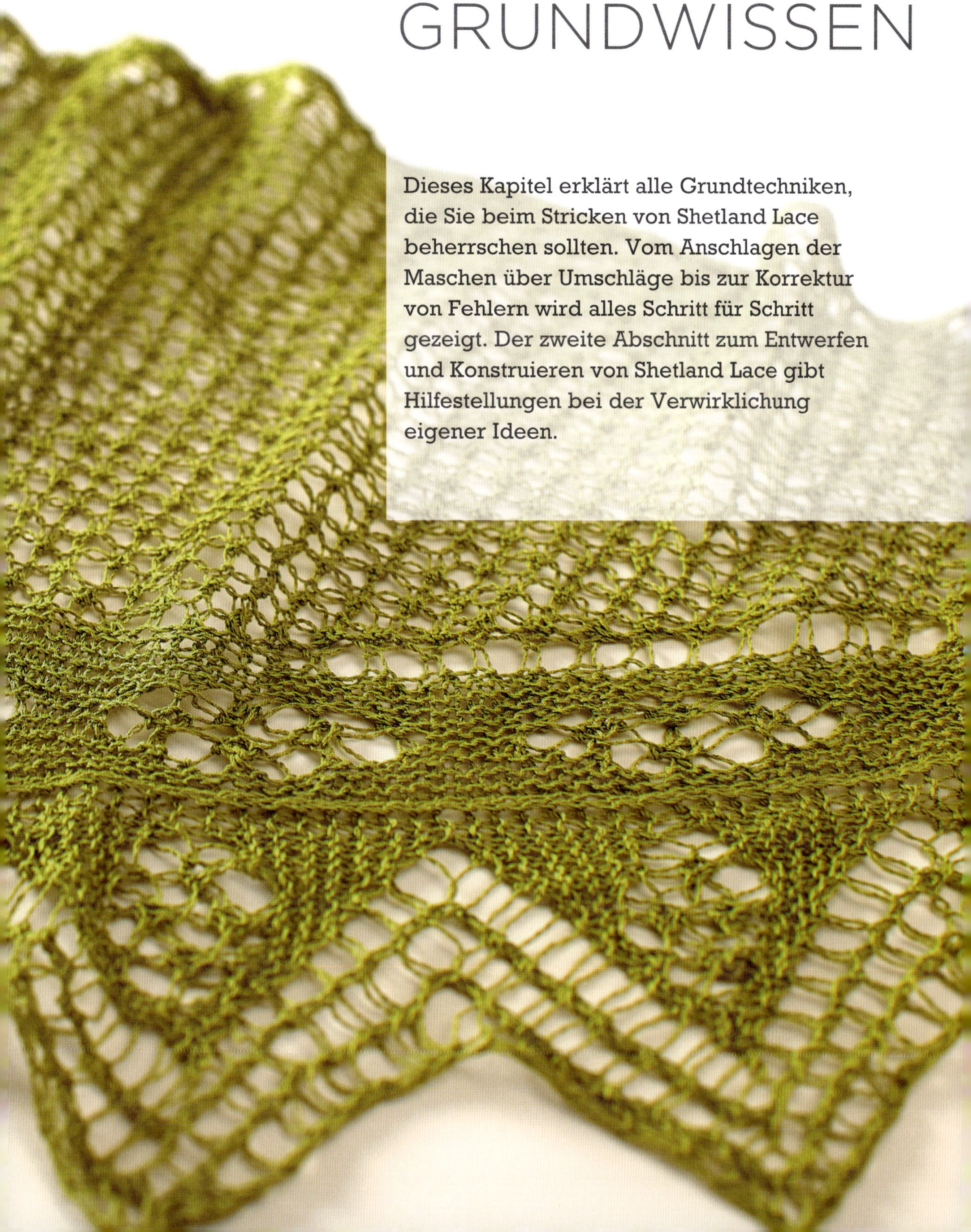

Dieses Kapitel erklärt alle Grundtechniken, die Sie beim Stricken von Shetland Lace beherrschen sollten. Vom Anschlagen der Maschen über Umschläge bis zur Korrektur von Fehlern wird alles Schritt für Schritt gezeigt. Der zweite Abschnitt zum Entwerfen und Konstruieren von Shetland Lace gibt Hilfestellungen bei der Verwirklichung eigener Ideen.

Ausrüstung und Zubehör

Zum Spitzenstricken benötigen Sie kein besonderes Werkzeug. Verwenden Sie einfach Ihre gewohnten Nadeln. Vielstricker können in ein paar nützliche Dinge investieren.

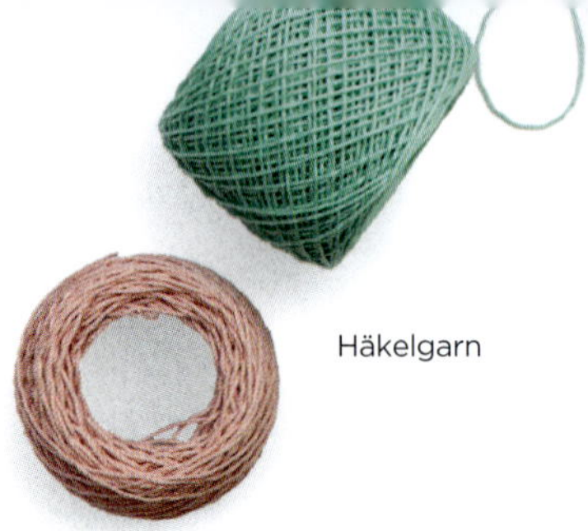

Häkelgarn

Grundausrüstung

Stricknadeln

Für Lace eignen sich spitze Stricknadeln am besten. Damit kann man beim Abnehmen leichter mehrere Maschen durchstechen. Achten Sie auf das Gewicht der Nadeln: Bei dünnen Garnen fühlen sich leichte Nadeln meist angenehmer an.

Für Gestricke aus sehr vielen Maschen sind Rundnadeln ideal. Auf die Marke kommt es dabei nicht an, aber die Übergänge zwischen den geraden Enden und dem biegsamen Mittelteil sollten glatt sein, denn sonst verhakt sich dort der Faden.

Maschenmarkierer

Bunte Maschenmarkierer in allen Größen kann man gar nicht genug haben! Sie sollten so weit sein, dass sie mühelos von einer Nadel zur anderen gleiten, aber nicht zu schwer.

Es gibt drei Sorten. Alle erfüllen ihren Zweck, aber keine ist perfekt. Am gängigsten sind Plastikringe mit einem Spalt. Daran kann der Faden hängen bleiben, doch dafür lassen sie sich leicht entfernen, wenn man sie versehentlich mitgestrickt hat. Bei einem anderen Typ ist der Ring geschlossen und verhakt sich deshalb nicht, lässt sich aber nicht aus dem Gestrick entfernen, ohne den Faden durchzuschneiden. Die dritte Sorte besteht aus Juwelierdraht (Tiger Tail). Der mit Kunststoff überzogene Draht verhakt sich selten, ist aber so dünn, dass man ihn schnell mitstrickt. Dann kann man nur noch entweder den Faden oder den Draht durchschneiden.

Spanndrähte

Die stabilen, rostfreien Drahtstücke werden durch die Löcher an den Kanten des Gestricks gefädelt, damit das Stück beim Trocknen schön in Form kommt (siehe S. 30–31). Sie sind kein Muss, aber wenn Sie häufig Lace stricken, lohnt sich die Ausgabe, denn Spanndrähte sind eine Arbeitserleichterung.

Weitere nützliche Utensilien

Einzelnadeln

Zum Nähen und zum Korrigieren von Fehlern benötigen Sie stumpfe Sticknadeln in diversen Stärken. Die jeweils richtige Stärke ist wichtig, denn bei dünnem Garn kann eine zu dicke Nadel die Maschen verformen.

Auch dünne Zopfnadeln und Strumpfstricknadeln (mit zwei Spitzen) sind nützlich, wenn Sie einen Fehler machen oder der Faden reißt. Sie müssen ebenfalls dünner sein als die zum Stricken benutzten Nadeln.

Ich habe beim Stricken immer einen Kasten mit dünnen Einzelnadeln, Zopfnadeln, T-Nadeln und Sticknadeln neben mir stehen. Wenn ich eine Masche fallen lasse oder mir der Faden reißt, kann ich die offene Masche sofort wieder einfangen, bevor sie weiterläuft.

Spannmatten

Wenn Sie häufig Lace stricken, lohnt sich die Anschaffung von Spannmatten aus dickem Schaumstoff, in den Stecknadeln leicht eindringen. Am gängigsten sind Sets mit Teilen, die sich wie Puzzlestücke zu verschiedenen Formen zusammensetzen lassen.

Häkelgarn

Nützlich für „Rettungsleinen" (siehe S. 19).

Reihenzähler

Wenn Sie gerade Nadeln verwenden, hilft Ihnen ein Reihenzähler am Nadelende, die Anzahl schon gestrickter Reihen im Blick zu behalten. Da er immer auf die rechte Nadel gesteckt wird, sehen Sie auch sofort, ob Sie eine gerade oder ungerade Reihe stricken. Wenn Sie Rundnadeln benutzen, markiert ein eingehängter Reihenzähler den Rundenanfang, sodass Sie wissen, wie viele Runden Sie schon gestrickt haben.

Nadelschablone

Eine Schablone ist praktisch, vor allem, wenn sie neben europäischen auch amerikanische Nadelstärken zeigt.

Großkopf-Stecknadeln

Verwenden Sie für Gestricke keine normalen Stecknadeln, denn sie verschwinden leicht zwischen den Maschen. Sinnvoller sind stumpfe Spezialnadeln mit großen Köpfen, die das Garn nicht teilen und im Gestrick sichtbar bleiben.

Schere

Eine kleine, scharfe Schere ist viel wert. Verwenden Sie sie nie für Papier, denn dann wird sie stumpf und bleibt am Garn hängen.

TIPP

- **Achten Sie darauf, dass Garn und Nadeln gut unterscheidbar sind: Bei dunklem Garn nehmen Sie helle Nadeln, bei hellem Garn dunkle Nadeln.**

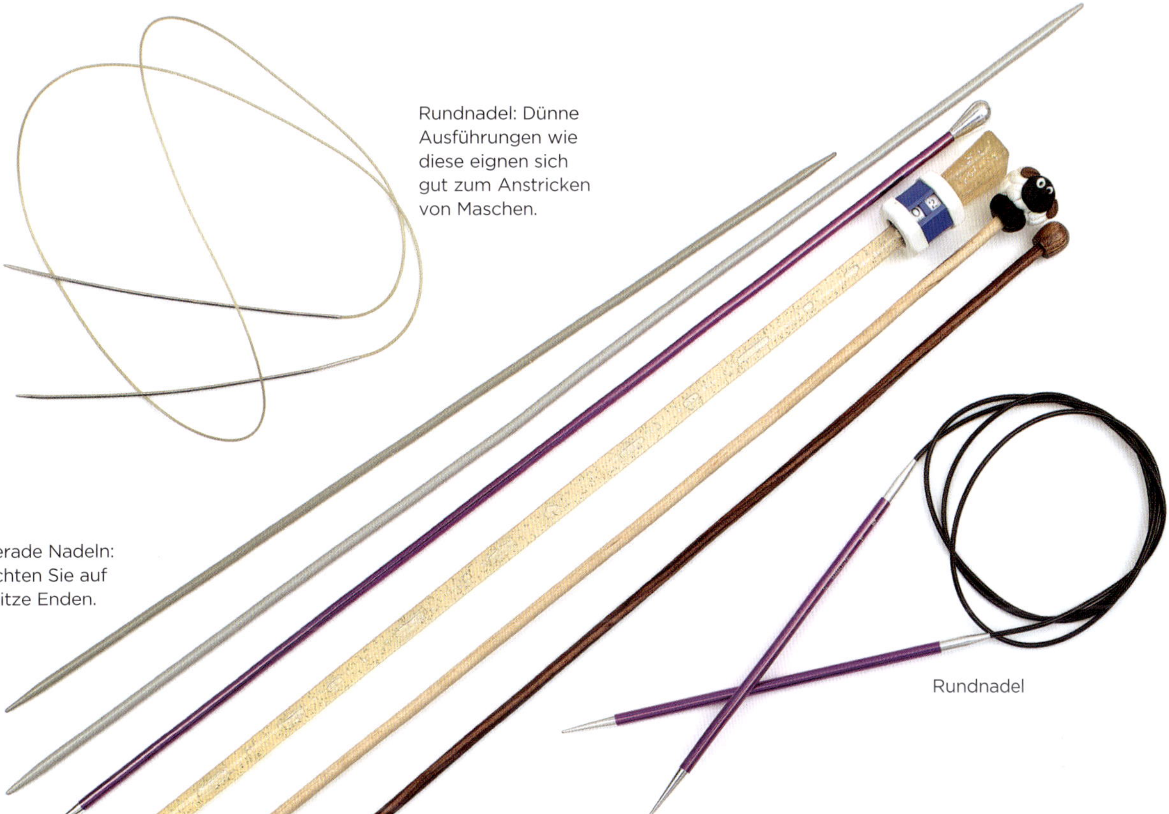

Rundnadel: Dünne Ausführungen wie diese eignen sich gut zum Anstricken von Maschen.

Gerade Nadeln: Achten Sie auf spitze Enden.

Rundnadel

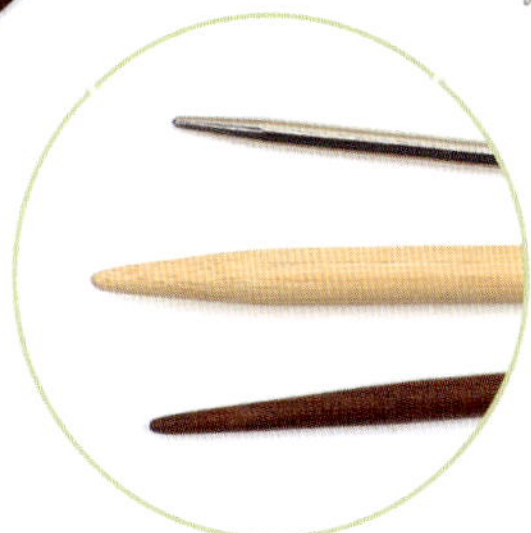

Die Stricknadeln dürfen keine stumpfen Spitzen haben.

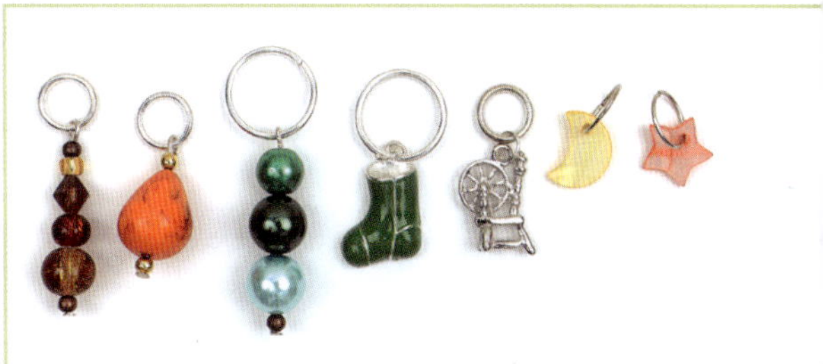

Maschenmarkierer sollen nicht zu schwer und nicht spitz sein.

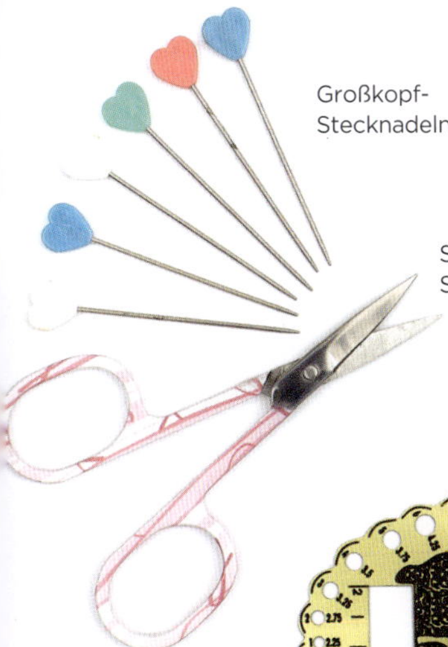

Großkopf-Stecknadeln

Scharfe, kleine Schere

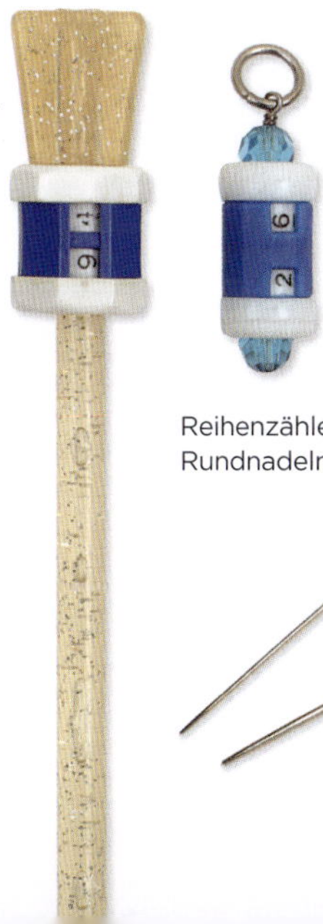

Reihenzähler für gerade Nadeln

Reihenzähler für Rundnadeln

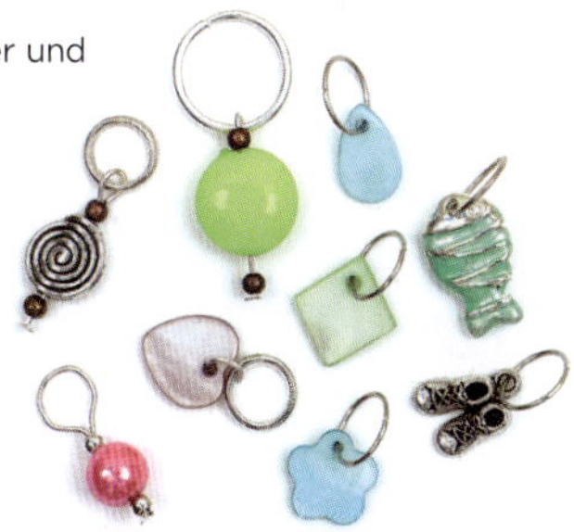

Maschenmarkierer: Halten Sie verschiedene Ausführungen für alle Nadelstärken bereit.

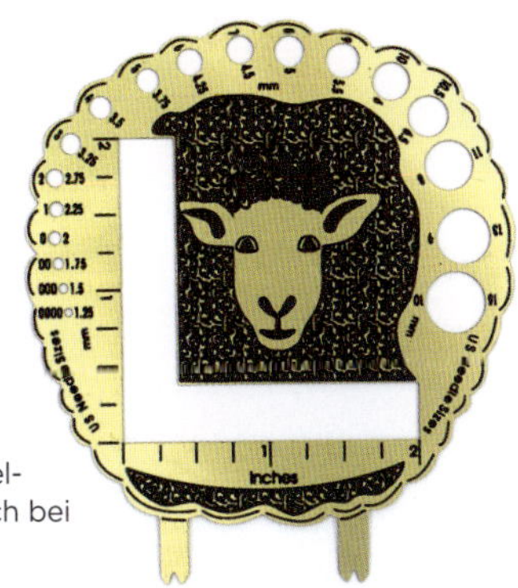

Diese praktische Nadelschablone hilft zugleich bei der Maschenprobe.

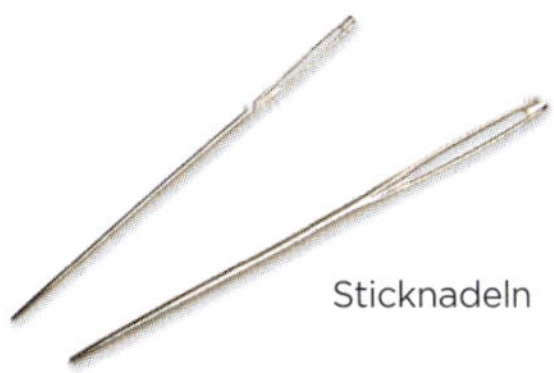

Sticknadeln

Strickgarne

Sie können Spitzen aus den unterschiedlichsten Garnen stricken. Bedenken Sie aber bei der Wahl, dass am Ende vor allem Ihr hübsches Durchbruchmuster zur Geltung kommen soll. Dem muss das Material entsprechen.

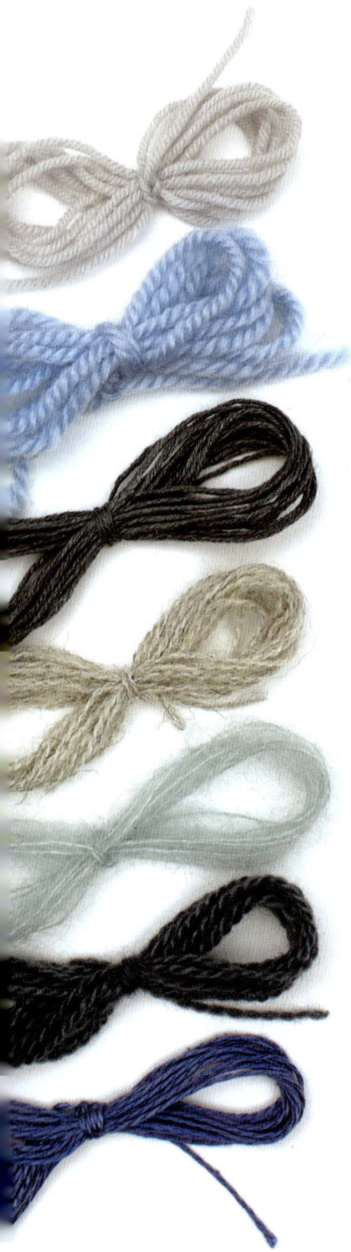

Wolle

Vorteile: sehr fehlertolerant, lässt sich gut spannen, fällt schön, nimmt Farbe gut an
Nachteile: nicht einfach zu waschen und zu trocknen, anfällig für Motten etc., reißt leicht
Geeignet für: Schultertücher, feine Babysachen, Schals, Überwürfe

Acryl und Polyester

Vorteile: robuste Fasern, pflegeleicht
Nachteile: wenig luxuriös, einige Garne färben ab
Geeignet für: Babykleidung, Schultertücher für den Alltag und alles, was oft gewaschen werden muss

Baumwolle und Leinen

Vorteile: sehr robuste Fasern, meist farbecht, bei hohen Temperaturen waschbar
Nachteile: fällt nicht schön, nicht formbeständig, gibt nicht nach, überhaupt nicht fehlertolerant, relativ schwer
Geeignet für: Haushaltsgegenstände, leichte Sommerbekleidung

Alpaka

Vorteile: sehr warm, fällt schön
Nachteile: eher schwer, aufwendig zu pflegen, nicht formbeständig, zu flauschig
Geeignet für: Schultertücher für den Alltag, Schals etc.

Mohair

Vorteile: sehr leicht und warm
Nachteile: Flauscheffekt kann vom Muster ablenken, aufwendig zu pflegen
Geeignet für: Schultertücher, Schals, leichte Tops

Kaschmir

Vorteile: sehr leicht und warm, fehlertolerant, fällt schön
Nachteile: kann aufwendig zu pflegen sein, nicht reißfest
Geeignet für: Schultertücher, Schals, Pullis etc.

Seide

Vorteile: robuste Fasern, nimmt Farbe gut an
Nachteile: beim Stricken manchmal schlüpfrig, oft aufwendig zu pflegen
Geeignet für: Haushaltstextilien, Schultertücher

Vor- und Nachteile verschiedener Fasern

Feine Shetlandwolle ist zum Lace-Stricken natürlich ideal, doch auch andere Garnarten eignen sich. Die meisten Naturfasern lassen sich gut spannen, dafür sind viele Synthetikfasern pflegeleichter.

Das A und O: Die Maschenprobe!

Beim Anfertigen einer Maschenprobe merken Sie schnell, ob Sie sich vorstellen können, ein ganzes Modell mit dem gewählten Muster und aus dem gewählten Garn zu stricken.

Schlagen Sie mit der in der Tabelle auf S. 17 angegebenen Nadelstärke genug Maschen für zwei oder drei Mustersätze an und stricken Sie ein mindestens 10 x 10 cm großes Probestück.

Die Strickprobe abketten, waschen und spannen (siehe S. 30–31). Wenn das Gestrick sich danach wieder entspannt, ändern sich die Maße. Knüllen und ziehen Sie das Gestrick, lassen Sie es ruhen und legen Sie es zum Messen flach hin. Dieser Schritt ist besonders wichtig, wenn das fertige Stück alltagstauglich sein soll.

Schauen Sie sich die Maschenprobe kritisch an. War die Nadelstärke für Garn und Muster ideal? Manche mögen Strickspitzen fester, andere lockerer gestrickt. Finden Sie heraus, was Sie selbst bevorzugen, und richten Sie sich danach.

Dünnes Garn, dicke Nadeln

Wenn Sie Spitzen stricken, produzieren Sie Durchbruch- oder Lochmuster. Da die Löcher eine gewisse Größe haben müssen, um zur Geltung zu kommen, müssen die Stricknadeln dicker sein als bei anderen Gestricken. Zum Vergleich: Für einen aus mitteldickem Garn glatt rechts gestrickten Pulli würde man Stricknadeln 4 mm (Nr. 6) verwenden, für Strickspitze dagegen 6 oder 7 mm (Nr. 10 oder 10 1/2).

MASCHENPROBE

Ihre ersten Maschenproben sind vielleicht ungleichmäßig, aber das macht nichts. Unterschiedliche Maschengrößen sieht man beim Lace-Stricken nicht so deutlich wie bei glatt rechts gestrickten Flächen. Je entspannter Sie die Sache angehen, desto gleichmäßiger wird das Maschenbild.

„SUPERWASH"-GARNE

Vorsicht vor sogenannten „Superwash"-Garnen! Einige mögen in Ordnung sein, andere fühlen sich nach kurzer Zeit wie Bindfaden an. Denken Sie daran, dass verschiedene Waschmaschinenmodelle die Wäsche SEHR unterschiedlich behandeln. Vorsicht auch bei den Pflegehinweisen auf der Banderole: Wo „Maschinenwäsche" erlaubt ist, sind oft nicht die Basisprogramme gemeint, sondern Feinwäsche- oder Wollprogramme bis 30 °C.

FASERMISCHUNGEN

Mischgarne besitzen in der Regel die jeweils besten Eigenschaften aller kombinierten Fasern: Kaschmir plus Seide zum Beispiel ist robuster als Kaschmir und fehlertoleranter als Seide.

GARNE UND NADELN FÜR VERSCHIEDENE STRICKMODELLE

Die empfohlenen Nadelstärken sind nur Richtwerte für die erste Maschenprobe. Die passende Nadelstärke hängt nicht nur von Garn und Muster ab, sondern immer auch davon, welches Ergebnis Sie anstreben. Soll das Gestrick luftig und leicht wirken, nehmen Sie besser etwas dickere Nadeln. Soll das Maschenbild kompakt, mit klar definiertem Durchbruchmuster sein, sind dünnere Nadeln die richtige Wahl.

Garnstärke	Nadelstärke	Geeignet für
Dicker als Aran (Lauflänge/100 g: < 100 m)	10–20 mm (US-Stärken 15–20)	Überwürfe, Reisedecken, dicke Winterschals
Aran (Lauflänge/100 g: 120–240 m)	8–10 mm (US-Stärken 11–15)	Überwürfe, Tagesdecken, Schals, Kissenhüllen
Light Worsted/DK (Lauflänge/100 g: 240–300 m)	6–8 mm (US-Stärken 10–11)	Babydecken, Kissenhüllen, Schals, Schultertücher für den Winter
Fingering/vierfädig (Lauflänge/100 g: (400–480 m)	4,5–6 mm (US-Stärken 7–10)	Schultertücher für den Winter, Schals, Schlauchschals/Stirnbänder, Babydecken für den Alltag, Pullis und Bolerojacken, Strümpfe, Mützen und Handschuhe
Light Fingering/dreifädig (Lauflänge/100 g: 400–480 m)	3–5 mm (US-Stärken 2–8)	Babykleidung, Strümpfe, Schultertücher etc.
Lace Weight/zweifädig (Lauflänge/100 g: 600–800 m)	2,5–4,5 mm (US Stärken 1–7)	sommerliche Schultertücher, Schals, Stirnbänder, Schlauch- und Möbiusschals, Tischläufer, Zierdeckchen, Tischdecken, Abendpullis und Bolerojacken, Strümpfe, Mützen und Handschuhe
Cobweb/einfädig (Lauflänge/100 g: 600–800 m)	2,5–3,5 mm (US-Stärken 1–3)	Brautkleidung, Babydecken (zum Einwickeln, weniger zum Tragen), Tischläufer, Zierdeckchen, Tischdecken
Dünner als einfädig (Lauflänge/100 g: 600–800 m)	2,5 mm (US-Stärke 1)	edle Strickwaren

Strickproben desselben Einzelmotivs mit Garn gleicher Lauflänge, aber mit unterschiedlich dicken Nadeln gestrickt.

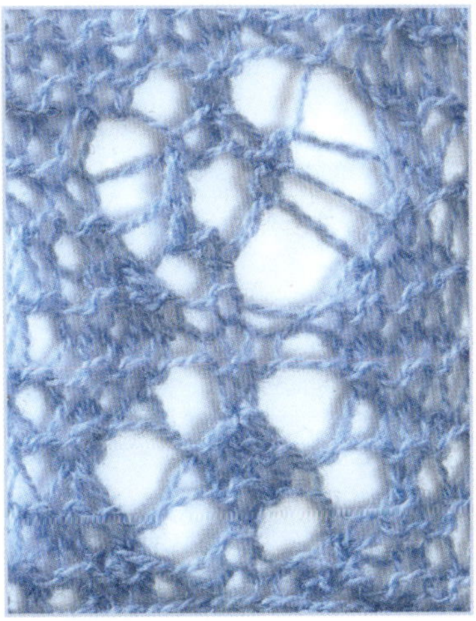

Nadeln 6 mm

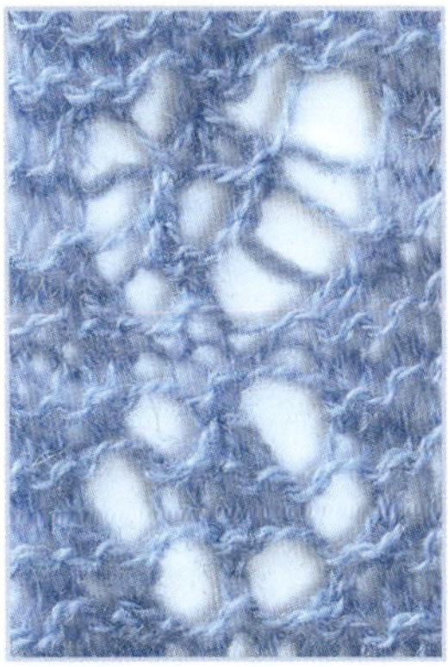

Nadeln 5 mm

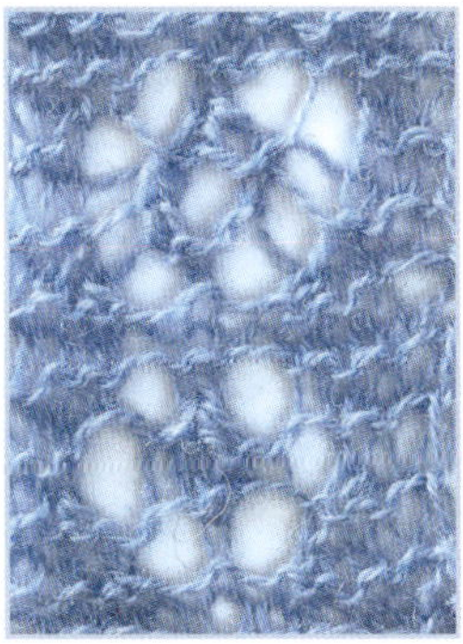

Nadeln 4,5 mm

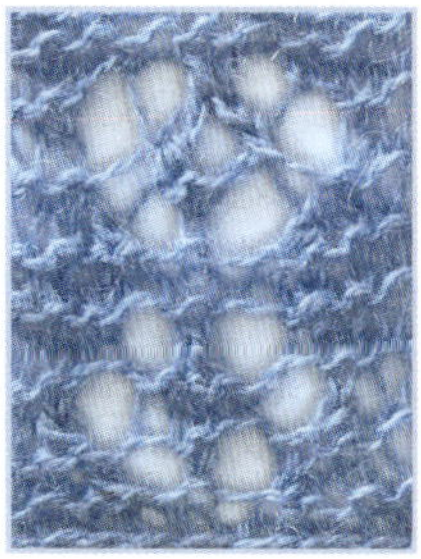

Nadeln 3,5 mm

Grundtechniken

Lace ist kein Hexenwerk, sondern ein Gestrick wie jedes andere. Sie arbeiten dabei mit denselben Methoden wie sonst. Ein oder zwei spezielle Techniken sorgen jedoch dafür, dass Ihre Strickspitze besonders gut gelingt.

Maschen anschlagen

Da Durchbruchmuster wegen der Löcher breiter als glatt rechte Gestricke sind, sollte der Maschenanschlag möglichst locker sein. Wenn Sie fest stricken, nehmen Sie für den Anschlag eine Nadelstärke dicker als die Arbeitsnadeln.

Für den Anschlag gibt es zwei Methoden, die sich beim Lace-Stricken bewährt haben:

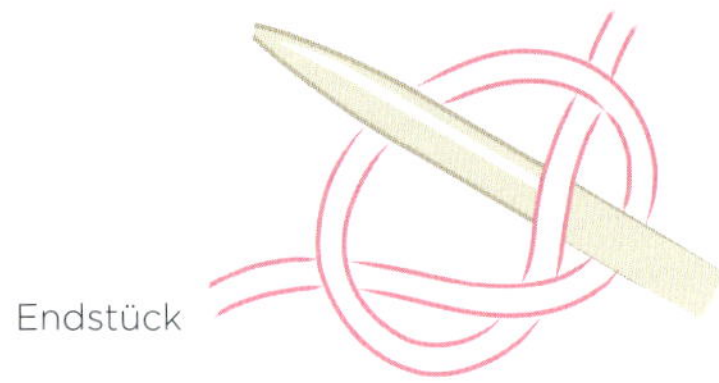

Die Knotenschlinge
Aller Gestricke Anfang ist ein Zugknoten. Den Faden wie gezeigt zur Schlinge legen, dabei das Ende in der benötigten Länge belassen. Mit der Nadel das Garn in der Schlinge erfassen und den Knoten darum anziehen.

Maschenanschlag 1
Das Aufstricken eignet sich für so gut wie alle Arbeiten. Der Anschlag wird elastisch, und aus den Schlaufen lassen sich bei Bedarf leicht neue Maschen anstricken.

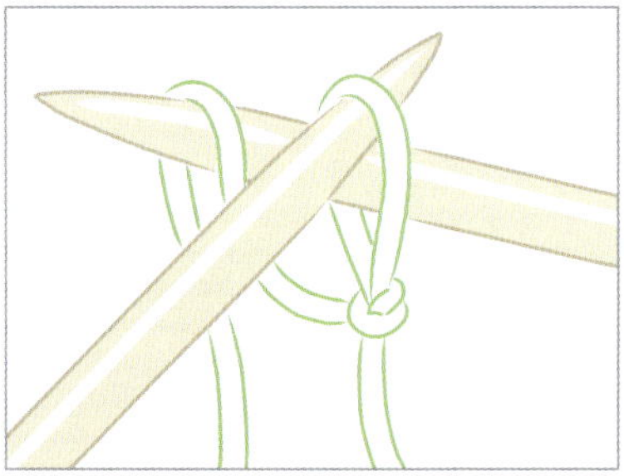

1 Eine Knotenschlinge bilden und auf eine Nadel schieben. Die zweite Nadel von vorn durch die Schlinge stechen und den Arbeitsfaden von hinten fassen.

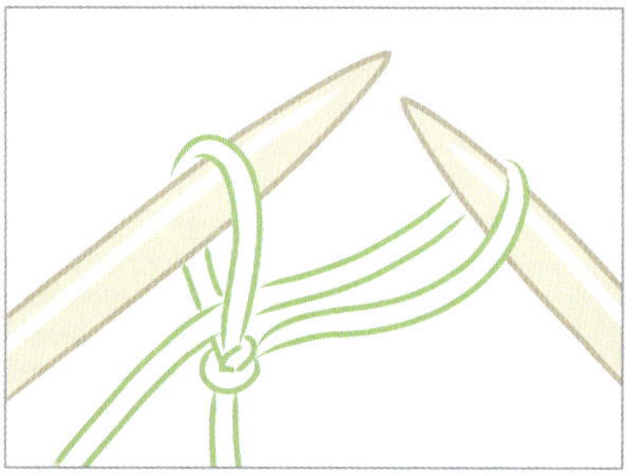

2 Den Arbeitsfaden durch die Schlinge holen und über die erste Nadel ziehen. So oft wiederholen, wie Maschen benötigt werden.

Maschenanschlag 2
Beim Anschlingen wird nur eine Nadel benutzt. Der Anschlag wird sehr locker und fast unsichtbar, aber falls Sie in der ersten Reihe eine Masche fallen lassen, finden Sie sie schwer wieder!

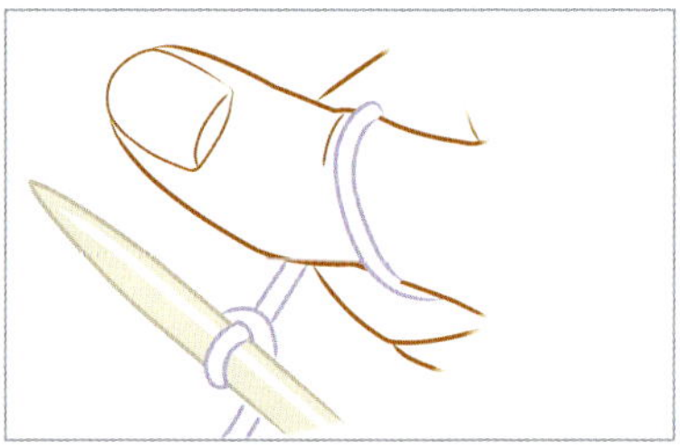

1 Eine Knotenschlinge bilden und auf die Nadel schieben. Den Arbeitsfaden wie gezeigt um den rechten Daumen schlingen, die Nadel in der linken Hand halten.

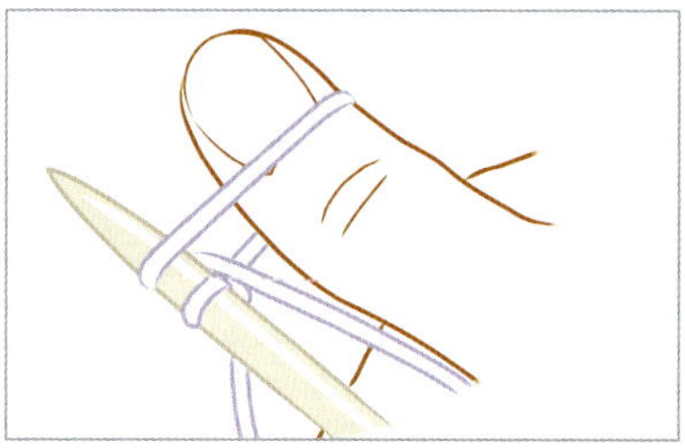

2 Die Schlinge auf die Nadelspitze gleiten lassen und fest anziehen. So oft wiederholen, wie Maschen benötigt werden. Die Schlingen nicht zu fest anziehen.

Umschläge

Die Löcher in Strickspitzen entstehen durch Umschläge (in den Strickschriften „U" abgekürzt). Wie der Faden um die Nadel geschlungen wird, hängt davon ab, ob sich davor und dahinter rechte oder linke Maschen befinden. Ob es sich um eine normale Masche oder eine Abnahme handelt, spielt dabei keine Rolle. Bei Shetland Lace werden die Umschläge meist mit rechten Maschen gestrickt. Der Faden liegt dabei von Ihnen aus hinter der Arbeit. Er verläuft gegen den Uhrzeigersinn von vorn über die Nadel nach hinten unten. Dann folgt die nächste Masche.

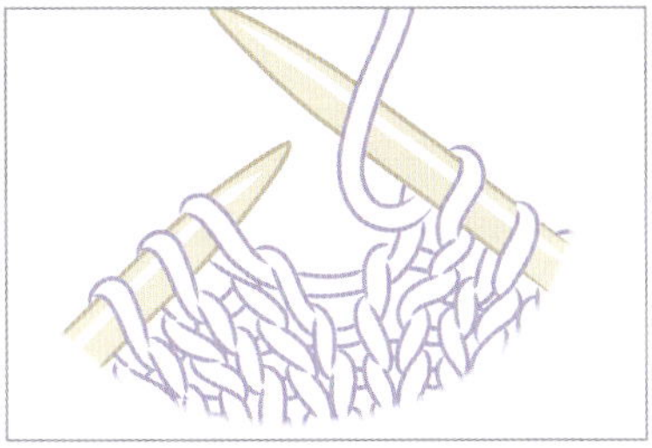

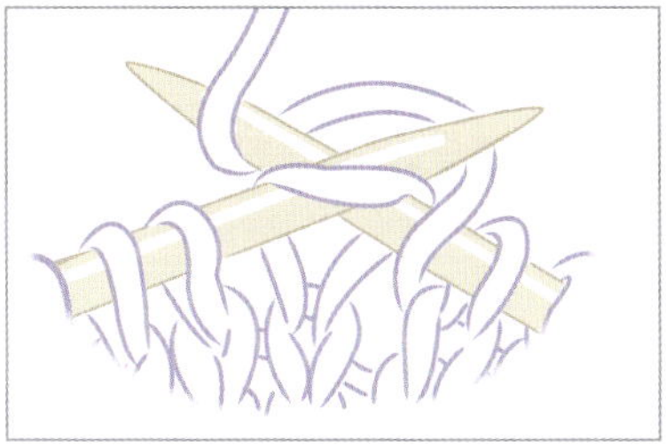

1 In rechts gestrickten Reihen legt man den Faden zwischen den Nadeln von hinten nach vorn.

2 Dann den Faden um die rechte Nadel herum nach hinten schlagen und die nächste Masche rechts abstricken.

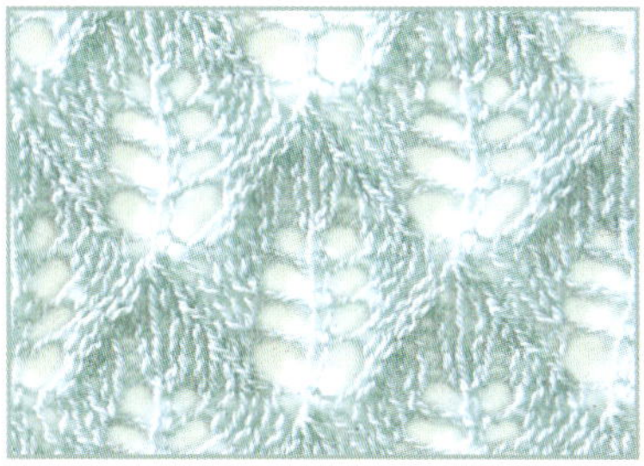

Das Muster Candle Light wirkt am besten in einem glatt rechten Maschengrund.

Kraus rechter oder glatt rechter Maschengrund?

Strickspitzen werden immer in einen Maschengrund aus glatt rechten oder kraus rechten Maschen „eingebaut". Bei Shetland Lace ist der Hintergrund traditionell fast immer kraus rechts gestrickt, insbesondere mit feinen Garnen. Manchmal eignet sich jedoch ein glatt rechter Maschengrund besser. Die Muster Candle Light (S. 79) und Old Shale (S. 108) etwa entstehen aus glatt rechten Maschen.

Schwerere Garne (Worsted und dicker) sehen in der Regel in einem glatt rechten Maschengrund schöner aus. Kraus rechts gestrickt wirken sie oft etwas grob.

Abketten

Lace wird wie jedes andere Gestrick abgekettet, doch achten Sie wiederum darauf, dass die Kettmaschen locker sind. Die Nadeln sollten dazu mehrere Größen dicker sein als die benutzten Arbeitsnadeln.

Fadenenden

Den Faden mindestens 5 cm lang belassen und vernähen, das Ende jedoch erst nach dem Waschen und Spannen (siehe S. 30–31) am vollkommen trockenen Gestrick abschneiden.

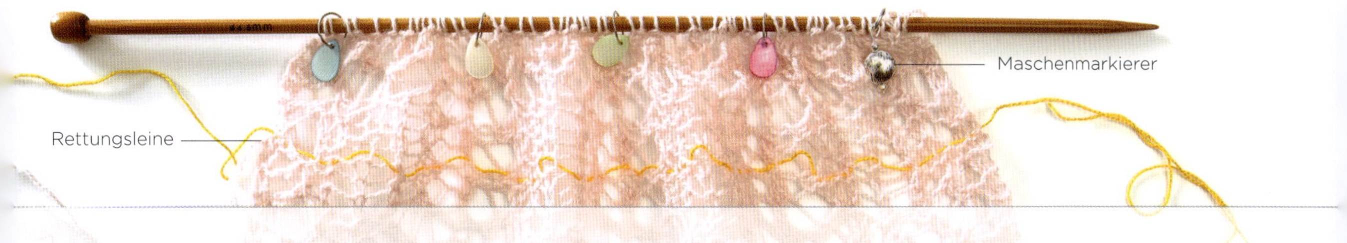

„Rettungsleinen"

Eine Rettungsleine ist ein Hilfsfaden, der durch alle Maschen auf der Nadel gezogen wird und dort bis zur Fertigstellung des Stücks liegen bleibt. Er zeigt an, dass bis hierhin alles richtig ist, und falls später Korrekturen nötig sind, braucht man das Gestrick nur bis zu dieser Linie wieder aufzutrennen.

Maschenmarkierer

Manche Anleitungen empfehlen Maschenmarkierer. Sie verdeutlichen auf einen Blick, wo ein Musterteil endet oder ab wo etwas zu tun ist, z. B. eine Abnahme. Außerdem behalten Sie mit Markierern die Rapporte leichter im Blick. Wo man sie einfügt, ist Geschmackssache, zu viele können allerdings beim zügigen Stricken stören. Wenn Sie ein neues Muster verwenden, das obendrein zahlreiche Maschenwechsel in verschiedenen Reihen aufweist (z. B. Cockleshell S. 109), können Maschenmarkierer nach je ein oder zwei Rapporten nützlich sein. Aber wenn sie Sie eher stören, verzichten Sie darauf.

Abnahmen

Mit jedem Umschlag nehmen Sie eine Masche zu. Damit das Gestrick nicht stetig breiter wird, müssen Sie deshalb zugleich abnehmen. Bei den meisten Mustern nehmen Sie pro Umschlag in derselben Reihe eine Masche ab, sodass auf der Nadel immer gleich viele Maschen liegen. Gelegentlich fallen Umschläge und Abnahmen in verschiedene Reihen, sodass die Maschenzahl unterschiedlich ist.

Um eine Masche abzunehmen, stricken Sie zwei Maschen zusammen, für zwei Maschen sind es drei. Mit verschiedenen Abnehmmethoden verändern Sie das Maschenbild, denn bei einigen lehnen sich die Maschen nach links, bei anderen nach rechts.

Generell gilt, dass außerhalb des Umschlags abgenommen wird, wenn die Lochreihe nach außen wandert, und innerhalb des Umschlags, wenn die Lochreihe nach innen wandert. Mit dieser Methode entstehen die größten Löcher. Am schönsten werden die Reihen, wenn die Abnahmen sichtbar sind.

Zwei Maschen zusammenstricken

Rechtsgerichtet ist die Abnahme, wenn Sie zwei Maschen rechts zusammenstricken (2 M re zus str). Die beiden wichtigsten linksgerichteten Abnahmen sind: zwei Maschen rechts verschränkt zusammenstricken (2 M re verschr zus str) und zwei Maschen nacheinander abheben und rechts zusammenstricken (abh abh re zus str). Probieren Sie beide Varianten aus und wählen Sie diejenige, die Ihnen leichter fällt. Bei feinem Garn sehen Sie keinen Unterschied.

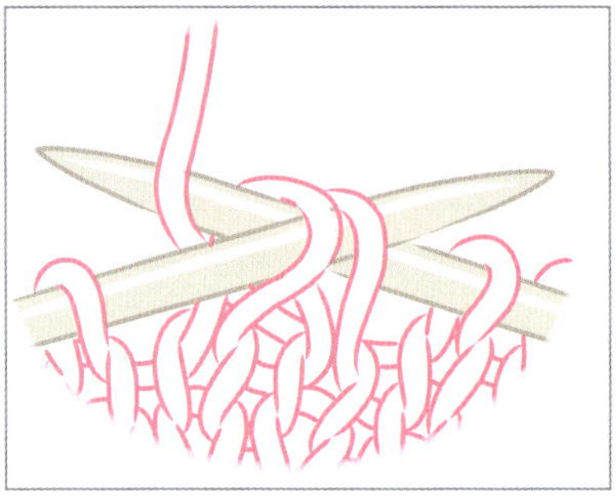

2 M re verschr zus str
In einer Rechtsreihe die rechte Nadel in das hintere Maschenglied der beiden folgenden Maschen einstechen und beide zusammen rechts abstricken.

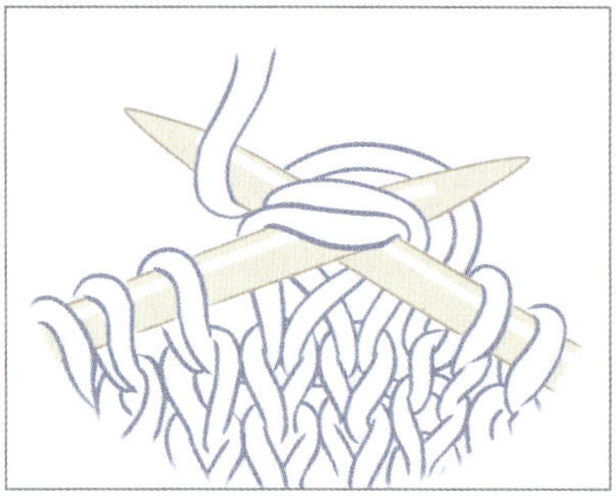

2 M re zus str
In einer Rechtsreihe die rechte Nadel in das vordere Maschenglied der beiden folgenden Maschen einstechen und beide zusammen rechts abstricken.

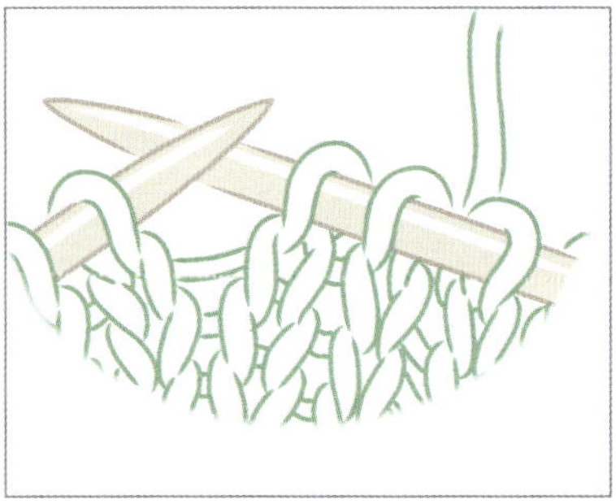

abh abh re zus str
1 Zwei rechte Maschen einzeln nacheinander abheben.

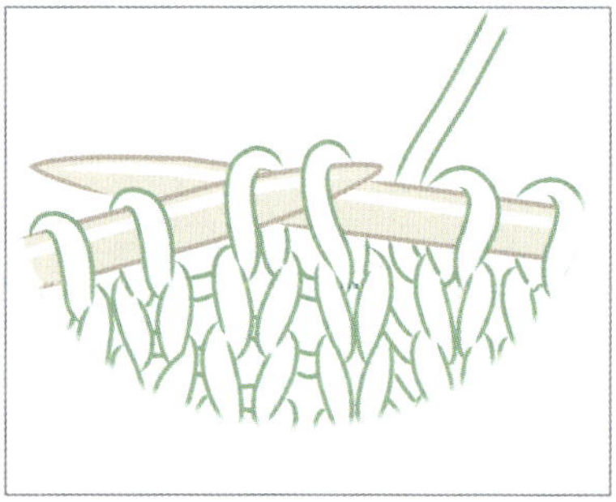

2 Die li. Nadel in das vord. Maschengl. beider abgeh. Maschen einstechen. Den Faden um die re. Nadel schlingen. Beide abgeh. Maschen über den Faden ziehen und von der Nadel gleiten lassen, sodass eine neue Masche auf der rechten Nadel liegt.

Drei Maschen zusammenstricken

Auch hierfür gibt es mehrere Methoden, doch bei Shetland Lace werden fast ausnahmslos drei Maschen rechts verschränkt zusammengestrickt (3 M re verschr zus str). Es ist mechanisch einfacher, die Nadel durch das hintere Maschenglied einzustechen, da man sozusagen von außen ansetzt. „3 M re verschr zus str" gilt für gerade und ungerade Reihen.

Theoretisch ist diese Abnahme rechtsgerichtet, doch in der Praxis sieht das Bündel eher wie eine Pfeilspitze aus.

Falls erforderlich (z. B. bei Feather and Fan, S. 99), können Sie auf diese Weise vier und mehr Maschen zusammenstricken – beim Muster Cockleshell (S. 109) sind es sogar 13!

Für dünnes Garn eignet sich das verschränkte Zusammenstricken immer. Bei mittlerem Garn ab Worsted dagegen sollte man die Maschen manchmal lieber rechts überzogen zusammenstricken: eine Masche abheben, zwei Maschen rechts zusammenstricken und die abgehobene Masche überziehen (3 M re überz zus str), sodass eine Art Pfeilspitze entsteht.

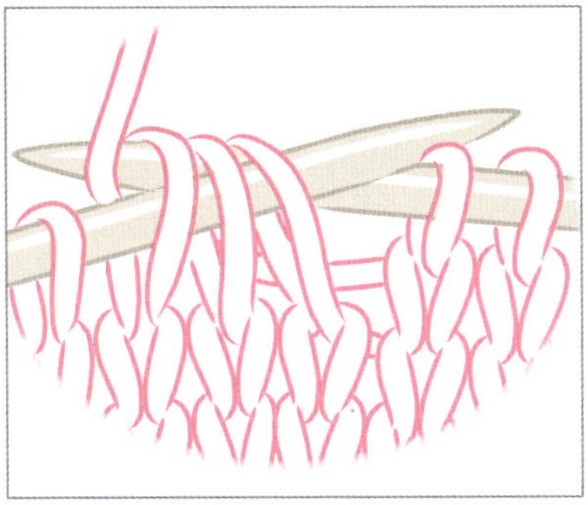

3 M re verschr zus str
In einer rechts gestrickten Reihe die rechte Nadel in das hintere Maschenglied der nächsten drei Maschen einstechen und alle drei zusammen rechts abstricken.

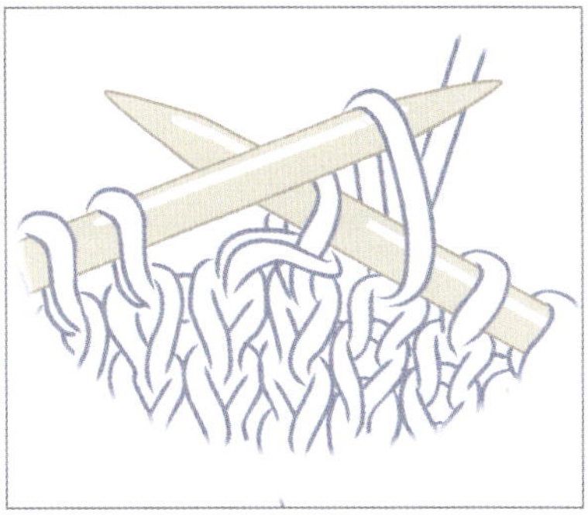

3 M überz zus str
Eine Masche abheben, die beiden darauf folgenden Maschen rechts zusammenstricken (= eine Masche abnehmen). Mit der linken Nadel die abgehobene Masche über die rechte Masche ziehen und von der Nadel gleiten lassen (= zweite Masche abnehmen). Die Masche richtet sich nach links.

Linke Maschen abnehmen

Fast immer kann man einfach zwei bzw. drei Maschen links zusammenstricken (2 M li zus str bzw. 3 M li zus str). Wenn Sie bei dickem Garn eine rechtsgerichtete Abnahme haben wollen, können Sie auch zwei Maschen links verschränkt zusammenstricken (2 M li verschr zus str). Aber bei allen Garnen, die dünner als Worsted sind, reicht es, wenn Sie die zwei Maschen einfach links zusammenstricken.

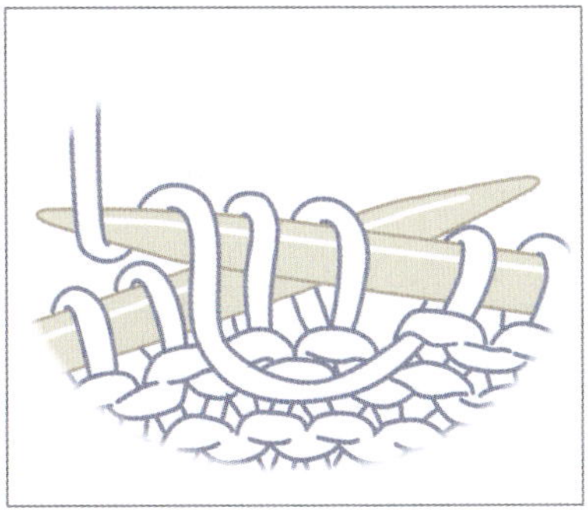

2 M li zus str
In einer Linksreihe die rechte Nadel in die nächsten zwei Maschen einstechen und zusammen links abstricken.

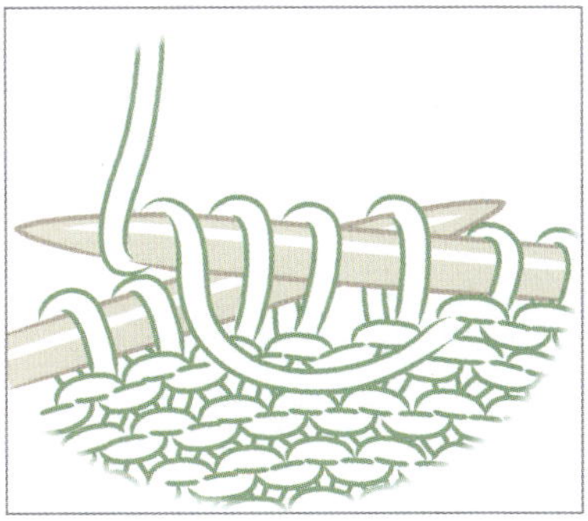

3 M li zus str
In einer Linksreihe die rechte Nadel in die nächsten drei Maschen einstechen und zusammen links abstricken.

Fäden vernähen

Die meisten Modelle aus Strickspitze haben weder Säume noch eine linke Seite, auf der man Fäden vernähen könnte. Überlegen Sie sich im Voraus, wo Sie sie am besten verstecken können. Lassen Sie die Enden der vernähten Fäden hängen und schneiden sie erst nach dem Waschen und Spannen ab (siehe S. 30–31).

Vor allem zwei Methoden haben sich beim Lace-Stricken bewährt: verknoten und vernähen und spleißen und mitstricken.

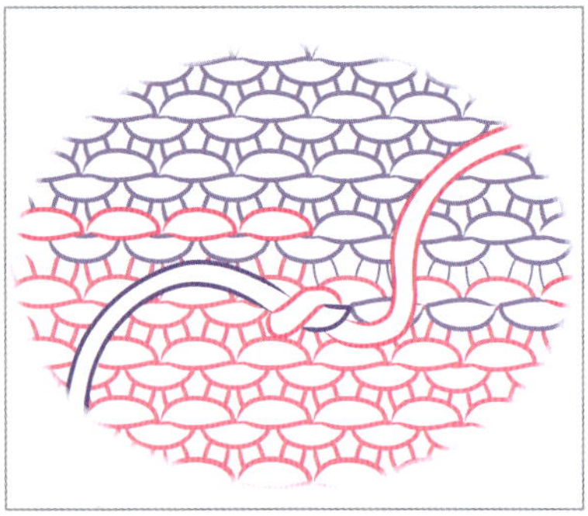

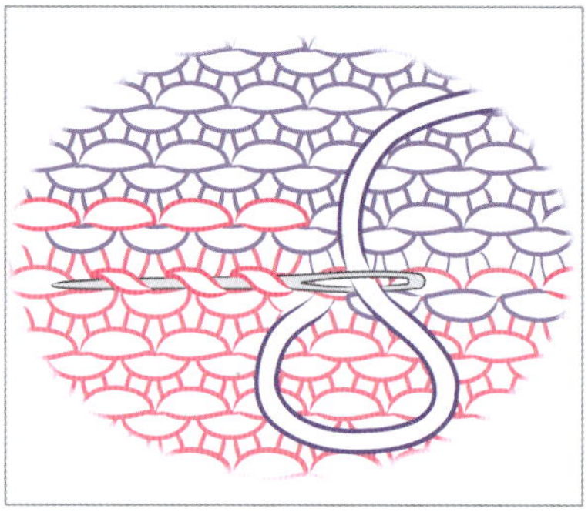

Verknoten und vernähen

Verbergen kann man Fadenenden in Abnahmen, zwischen Bordüre und Musterfeld oder unter angestrickten Maschen. Verknoten Sie den alten und den neuen Faden.

Erst wenn Sie schon ein ganzes Stück weiter sind, lösen Sie den Knoten, verdrehen die beiden Fäden gegeneinander und vernähen die beiden Enden entgegen der Strickrichtung. Die Enden ein paar Maschen zurücknähen, dann am Gestrick abschneiden.

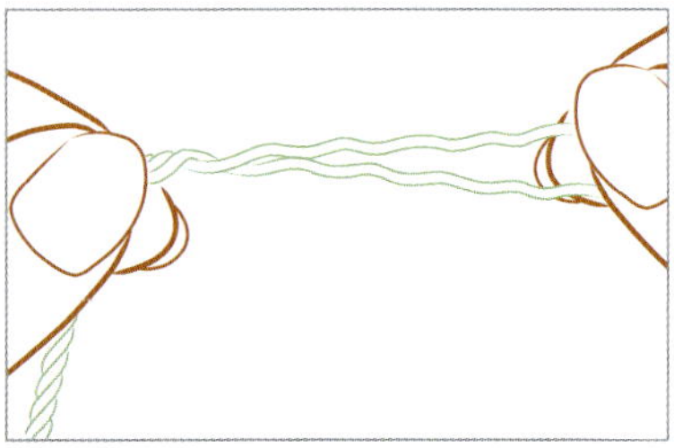

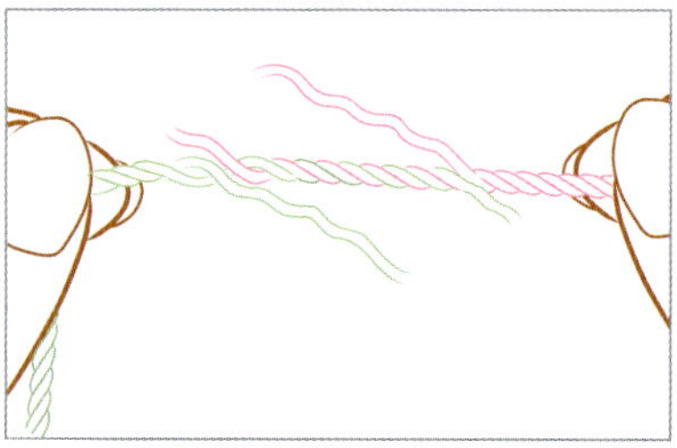

Spleißen und mitstricken

Diese Methode funktioniert nur bei zwei- oder mehrfädigen Garnen. Sowohl den alten als auch den neuen Faden rund 15 cm lang auseinanderziehen und aufzwirbeln.

Einen Strang des alten Fadens neben einen des neuen Fadens legen und beide Stücke bis zum Beginn des normalen Fadens verzwirbeln. Diese Fäden wie gewohnt mitstricken. Die Enden hängen lassen und später abschneiden.

Farbwechsel

Bei Farbwechseln können Sie das stillgelegte Garn bis zur Kante mitführen oder abschneiden und vernähen.

Wenn Sie eine neue Farbe am seitlichen Rand von nur zwei Reihen hochziehen wollen, legen Sie die neue hinter die alte und beginnen mit dem neuen Streifen. Dadurch bildet sich eine saubere Kante, denn die mitgeführten Schlaufen befinden sich auf der Rückseite.

Führt man eine Farbe am Seitenrand über vier oder mehr Reihen mit, verdreht man die Fäden am Rand, damit keine großen offenen Schlaufen entstehen.

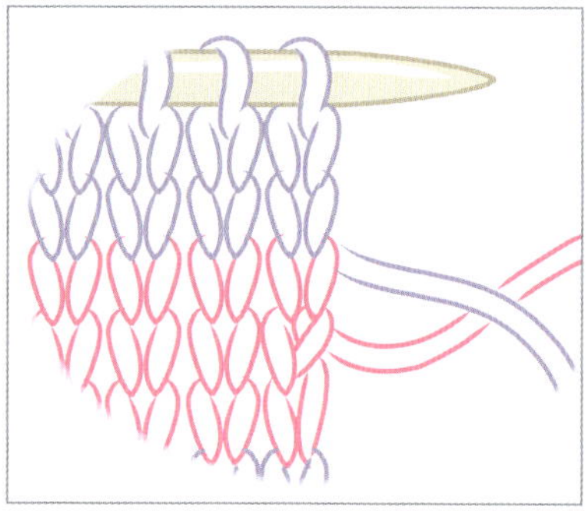

Bei mehr als vier Reihen ist es meist besser, den Faden abzuschneiden und mitzustricken, etwa in der ersten Reihe der neuen Farbe. Stricken Sie immer nur ein Ende mit und vernähen das zweite später mit einer stumpfen Sticknadel.

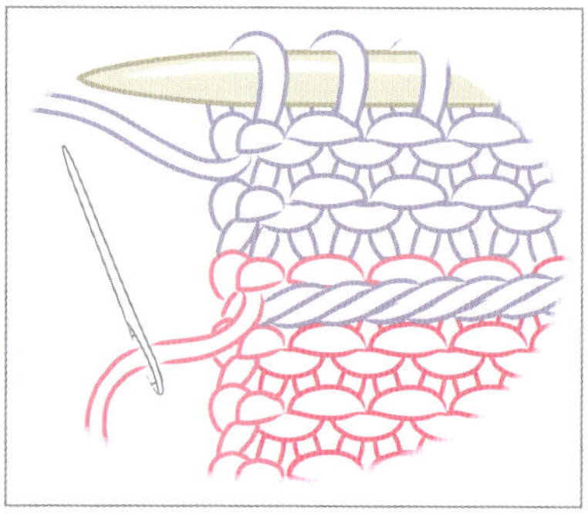

Strickschrift

Im Zählmuster einer Strickschrift sehen Sie genau, wie weit Sie jeweils im Muster gekommen sind, und merken frühzeitig, wenn etwas nicht stimmt.

Die Strickschrift

Jedes Kästchen des Zählmusters steht für einen Vorgang. Die Reihen sind von unten nach oben durchnummeriert, denn in dieser Richtung liest man Strickschrift. Reihen mit ungeraden Nummern werden von rechts nach links, die mit geraden Nummern von links nach rechts gelesen.

Strickschriften haben manchmal ungleichmäßige Ränder oder mittendrin Leerstellen, wenn die Reihen unterschiedliche Maschenzahlen aufweisen. Kästchen, die für „keine Masche" stehen, sind so eingefügt, dass die Strickschrift trotzdem übersichtlich bleibt und die Umschläge so gut es geht genauso erscheinen wie hinterher im Lochmuster des fertigen Gestricks.

Wenn der Umschlag und die dazugehörige Abnahme nicht direkt aufeinanderfolgen, ist das allerdings nicht der Fall. Dann sehen Zählmuster und Gestrick unterschiedlich aus. Das kann schon mal für Verwirrung sorgen.

Die Symbole

Wichtig zu wissen ist, dass es keine verbindlichen Standardsymbole gibt. Da jeder die Strickschrift auf seine Weise verwendet, kann ein Symbol für unterschiedliche Vorgänge stehen. Die in diesem Buch verwendeten Symbole finden Sie auf S. 143.

Ein „leeres" Kästchen steht für eine Grundmasche. Bei Shetland Lace handelt es sich meist in der (ungeraden) Hin- und (geraden) Rückreihe um eine rechte Masche, denn sie wird oft kraus rechts gestrickt. Gibt das Muster einen glatten Rechtsmaschengrund vor, strickt man das leere Kästchen in den Hinreihen rechts und in den Rückreihen links.

Strickschrift lesen

Ein Beispiel: Beim Einsatzmuster Cat's Paw (S. 65) besteht die „Katzenpfote" in der untersten Reihe aus sieben Kästchen = sieben Maschen.

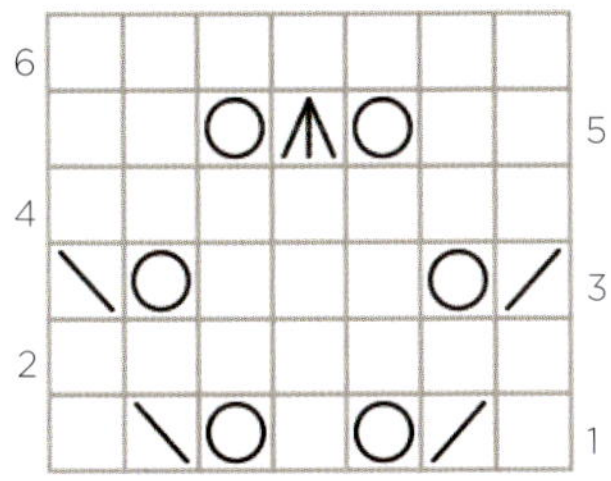

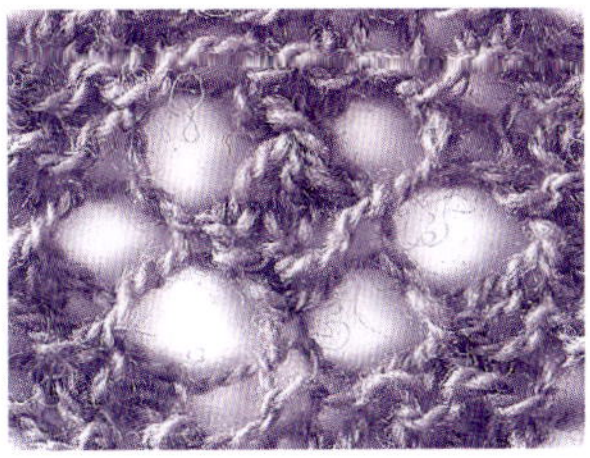

Reihe 1 beginnt unten rechts. Das erste Kästchen ist leer = eine Masche re. Es folgt eine rechtsgeneigte Abnahme (2 M re zus str), ein Umschlag, eine Masche re, noch ein Umschlag, eine linksgeneigte Abnahme (entw. 2 M re verschr zus str oder abh abh re zus str) und zum Schluss eine Masche re. Ausgeschrieben sieht das so aus: 1 M re, 2 M re zus str, U, 1 M re, U, 2 M re verschr zus str, 1 M re.

Reihe 2 wird von links nach rechts gelesen und besteht nur aus leeren Kästchen = rechten Maschen.

Reihe 3 2 M re zus str, U, 3 M re, U, 2 M re verschr zus str.

Reihe 4 nur rechte Maschen.

Reihe 5 2 M re, U, dann 3 M re verschr zus str, dann U, 2 M re.

Reihe 6 nur rechte Maschen.

Abfolge der Umschläge = Löcher im Gestrick.

TIPPS

- Wenn Sie noch nie Lace gestrickt oder nach Strickschrift gearbeitet haben, notieren Sie sich die Anweisungen zu einigen Zählmustern in der Musterübersicht. Dann können Sie Ihr Gestrick zwischendurch mit den Vorgaben für die einzelnen Reihen abgleichen.
- Schauen Sie sich das Muster vor dem Stricken genau an. Shetland-Muster sehen kompliziert aus, sind aber aus vielen kleineren Einzelmotiven oder -mustern zusammengesetzt. Verinnerlichen Sie diese, bevor Sie die erste Masche anschlagen.
- Suchen Sie sich Orientierungspunkte im Muster, etwa die Stellen, an denen immer wieder eine rechte Masche kommt, oder wo der Umschlag der aktuellen Reihe eine Masche gegen die Vorreihe versetzt ist. Solche Gedächtnisstützen helfen, Fehler schneller zu bemerken und gleich zu beheben, anstatt viele Reihen auftrennen zu müssen.
- Üben Sie, Ihr Gestrick zu „lesen". Sehen Sie sich das Lochmuster und die Abnahmen genau an und vergleichen Sie das Ergebnis mit der Strickschrift. Wenn Sie das alle paar Reihen tun, fallen Fehler sofort auf. Falls Sie einmal den Überblick verloren haben, finden Sie so leicht heraus, wo Sie gerade sind.

Symbole in den Rückreihen

Die Rückreihen (mit gerader Reihennummer) liest man von links nach rechts. Vorgänge wie rechte Masche, Umschlag oder „3 M re verschr zus str" werden genauso ausgeführt wie in den (ungeraden) Hinreihen. Nur links- und rechtsgerichtete Abnahmen müssen umgekehrt werden, denn Sie haben ja nun die Rückseite der Arbeit vor sich. Das Symbol / bedeutet deshalb in Hinreihen „2 M re zus str", in Rückreihen jedoch „2 M re verschr zus str".

Ränder und Nähte

Die Wirkung eines Stücks steht und fällt oft mit der Ausarbeitung der Ränder und Nähte. Da Sie viel Zeit und Energie in Ihr Gestrick stecken, lohnt es sich unbedingt, noch etwas mehr Geduld und Sorgfalt aufzubringen und die Arbeit perfekt abzuschließen.

Ränder

Bei den meisten Lace-Modellen sind die Ränder sichtbar, oft stellen sie sogar ein wichtiges Gestaltungselement dar. Deshalb ist es gut zu wissen, wie man sie sauber hinbekommt.

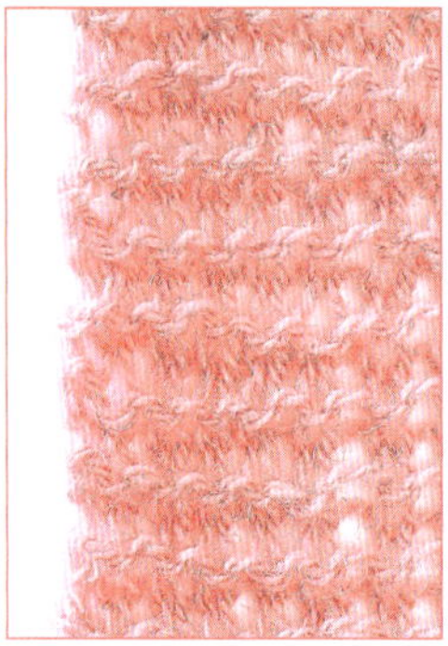

Methode 1: nur rechte Maschen (nur re M)
Erste und letzte Masche wie gewohnt rechts (oder links) abstricken. Geeignet, wenn Sie am Rand glatt rechte Maschen anstricken wollen. Bleibt der Rand sichtbar, fallen selbst kleine Abweichungen der Maschengröße auf!

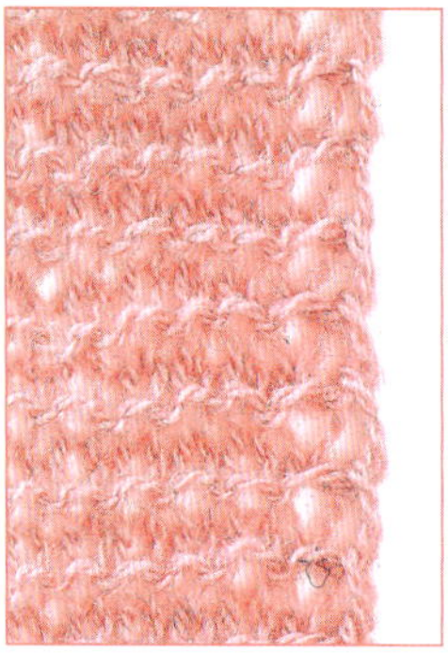

Methode 2: Masche wie zum Linksstricken abheben (1 M li abh)
Der Kettrand ist sehr nützlich, wenn Sie später noch an die Randmaschen anstricken wollen.

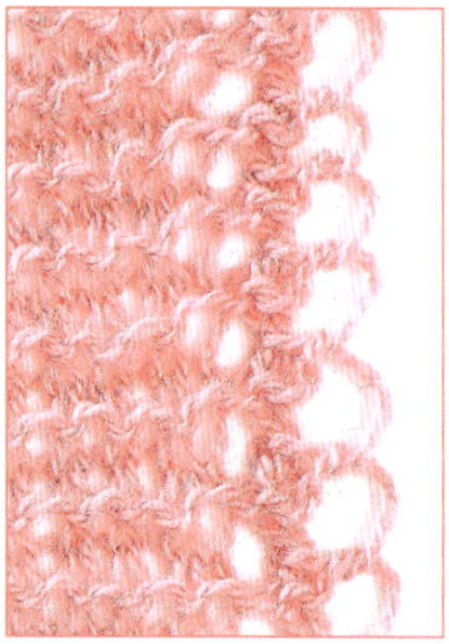

Methode 3: U, 2 M re verschr zus str
Den Faden wie zum Linksstricken vor die Nadel legen, dann die beiden ersten Maschen rechts ver schränkt zusammenstricken. Die kleine Schlinge am Rand nutzt man für Spitzenborten wie z. B. bei Traditional Scalloped Lace (S. 81). Im Prinzip stechen Sie die Nadel unter dem Faden her in die ersten beiden Maschen, um sie rechts verschränkt zusammenzustricken. Nur für krause Rechtsmaschengründe.

RECHTSMASCHE UND RUCK

Die erste Masche der neuen Reihe rechts stricken und mit einem kräftigen Ruck am Faden ziehen. Dadurch ziehen Sie die erste Masche der neuen Reihe und zugleich die letzte Masche der Vorreihe ordentlich straff. Wenn Sie fürchten, der Faden könnte reißen, probieren Sie es zuerst mit einem Garnrest aus.

Nahtverbindungen

Manchmal müssen Strickteile zusammengenäht werden. Um ein flaches Gestrick zu erhalten, die Einzelteile zum Zusammennähen flach auf den Tisch legen.

Die Sticknadel soll in der Dicke zum Garn passen. Das heißt, beim Verarbeiten von dünnem Garn ist eine dünne Nadel angebracht, sie muss aber eine stumpfe Spitze haben.

Gut geeignet ist der Überwendlingsstich, aber auch jeder andere, der eine flache Naht ergibt. Schauen Sie sich die gestrickten Maschen an und nähen Sie die Stiche in etwa gleich groß. Meist ist das viel größer und lockerer, als wenn Sie etwa einen Pullover zusammennähen.

Nähen Sie die Reihen möglichst eine nach der anderen an den Enden zusammen. Bei einer Kante aus links abgehobenen Maschen geht das ganz einfach: Jede Luftmasche der Kante erfassen und darauf achten, dass Sie immer in das gleiche Maschenglied einstechen. Besteht der Rand nur aus rechten Maschen, bilden sich dort Knötchen, gefolgt von einem vertikalen Faden. Beim Nähen nimmt man entweder das Knötchen oder den Faden.

Überwendlingsstich

Die Teile links auf links legen, die Nadel durch beide stechen, dabei nur die äußeren Maschenglieder erfassen. Die Sticknadel immer von derselben Seite einstechen. Die ausgestrichene Naht sollte flach und ohne Wulst sein.

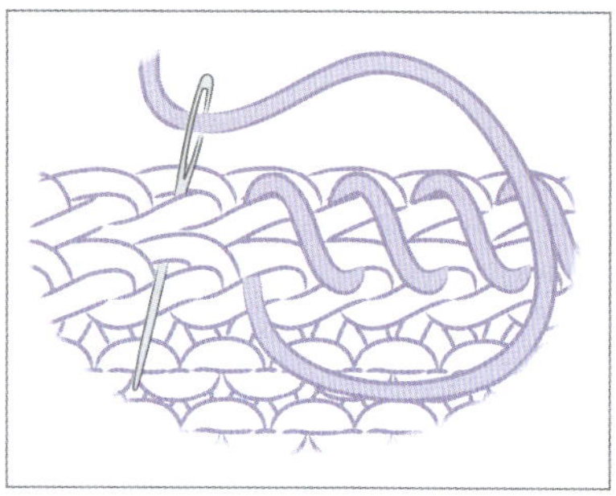

Maschenstich

Mit dem Maschenstich kann man praktisch unsichtbar zwei Reihen Maschen von der Nadel verbinden. Hat man den Bogen erst mal heraus, geht das ganz einfach. Schwierig ist, wie immer, der Anfang. Mein Rat: Fangen Sie nie einen Maschenstich an, wenn Sie unter Zeitdruck stehen. Manchmal werden Sie 30 Maschen in drei Minuten schaffen, manchmal braucht man eine halbe Stunde oder länger.

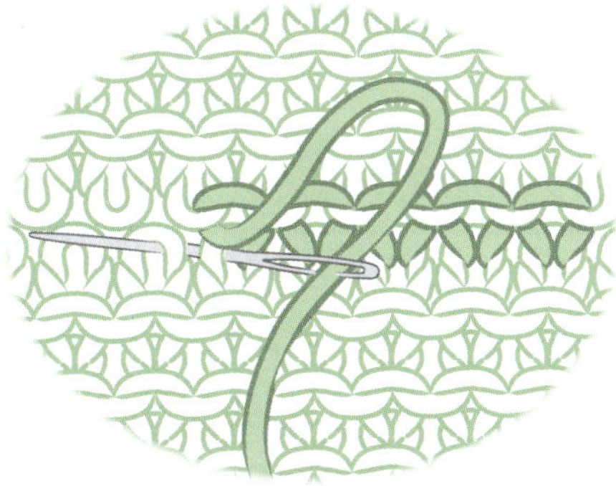

Maschenstich für kraus rechts

Beim Maschenstich in krausem Rechtsmaschengrund muss ein Teil mit einer Hinreihe enden, das andere mit einer zusätzlichen Rückreihe. Den Faden in die Sticknadel einfädeln und die beiden Maschenreihen auf dünnere Nadeln als beim Stricken ziehen. Die Teile flach hinlegen, sodass sich die offenen Maschen gegenüberliegen und sich das Stück mit der Zusatzreihe oben befindet.

„Von Ihnen weg" bedeutet, Sie stechen die Nadel von vorn nach hinten ein, „zu Ihnen hin" heißt, von hinten nach vorn.

Stechen Sie zunächst die Sticknadel von Ihnen weg nach unten in die erste Masche auf der oberen Stricknadel (von vorn nach hinten), dann von Ihnen weg nach unten in die erste Masche auf der unteren Nadel. Nun die Sticknadel zu Ihnen hin nach oben (von hinten nach vorn) in die zweite Masche auf der unteren Nadel stechen, dann zu Ihnen hin nach oben in die erste Masche auf der oberen Nadel (von hinten nach vorn); dann nach unten in die zweite Masche auf der oberen Nadel; dann nach oben in die dritte Masche auf der unteren Nadel, nach oben in die zweite oben, nach unten in die dritte oben, nach unten in die dritte unten. Bis zum Reihenende weiter nach unten, nach oben, nach oben.

SCHON BEI BEGINN AN DIE AUSARBEITUNG DENKEN

Für den Maschenstich bieten sich die Fadenenden am Anfang und Ende Ihres Gestricks an. Lassen Sie sie dafür entsprechend lang.

MIT EINER KONTRASTFARBE ÜBEN

Wenn der Maschenstich für Sie Neuland ist, üben Sie ihn ein paarmal an kraus rechten Gestricken. Nehmen Sie dazu ein Garn in einer anderen Farbe, damit Sie den Überblick behalten. Achten Sie auf die Größe der Maschenstiche – sie sollten genauso groß sein wie die Strickmaschen.

FREDDY, TEDDY

Mary Kay, eine fabelhafte Strickerin aus Shetland, die viele Jahre als Mathematiklehrerin arbeitete, verriet mir einen Merkspruch für den Ablauf beim Maschenstich in kraus rechten Gestricken. Im Dialekt der Shetlands spricht man das englische „from you" (von Ihnen weg) „fray dee" aus und „to you" (zu Ihnen hin) als „tay dee". Der kraus rechte Maschenstich wird damit zu „Freddy, Teddy"! Die Reihenfolge ist auch leicht zu behalten: F kommt im Alphabet vor T.

Maschen anstricken

Wenn Sie rings um ein Quadrat Maschen herausstricken (etwa bei einem Schultertuch oder einer Kissenhülle), haben Sie drei Sorten Ränder: die auf der Nadel liegenden Maschen, die Anschlagkante und die beiden Seitenränder. An jede wird anders angestrickt. Die Nadeln sollten immer erheblich dünner sein als die Arbeitsnadeln. Schlingen Sie erst eine Reihe neue Maschen an und stricken dann erst die ganze Reihe. Fangen Sie nicht direkt mit dem Stricken an.

Die erste Reihe nach dem Anstricken

Die Fotos zeigen, dass die aufgenommenen Maschen unterschiedlich auf der Nadel liegen. Beim rechts gestrickten und beim links abgehobenen Rand sticht man in der ersten Reihe in das hintere Maschenglied. Beim Rand aus Umschlag und zwei verschränkt zusammengestrickten rechten Maschen strickt man die neuen Maschen normal an.

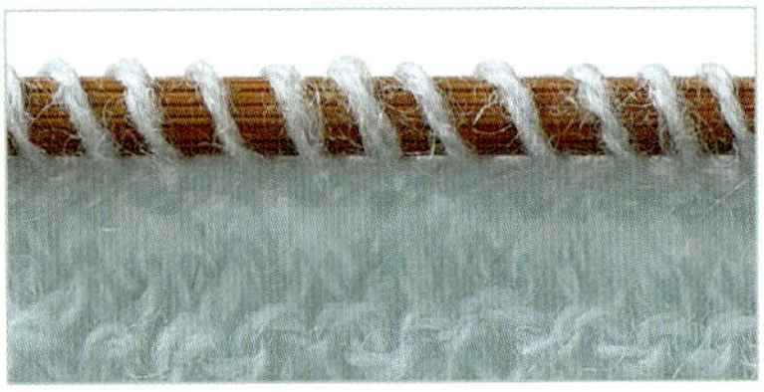

Anschlagkante

Sollen später Maschen aus der Anschlagkante aufgefasst werden, schlagen Sie mit Hilfsfaden an. Man entfernt ihn Masche für Masche und legt die offenen Maschen auf die Nadel.

Beim Anschlag ohne Hilfsfaden hängt es von der Technik ab, wie Sie die neuen Maschen herausholen. Schauen Sie sich beide Seiten an. Irgendwo finden Sie eine Reihe schräger Schlingen (eine pro Masche). Stechen Sie die Nadel quer über die erste Schlinge ein. So können Sie leichter die Spitze zurückziehen und die nächste Masche fassen.

Sind die erste und die letzte Masche unterschiedlich, müssen Sie improvisieren und die Nadel durch einen Knoten stechen, oder Sie nehmen das vordere oder hintere Maschenglied der vorigen Masche.

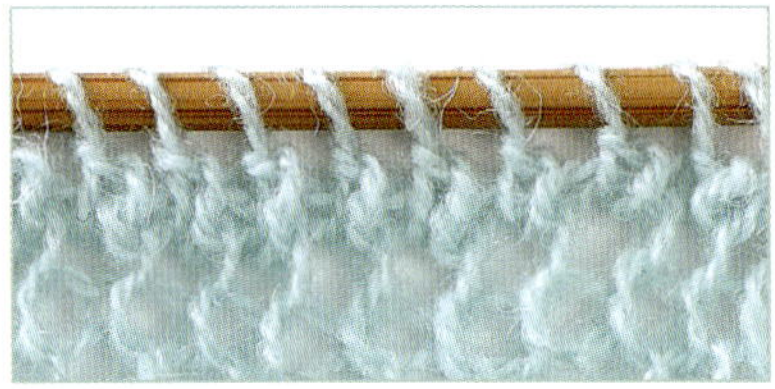

Rand aus U, 2 M re verschr zus str

Hier haben Sie eine relativ große Schlinge am Anfang jeder zweiten Reihe. Nutzen Sie sie, wenn Sie kraus rechts stricken, aber nicht für glatt rechte Maschengründe.

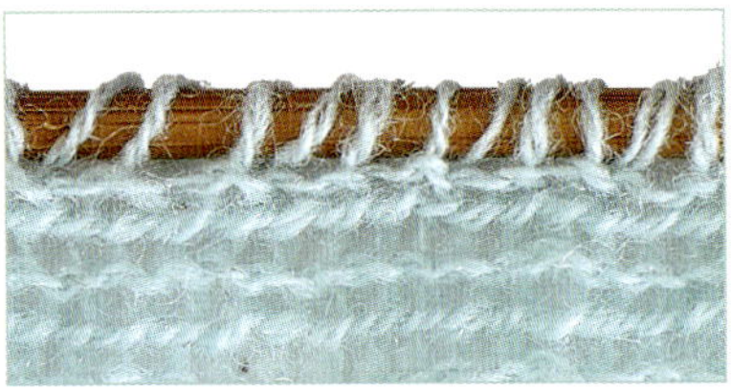

Glatt rechter Rand

Auch glatt rechts gestrickte Reihen enden mit Knötchen und Kettmaschen. Da Sie diesmal jedoch rund drei neue Maschen aus je vier Reihen herausholen, müssen Sie sie an die Knötchen UND an jede zweite Kettmasche anstricken. Sie können sie zuerst aufnehmen, aber besser ist es, Sie nehmen sie auf und stricken sie rechts genauso wie die angesetzten Maschen. Letzteres ist einfacher, erfordert aber etwas mehr Konzentration.

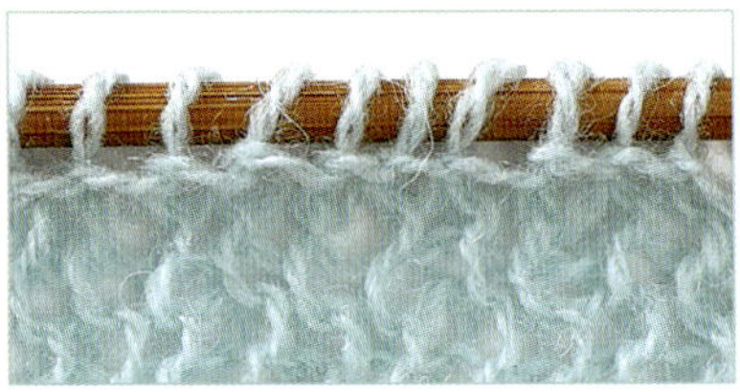

Rand aus abgehobenen Maschen

Dieser Rand sieht aus wie Luftmaschen. Bei einem kraus rechten Gestrick fassen Sie eine Masche aus jeder Luftmasche auf. Jede Schlinge hat ein vorderes und ein hinteres Maschenglied. Wenn Sie nur eines davon erfassen, bilden die anderen Maschenglieder eine leicht erhabene Kante. Erfassen Sie das Maschenglied so wie bei der Anschlagkante – stechen Sie die Nadel über Kreuz dazu ein.

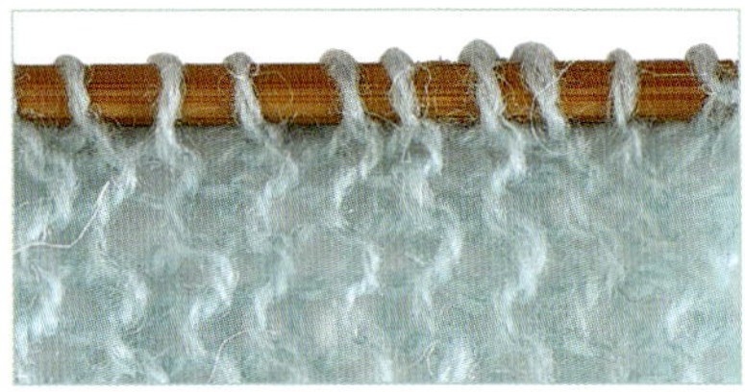

Kraus rechter Rand

Wenn Sie sich den Rand Ihres Strickstücks ansehen, sehen Sie Knötchen mit Kettmaschen dazwischen. Jedes steht für eine Reihe. Bei kraus rechten Rändern holen Sie eine Masche aus je zwei Reihen heraus, d. h. Sie stechen durch jedes Knötchen. Sie können den Faden stattdessen auch durch die Kettmaschen holen, doch ist das etwas schwieriger, außerdem können die Knötchen zwischen den neuen Maschen stören.

Lace-Blenden ansetzen

Sie können ohne Weiteres die Maschen abketten und die Blende sauber an das Stück annähen, aber auch gleichzeitig die letzte Reihe abketten und die Blende stricken. Am einfachsten ist es, wenn die abzukettenden Maschen auf einer Rundnadel liegen. Ich nenne sie hier die „Ursprungsmaschen". Sie benötigen zudem eine gerade Nadel derselben Stärke.

1 Schlagen Sie zunächst auf der geraden Nadel die Maschen für die Blende an – ich nenne sie hier „Lace-Maschen".

2 Die erste Reihe der Blende rechts stricken, dann die zweite bis zur letzten Masche. Diese mit der ersten Ursprungsmasche zusammenstricken.

3 Weiterstricken, dabei am Ende jeder Lace-Rückreihe eine Masche abnehmen, indem Sie die letzte Masche der Blende mit der nächsten Ursprungsmasche zusammenstricken.

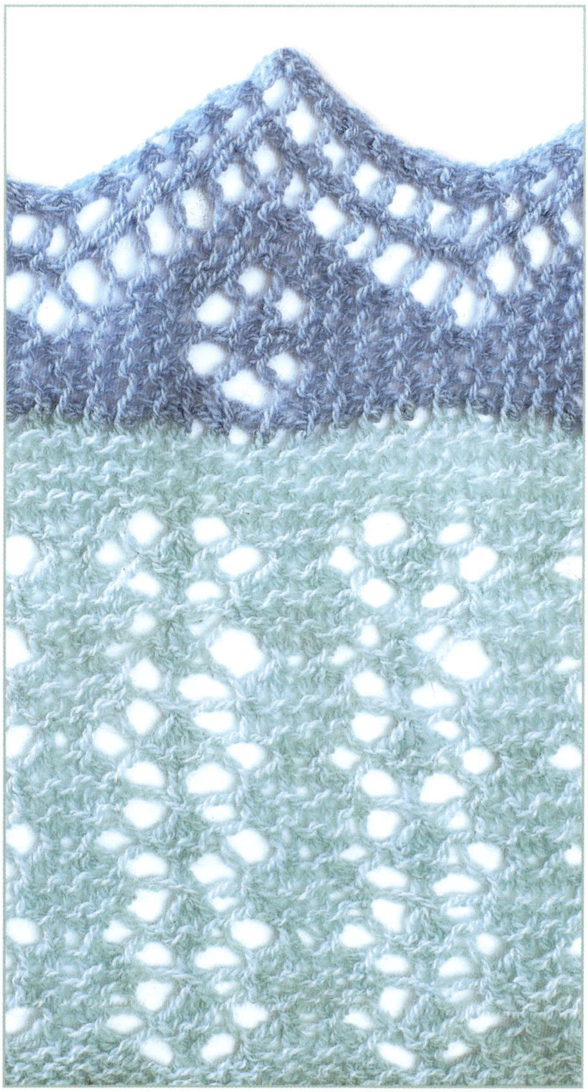

Bei diesem Beispiel sind die Ursprungsmaschen türkis und die Lace-Maschen blau.

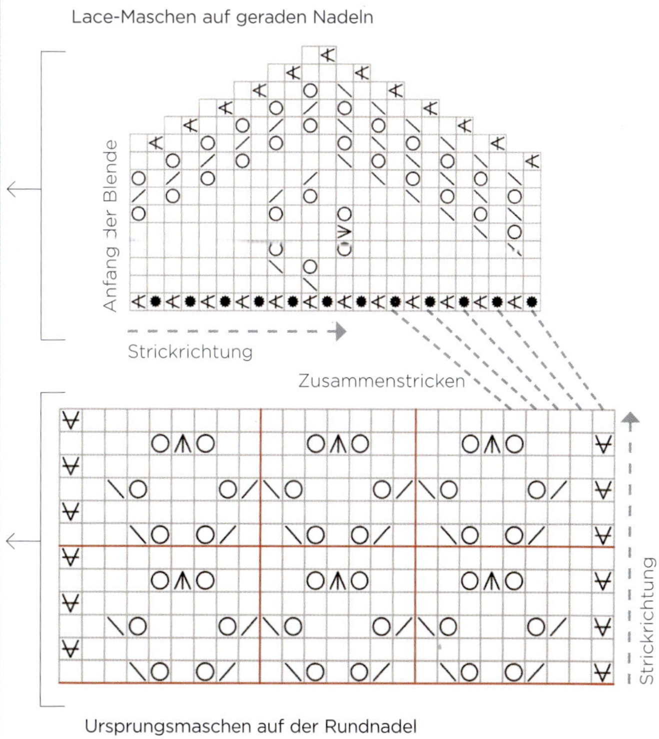

Die Strickrichtung wechselt, wie oben gezeigt, während Sie die Blende anstricken.

Fehler korrigieren

Fehler machen wir alle! Berücksichtigt man alle aufgeribbelten Reihen, habe ich für jedes fertige Schultertuch mindestens eineinviertel Tücher gestrickt. Man muss wissen, wann man einen Fehler ignorieren darf und wann man ihn beheben sollte.

Dass etwas nicht stimmt, merkt man oft an der falschen Anzahl Maschen. Sind es zu viele, haben Sie vermutlich einen Umschlag zu viel gemacht; sind es zu wenige, haben Sie entweder eine Masche fallen gelassen oder einen Umschlag vergessen. Um Fehler zu korrigieren, muss man sie erst einmal finden. Wenn Sie mit vielen Maschenmarkierern arbeiten, geht das recht schnell. Falls nicht, fangen Sie am Reihenanfang an und zählen die Mustermaschen bis zum Fehler.

Fallmasche

Fixieren Sie die Fallmasche erst einmal mit einer Stecknadel, damit sie nicht weiterläuft. Arbeiten Sie sie dann mit einer Häkel- oder Zopfnadel Masche für Masche nach oben. Ist die Masche Teil einer Abnahme oder laufen gleich mehrere Maschen, ist Reparieren manchmal sinnvoller.

Ein Umschlag zu viel = eine Masche zu viel

Es passiert leicht, dass man einen Umschlag zu viel strickt, etwa vor und nach zwei rechts zusammengestrickten Maschen. Lassen Sie den Umschlag einfach von der Nadel gleiten. Selbst wenn Sie ihn in der Rückreihe gestrickt haben, können Sie ihn immer noch bei der darüber liegenden Masche fallen lassen. Nach dem Spannen sieht man davon nichts.

Fehlender Umschlag

Hier kann man in der folgenden Reihe oder der nächsten Hinreihe korrigieren. In der Folgereihe einfach den Faden aufnehmen, wo der Umschlag hingehört. In der nächsten Reihe das Maschenglied zwei Reihen weiter unten aufnehmen (dort, wo der Umschlag hingehört) und um die Masche darüber schlingen wie bei einer Fallmasche.

Umschlag auf der falschen Seite der Abnahme

Sie lassen die zwei rechts zusammengestrickten Maschen und den Umschlag fallen und stricken sie dann in der richtigen Reihenfolge erneut ab. Wenn Sie versehentlich schon die nächste Rückreihe gestrickt haben, korrigieren Sie die Maschen zwei Reihen davor und stricken die Reihe darüber mit der ersten Masche.

Zweimal zwei Maschen rechts zusammengestrickt = eine Masche zu wenig

Schauen Sie sich die Arbeit genau an, um den Fehler zu finden und seine Auswirkung zu sehen. Entweder Sie stricken bis zu dieser Stelle zurück, oder Sie fügen in der aktuellen Reihe eine Masche ein, indem Sie aus dem Faden zwischen zwei Maschen eine Masche verschränkt einstricken.

Die Strickprobe zeigt verschiedene Fehler und ob bzw. wie sie behandelt wurden. Interessanterweise sieht man im fertigen Stück kaum etwas davon.

- Zwei Reihen des Lace-Musters fehlen ganz – wurde so belassen (1).
- Umschlag auf der falschen Seite der Abnahme – wurde so belassen (2).
- 2 M re zus str, U anstelle von 2 M re zus str, U, U, abh abh re zus str – wurde so belassen (3).
- Eine Masche zu viel abgenommen – 3 M re verschr zus str anstatt 2 M re verschr zus str (4).
- 2 M re zus str, U, abh abh re zus str anstelle von U, U – es wurde je eine re und li M in den einen U der folgenden R gestrickt (5).

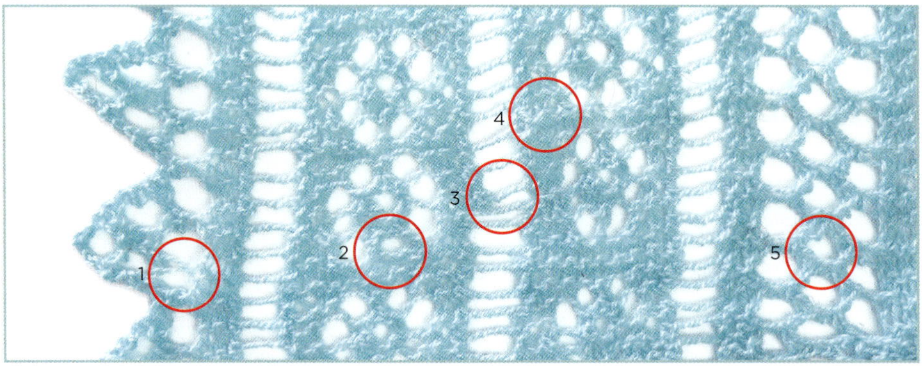

Bei manchen Mustern können Sie auch in der nächsten Musterreihe einmal 2 M re zus str weglassen oder Sie stricken nur zwei statt drei Maschen zusammen. Die Entscheidung hängt vom Muster ab.

1 M re anstelle von 1 M abh am Reihenanfang

Hier kommt es darauf an, was mit dem Rand geschehen soll. Liegt der Fehler an einem Rand, an den angestrickt werden soll, brauchen Sie nicht zurückzustricken, denn nach dem Anstricken fällt der Fehler nicht mehr auf. An einem Außenrand hilft alles nichts. Dort muss man ihn entweder ignorieren oder beheben.

Ein Teil des Musters ist völlig falsch

Auch hier müssen Sie im Einzelfall überlegen, ob Sie bis zum Fehler alles aufribbeln müssen oder ein Stück zurück- und wieder hochstricken können.

Breiten Sie das Strickstück vor sich aus. Legen Sie helles Garn auf eine dunkle Unterlage, dunkles Garn auf einen hellen Untergrund. Schauen Sie sich das Muster kritisch an und entscheiden Sie in Ruhe, was am besten zu tun ist.

Ein kleines Stück aufribbeln

Sind es nur wenige Reihen, ist Auftrennen meist sinnvoller.

1 Wenn Sie eine Rettungsleine gelegt haben (siehe S. 19), ribbeln Sie das Gestrick bis zu dieser Reihe auf. Andernfalls ziehen Sie die Nadel behutsam aus den Maschen und lösen sie auf.

2 Ribbeln Sie bis kurz hinter dem Fehler auf und erfassen Sie die offenen Maschen auf einer dünneren Nadel und stricken sie dann mit den Arbeitsnadeln wieder ab.

Ein großes Stück reparieren

Müssen Sie weit zurückgehen, legen Sie das Gestrick mit kontrastfarbenem Untergrund auf eine Korkplatte oder andere Fläche, in die Sie Stecknadeln stechen können.

Legen Sie reichlich Stecknadeln und dünne Hilfsnadeln bereit. Wenn Sie mit dünnen Nadeln arbeiten, sind Sticknadeln gut geeignet, Strumpfstricknadeln oder andere kurze, dünne zweispitzige Nadeln auch.

1 Das Gestrick ausbreiten und abseits des „Arbeitsbereichs" sicher feststecken. Wenn schon Laufmaschen vorhanden sind, fixieren Sie jede mit einer Stecknadel, damit sie nicht weiterläuft. Legen Sie genau fest, wie viele Maschen Sie fallen lassen müssen.

2 Nun jede Masche bis einschließlich des Fehlers behutsam fallen lassen und mit einer Stecknadel fixieren. Zum Schluss haben Sie Fadenreihen über Stecknadelreihen.

3 Nun mit zweispitzigen Hilfsnadeln diese Maschen aus dem Faden der jeweiligen Reihe wieder hochstricken und dabei darauf achten, dass Sie immer den unteren Strang verwenden. Nach jeder fertigen Reihe geradeziehen, damit die Maschen einheitlich sind. Sie können jederzeit Maschen auf der Nadel belassen.

4 Sobald Sie alle Maschen bis zur obersten Reihe hochgestrickt haben, legen Sie sie wieder auf die Arbeitsnadel und stricken weiter. Nach ein paar Reihen das Stück in alle Richtungen ziehen – Sie werden staunen, wie wenig man sieht. Nach dem Waschen und Spannen ist es, als wäre nichts geschehen.

Gerissener Faden

Manchmal verhakt sich das Gestrick, und der Faden reißt. Das ist ärgerlich, aber kein Beinbruch, denn man kann die Stelle unsichtbar flicken.

Wie, hängt davon ab, was passiert ist, welche Maschen gefallen sind und mit welchen Fadenlängen Sie arbeiten.

Dabei ist es wichtig, welchem Zweck das Gestrick später dienen soll. Bei einer viel benutzten Babydecke müssen feste Knoten sein, aber eine Abendstola, die nur gelegentlich getragen wird, darf etwas weniger robust sein.

1 Als erstes fixieren Sie die Fallmaschen ober- und unterhalb des Risses mit Stecknadeln, damit Sie nicht weiterlaufen, wenn Sie am Faden ziehen.

2 Für die Reparatur benötigen Sie zusätzliches Garn, das geschickt angefügt werden muss. Oft ribbelt man weitere Maschen auf, damit das Fadenende lang genug ist, um es mit dem neuen Faden zu verbinden.

3 Soll das Gestrick später viel benutzt werden, spleißt oder knotet man ein gut 7,5 cm langes Stück an (siehe S. 22). Den Knoten versteckt man zwischen den Maschen oder in einer Abnahme.

4 Nun mit dem neuen Faden die fehlenden Maschen „abstricken" und dabei an die Fallmaschen anschlingen. Sind mehrere Maschen betroffen, funktioniert das genauso.

5 Die reparierten Maschen mit den darüber liegenden Maschen zusammenstricken. Zum Schluss die Fadenenden wie gewohnt vernähen und die Rettungsleine entfernen.

Spitze spannen

Beim Spannen – auf den Shetlandinseln spricht man von „dressing“ – wird das fertig gestrickte Teil feucht in Form gezogen und ausgespannt. Meist wächst es um rund ein Drittel in die Breite und um rund ein Zehntel in die Länge.

Vor allem Naturfasern lassen sich gut spannen, das heißt. Die Löcher des Durchbruchmusters weiten sich und bleiben nach dem Trocknen weit offen. Synthetikfasern kehren nach dem Spannen oft in ihre ursprüngliche Fasson zurück.

BABYDECKEN

Eine viel beschäftigte Mutter hat verständlicherweise weder Zeit noch Lust, regelmäßig diesen Aufwand zu treiben. Für ein Alltagsstück verwenden Sie besser hochwertiges Acrylgarn, das man in die Waschmaschine und in den Trockner stecken kann.

Wenn Sie ein feines Stück verschenken, bieten Sie an, es für den Beschenkten zu waschen. Auf den Shetlandinseln war es früher gang und gäbe, die Shawls von den Strickerinnen waschen und spannen zu lassen.

Waschen

1 Eine Schüssel mit lauwarmem Wasser füllen und mit ein paar Tropfen gutem Geschirrspülmittel eine Lauge herstellen. Das Gestrick darin schwenken. Herausnehmen und die Lauge so gut es geht herausdrücken, aber niemals auswringen.

2 Das Teil mehrmals mit lauwarmem Wasser auswaschen, dabei darauf achten, dass die Wassertemperatur konstant bleibt. Temperaturwechsel lassen Wolle verfilzen!

3 Das Gestrick in ein Wäschenetz oder einen Kopfkissenbezug stecken und in der Waschmaschine mit der für Wolle vorgesehenen Drehzahl schleudern. Oder auf ein Frotteetuch legen, das Ganze aufwickeln und so viel Wasser wie möglich herausdrücken.

Trocknen und spannen

Sie benötigen dazu eine ebene Fläche, auf der Stecknadeln halten und die größer als das Gestrick sein muss. Der Teppichboden im Gästezimmer tut es genauso wie eine Spezialplatte aus Kork oder Schaumstoff. Außerdem brauchen Sie Stecknadeln mit großem Kopf (wie zum Quilten) oder Sicherheitsnadeln.

1 Das Gestrick auf der Fläche zunächst nur grob ausbreiten, dann von der Mitte aus sauber in Form ziehen. Ziel ist, das Stück zu glätten und die Löcher zu weiten. Dazu müssen Sie Spannung erzeugen, aber ziehen Sie nicht zu stramm.

2 Sobald das Stück in etwa die richtige Form hat, setzen Sie die Nadeln.

Ist der Mittelteil von Löchern umgeben, stecken Sie diese zuerst fest, auch wenn Sie diese Nadeln meistens später wieder entfernen müssen. Diese Tätigkeit ist für den Rücken nicht angenehm, also lassen Sie sich Zeit!

Wenn der Rand Bögen aufweist, gehört in jede Spitze eine Stecknadel. Fangen Sie mit jeder vierten an, bis Sie einmal herum sind, und nehmen sich dann in der nächsten Runde die Spitzen dazwischen vor. Dabei muss man manchmal ganze Abschnitte neu abstecken.

3 Lassen Sie das Stück ausgespannt, bis es sich trocken anfühlt, und warten Sie nochmals 24 Stunden, bevor Sie die Nadeln entfernen.

Mit Großkopf-Stecknadeln und Spanndrähten bringen Sie Ihr Gestrick sauber in Form.

IMPROVISIEREN SIE!

Falls Ihnen nicht genügend Platz zum Spannen zur Verfügung steht, gibt es Alternativen. Beispiele:

- **Korkplatten an der Wand befestigen und als Spannbrett verwenden.**
- **Ein Gästebett mit dicken Frotteetüchern abdecken (wichtig ist, dass sie sehr flauschig sind). Vom Mittelteil aus das Gestrick auf den Tüchern in Form ziehen; durch Reibung bleiben sie ausgebreitet. Dann jeden Randbogen einzeln herausziehen.**
- **Das Gestrick falten und spannen. Wie Sie es falten, bleibt Ihnen überlassen, etwa am Rand und an den Ecken des Mittelteils entlang. Die Randbögen möglichst feststecken, dabei die Stecknadeln durch mehrere Lagen gleichzeitig stechen. Der Trockenvorgang dauert länger, aber Sie brauchen weniger Platz.**
- **Wie wäre es mit Bügeln? Legen Sie ein dickes Handtuch auf das Bügelbrett oder auf einen Tisch. Das Gestrick darauflegen, mit einem Geschirrtuch aus Frottee abdecken und bügeln. Von der Mitte nach außen das Bügeleisen jeweils ein paar Sekunden auf das Tuch aufsetzen. Zum Schluss an der Lace-Kante die Bögen beim Bügeln herausziehen. (Falls Sie unsicher sind, probieren Sie diese Methode erst an einer Strickprobe aus.)**

Lagerung

Erst wenn das Gestrick durch und durch trocken ist, die Fadenenden abschneiden. Die Spitze behutsam falten und mit Mottenschutzmittel in einen Baumwollsack stecken (z. B. einen alten Kopfkissenbezug). Alternativ die Spitze um eine ausreichend lange Papprolle wickeln. Bei weißen Kleidungsstücken empfiehlt es sich, die Rolle zuerst mit säurefreiem Seidenpapier einzuhüllen bzw. eine Lage davon zwischen aufeinanderliegende Strickteile zu legen.

Nach dem Tragen das Teil 24 Stunden sauber gefaltet über einer Stuhllehne aushängen lassen und dann wieder in den Beutel legen. Bei einem sorgfältig gespannten Stück brauchen Sie nach dem zweiten Waschen nicht mehr so viel Aufwand zu betreiben wie nach dem ersten. Einfach (notfalls gefaltet) liegend trocknen. Nicht einmal die Bogenkante muss gesteckt werden.

Pflege

Bewahren Sie für jedes Stück eine Garnbanderole auf oder schreiben Sie die Wasch- und Pflegehinweise für das Garn ab. Die gängigsten Textilpflegesymbole finden Sie in der Übersicht unten, aber oft ist Handwäsche am sinnvollsten. Verwenden Sie dazu warmes Wasser und ein mildes, enzymfreies Waschmittel. Handelsübliche Woll- und Feinwaschmittel sind ideal, aber achten Sie darauf, dass sie keine optischen Aufheller enthalten, die farbiges Garn ausbleichen können. Immer gründlich auswaschen und das Stück an der Luft trocknen.

HANDELSÜBLICHE TEXTILPFLEGESYMBOLE

Handwäsche

Nicht waschen

Wassertemperatur max. 40 °C, auf die Angabe achten

Maschinenwäsche

30°C
Buntwäsche, Wassertemperatur nach Angabe

30°C
Pflegeleicht, Wassertemperatur nach Angabe, nur kurz schleudern

30°C
Feinwäsche/Wollwäsche, Wassertemperatur nach Angabe, nicht oder nur kurz schleudern

Bleichen

Nicht bleichen

Sauerstoffbleiche ist möglich

CL
Chlorbleiche erlaubt

Professionelle Textilpflege

Nicht chemisch reinigen

A
Chemische Reinigung mit allen Lösungsmitteln

P
Chemische Reinigung mit Perchlorethylen oder Lösungsmitteln auf Kohlenwasserstoff- oder Mineralölbasis

F
Chemische Reinigung nur mit Lösungsmitteln auf Kohlenwasserstoff- oder Mineralölbasis

Shetland Lace selbst entwerfen

Der Schlüssel zum gelungenen Lace-Design liegt in der Kombination von Mustern, die zueinander passen. Was passt, muss man durch Ausprobieren – und viele Strickproben – herausfinden. Auch Könnern gelingt nicht alles auf Anhieb. Ein paar nützliche Tipps bekommen Sie hier.

Im Folgenden wird der Entwurf eines Schultertuchs als Beispiel gezeigt. Das Vorgehen ist immer das Gleiche, ob Schal oder Tischläufer, Zierdeckchen oder Überwurf, Babydecke oder Brautschleier.

Grundsätzliches

Was Sie auch herstellen möchten, fünf Fragen müssen Sie sich stellen und beantworten:

- Welche Form soll das Strickstück haben?
- Welches Garn möchte ich verwenden?
- Welche Muster möchte ich stricken?
- Wie fest oder locker soll das Gestrick sein?
- Wie groß soll das Stück werden?

Je nach Vorhaben stellen sich die Fragen in einer anderen Reihenfolge. Besitzen Sie beispielsweise zwei Stränge handgefärbtes Garn, muss alles Übrige darauf abgestimmt werden. Bei einer Decke für Ihren runden Küchentisch beginnen die Überlegungen bei der Form.

In der Praxis wird man alle fünf Fragen mehr oder weniger gleichzeitig abhandeln, wir gehen sie im Folgenden einmal einzeln durch.

Welche Form?

Es gibt drei Kategorien:
Dreiecke – schmal, breit, flach, spitz
Vierecke – Quadrate und Rechtecke
Kreise – einschließlich Halbkreise

Andere Formen wie Ovale, flügelförmige Färöer-Tücher, Sechsecke etc. sind immer Kombinationen aus diesen drei Grundformen.

Welches Garn?

Lace kann man aus jedem Garn stricken, aber manche eignen sich besser als andere. Entscheidend sind zwei Aspekte: Garnstärke und Faser.

Je stärker das Gestrick einmal beansprucht wird, desto schwerer sollte das Garn sein. Ob es sinnvoll ist, eine Decke für das Katzenkörbchen aus hauchfeinem Garn zu stricken, muss jeder selbst entscheiden.

Auch bei der Fasermischung kommt es darauf an, wofür das fertige Gestrick gedacht ist und wie oft und von wem es gewaschen werden soll. Ein Babyjäckchen aus feinster Kaschmir- oder Merinowolle ist traumhaft, aber frischgebackene Mütter haben meist Wichtigeres zu tun, als zarte Spitzen von Hand zu waschen und zu pflegen. Wenn Sie ein Strickstück verschenken wollen, denken Sie mehr an den Beschenkten als an Ihre eigenen Vorlieben.

Welche Muster?

Muster, Garn und Strickmodell aufeinander abzustimmen, ist Erfahrungssache. Nicht alle Anleitungen, die man findet, sind diesbezüglich durchdacht, aber auch nicht alle alten Vorlagen sind schön.

Wichtig ist außerdem Ihr Können. Wenn Sie bisher nur einfache Mustersätze mit glatten Rückreihen gestrickt haben, sind komplexe Muster ohne Rapport, aber mit Dutzenden Umschlägen nicht das Richtige.

Wenn Sie sich an traditionelle Gestaltungstypen halten, finden Sie leicht mehrere Muster, die gut zusammenpassen. Routiniertere Strickerinnen können auch estnische, schottische, amerikanische und spanische Muster sehr apart miteinander mixen.

Im Zweifelsfall ist Einfachheit das Zauberwort. Wenn Sie sich alte Schultertücher in natura oder auf Fotos ansehen, werden Sie feststellen, dass die schlichtesten oft am schönsten wirken. Auch wenn die Maschenfolge komplex ist, sind sie oft ganz einfach aufgebaut.

Schauen Sie sich Ihre Maschenproben immer sehr kritisch an. Ich lasse meine nach dem Waschen und Spannen immer ein paar Tage liegen und stricke in der Zwischenzeit etwas anderes. Dann schaue ich sie mir erneut an und frage mich, ob sie so schön geworden sind, wie ich es erwartet habe. Lautet die ehrliche Antwort „nein", versuche ich herauszufinden, was schiefgegangen ist, und ändere das.

Fest oder locker?

Ich wurde einmal Zeugin eines „Streits" zwischen zwei äußerst erfahrenen Strickerinnen auf Unst. Es ging darum, ob das Stück, das die eine gerade strickte, mit dickeren Nadeln nicht doch besser ausgesehen hätte. Jede hatte ihre feste Meinung und keine gab auch nur einen Millimeter nach!

Oft geht es gar nicht um richtig oder falsch, vieles ist Geschmackssache. Nur Sie können wissen, welche visuelle Wirkung Sie erzielen wollen und wie Sie gern stricken.

Berücksichtigen Sie, wofür das Gestrick gedacht ist (ein Brautschleier muss durchsichtig sein). Der Rest hängt von Ihren persönlichen Vorlieben ab, wobei natürlich Garndicke und -gewicht für Ihre Entscheidung eine Rolle spielen.

Welche Größe?

Wie groß soll das Strickstück werden? Wie groß muss es werden? Die endgültigen Maße haben Konsequenzen für die Wahl des Musters. Ein großer Mustersatz kommt in einem kleinen Strickteil nicht zur Geltung. Es bringt nichts, wenn Sie an ein 20 x 20 cm großes Stück eine 13 cm breite Bordüre anstricken.

VIER GOLDENE REGELN

Folgende Richtlinien haben sich bewährt. Sie müssen sie nicht beherzigen, aber ein gutes Strickdesign ist so leichter zu erzielen.

- **Je dicker das Garn, desto einfacher das Muster**
  Flächenmuster passen gut zu dicken Garnen. Maschen- und Reihenrapport sollten klein sein – rund 10 Maschen sind meistens völlig genug. Old Shale geht auch, obwohl der Mustersatz 18 Maschen umfasst – aber eben nur vier Reihen!

- **Je auffälliger das Garn, desto einfacher das Muster**
  Das gilt für Strukturgarne wie Mohair, Flammengarn etc. ebenso wie für Garne mit Farbverläufen. Sockengarn kann sehr schön aussehen, aber halten Sie das Muster schlicht.

- **Elemente wiederholen**
  Damit das Gesamtbild stimmig wird, sollten Sie Musterelemente sowohl im Mittelteil als auch in der Bordüre und der Blende verwenden, sei es ein Einzelmotiv (z. B. Cat's Paw) oder eine Form (z. B. Rauten). Sie brauchen nicht in allen drei Teilen vorzukommen, aber vor allem zwischen Mittelteil und Lace-Blende ist eine Verknüpfung sinnvoll.

- **Nicht nur Löcher**
  Am schönsten ist es, wenn sich Ajourmuster und nicht durchbrochene Bereiche abwechseln. Formen und Einzelmotive sollten gut erkennbar sein. Wenn zwischen ihnen nicht genug Platz ist, wirkt das Ganze chaotisch: Man sieht dann kein Lochmuster mehr, sondern nur einen Haufen Löcher.

Konstruktion

Die einzelnen Teile des Schultertuchs bezeichne ich hier so, wie es auf den Shetlandinseln üblich ist: Dort unterscheidet man den Mittelteil („center"), die ringsum verlaufende Bordüre („border") und die Lace-Blende („lace"). Es müssen nicht immer alle drei Elemente vorkommen, aber es vereinfacht die Aufgabe, bei seinen ersten Entwürfen mit diesen drei Teilen zu arbeiten.

Kreise

Runde Strickstücke werden fast immer vom Mittelpunkt aus gearbeitet. Sie müssen sich nur entscheiden, ob strahlenförmig oder in konzentrischen Kreisen. In beiden Fällen haben Sie die Wahl, ob Sie die Blende längs oder quer anstricken wollen.

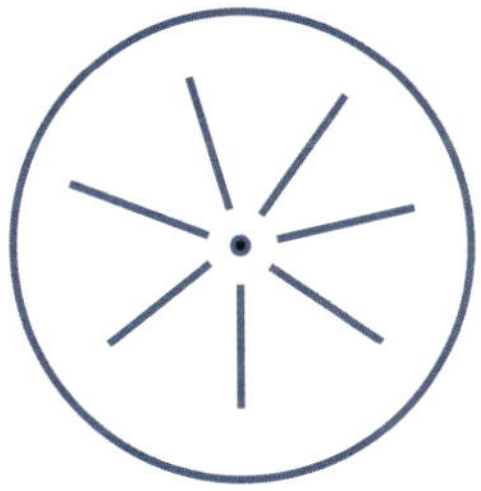

Strahlenförmige Zunahme

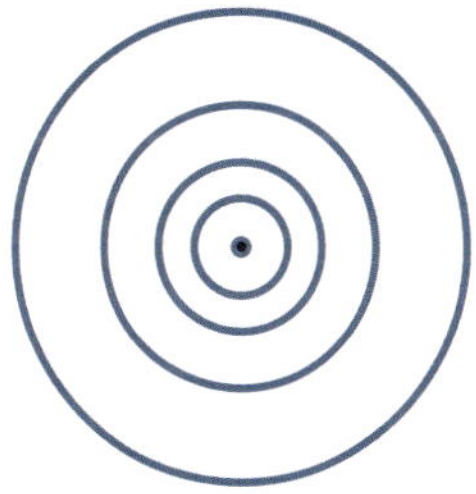

Konzentrische Zunahme

Strahlenförmige Zunahme

In diesem Fall teilt man den Kreis in mehrere Segmente und nimmt jeweils an den Berührungspunkten zu. Die Maschenzahl erhöht sich dabei alle paar Runden um ein paar Maschen.

Als Faustregel gilt: Bei glattem Rechtsmaschengrund in jeder zweiten Runde sechs Maschen zunehmen, bei krausem Rechtsmaschengrund in jeder zweiten Runde acht oder neun. Sie können dieses Verhältnis leicht abwandeln. Wird glatt rechts gestrickt, nimmt man oft in jeder vierten Runde zwölf Maschen zu (sechs Segmente mit je zwei Zunahmen).

Die strahlenförmige Zunahme eignet sich vor allem dann, wenn Sie mehrere Einzelmotive stricken oder das Design wie ein Speichenrad aufgebaut ist, jedoch weniger für Flächenmuster.

Konzentrische Zunahme

In diesem Fall nehmen Sie in wenigen Runden viele Maschen auf. Dazwischen liegen viele Runden ohne Zunahme, sodass auf einen Block mit gleicher Maschenzahl eine Reihe mit Zunahme und dann wieder ein Block mit gleicher, aber entsprechend größerer Maschenzahl folgt.

Dadurch entstehen konzentrische Kreise. Da jeder Ring eine bestimmte Maschenzahl aufweist, sind fortlaufende Muster dafür gut geeignet. Die Breite der Ringe lässt sich nach Bedarf variieren. In jedem Fall müssen Sie Durchmesser und Kreisumfang zu Anfang und Ende des Rings kennen und die Maschenzahl entsprechend berechnen.

Konzentrische Designs eignen sich für alle streifenförmigen Flächenmuster und haben den Vorteil, dass sich die Maschenzahl nur in bestimmten Runden verändert. Das erleichtert das Entwerfen genauso wie das Stricken und lässt dreidimensionale Formen zu, z. B. eng anliegende Schultertücher.

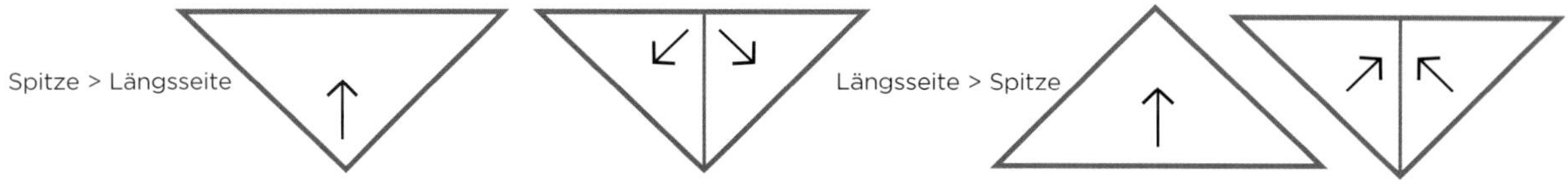

Dreiecke

Gestrickte Dreiecke können verschiedene Formen aufweisen, sind aber meist gleichschenklig, das heißt, sie haben zwei gleich lange Seitenkanten. Dreieckige Schultertücher sind in der Regel aus mehreren Dreiecken zusammengesetzt. Deshalb muss ihr Aufbau gut durchdacht sein.

Es gibt zwei Möglichkeiten. Entweder man strickt von der Spitze zur Längsseite oder von der Längsseite zur Spitze. Am gängigsten sind Abwandlungen der Variante Spitze > Längsseite (mit Umschlägen lässt sich die Maschenzahl im Handumdrehen erhöhen), sie wirken aber oft wie von oben nach unten gestrickt.

Spitze > Längsseite

Sie fangen an der Spitze an und arbeiten sich nach oben vor. Die längste Kante des Dreiecks befindet sich jeweils auf der Nadel. Zunahmen erfolgen am Rand oder dicht daran.

Die Anzahl der Zunahmen bestimmt die Form. Bei einem krausen Rechtsgrund nimmt man beim üblichen halben Quadrat eine Masche pro Reihe oder eher noch zwei Maschen in jeder zweiten Reihe zu. Wenn Sie im selben Tempo bei einem glatt rechts gestrickten Teil zunehmen, wird das Dreieck schmaler.

Das Diagramm oben sieht aus, als würde von der Längsseite zur Spitze gestrickt, in Wahrheit strickt man das Tuch als ZWEI Dreiecke jeweils von der Spitze zur Längsseite.

Längsseite > Spitze

Bei dieser Variante arbeiten Sie von der Längsseite aus bis zur Spitze, doch diese Variante bietet weniger Spielraum als die andere. Schon bevor Sie anfangen, müssen Sie das Stück fertig im Kopf haben.

Für die Abnahmen nimmt man entweder die beiden Seitenkanten, oder man unterteilt das Dreieck in zwei oder mehr Teile und nimmt innerhalb der Reihen ab.

WENN SIE NICHT SICHER SIND, OB DAS GARN REICHT ...

stricken Sie Vierecke und Kreise am besten von innen nach außen, Dreiecke von der Spitze zur Längsseite und Schals längs oder quer.

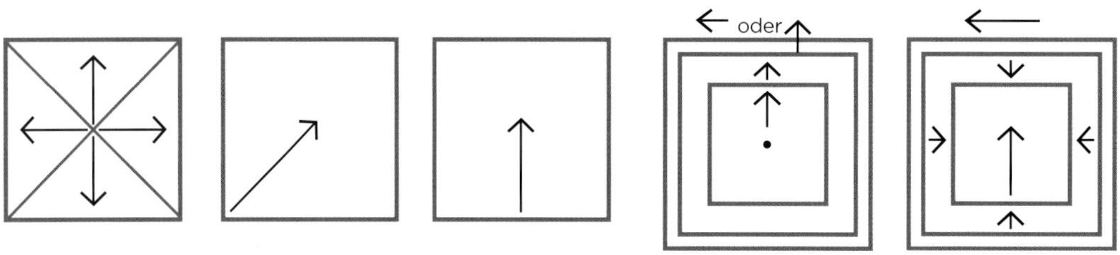

Mittelteil — Von innen nach außen — Von außen nach innen

Vierecke

Für Vierecke gibt es viele verschiedene Methoden, aber zwei Grundkategorien: von innen nach außen oder von außen nach innen.

Der Mittelteil

Für ein Schultertuch aus Mittelteil, Bordüre und Lace-Blende können Sie das mittige Viereck auf verschiedene Weise angehen: von der Mitte nach außen (im Prinzip vier Dreiecke), von Ecke zu Ecke – also erst zunehmen, dann abnehmen – oder von einer Kante aus gerade nach oben. Weitere Varianten sind denkbar.

Von innen nach außen

Die Methode ist die klassische Strickweise für Hap Shawls – kuschelig warme Umschlagtücher, wie sie die Shetländerinnen seit Jahrhunderten tragen. Man strickt zuerst den Mittelteil, nimmt dann ringsherum neue Maschen auf und strickt die Bordüren von innen nach außen. Oft werden alle vier Bordüren separat gearbeitet und an den Ecken zusammengenäht. Es ist aber auch möglich, gleich in Runden zu stricken. Die Blende kann von innen nach außen oder quer angestrickt werden.

Von außen nach innen

Nach dieser Methode entstehen elegante Shetland Shawls. Erst strickt man die Blende in einem Stück oder in vier Teilen. Dann nimmt man an der Innenkante Maschen auf und strickt die Bordürenteile an.

Der Mittelteil schließt an die letzte Bordürenreihe an. Die auf der Nadel liegenden Maschen des Mittelteils fügt man mit Maschenstich an die Kante gegenüber an und näht die Bordürenränder an die Seiten des Mittelteils.

Um Wülste zu vermeiden, strickt man bei feinen Schultertüchern die Randmaschen traditionell nicht ab.

Muster zusammenstellen

Wenn Sie sich für eine Grundform und eine Konstruktionsweise entschieden haben, müssen Sie überlegen, welche Muster Sie verwenden möchten.

Sicher springt Ihnen beim Blättern in der Musterübersicht (S. 48–51) das eine oder andere Muster ins Auge. Fangen Sie damit an. Notieren Sie sich Maschen- und Reihenzahl und suchen dann nach weiteren Mustern, die Ihnen dazu gefallen würden. Beachten Sie dabei die Empfehlungen auf S. 33.

Nun müssen Sie ein wenig rechnen, aber das ist halb so wild. Sie brauchen dazu lediglich einen Taschenrechner und ein Blatt Papier. Fangen Sie mit dem größten Muster an. Schreiben Sie Maschen- und Reihenzahl auf. Bei einem Schultertuch oder Schal mit Lace-Blenden beiderseits achten Sie erst einmal auf die Anzahl Reihen. Leichter geht es bei einem Lace-Muster mit gleich vielen Reihen oder mit einer Anzahl, durch die sich die andere Zahl teilen lässt.

Nehmen wir an, Sie nehmen Horse Shoe (S. 76) für den Mittelteil. Der Rapport umfasst zehn Maschen und acht Reihen (10 M/8 R). Soll die Lace-Blende an beiden Seiten angesetzt werden, wäre ein Reihenrapport von 4, 8 oder 16 ideal – etwa Wave Lace (S. 87) mit 11 M/16 R oder Cyprus Lace (S. 89) mit 12 M/8 R. Bei Wave Lace stricken Sie nur einen Mustersatz der Blende auf zwei des Horse Shoe. Bei Irish Lace (S. 113) mit 20 M/12 R kämen zwei Mustersätze der Lace auf drei Rapporte des Mittelteils.

MASCHENPROBEN

An Maschenproben lässt sich vieles ablesen: Nadelstärke, Wirkung des Musters, optimale Platzierung und Gruppierung der Muster, Wechselwirkung zwischen Muster und Garn und die Gesamtwirkung. Je größer und aufwendiger das Strickmodell werden soll, desto wichtiger sind Strickproben.

Sobald Sie in etwa wissen, was Sie wollen, lohnt es sich, alle Muster in einer Strickprobe in der richtigen Reihenfolge zu kombinieren. Bei einem Shawl stellen Sie einen Abschnitt vom Mittelteil mit einem Stück Bordüre und einem Stück Blende zusammen. Bei einem strahlenförmigen Kreis sollte es ein Segment sein. Sie brauchen diese Proben nicht 1 : 1 zu stricken, aber sie sollten zumindest so groß sein, dass man sich das fertige Stück vorstellen kann.

Schultertücher entwerfen

Bis zur Gestaltung eines ganzen Schultertuchs ist es nun nur noch ein kleiner Schritt. Der Mittelteil besteht entweder aus einem Flächenmuster oder einem wiederkehrenden Einzelmotiv. Da das Muster der Lace-Blende dasjenige im Mittelteil aufgreift, ist nur die Bordüre etwas heikel. Auf den Shetlands sind Schultertücher so gut wie immer viereckig, wobei der Mittelteil in der Regel etwa doppelt so breit ist wie die Bordüre. Überlegen Sie, wie groß der fertige Shawl sein soll und legen Sie danach das Muster für den Mittelteil fest. Geben Sie für die Ränder (Anschlag, Abschlussreihe und Seitenränder) ein paar Maschen zu, und schon haben Sie die Maschenzahl für die Schmalseite der Bordüre und müssen nur noch die Maschenzahl für die Längsseite ermitteln.

Bevor Sie die Bordüre entwerfen, müssen Sie entscheiden, wie die Blende aussehen soll und wie Sie die Ecken gestalten wollen. Bei einer schmalen Blende von bis zu rund 2,5 cm an der schmalsten Stelle stricken Sie an den Ecken einfach weiter wie an den Seitenkanten.

Achten Sie darauf, dass die Mustersätze an jeder Seite vollständig sind, damit jeweils die schmalste Stelle an der Ecke liegt. Bei einer breiteren Blende müssen Sie entweder die Ecke raffen oder auf Gehrung stricken. Zum Raffen brauchen Sie ein paar Reihen, in denen Sie die letzte Masche der Blende nicht mit der angrenzenden Masche der Bordüre zusammen abnehmen. Dadurch wird die Außenkante der Blende länger. Die Maschenzahl für Anfang und Ende der Bordüre bestimmt das weitere Design. Fangen Sie mit dem größten Einzelmotiv an und füllen Sie nach und nach die Lücken mit Elementen aus Mittelteil und Blende. Dies ist der schwierigste Teil, der für das ganze Design entscheidend sein kann. Da hilft nur Ausprobieren (Stichwort Maschenprobe!) und ein gutes Auge. Erfahrung nutzt, ist aber kein Garant für Erfolg. Beherzigen Sie, was Sie gelesen haben, und wagen Sie sich heran!

Shetland Shawls und Stolen entwerfen

Shetland Shawls haben aufwendige Enden („tails"). Dafür weist der Teil, den man um den Hals schlingt und deshalb auch nicht sieht, ein schlichteres Flächenmuster auf. Stolen sind breite Schals mit einem komplexeren Mittelteil und einer Spitzenblende wie ein Schultertuch.

Bei den „tails" können Sie Ihrer Phantasie freien Lauf lassen. Legen Sie die Maße fest und spielen Sie damit auf dem Papier. Fertigen Sie dann eine Maschenprobe an und wählen Sie ein Muster für den Mittelteil. Stricken Sie erst einen „tail" und daran das lange Stück und belassen Sie die Maschen auf der Nadel. Stricken Sie separat ein spiegelbildliches zweites Endstück und fügen Sie dann die Maschenreihen von beiden Nadeln mit Maschenstichen zusammen.

Strickschrift

Sie sollten für Ihr Design ein Zählmuster erstellen, das dem fertigen Stück genau entspricht.

Strickschrift für den Mittelteil

Mit einem handelsüblichen Strickschrift-Designprogramm können Sie die Kästchen genauso groß machen wie Ihre Maschen. Wenn Sie kraus rechts stricken und keine Umschläge in den Rückreihen vorkommen, reicht es, wenn das Zählmuster nur die Hinreihen zeigt, aber wenn Sie glatt rechts stricken oder Umschläge in allen Reihen vorkommen, muss die Strickschrift die Hin- und Rückreihen enthalten.

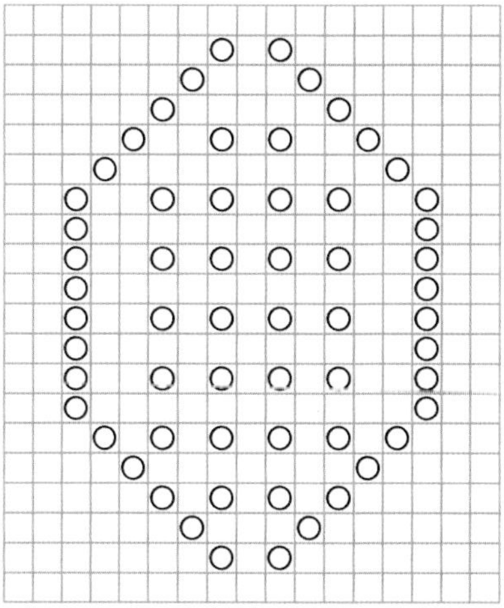

1 Beginnen Sie mit den Löchern, denn darum geht es ja bei Lace: Löcher in einem Maschengrund. Schauen Sie sich an, welches Muster die Umschlagsymbole bilden.

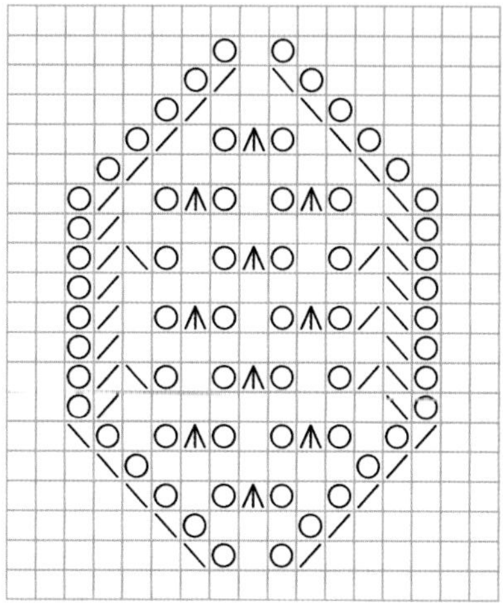

2 Nach und nach kommen die Abnahmen etc. hinzu. Anders als beim Gestrick selbst haben Sie beim Zählmuster alles auf einen Blick vor sich.

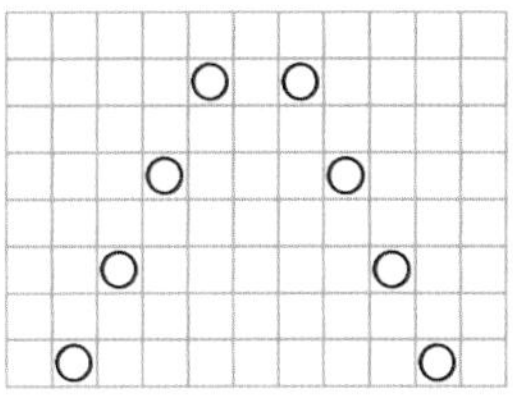

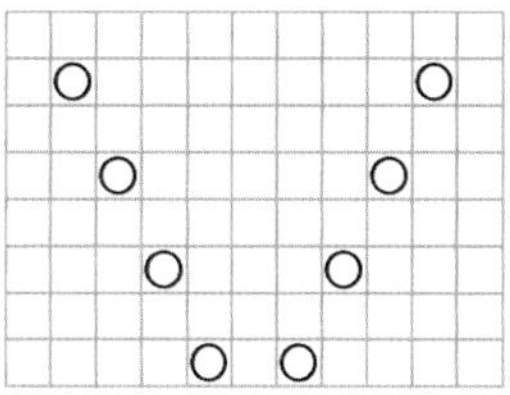

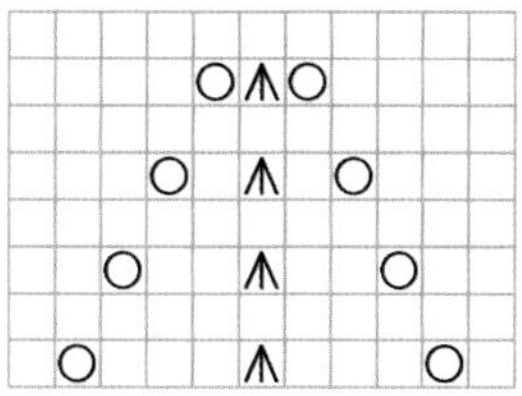

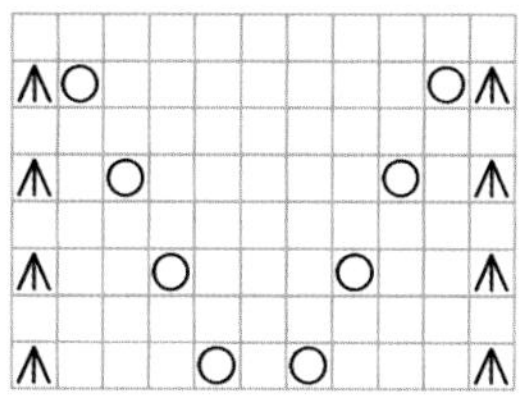

Strickschrift für die Ränder

1 Für ein formgestricktes Teil erstellen Sie erst die kompletten Hauptmuster und dann die Ränder. Nehmen wir beispielsweise Horse Shoe (S. 76): Der Rapport umfasst zehn Maschen, und es gibt zwei Stellen für Anfang und Ende, nämlich in der Mitte des Hufeisens, davor oder danach.

2 Bei den vollständigen Mustersätzen in der Hufeisenmitte sind die Abnahmen unproblematisch.

3 Mit drei rechts verschränkt zusammengestrickten Maschen am Ende der Mustersätze hätten wir pro Reihe zwei Maschen weniger.

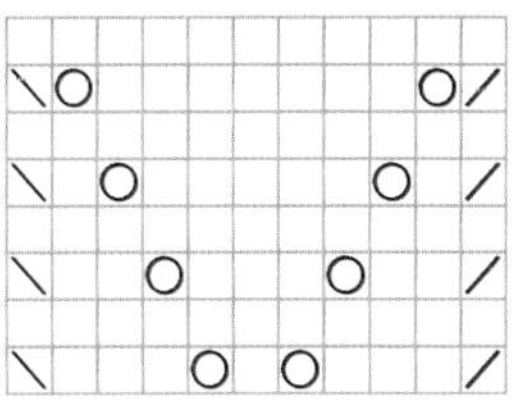

4 Deshalb nehmen wir nur je eine Masche ab (2 M re zus str und abh abh re zus str).

An Musterrändern muss man oft doppelte durch einfache Abnahmen ersetzen. In der Musterübersicht finden Sie diese Wechsel immer wieder.

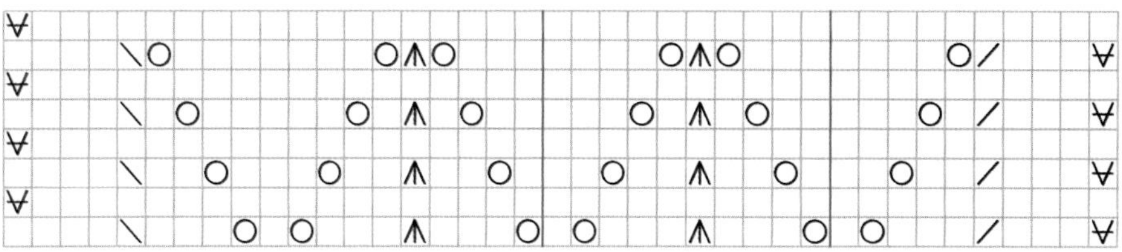

5 Soll Ihre Strickschrift z. B. für einen Schal gelten, fügen Sie einfach beiderseits ein paar kraus rechte Maschen hinzu.

Strickschrift für Dreiecke

Schwieriger ist es, Maschenmuster in Dreiecken unterzubringen. Da bleibt nur Ausprobieren! Wählen Sie am besten Muster, die sich harmonisch in die Dreiecksform einfügen. Wenn Sie z. B. in jeder zweiten Reihe an beiden Rändern zunehmen, bietet sich auch hier das Horse Shoe-Muster (S. 76) an.

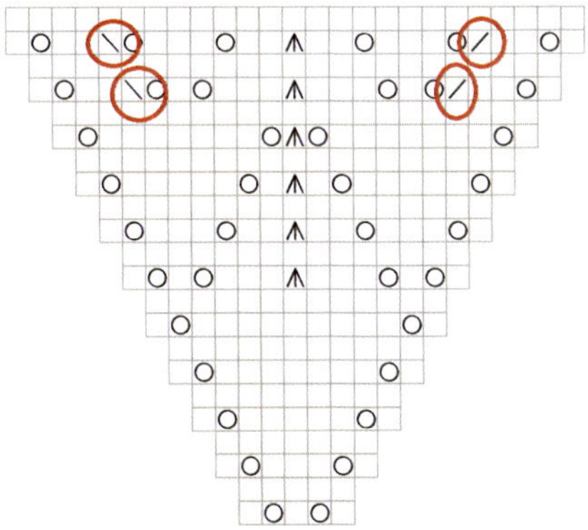

1 Beginnen Sie wieder mit den Umschlägen. Die Dreiecksform entsteht durch einen Umschlag ohne Abnahme an beiden Enden jeder zweiten Reihe. Zeichnen Sie erst diese Umschläge und dann diejenigen des gewählten Musters ein. Als Nächstes kommen die Abnahmen. Achten Sie auf korrekte Ränder. Wichtig: Die rot eingekreisten einzelnen Abnahmen berichtigen die Maschenzahl.

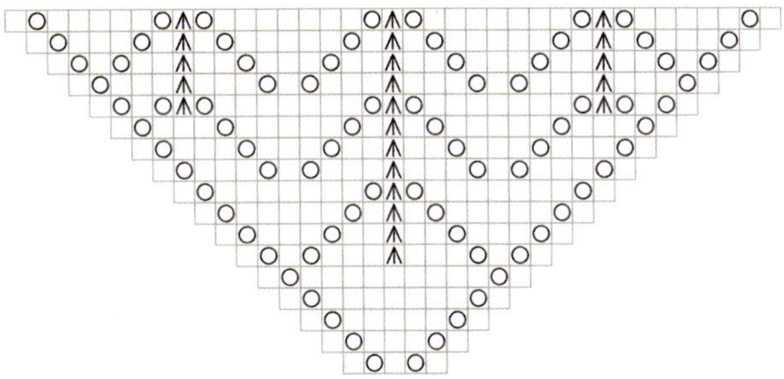

2 Wenn Sie kraus rechts stricken und Umschläge nur in den Hinreihen vorkommen, ist es oft einfacher, in der Strickschrift nur die Hinreihen zu zeigen, aber diese „Kurzversion" funktioniert natürlich nicht, wenn es auch in den Rückreihen Umschläge gibt (z. B. bei der Halbmond-Stola von S. 140–141).

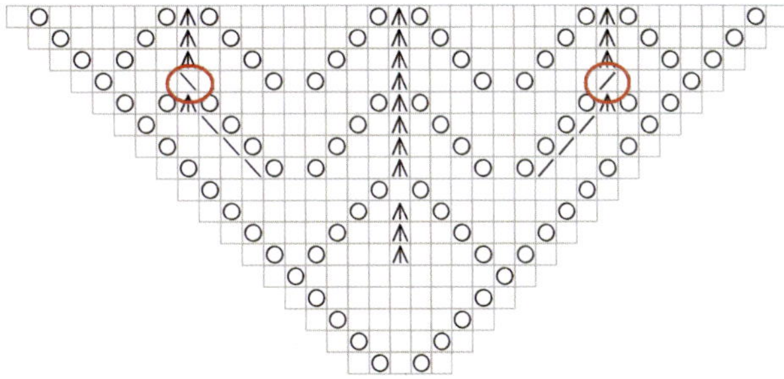

3 Gehen Sie wieder genauso vor: Zuerst die Umschläge, dann die Abnahmen. Prüfen Sie Ihre Strickschrift sorgfältig und korrigieren Sie die Abnahmen, damit die Maschenzahl korrekt bleibt. In diesem Fall müssen Sie nur zweimal eine anstelle von zwei Maschen abnehmen.

Anpassungen

Einzelmotive wirken meist attraktiver, wenn Sie die Abstände zwischen ihnen ein wenig abändern.

Wenn Sie beispielsweise auf einer Halbmond-Stola Einzelmotive gruppieren, erhöhen Sie die Abstände zwischen ihnen von 1 re M auf 5, um sie sauber zu begrenzen. Denken Sie daran, dass die Strickschrift hier jede Reihe zeigt und es in jeder Reihe Umschläge gibt.

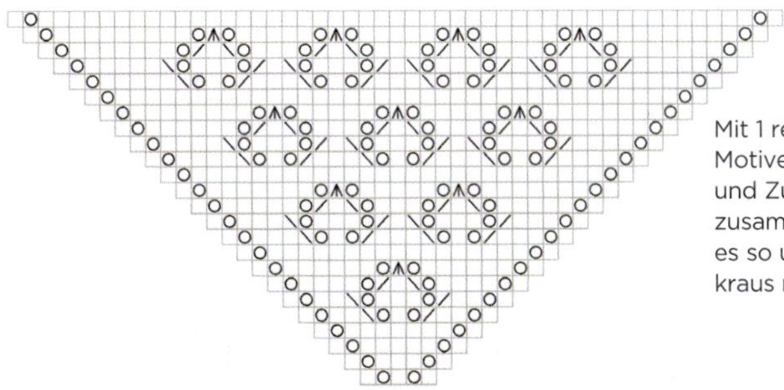

Mit 1 re M zwischen den Motiven passen die Löcher und Zunahmen nicht zusammen. Am Rand gibt es so unterschiedlich große kraus rechte Flächen.

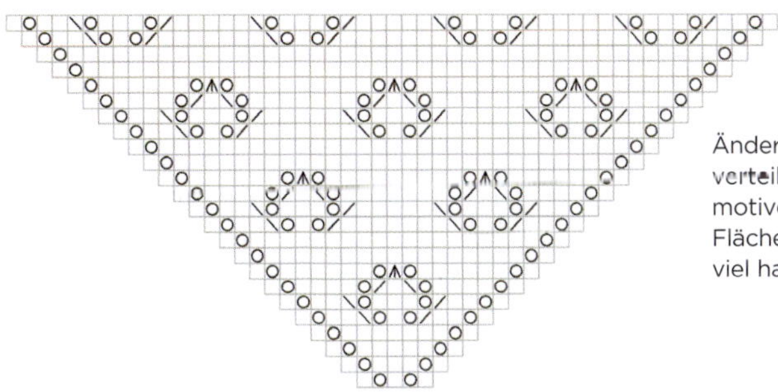

Ändert man die Abstände, verteilen sich die Einzelmotive über die ganze Fläche. Das Ganze wirkt viel harmonischer.

Muster kombinieren

Nun sind Sie mit der Theorie vertraut und können loslegen. Die Muster in diesem Buch lassen sich praktisch unbegrenzt kombinieren. Die folgende Seite zeigt einige wenige Beispiele. Der Gedankengang hinter den Designs wird erklärt, damit Sie Selbstvertrauen entwickeln und Inspirationen finden, Ihre persönliche Shetland Lace zu entwerfen.

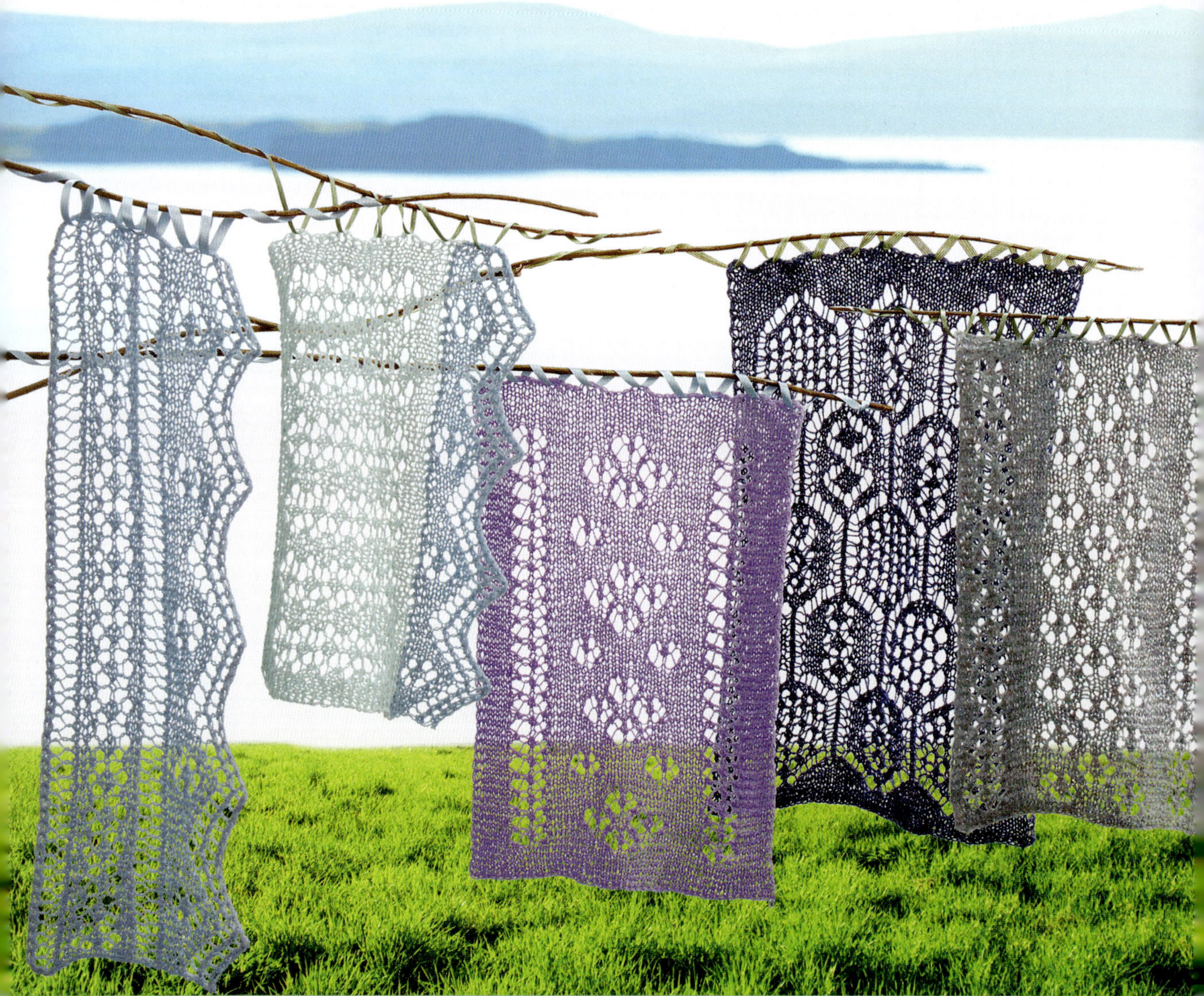

Hellblaue Strickprobe: Cat's Paw als Einsatz (S. 65), Ladder als Einsatz (S. 53), Cat's Paw als Blende (S. 72)

Hellgrüne Strickprobe: Cat's Paw als Einsatz (S. 65), Cat's Paw als Blende (S. 72)

Lila Strickprobe: Flee als Einsatz (S. 73), Flee als Einzelmotiv (S. 62)

Dunkelblaue Strickprobe: Hexagon Frame (S. 97) mit Large Diamonds (S. 66), Bead Pattern (S. 59), Fancy Net (S. 56), Spider als Einsatz (S. 73), Lace Holes als Einsatz (S. 66)

Graue Strickprobe: Cat's Paw (S. 77), Cat's Paw als Einsatz (S. 65)

Mit Medaillons gestalten

Das Flächenmuster mit 16 M/24 R setzt sich aus sechseckigen Medaillons zusammen, die verschiedene Einzelmotive und Flächenmuster umrahmen.

Wie Sie auf dem Foto sehen, kommen die Rahmen gut zur Geltung, wenn man die vertikalen Ränder „U, 3 M re verschr zus str, U" strickt. Einige Muster wie Lace Holes und Fancy Net füllen das Sechseck komplett aus, andere wie Large Diamond sind in eine Fläche eingesetzt. Einzelmotive wie Spider und Bead bilden einen Musterstreifen zwischen Flächen.

Wie das Ganze aussähe, wenn man jeden Rahmen mit Fancy Net oder Lace Holes füllte, kann man sich vorstellen: Man hätte nur noch Löcher, aber kein Muster mehr! Wechselt man aber die Muster ab, wirkt das Ganze übersichtlicher. Nur Spider oder Bead ergäben lediglich Streifen. Das kann man machen, etwa bei einem Schal, aber bei einem viereckigen Mittelteil für ein Schultertuch wäre das nicht so schön.

Dazu kommt, dass sich Spider und Bead auf den ersten Blick sehr ähnlich sehen. Hätte man nur diese beiden Muster im Wechsel, wäre es die Mühe (Konzentration) kaum wert, weil man fast keinen Unterschied sähe.

Strickproben wie diese sind ungemein nützlich. Man erkennt schnell, was sich für das große Stück wirklich eignet. Mit ein paar angestrickten Maschen an beiden Seiten lässt sich aus ihm ein hübsches Wandbild machen.

Verwendete Muster:

1 Hexagon Frame, S. 97
2 Large Diamonds, S. 66
3 Bead Pattern, S. 59
4 Fancy Net, S. 56
5 Spider als Einsatz, S. 73
6 Lace Holes als Einsatz, S. 66

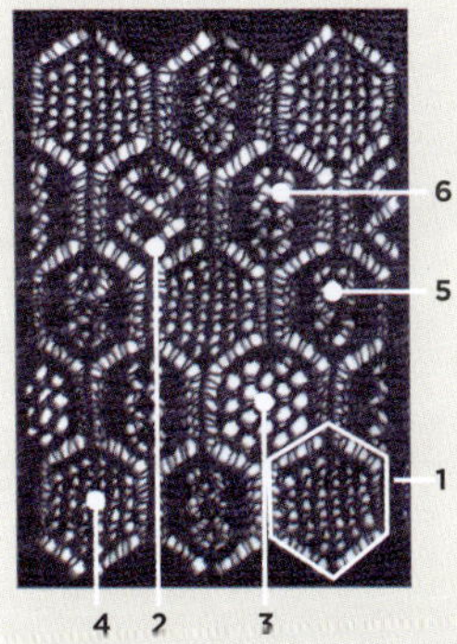

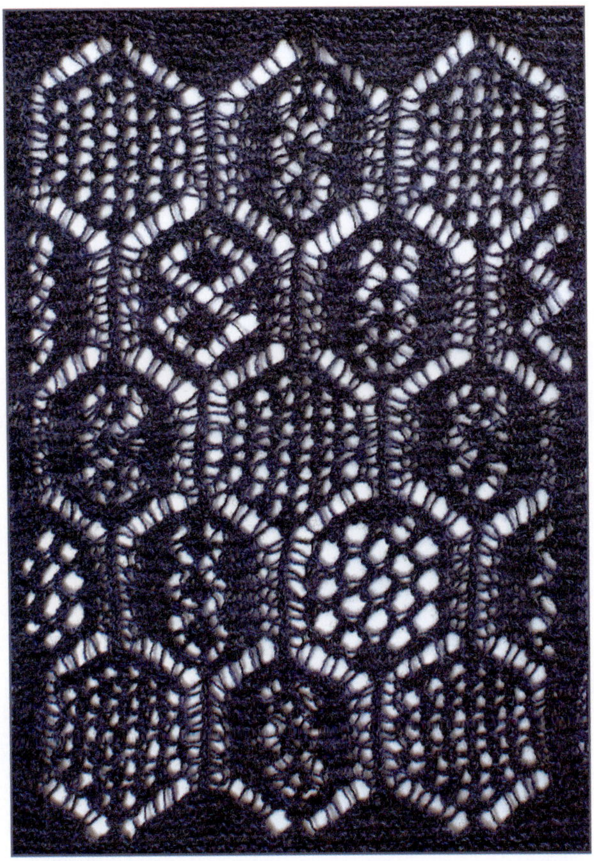

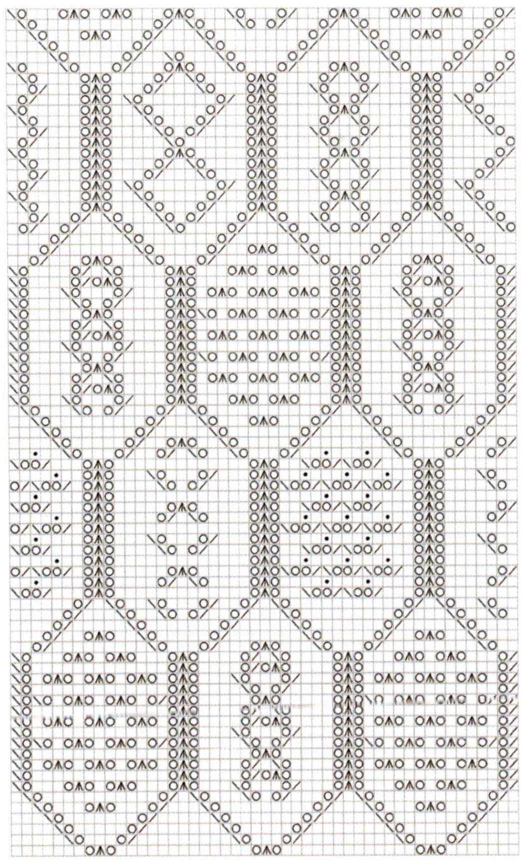

Ein Einzelmotiv variieren

Charakteristisch für Shetland Lace ist unter anderem, dass man simple Einzelmotive auf unterschiedliche Weise einsetzt, um verschiedene Effekte zu erzeugen. Schon ein veränderter Abstand zwischen den Rapporten desselben Motivs kann das Gestrick völlig anders wirken lassen.

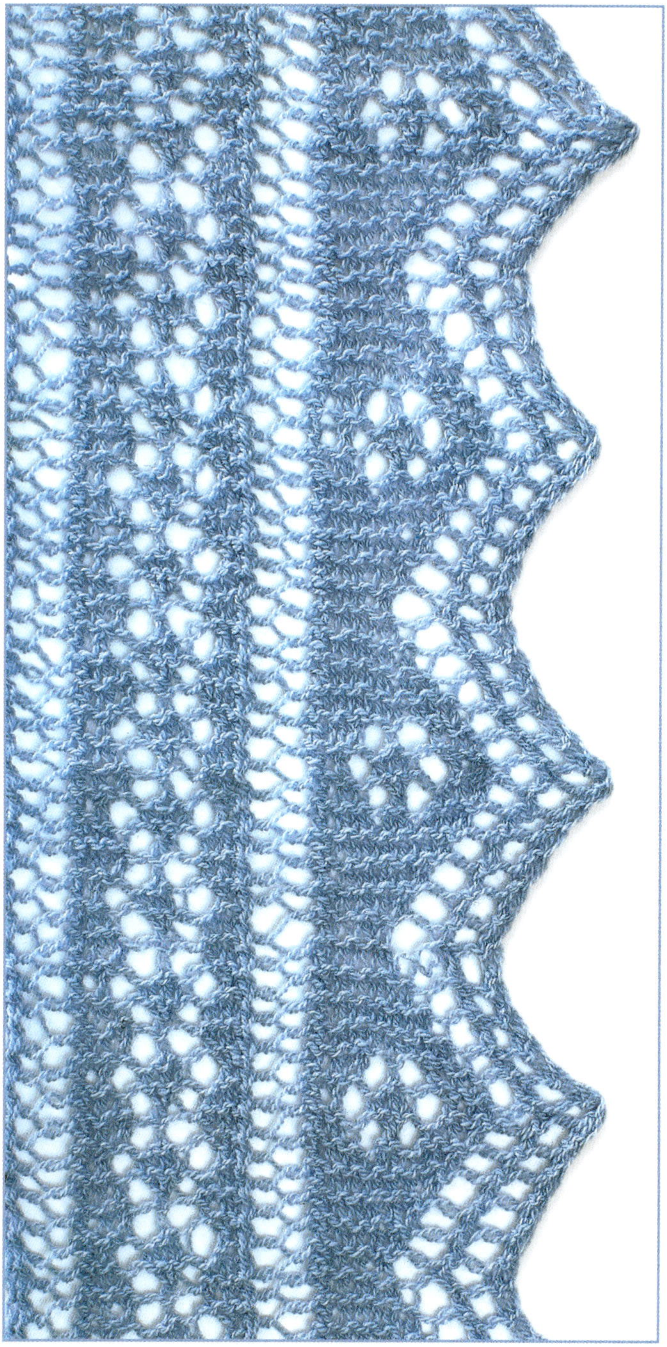

Verwendete Muster:

1 Cat's Paw als Einsatz, S. 65

2 Ladder als Einsatz, S. 53

3 Cat's Paw als Lace, S. 72

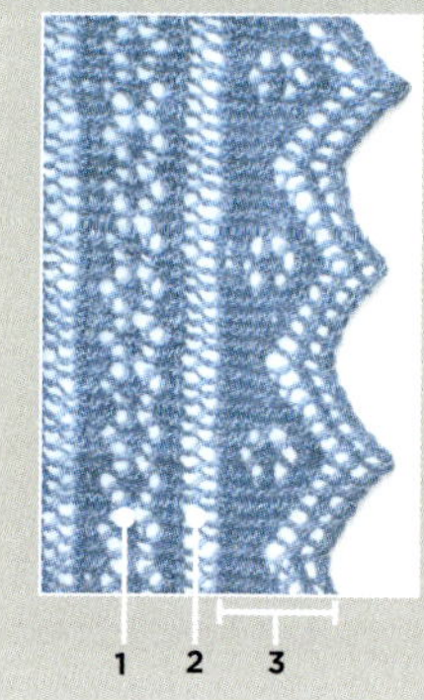

Einsatz und Lace-Blende

Hier habe ich Cat's Paw einmal als Lace (S. 72) und einmal als Einsatz (S. 65) nebeneinander gestellt. Beiderseits der „Katzenpfote" habe ich die Ladder als Einsatz (S. 53) genommen, weil sie das Ajourmuster der Blende aufgreift und beide Elemente betont. Mit ein paar zusätzlichen rechten Maschen an der geraden Längskante ergäbe das einen aparten Schal.

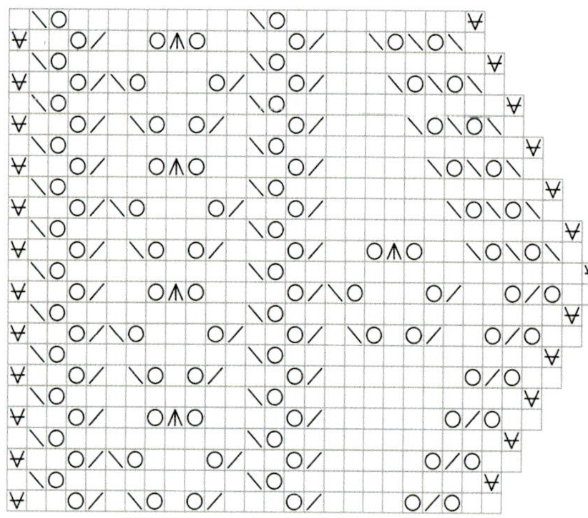

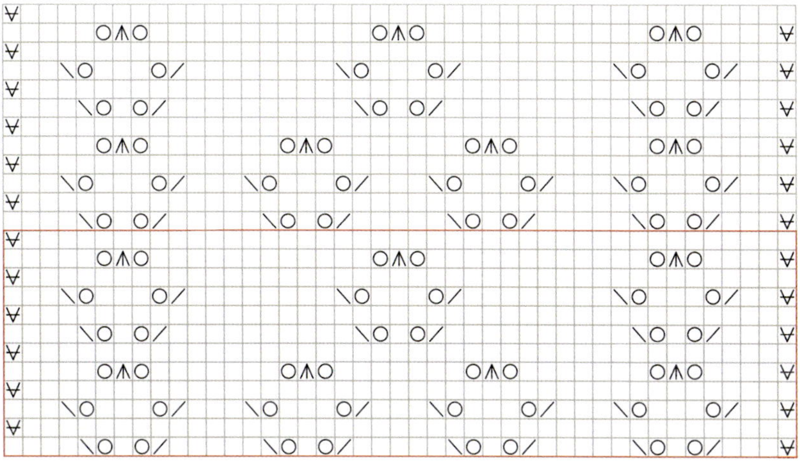

Verwendete Muster:

1 Cat's Paw als Flächenmuster, S. 77

2 Cat's Paw als Einsatz, S. 65

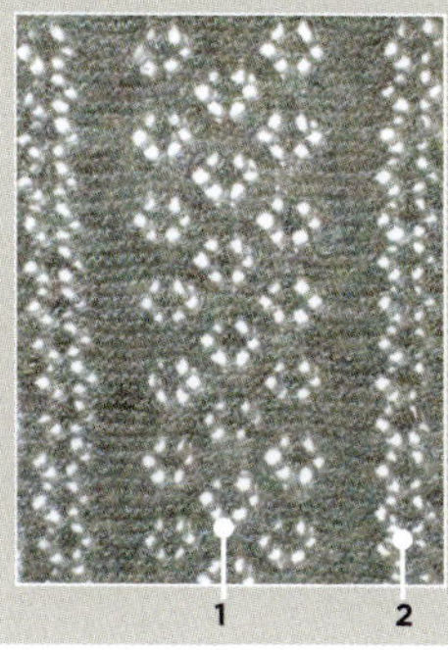

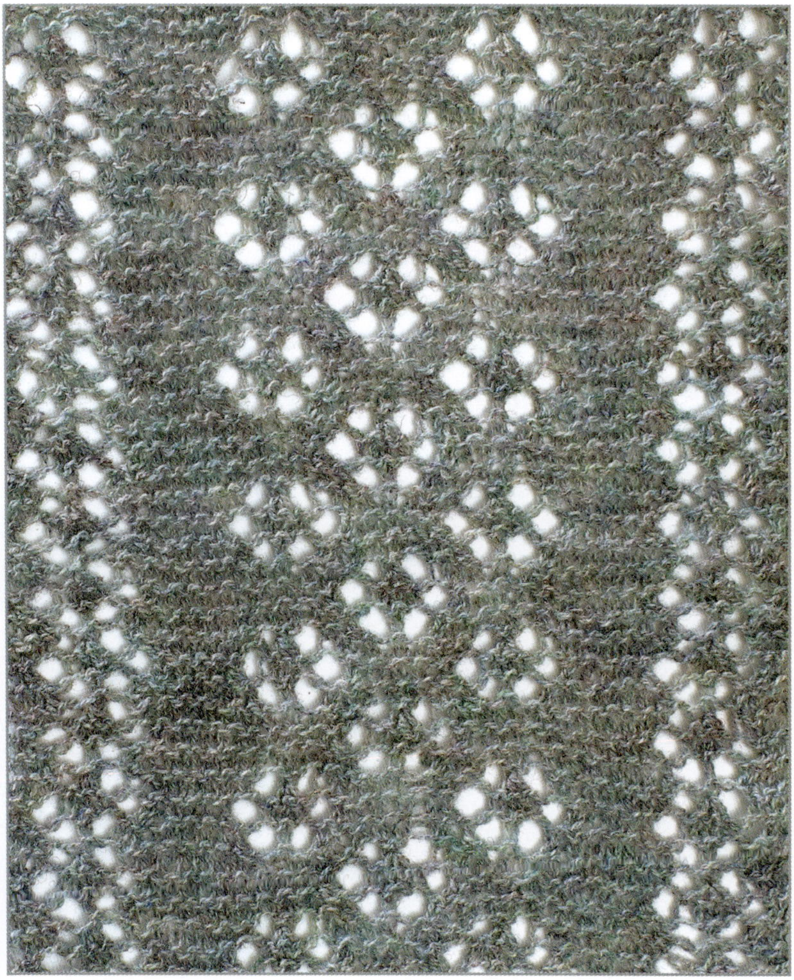

Reihen- und Flächenmuster

Hier habe ich die Cat's Paw als Flächenmuster (S. 77) gestrickt und weitere „Katzenpfoten" beiderseits als Streifen hinzugefügt. Das ergäbe bereits einen hübschen Schal. Man könnte die Streifen auch wiederholen und eine Stola oder den Mittelteil eines Schultertuchs daraus machen. Eine Gruppe von vier oder fünf „Pfoten" würde sich gut in einer Bordüre dazu machen.

Entwurf für eine Stola

Bei dünnen Garnen sollten Sie zwischen den Lochmustern genügend „durchgehende“ Flächen einplanen, aber auch nicht so viele, dass die luftige Wirkung verloren geht. Bei dieser Stola waren die großen Rauten der Large Diamonds (S. 66) als Mittelteil zum Zickzackmuster der Cyprus Lace (S. 89) perfekt. Dazwischen wollte ich ein Einsatzmuster haben, an das sich weitere schlichte Einsätze anschließen sollten.

Da Blende und Mittelteil beide im Zickzack verlaufen, sollte der Einsatz anders aussehen und etwas Einfaches mit derselben Reihenzahl oder einem Vielfachen davon sein. Das hieß 4 oder 8 R für den Haupteinsatz und 2 oder 4 für die beiden seitlichen Streifen. Der Bead-Einsatz (S. 63) ist ein vierreihiges Muster mit Löchern in jeder Reihe und unterstreicht die luftige Wirkung, jedoch mit runderen Konturen. Ein einfacher Steg (S. 52) begrenzt diese Bereiche, ohne von den Hauptmustern abzulenken.

Das Lochmuster sollte sich auf der gegenüberliegenden Seite der Stola wiederholen. Da dabei Maschen abgekettet werden, musste die spiegelbildliche Blende eine Reihe tiefer ansetzen.

Verwendete Muster:

1 Cyprus Lace, S. 89

2 Bead als Einsatz, S. 63

3 Steek One, S. 52

4 Large Diamonds, S. 66

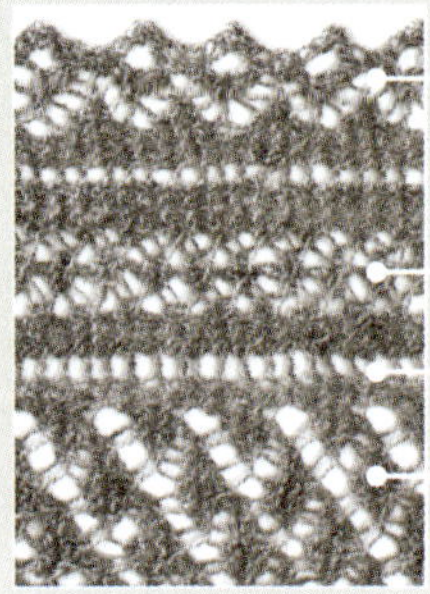
1
2
3
4

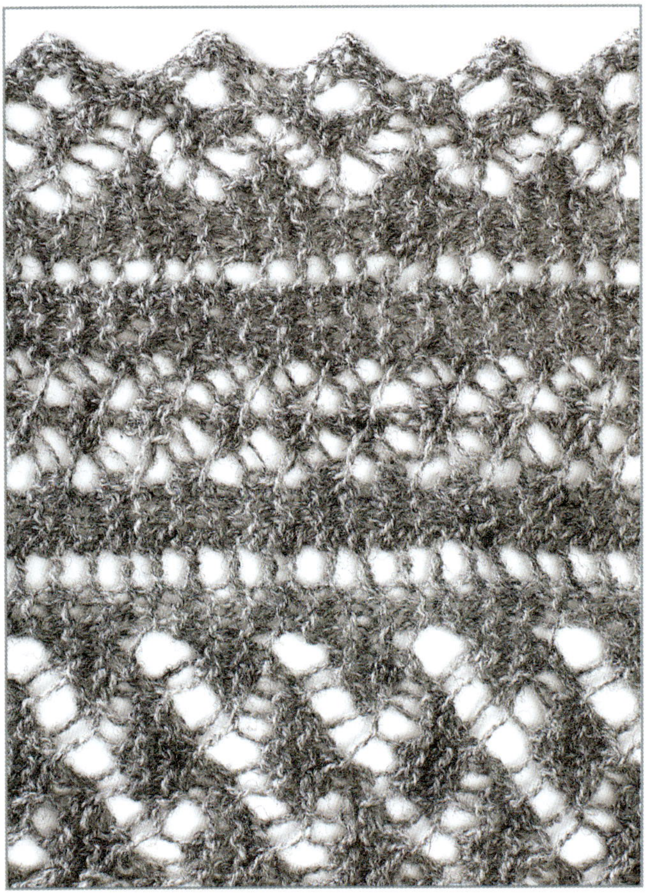

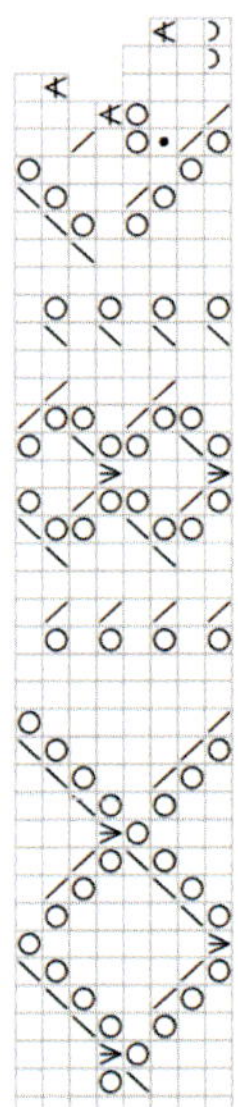

Strickprobe

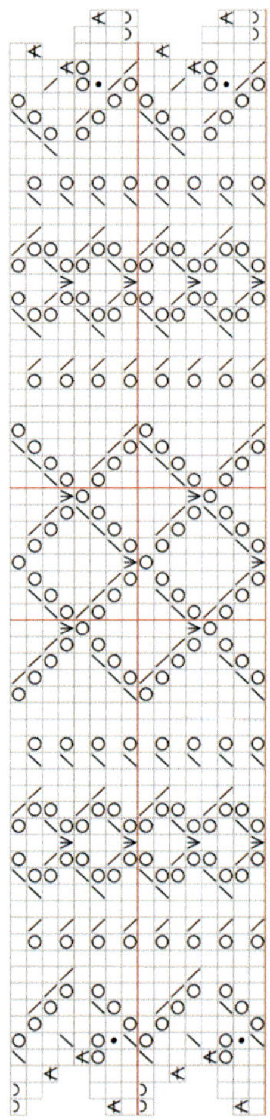

Endgültige Strickschrift

Entwurf für einen Schal

Mir schwebte ein Schal mit Längsstreifen und Spitzen an beiden Kanten vor. Ich wollte Einsätze mit Streifen aus Lace Holes (S. 54) dazwischen, war aber unsicher, wie groß die Abstände sein sollten. Das Gegenwicht zu den linearen Lace Holes sollte ein „runder" Einsatz bilden. Ich entschied mich für Eyelid (S. 65), behielt jedoch alle Umschläge in den Hinreihen bei. Als Kante verwendete ich Vandyke Lace (S. 61), weil die doppelten Umschläge die Lace Holes aufgreifen.

Da ich nicht sicher war, ob eine mittige Fläche aus Lace Holes (S. 66) gut aussehen oder das Ganze damit zu „löcherig" wirken würde, machte ich auch davon eine Strickprobe. Ich sah, dass die Abstände so in Ordnung waren, aber der Lace Holes-Einsatz nicht gut zu den „Leitern" aus Lace Holes passte. Deshalb verwarf ich diese Idee.

Nachdem ich die Abstände im Grundmuster geklärt hatte, musste ich die Vandyke-Spitze auf der anderen Schalseite unterbringen. Da ich dafür das Muster eine Reihe tiefer ansetzen musste, kettete ich am Anfang einer Reihe ab; beim Spiegeln von Spitzen, die mit Kettmaschen arbeiten, ist das erforderlich. (Entsteht die Form lediglich durch zusammengestrickte Maschen wie bei der Stola auf S. 124, ist es nicht nötig.)

Die endgültige Strickschrift kann in der Breite beliebig angepasst werden, indem Sie die Anzahl Rapporte des Eyelid- und Lace Holes-Musters verändern.

Verwendete Muster:

1 Lace Holes als Einsatz, S. 66

2 Lace Holes, S. 54

3 Eyelid als Einsatz, S. 65

4 Vandyke Lace, S. 61

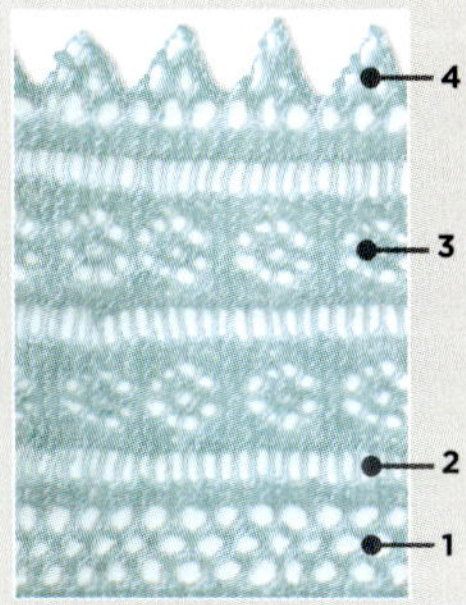

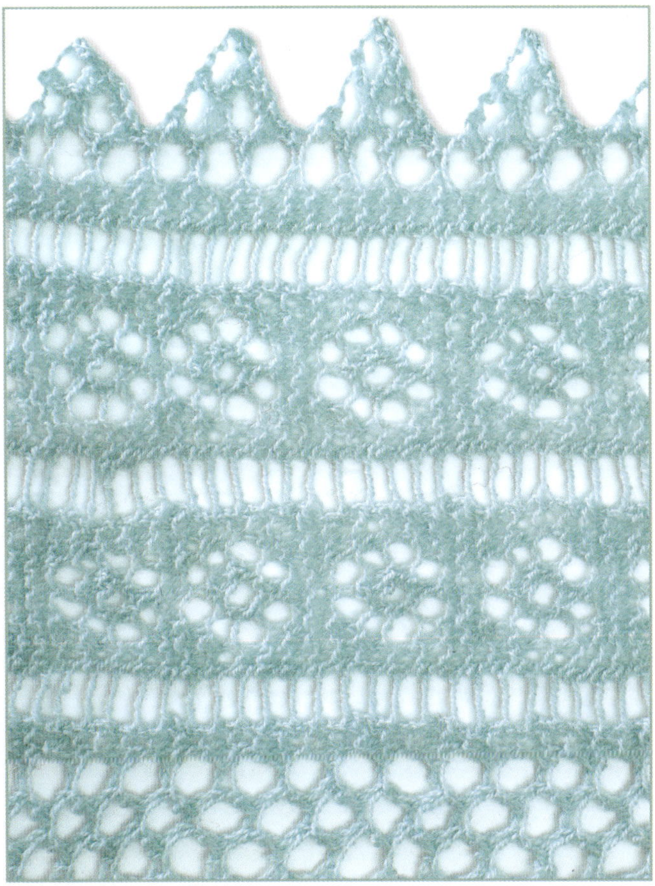

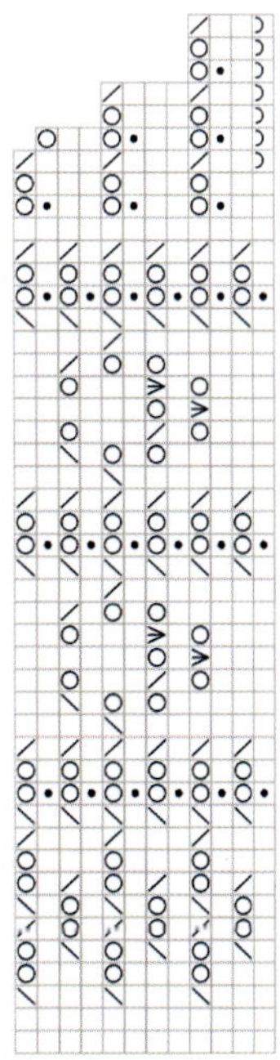

Strickprobe

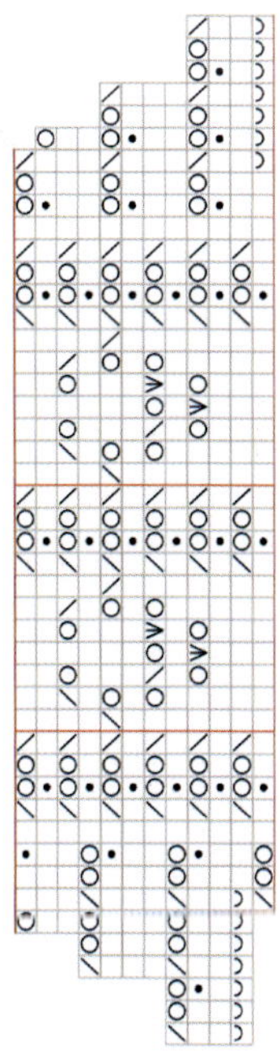

Endgültige Strickschrift

Entwurf für ein Taufkleid

Für den Rock eines Taufkleides wählte ich das Flee-Motiv (S. 62), dessen Rapport 7 M und 3 bzw. 4 R aufweist (das Einzelmotiv hat 3 Reihen, aber hintereinander angeordnet, kommt dazwischen jeweils eine vierte Reihe). Ich wollte diese Motive in das Flächenmuster Hexagon Frame (S. 97) einfügen.

Als Erstes legte ich drei Flee-Motive übereinander, fügte ringsum das Sechseck des Hexagon Frame ein und erhielt so einen Rapport von 12 M und 24 R.

Als Lace-Muster nahm ich Cat's Paw (S. 72), jedoch ohne die Zwischenreihen, also mit 12 R als Rapport. Da das nicht breit genug war, fügte ich den Flee-Einsatz (S. 73) mit 3 re M an der geraden Kante ein und hatte so eine schöne Trennung zwischen den Lochmustern.

Strickt man eine 12-reihige Lace-Blende quer, hat man für das Hauptmuster je 6 M pro Mustersatz, was gut zu dessen 12 M-Rapport passt. Ich fügte dann noch mit je 3 glatten M pro Rand die Kanten für den eigentlichen Rock hinzu.

Beim Stricken fing ich mit der Blende an; die erste Masche ihrer geraden Kante hob ich wie zum Linksstricken ab und konnte so die Maschen für den Hauptteil leichter aufnehmen.

Verwendete Muster:

1 Flee als Einzelmotiv, S. 62

2 Hexagon Frame, S. 97

3 Flee als Einsatz, S. 73

4 Cat's Paw als Lace, S. 72

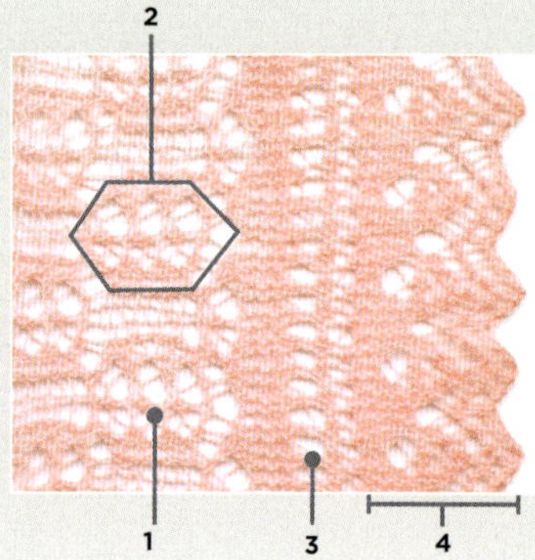

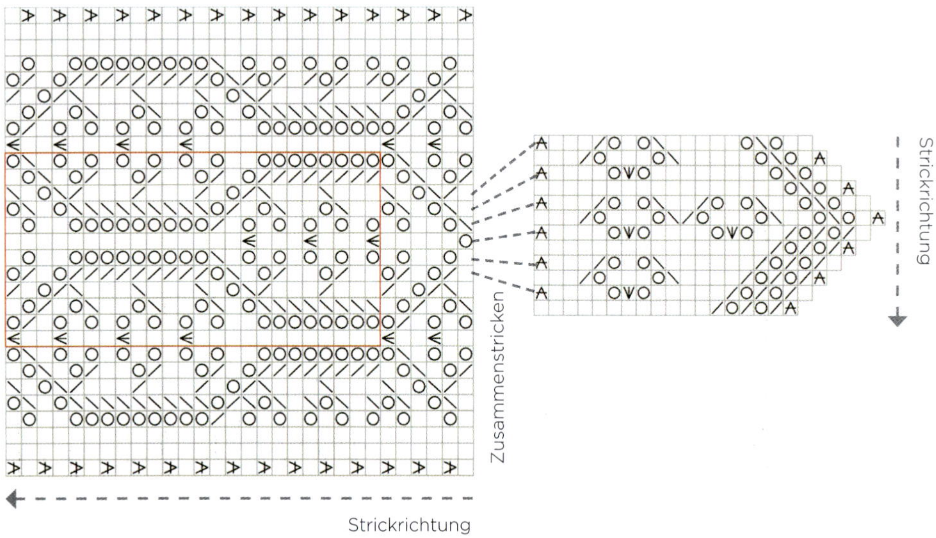

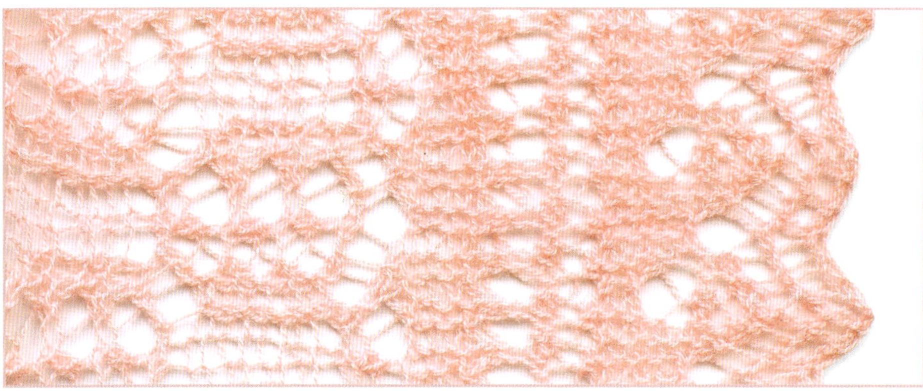

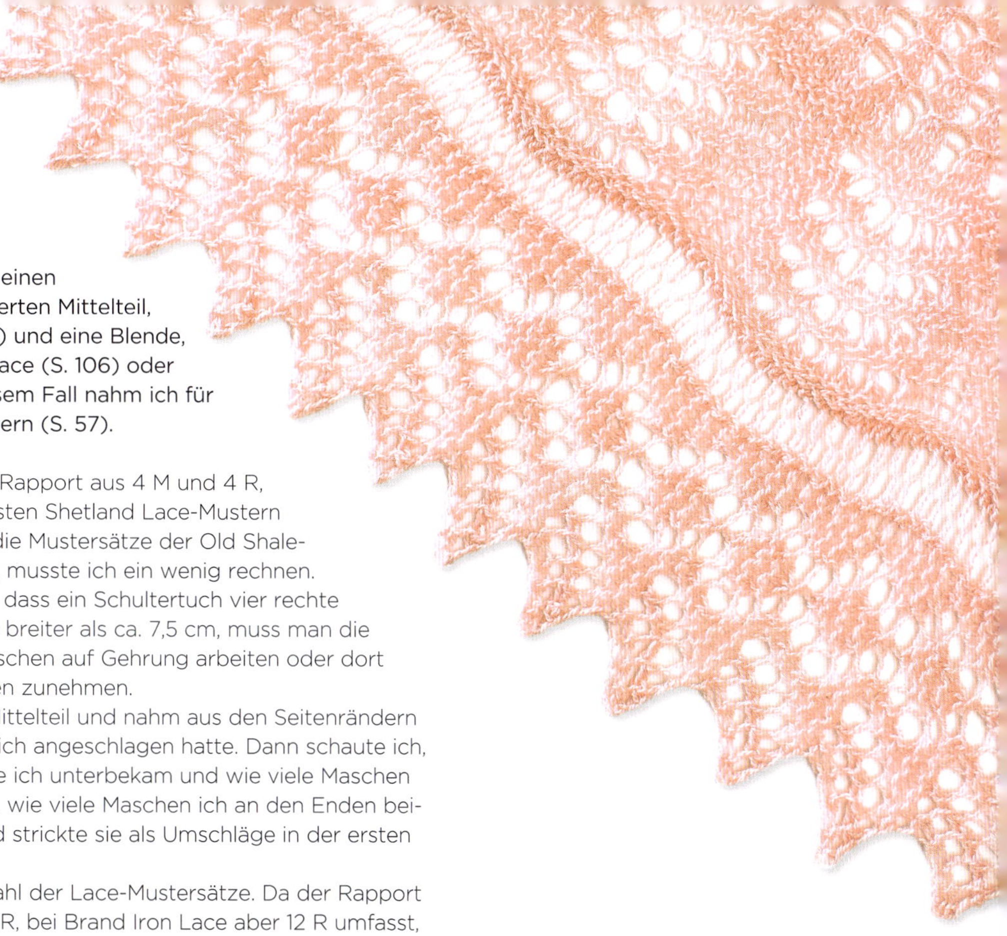

Entwurf für einen Hap Shawl

Traditionell haben Hap Shawls einen schlicht oder gar nicht gemusterten Mittelteil, eine Old Shale-Bordüre (S. 108) und eine Blende, meist aus Traditional Peaked Lace (S. 106) oder Brand Iron Lace (S. 90). In diesem Fall nahm ich für den Mittelteil Mrs Hunter's Pattern (S. 57).

Mrs Hunter's Pattern hat einen Rapport aus 4 M und 4 R, aber im Gegensatz zu den meisten Shetland Lace-Mustern entsprechen 2 R nicht 1 M. Da die Mustersätze der Old Shale-Bordüre zudem 18 M breit sind, musste ich ein wenig rechnen.

Zu berücksichtigen war auch, dass ein Schultertuch vier rechte Ecken aufweist. Ist die Bordüre breiter als ca. 7,5 cm, muss man die Ecken entweder mit Zusatzmaschen auf Gehrung arbeiten oder dort von vornherein weitere Maschen zunehmen.

Ich strickte den viereckigen Mittelteil und nahm aus den Seitenrändern ebenso viele Maschen auf, wie ich angeschlagen hatte. Dann schaute ich, wie viele Old Shale-Mustersätze ich unterbekam und wie viele Maschen übrig blieben. Ich rechnete aus, wie viele Maschen ich an den Enden beiderseits zunehmen musste, und strickte sie als Umschläge in der ersten rechten Strickreihe.

Die letzte Hürde war die Anzahl der Lace-Mustersätze. Da der Rapport bei Traditional Peaked Lace 10 R, bei Brand Iron Lace aber 12 R umfasst, wird die Bordüre bei jedem Mustersatz um 5 bzw. 6 Maschen verkürzt. Da der Rapport der Bordüre 18 M hat, also 6 x 3, braucht man für Brand Iron nicht viel zu rechnen, bei Traditional Peaked Lace jedoch schon. Aber zum Glück kann man an den Ecken schummeln! Wenn die Rechnung nicht aufgeht, stricken Sie lieber einen Rapport mehr als einen weniger. Lassen Sie eine Masche der Bordüre einfach „verschwinden", indem Sie die Lace-Rückreihen mit 1 M re abschließen, anstatt die letzte Masche mit der ersten der Bordüre rechts zusammenzustricken.

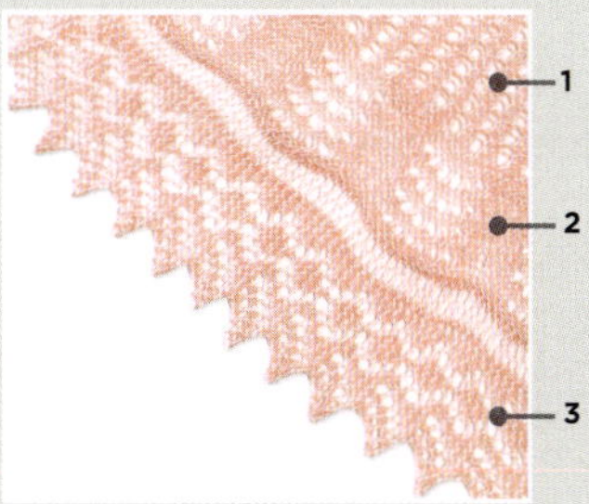

Verwendete Muster:

1 Mrs Hunter's Pattern, S. 57

2 Old Shale, S. 108

3 Traditional Peaked Lace, S. 106

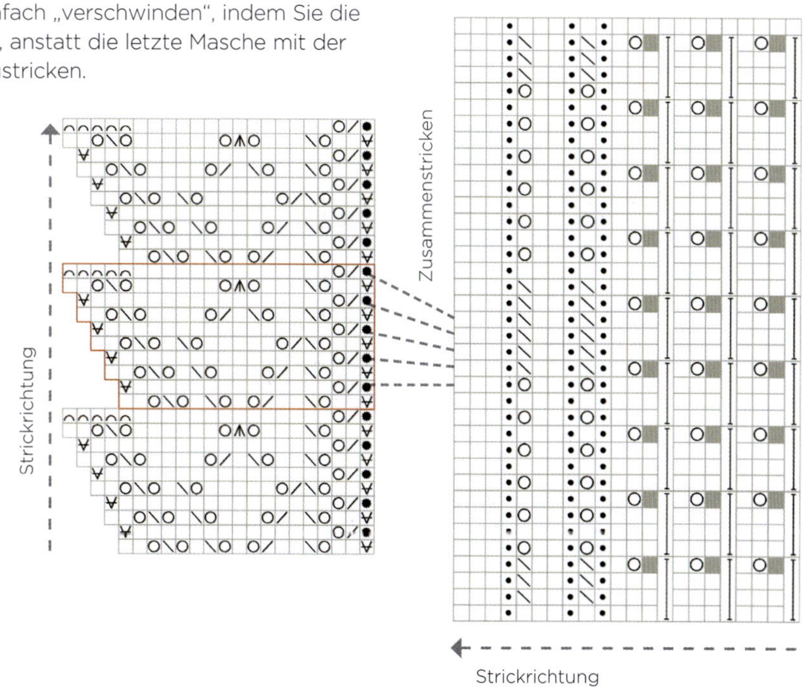

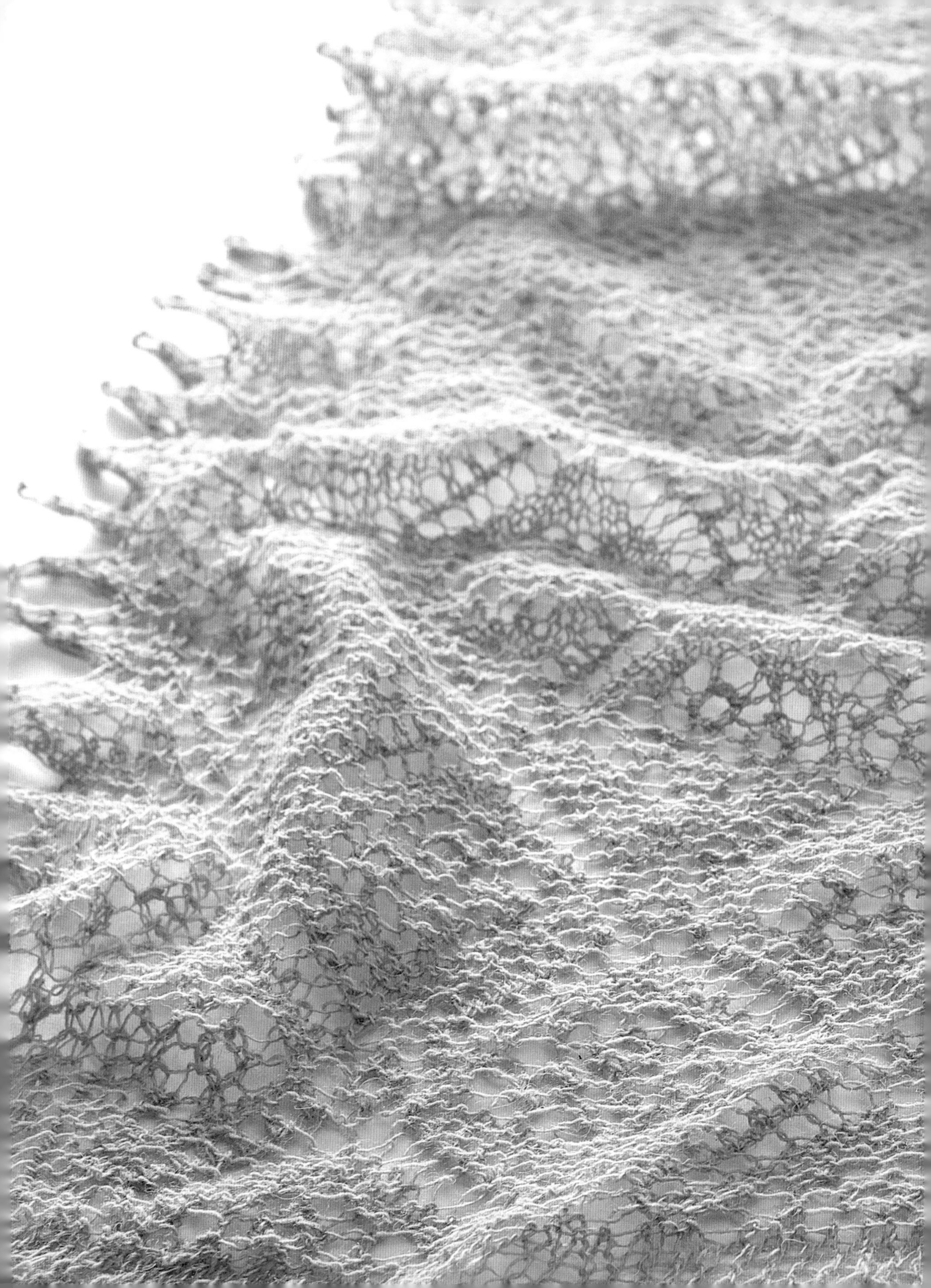

STRICK-MUSTER

Die Musterübersicht zeigt sämtliche Muster verkleinert nebeneinander. So haben Sie einen Überblick über alle Möglichkeiten, können sich inspirieren lassen oder nach einem Muster suchen. Die Strickanleitungen sind nach Anzahl der Maschen und Reihen sortiert und bestehen aus Fotos, Strickschriften und Anleitungen. Mix & Match-Strickproben zeigen, wie man die Muster miteinander kombinieren kann.

Musterübersicht

In der Übersicht sehen Sie sämtliche Muster verkleinert nebeneinander. Sie können sich von diesem Überblick inspirieren lassen oder nach einem bestimmten Muster suchen.

FLÄCHENMUSTER

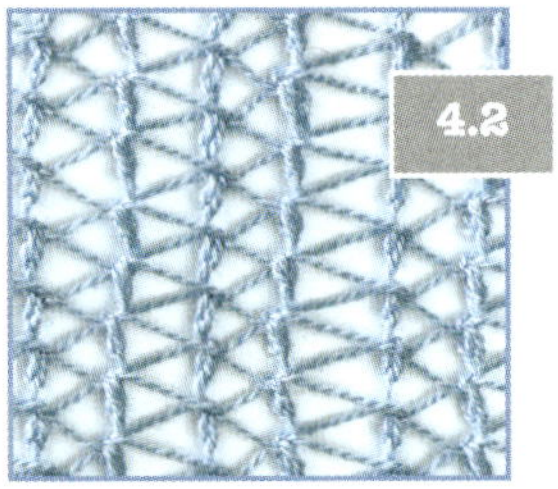

Faggotting 53

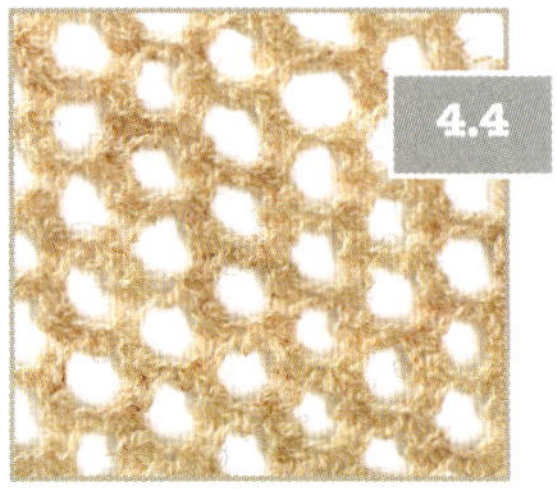

Cat's Eye 55

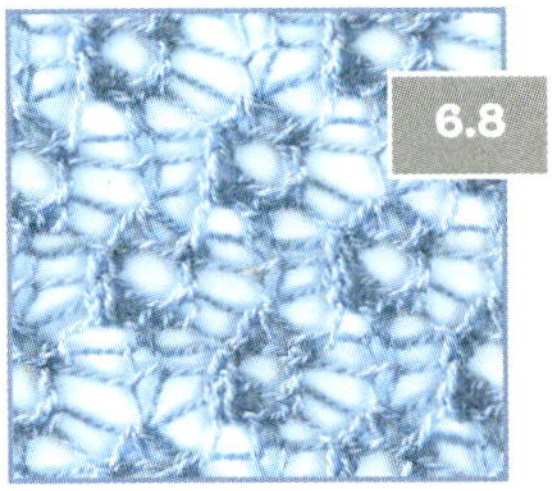

Bird's Eye 59

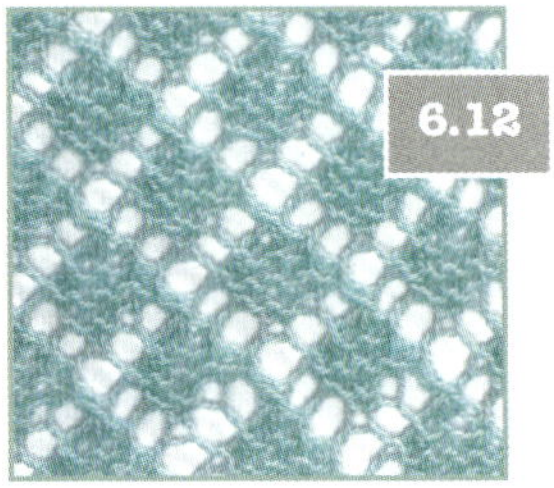

Small Diamonds 60

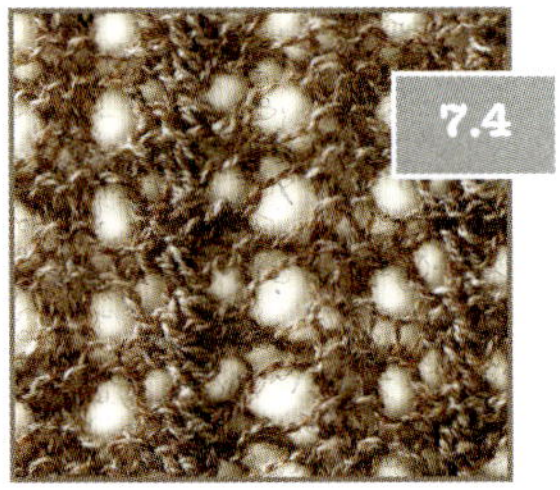

Arches 63

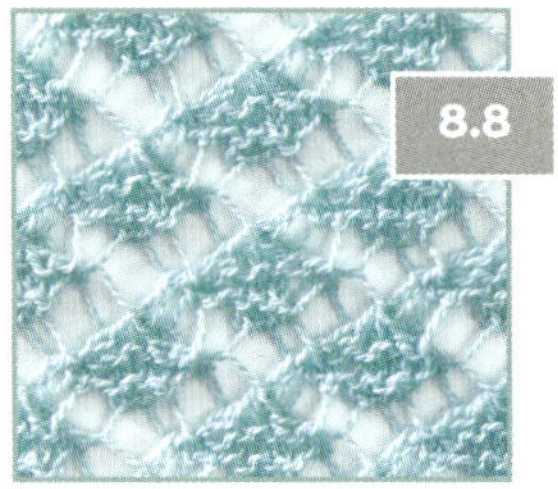

Large Diamonds 66

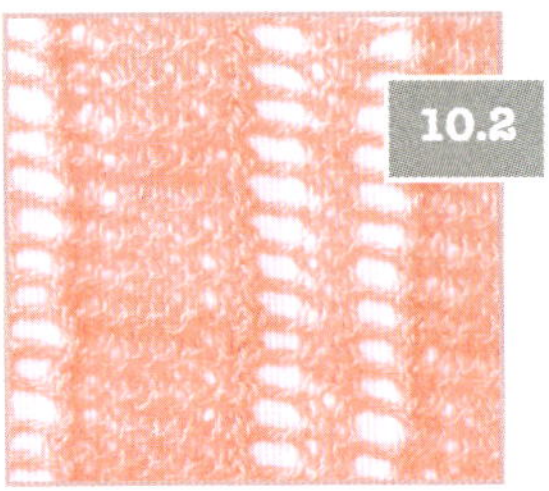

Acre 75

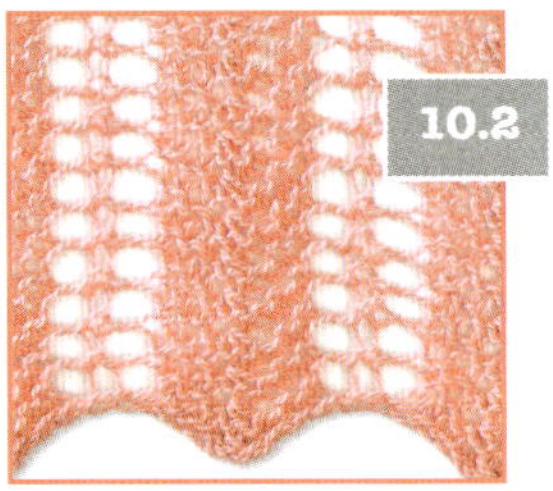

New Shell 75

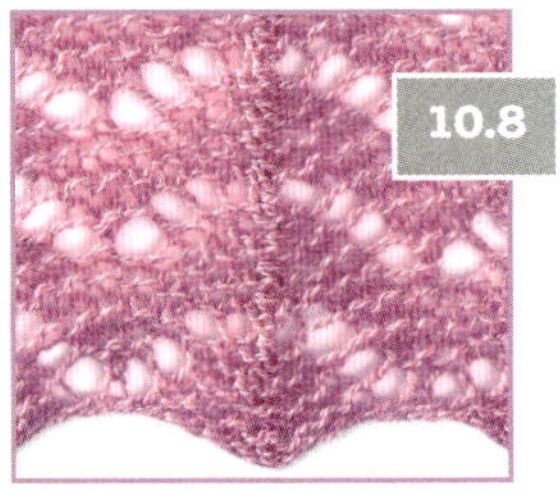

Horse Shoe 76

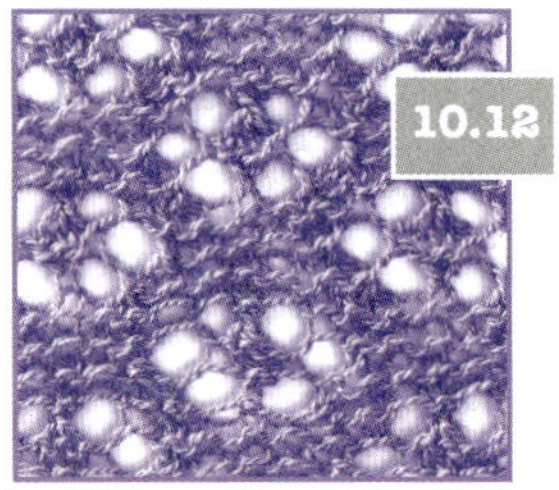

Cat's Paw 77

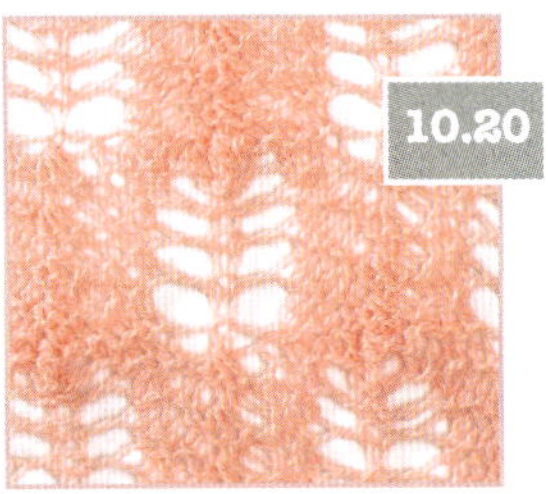

Fir Cone 83

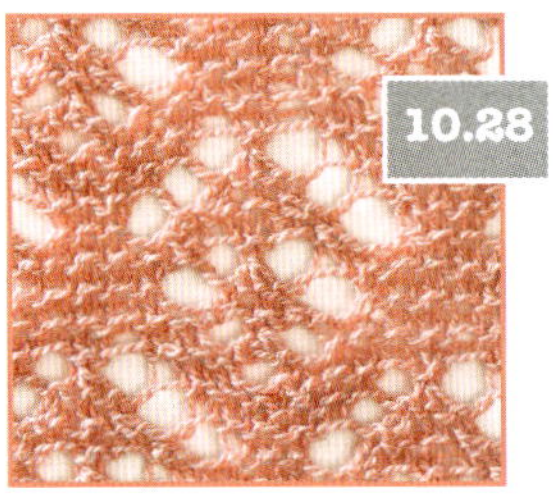

The Madeira 84

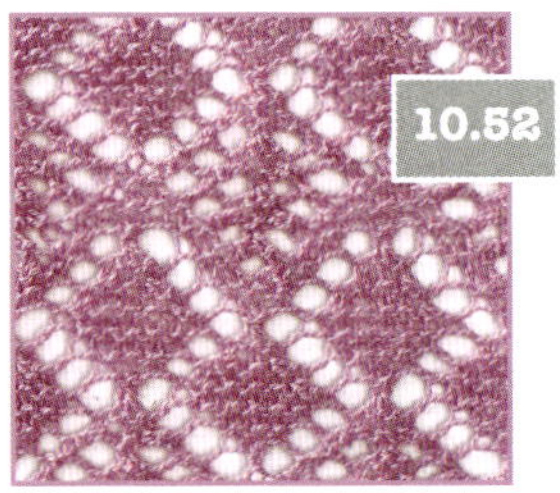

Madeira and Diamond 85

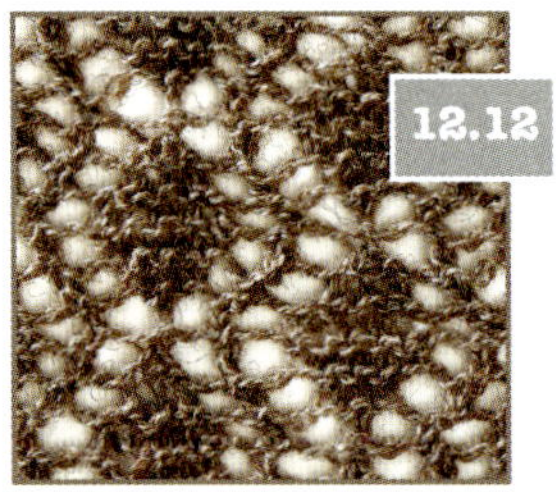

Trellis Diamond 91

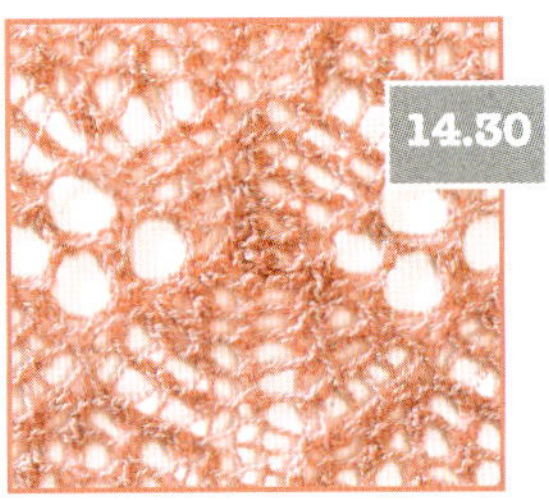

Da Puzzle 101

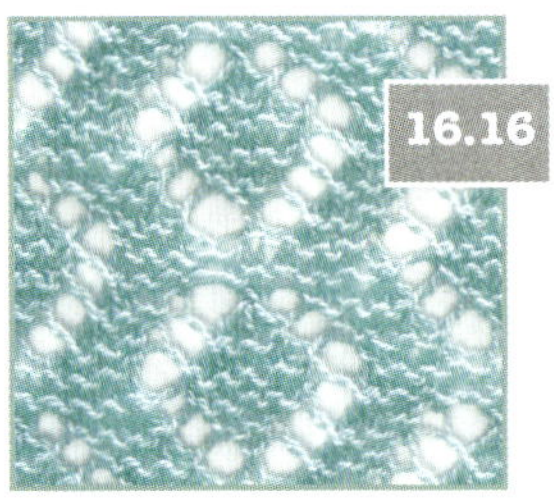

Mrs Montague's Pattern 105

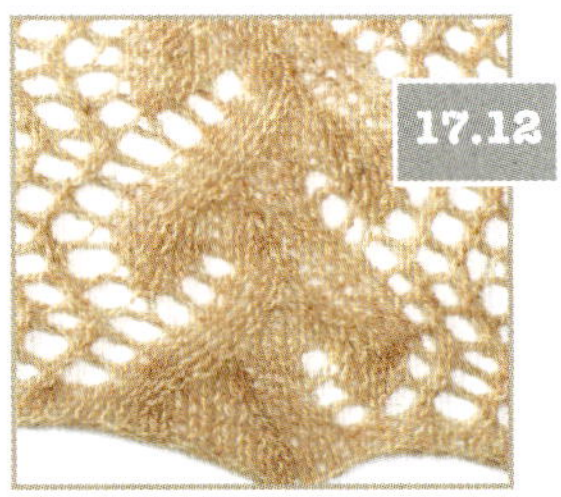

Print of the Wave 107

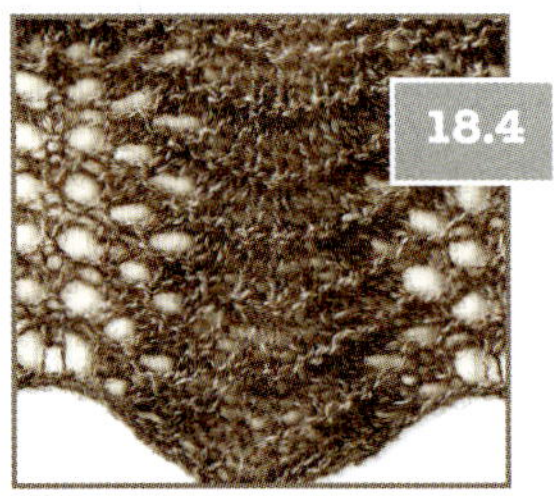

Old Shale 108

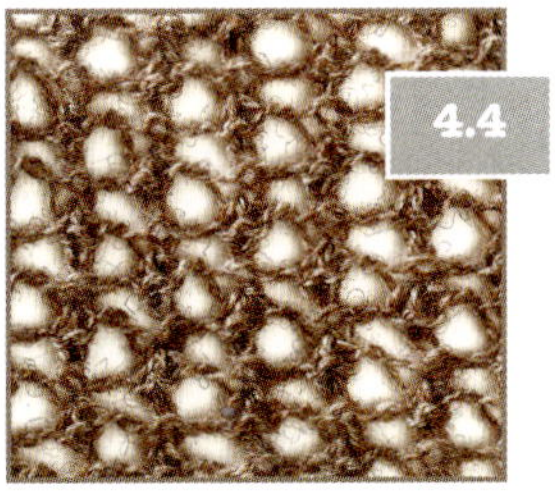

Fancy Net 56

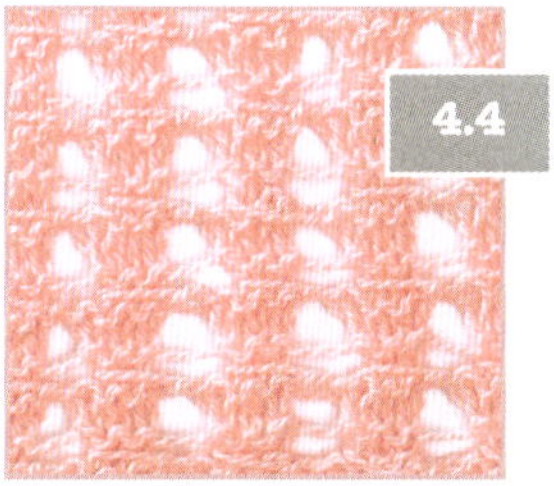

Mrs Hunter's Pattern 57

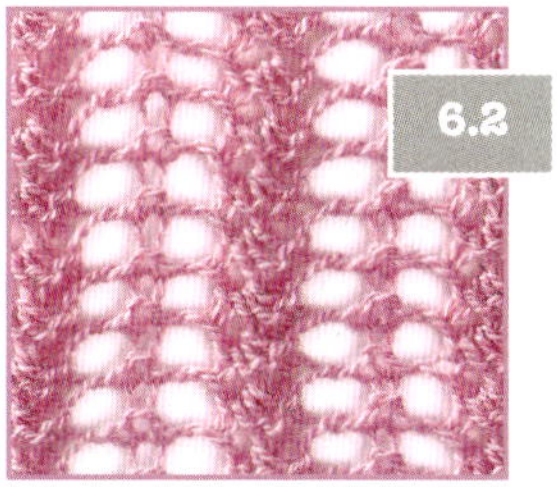

Razor Shell 58

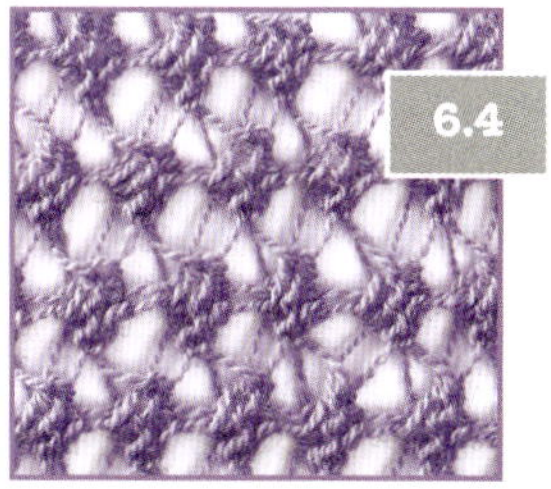

Bead Pattern 59

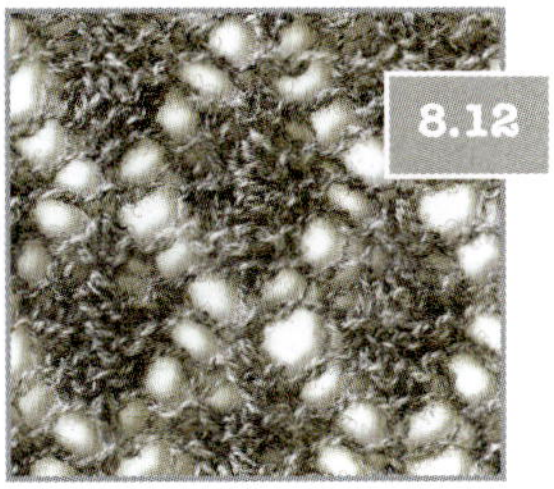

Miniature Leaf 67

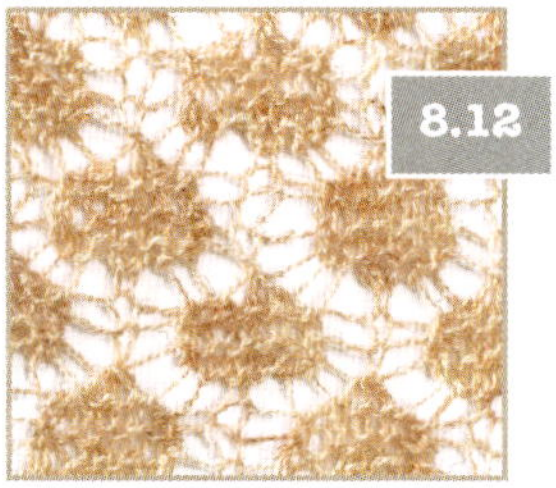

Small Hexagons 68

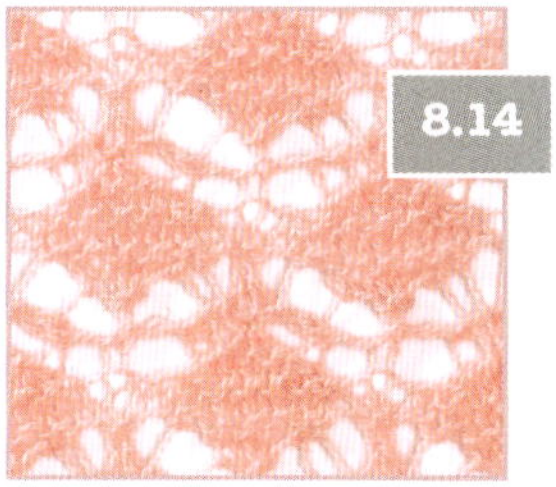

Chevrons 70

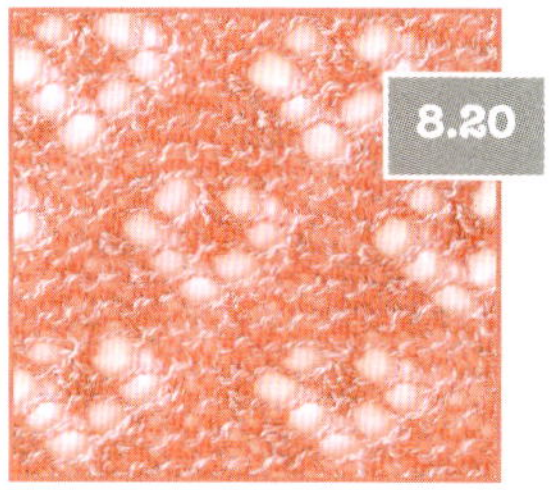

Strawberry 71

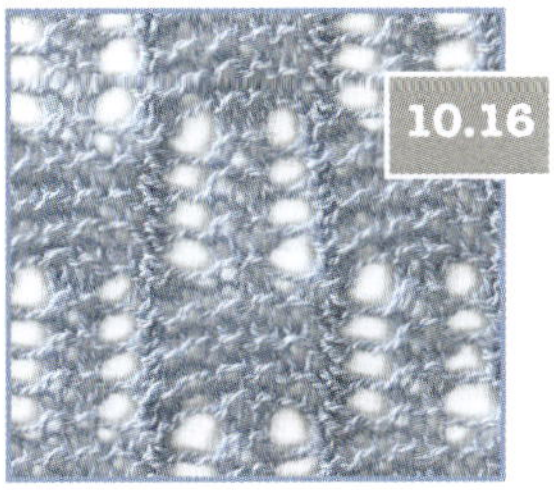

Broken Acre 78

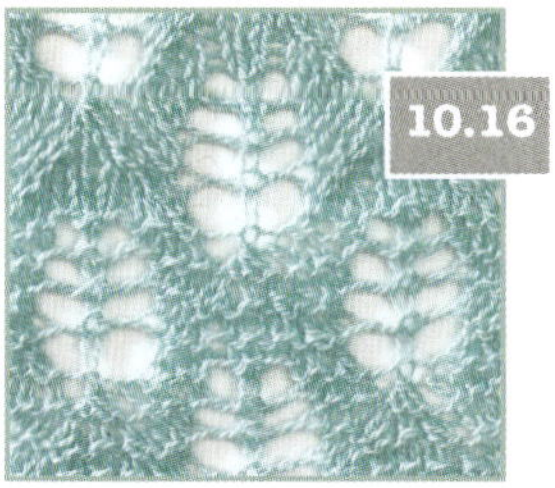

Candle Light 79

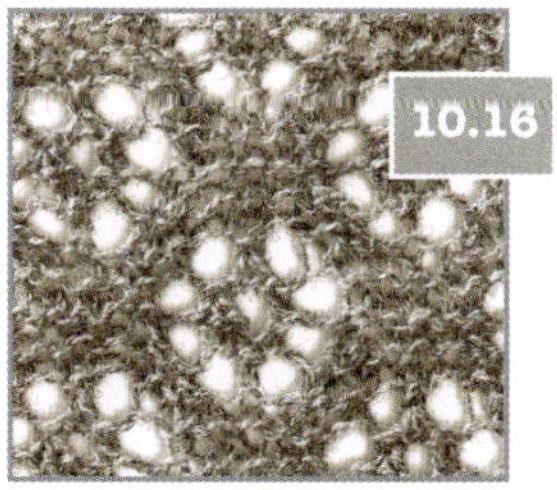

Rosebud Eyelid 80

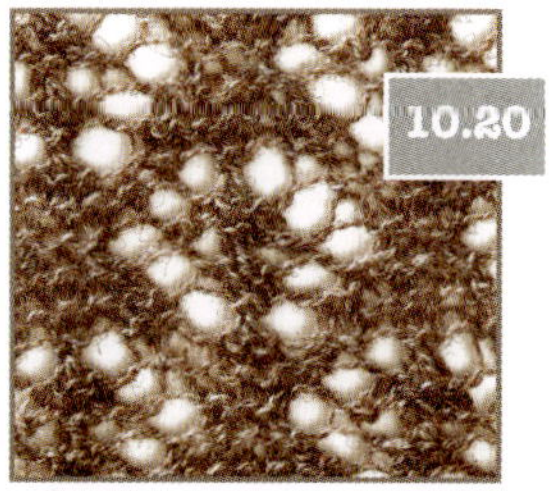

Dot Diamond 82

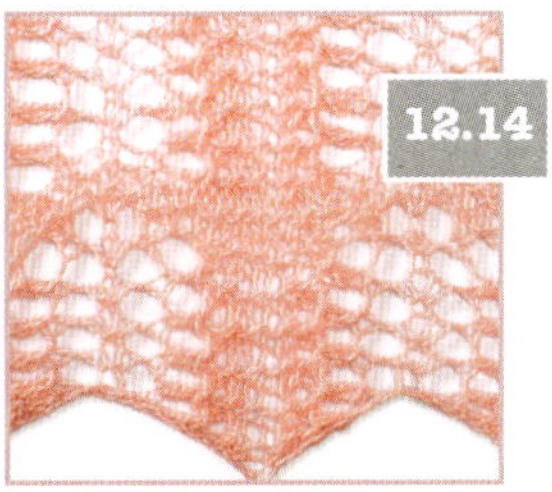

Crest of the Wave 92

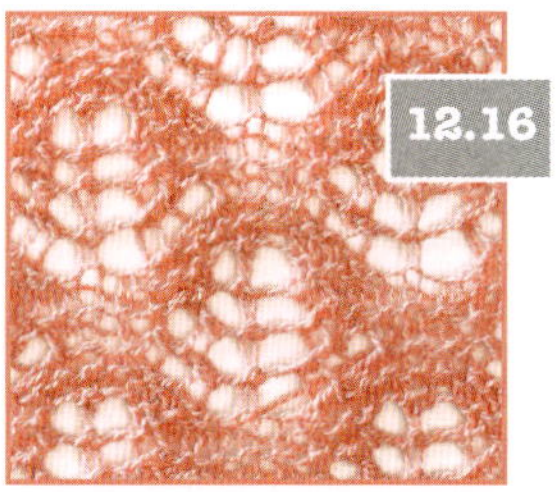

Small Trees 93

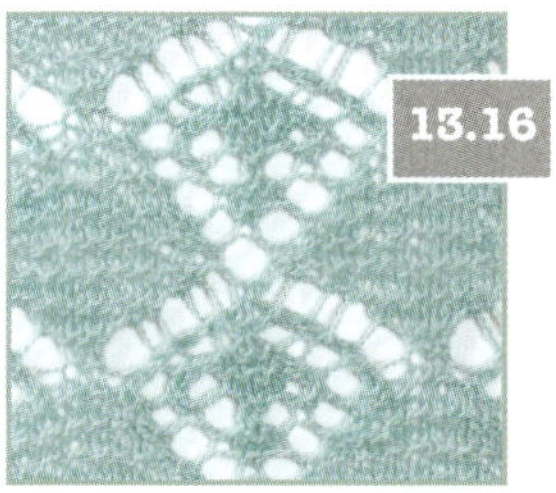

Fern 96

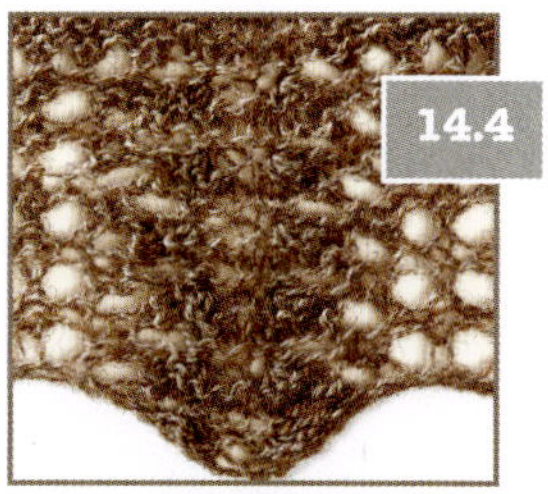

Feather and Fan 99

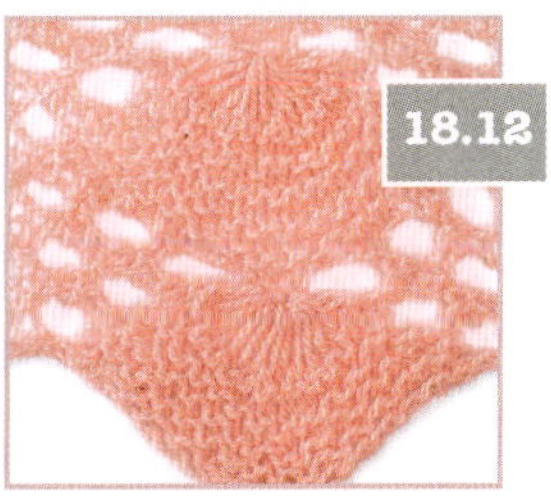

Cockleshell 109

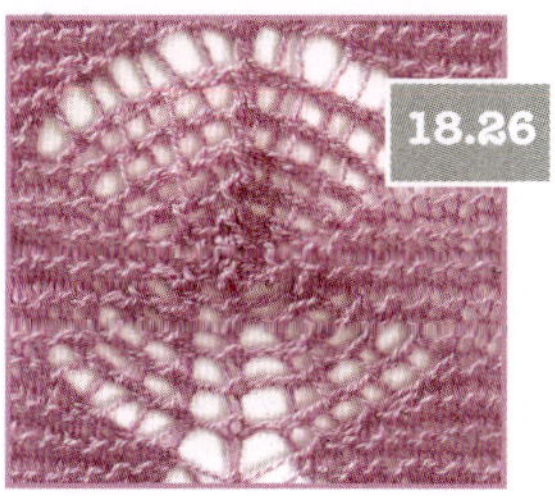

Spider's Web 111

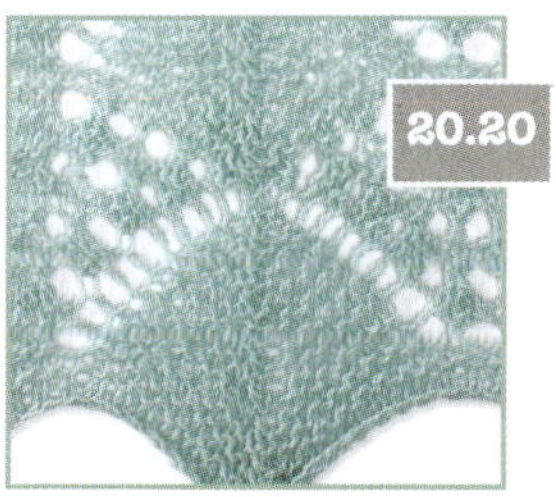

Madeira Cascade 114

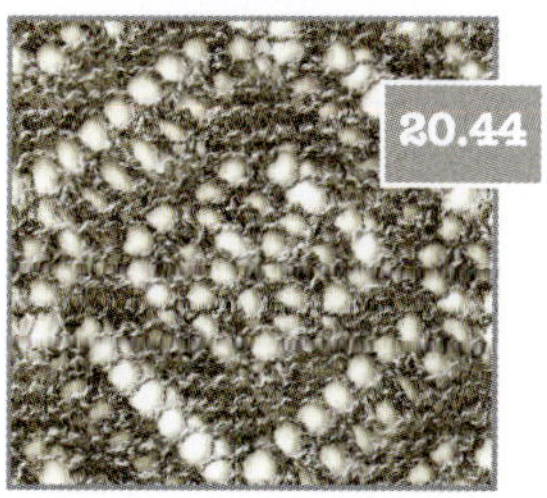

Rose Diamond Frame
with Rose Clusters 115

EINSÄTZE

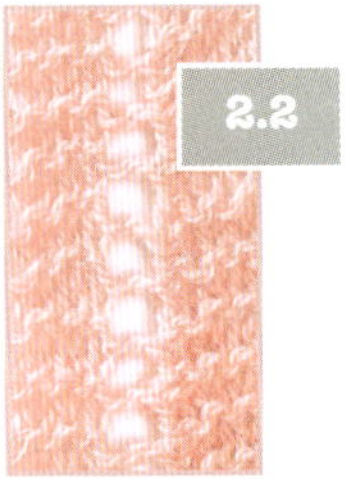

Steek One 52

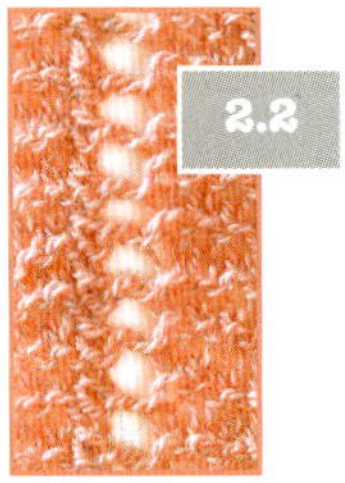

Steek Two 52

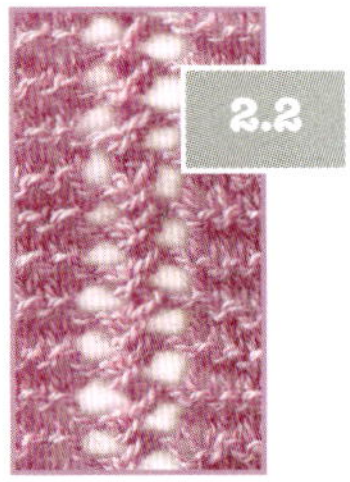

Steek Three 52

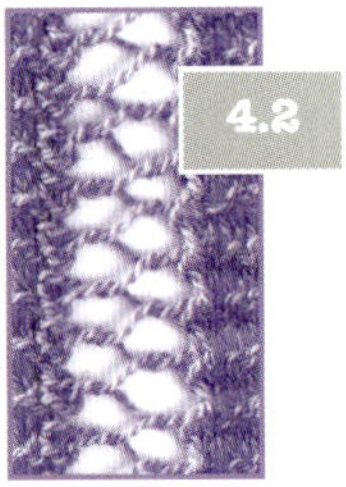

Ladder 53

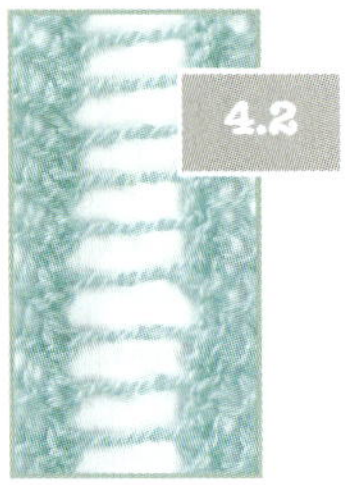

Lace Holes 54

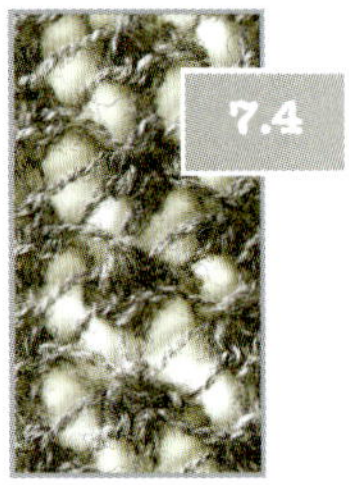

Bead als Einsatz 63

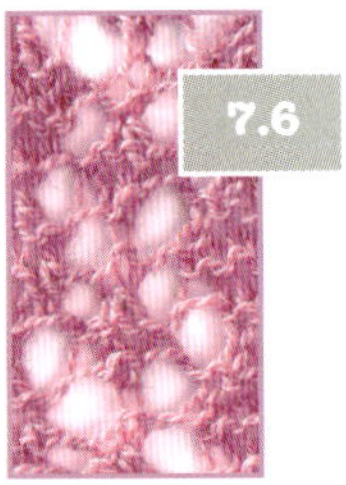

Cat's Paw als Einsatz 65

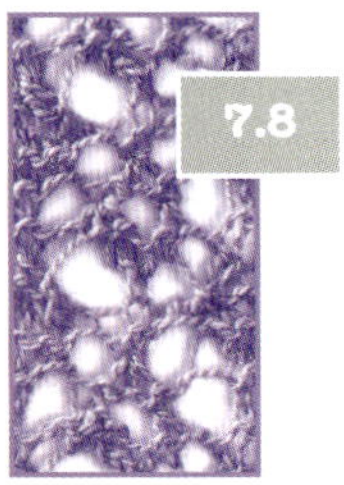

Eyelid als Einsatz 65

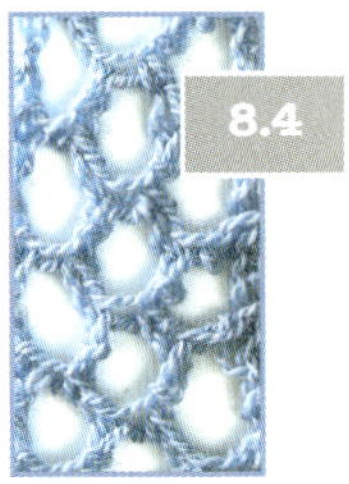

Lace Holes als Einsatz 66

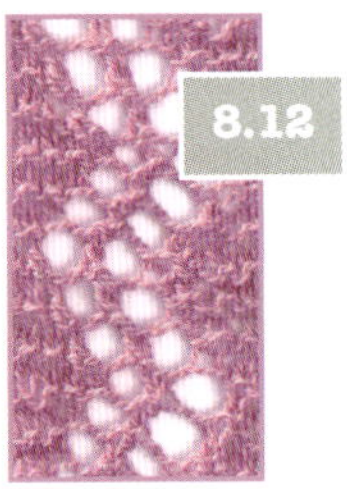

Zigzag als Einsatz 69

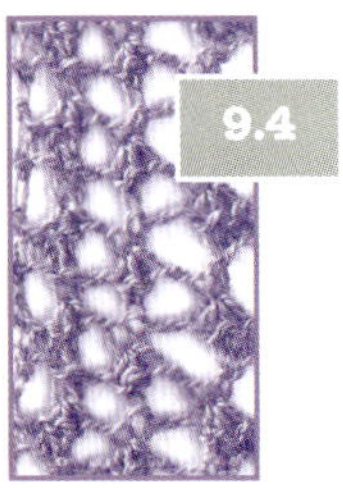

Fancy Net als Einsatz 72

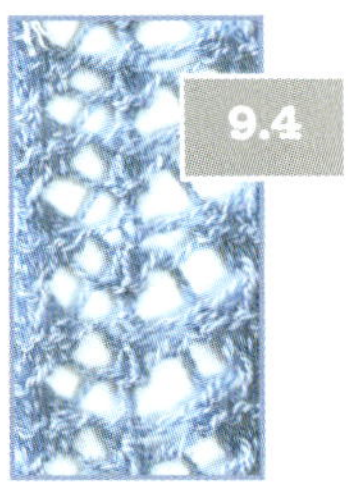

Flee als Einsatz 73

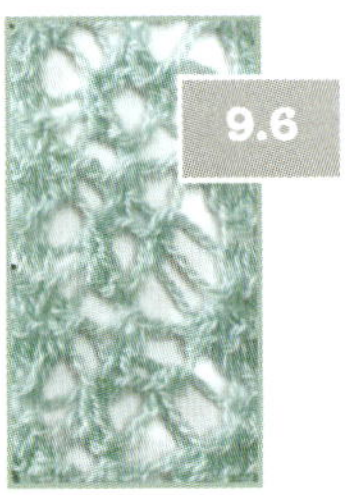

Spider als Einsatz 73

LACE-MUSTER

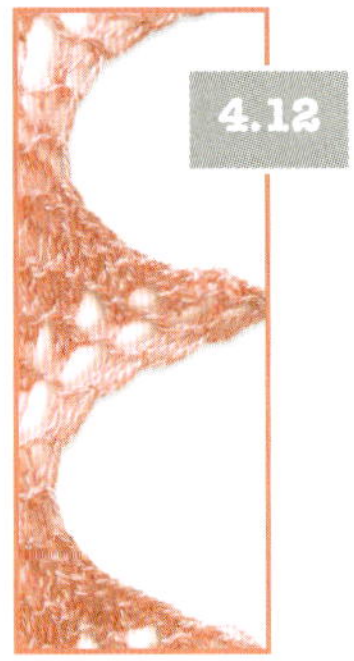

Small Triangle Lace 58

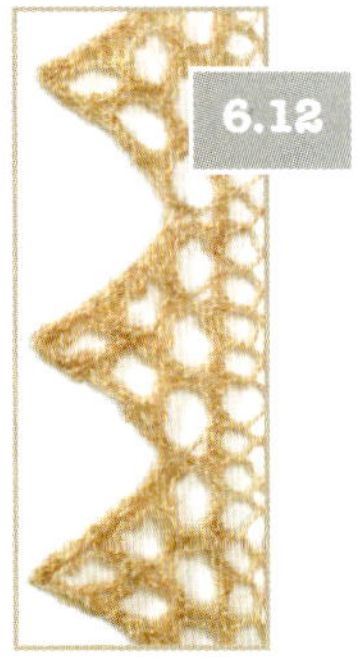

Vandyke Lace 61

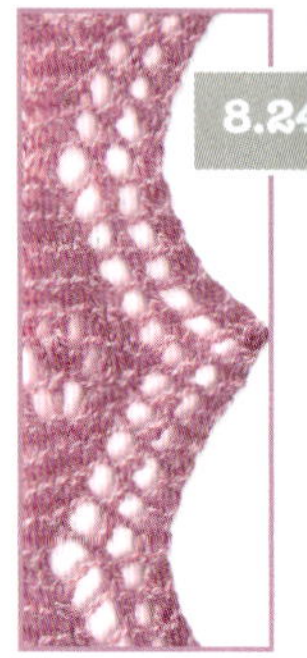

Cat's Paw Lace

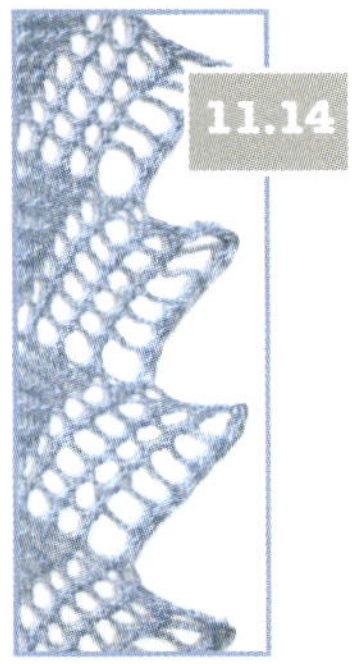

Coburg Lace 86

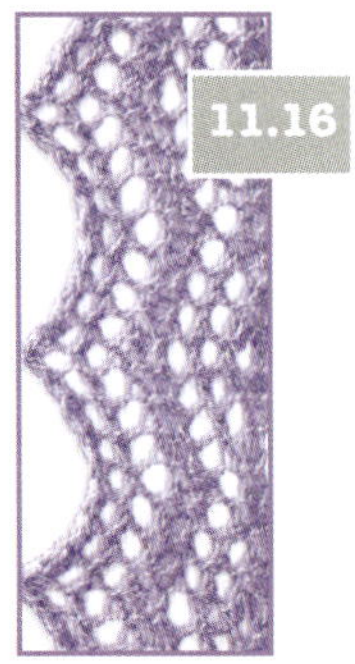

Wave Lace 87

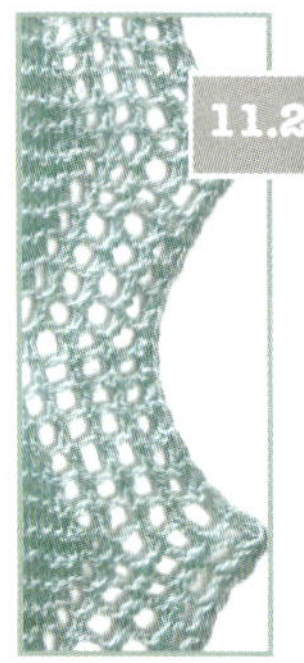

Plain Vandyke

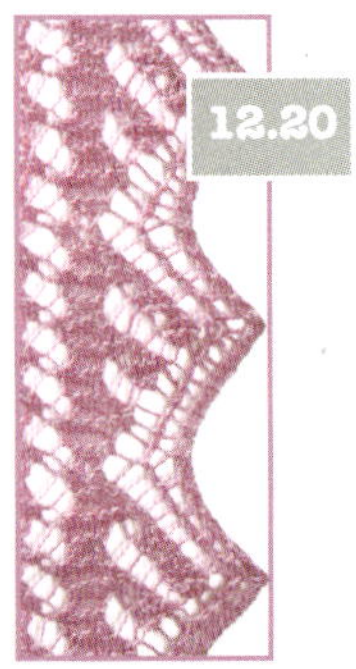

Queen's Lace 94

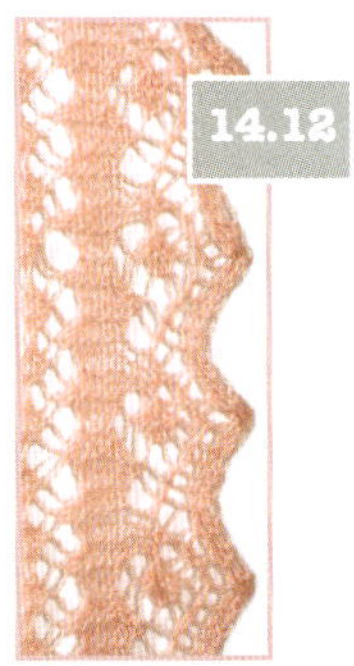

Don's Lace 100

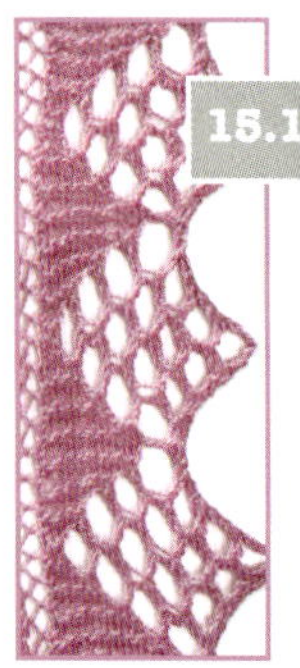

Drops Lace 1

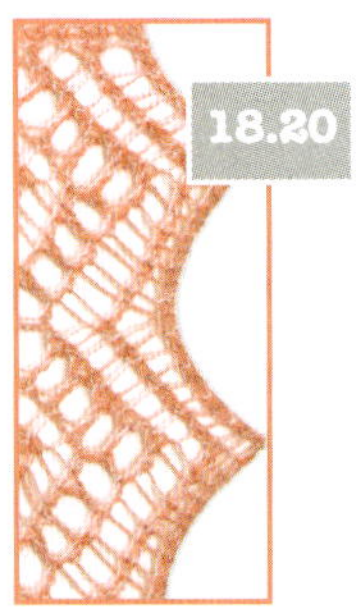

Bead and Lace Holes 110

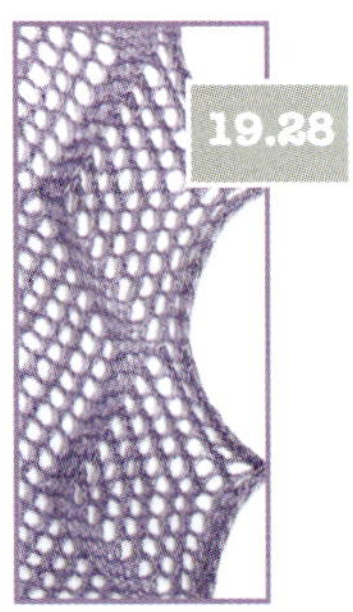

Traditional Large Scalloped Lace 112

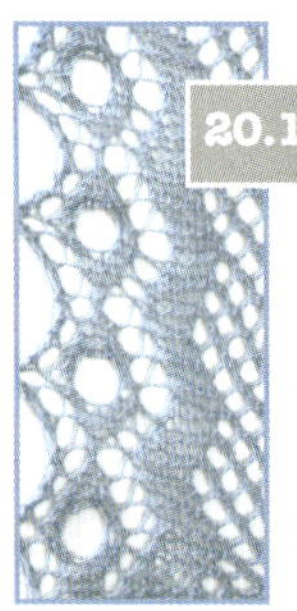

Irish Lace, auc Elaine Lace 1

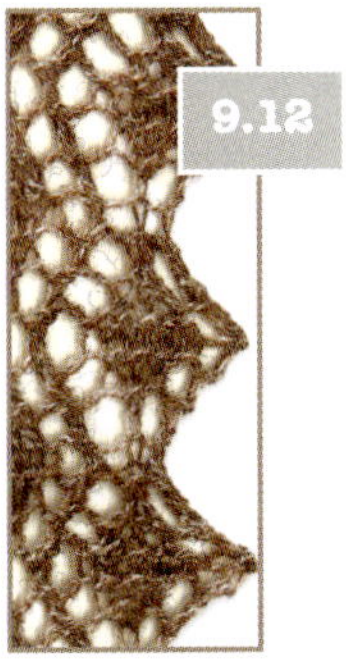

Doris Lace 74

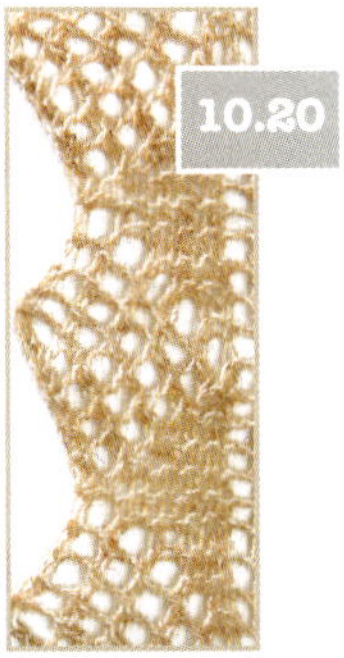

Traditional Scalloped Lace 81

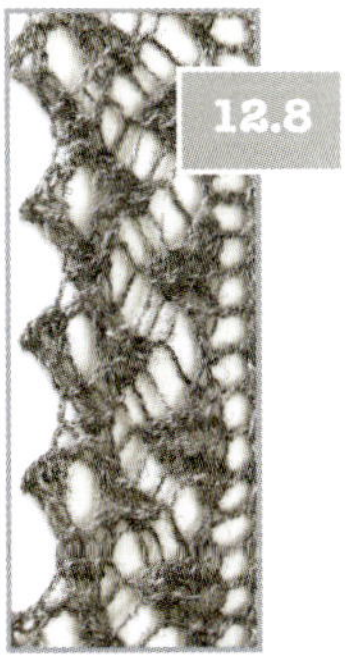

Cyprus Lace 89

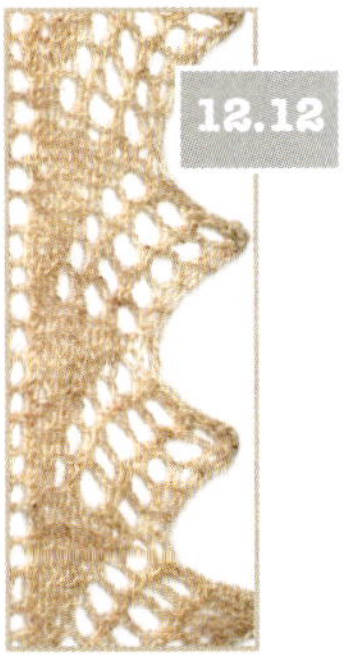

Brand Iron Lace 90

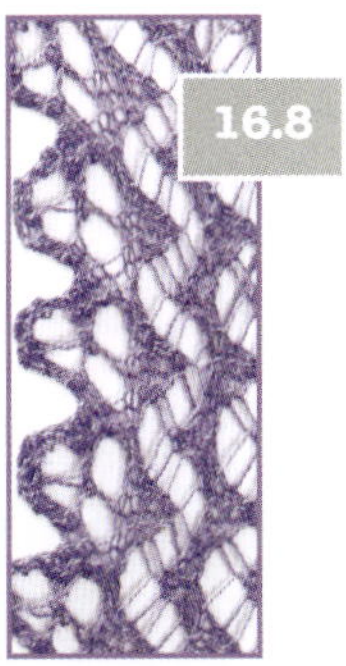

Victorian Zigzag Lace 103

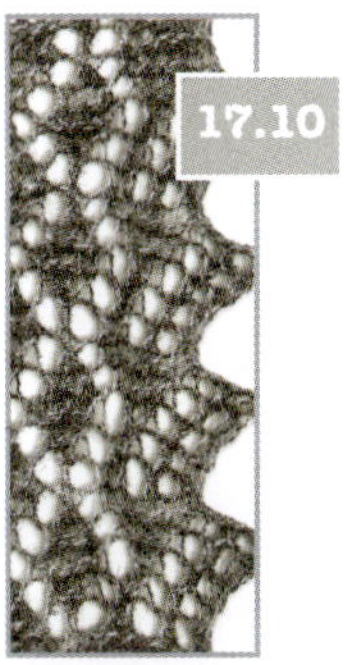

Traditional Peaked Lace 106

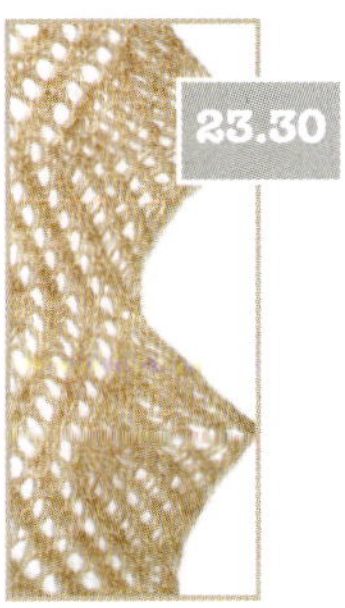

Fan Lace 116

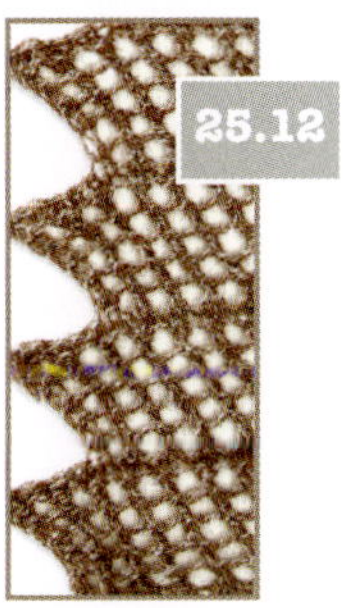

Margaret's Lace 117

EINZELMOTIVE

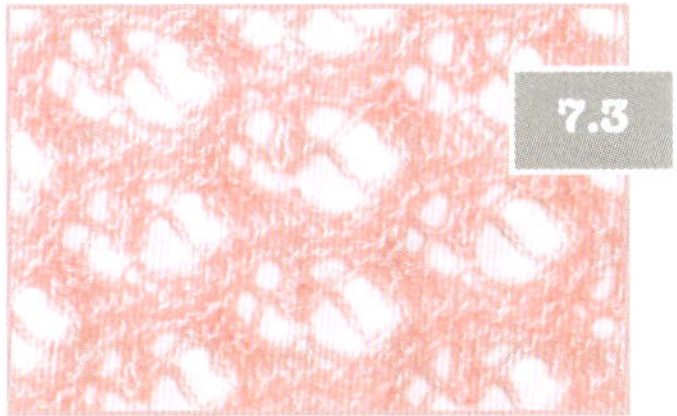

Flee als Einzelmotiv 62

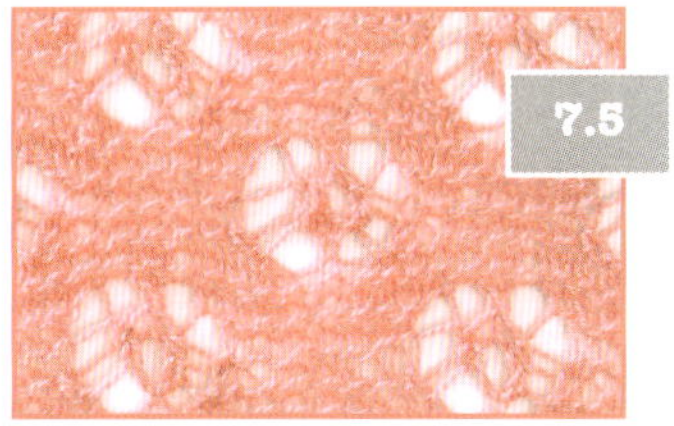

Spider als Einzelmotiv 64

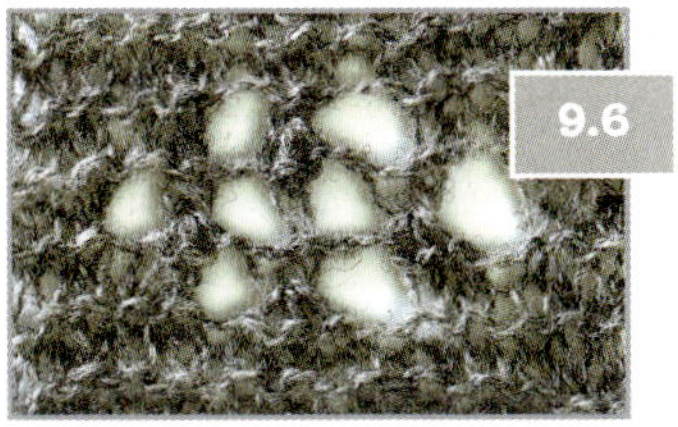

Fancy Net 74

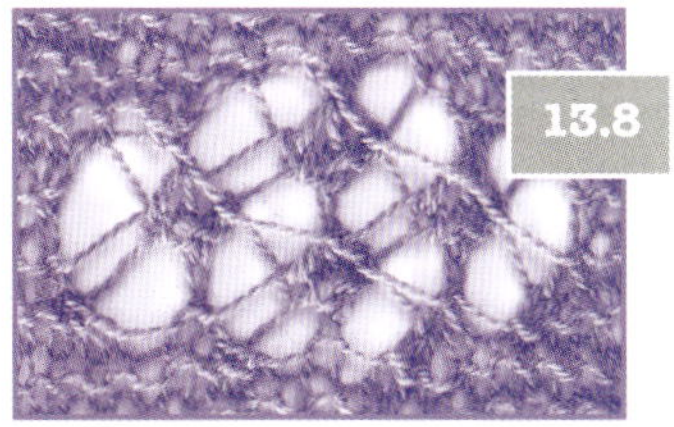

Bead Cluster 95

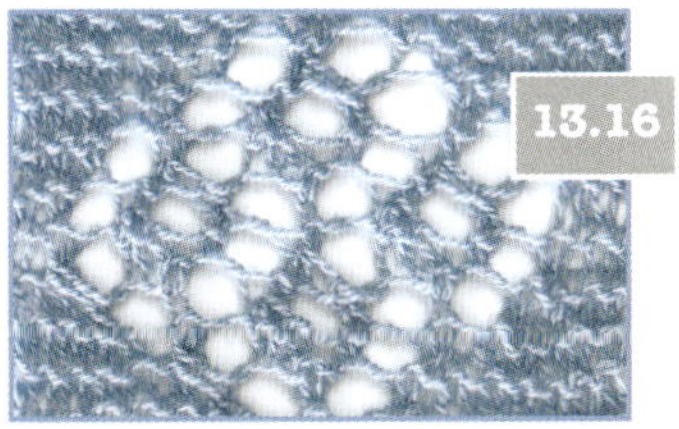

Rose Cluster 95

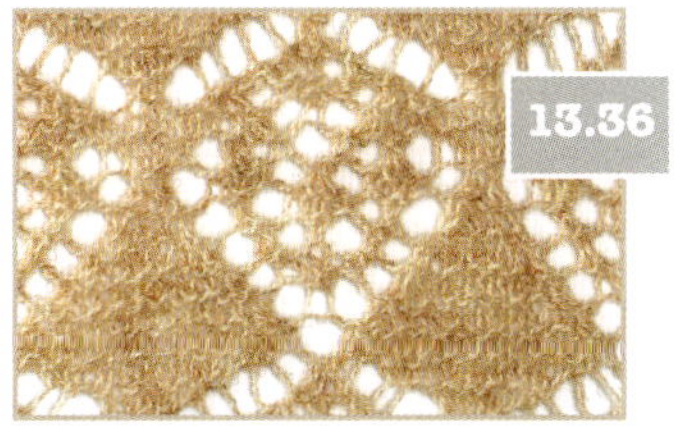

Vase 98

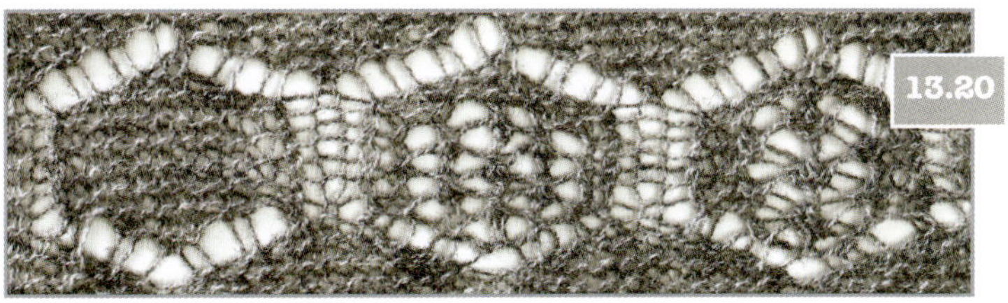

Hexagon Frame with the Brother and the Sister 97

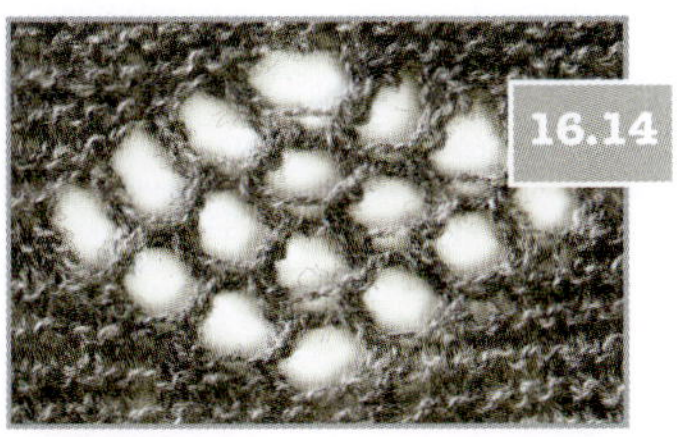

Lace Holes 103

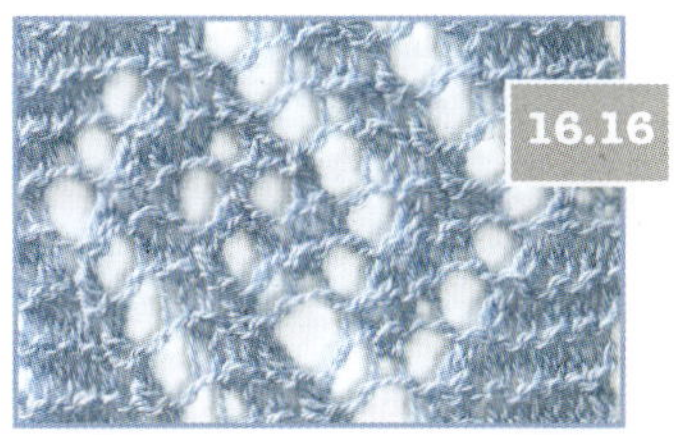

Lace Cable 104

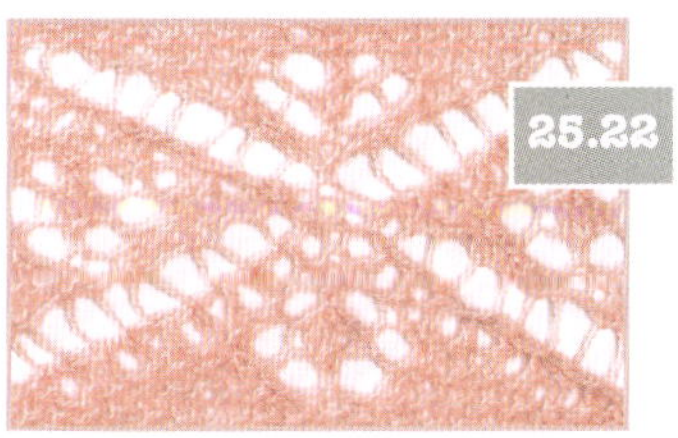

The Saltire 118

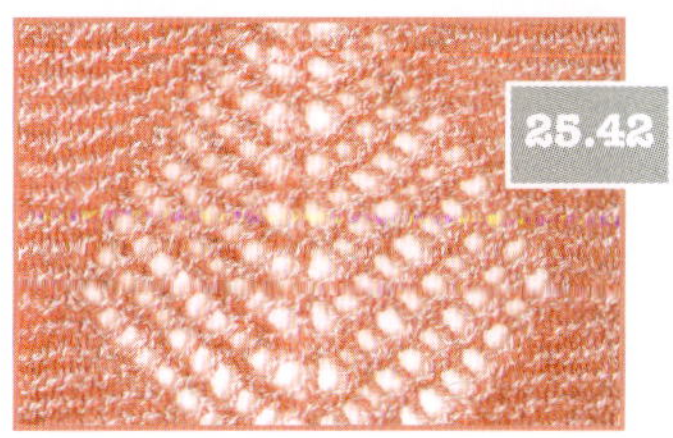

Tree 119

2.2

Stufe 1

Steek 1

▸ EINSATZ

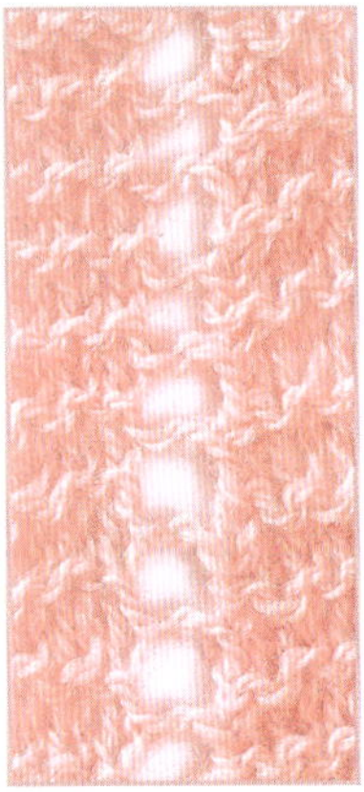

Auf den Shetlandinseln versteht man unter einem Steek eine Lochreihe. Es gibt mehrere Varianten.

ANLEITUNG

Reihe 1: 2 M re zus str, U
Reihe 2: re M

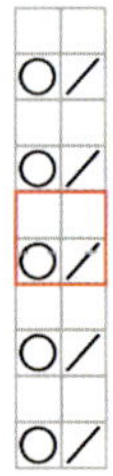

2.2

Stufe 1

Steek 2

▸ EINSATZ

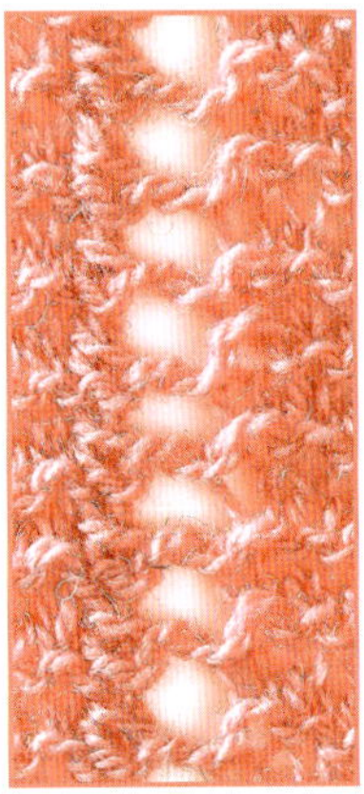

Steeks dienen oft als Umrahmung anderer Muster oder als Trennlinien zwischen Teilen eines größeren Einsatzes oder Lace-Musters.

ANLEITUNG

Reihe 1: U, abh abh re zus str
Reihe 2: re M

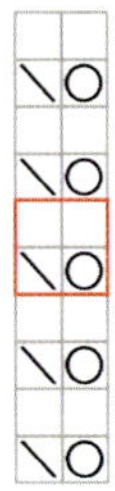

2.2

Stufe 1

Steek 3

▸ EINSATZ

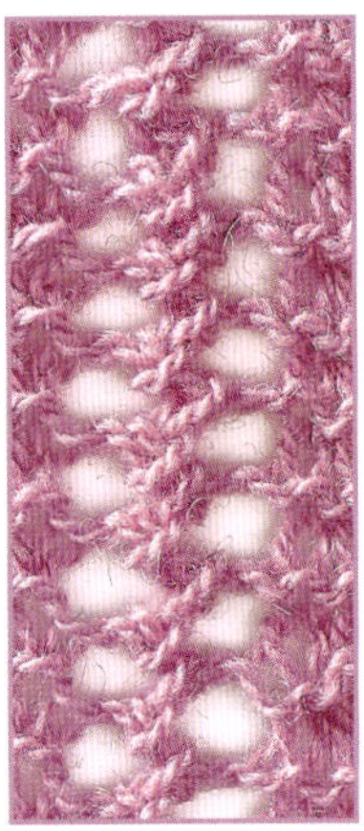

Diese Variante ist in beiden Reihen identisch.

ANLEITUNG

Reihe 1: 2 M re zus str, U
Reihe 2: 2 M re zus str, U

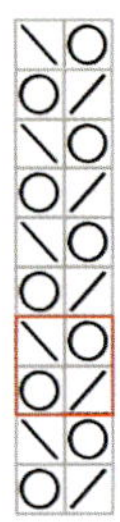

Ladder

▸ EINSATZ

Obwohl die „Leiter" Umschläge in jeder Reihe aufweist, ist sie kinderleicht zu stricken und bildet eine hübsche Trennlinie zwischen anderen Musterelementen. Die Anleitung ist für beide Reihen identisch.

ANLEITUNG

Reihe 1: 2 M re, U, abh abh re zus str
Reihe 2: 2 M re, U, abh abh re zus str

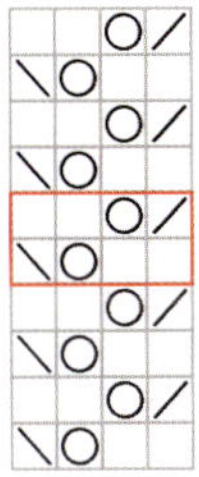

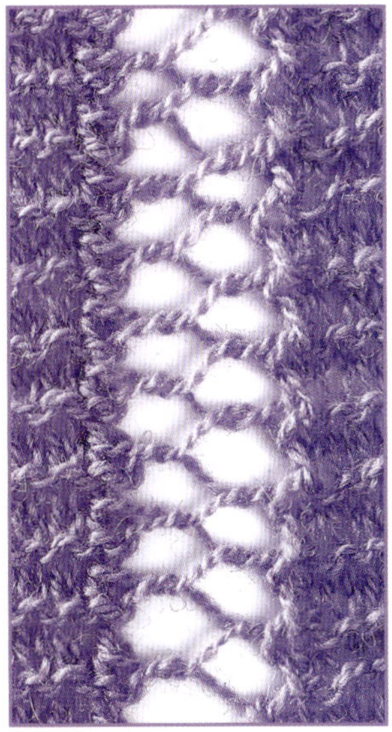

Stufe 2
4.2
+1

Faggotting

▸ FLÄCHENMUSTER

Die „Bündel" bestehen aus dem Fancy Net-Muster (S. 56), jedoch ohne die Rechtsmaschen-Reihe dazwischen. Ist auch als Einsatz sehr schön.

ANLEITUNG

Reihe 1: 1 M re, *U, 3 M re verschr zus str, U, 1 M re. Ab * fortlfd wdh bis R-Ende
Reihe 2: 2 M re zus str, U, 1 M re, *U, 3 M re verschr zus str, U, 1 M re. Ab * fortlfd wdh bis auf die letzten 2 M, U, abh abh re zus str

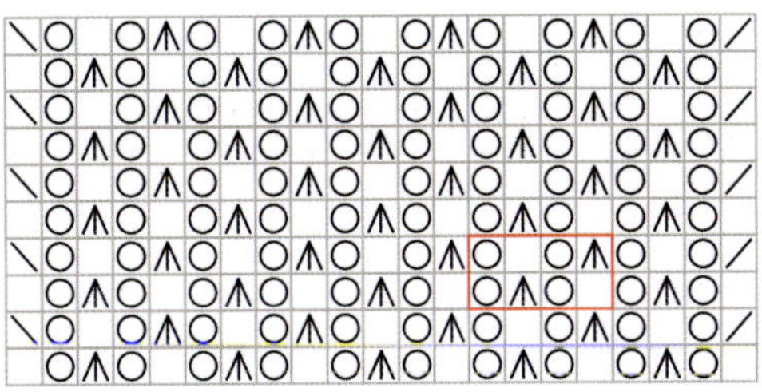

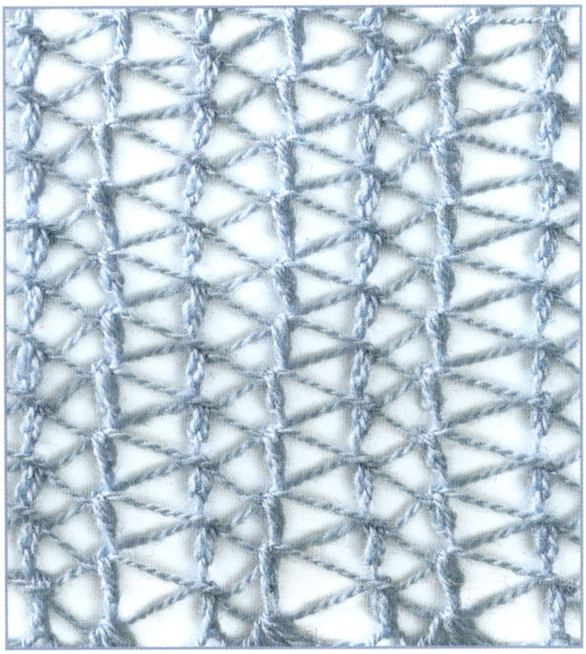

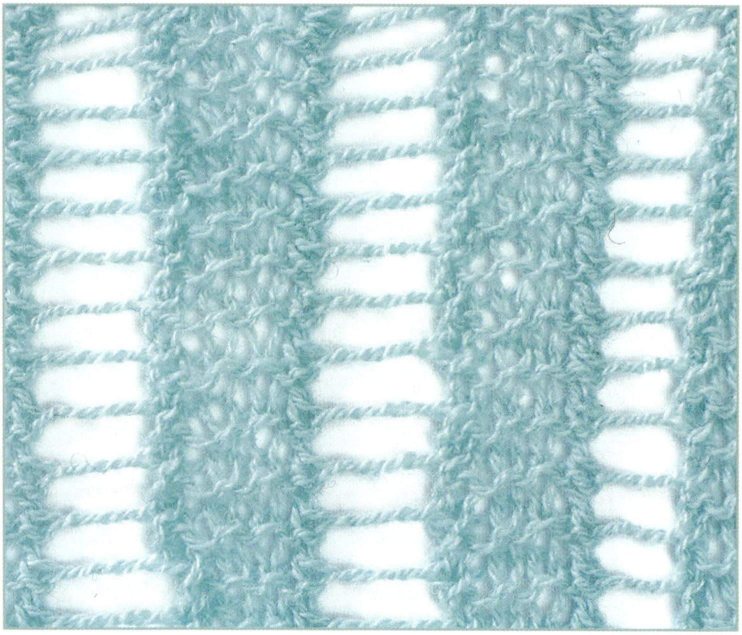

Lace Holes

EINSATZ*

Ein schlichtes, vielseitiges Motiv. Die doppelten Umschläge bilden weite Öffnungen, die sich in alle Richtungen dehnen. Der zweite Umschlag in der zweiten Reihe wird gern links gestrickt, damit das Loch ordentlicher wird. Sind Ihnen die Löcher zu groß, machen Sie nur 1 U, stricken aber dann in der Rückreihe die re und li M in diesen U. In der Strickprobe wurde der rechte Streifen mit 2 M re zus str, U, abh abh re zus str und in der Rückreihe 1 M re, je 1 M re und li in den U, 1 M re gearbeitet.

ANLEITUNG

Reihe 1: 2 M re zus str, U, U, abh abh re zus str

Reihe 2: 2 M re, 1 M li, 1 M re

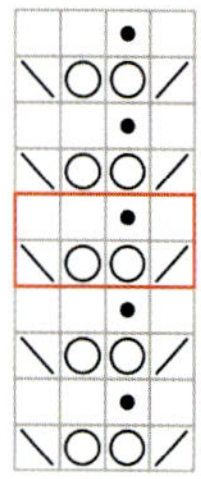

*Auch als Einzelmotiv (S. 103), Lace (S. 110) und weiterer Einsatz (S. 66)

Beispiel für Mix & Match (von oben nach unten):
- Vandyke Lace (S. 61)
- Lace Holes (S. 54)
- Eyelid als Einsatz (S. 65)

Mehr zur Kombination der Einzelmotive auf S. 43

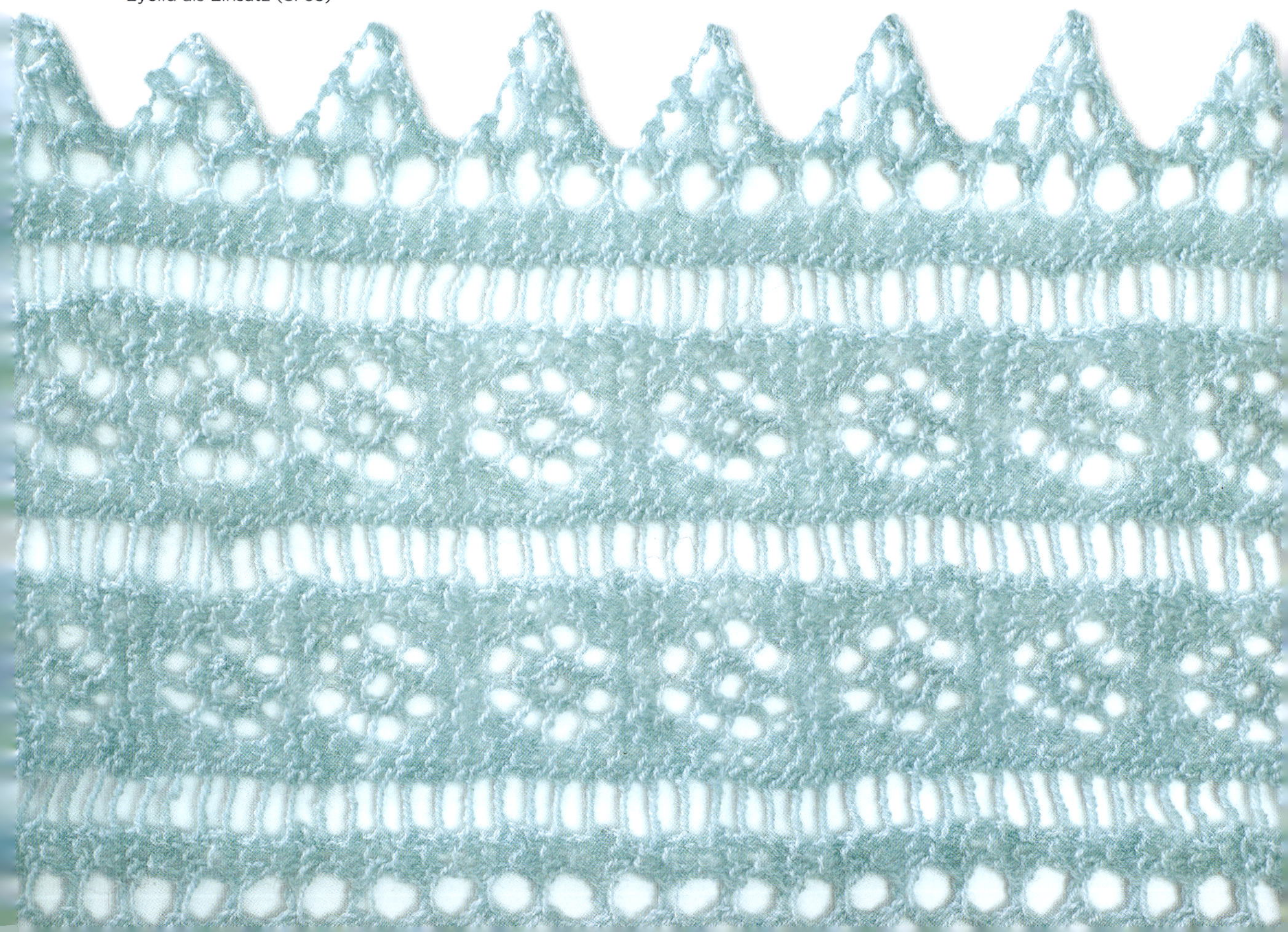

Cat's Eye

FLÄCHENMUSTER

Das „Katzenauge" ist nicht nicht schwer, erfordert aber etwas Konzentration bei der Reihenzahl. Man nimmt es für die Mittelteile von Schultertüchern/ Stolen und als Flächenfüller für Bordüren. Die Maschenzahl ändert sich von Reihe zu Reihe. In den zweiten U stets 1 M li stricken. Die Vorderseite wirkt glatter als die Rückseite.

ANLEITUNG

Reihe 1: 3 M re, *U, U, 4 M re. Ab * fortlfd wdh bis auf die letzten 3 M, U, U, 3 M re
Reihe 2: 1 M re, *abh abh re zus str, 1 M re, 1 M li, abh abh re zus str. Ab * fortlfd wdh bis End-M, 1 M re
Reihe 3: 1 M re, *U, 4 M re, U. Ab * fortlfd wdh bis End-M, 1 M re
Reihe 4: 2 M re, *2 Mal [abh abh re zus str], 1 M re, 1 M li. Ab * fortlfd wdh bis auf die letzten 6 M, 2 Mal [abh abh re zus str], 2 M re

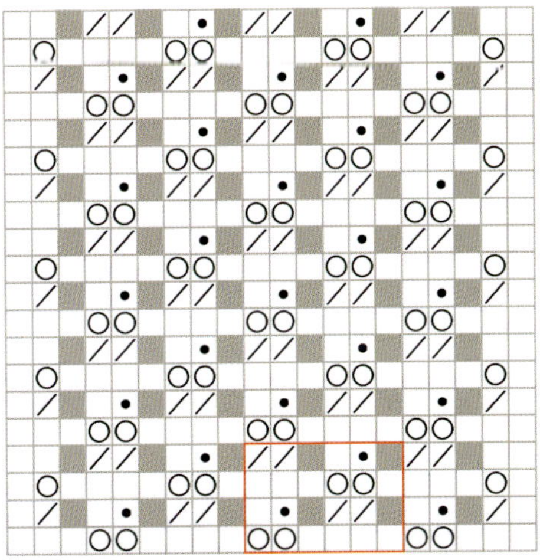

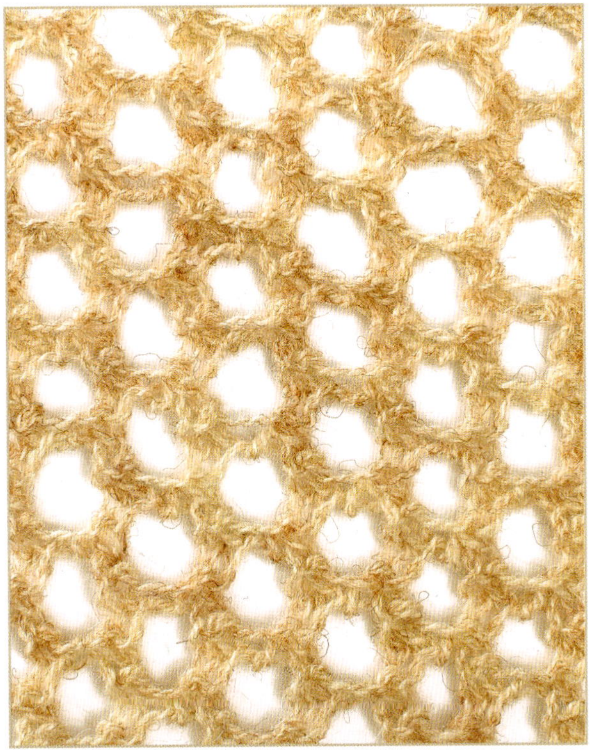

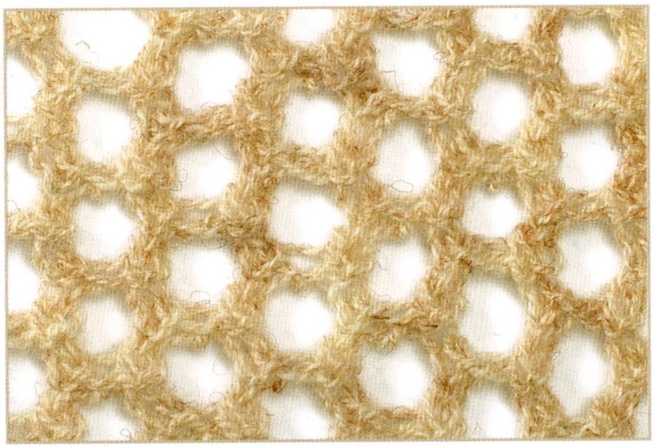

Rückseite

Stufe 1

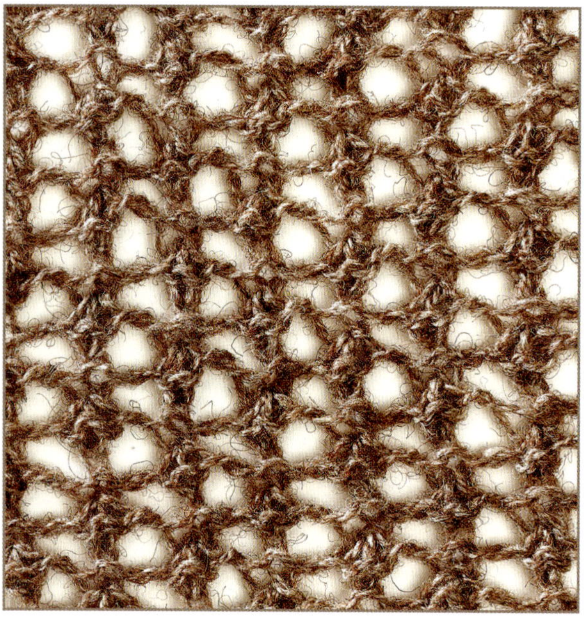

Fancy Net

FLÄCHENMUSTER*

Das „Phantasienetz“ ist ein vielseitiges Muster für Streifen, Formen oder als Flächenfüller. Auch schön mit dickeren Garnen und glattem Rechtsmaschengrund. Die Rückseite wirkt glatter als die Vorderseite.

ANLEITUNG

Reihe 1: 1 M re, *U, 3 M re verschr zus str, U, 1 M re. Ab * fortlfd wdh bis R-Ende

Reihe 2: re M

Reihe 3: 2 M re zus str, U, *1 M re, U, 3 M re verschr zus str, U. Ab * fortlfd wdh bis auf die letzten 3 M, 1 M re, U, abh abh re zus str

Reihe 4: re M

*Auch als Einsatz (S. 72) und Einzelmotiv (S. 74)

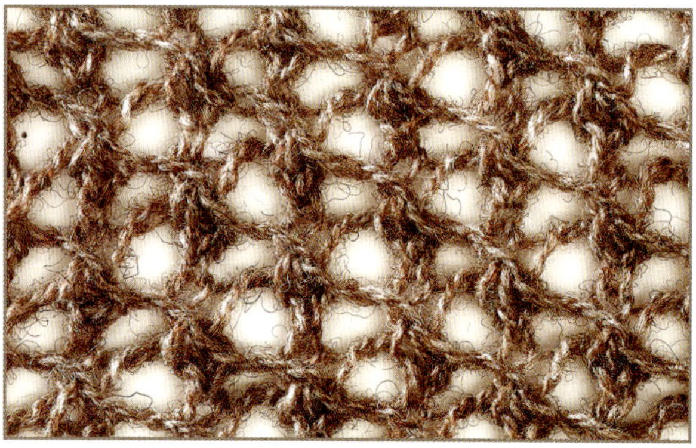

Rückseite

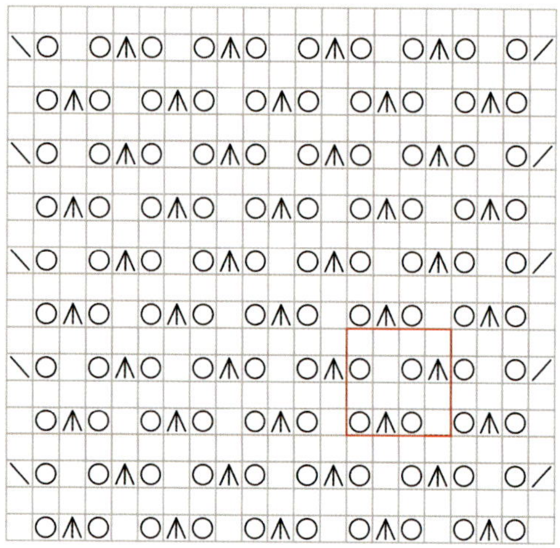

Mrs Hunter's Pattern

▸ FLÄCHENMUSTER

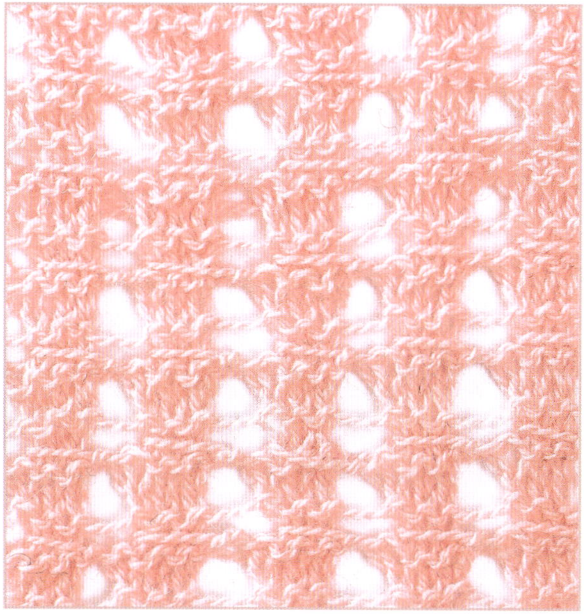

Das etwas ausgefallene Muster macht das Gestrick sehr dehnbar. Gut für Babydecken in jeder Garnstärke. Die Maschenzahl verändert sich von Reihe zu Reihe.

ANLEITUNG

Reihe 1: 1 M re, *1 M li abh, 3 M re, abgeh M überz. Ab * fortlfd wdh bis End-M, 1 M re

Reihe 2: re M

Reihe 3: 1 M re, *U, 3 M re. Ab * fortlfd wdh bis End-M, 1 M re

Reihe 4: re M

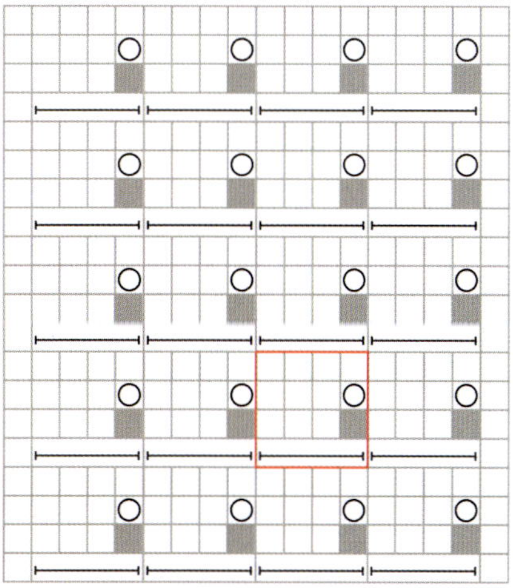

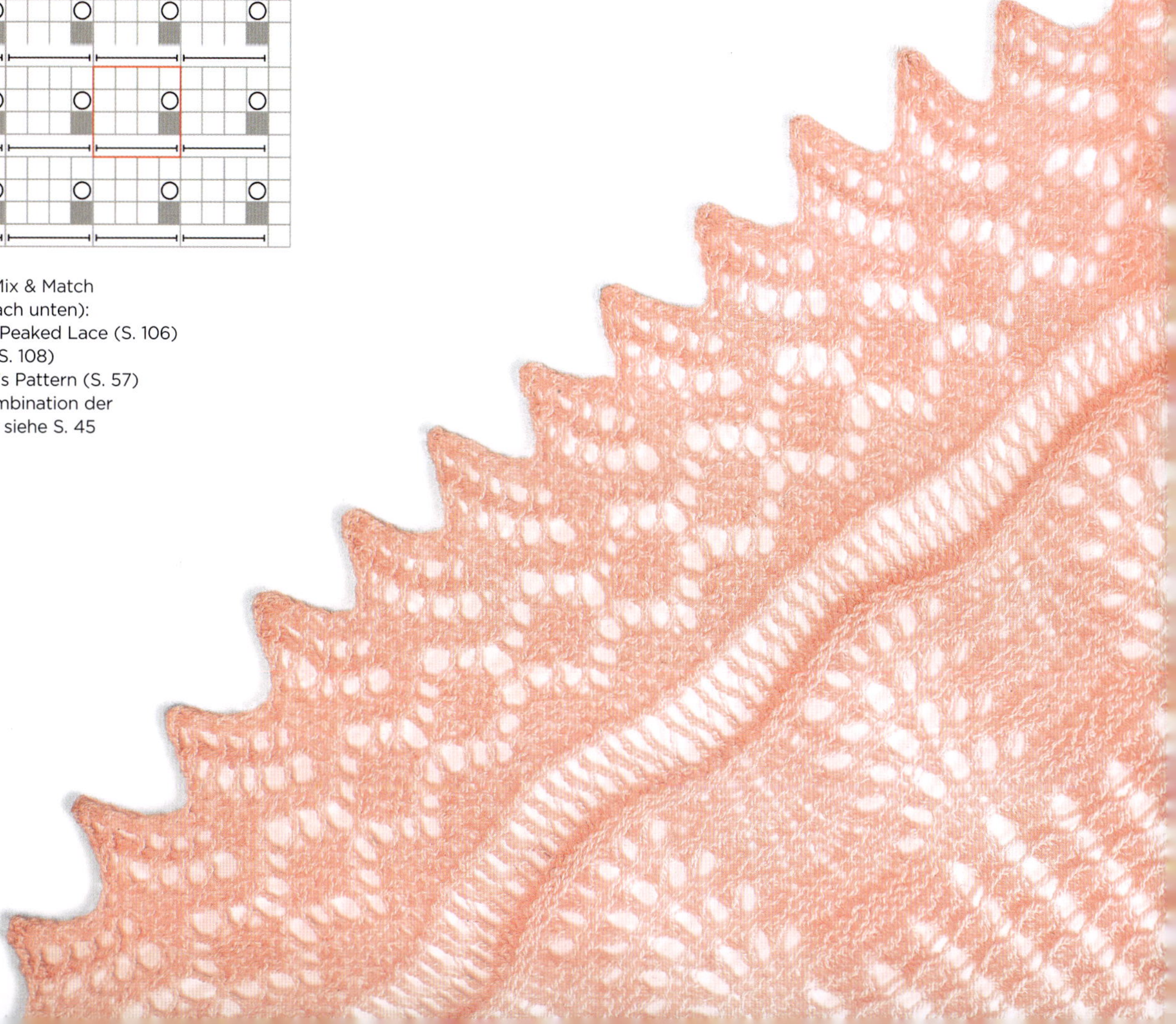

Beispiel für Mix & Match
(von oben nach unten):
- Traditional Peaked Lace (S. 106)
- Old Shale (S. 108)
- Mrs Hunter's Pattern (S. 57)

Mehr zur Kombination der Einzelmotive siehe S. 45

4.12

Stufe 1

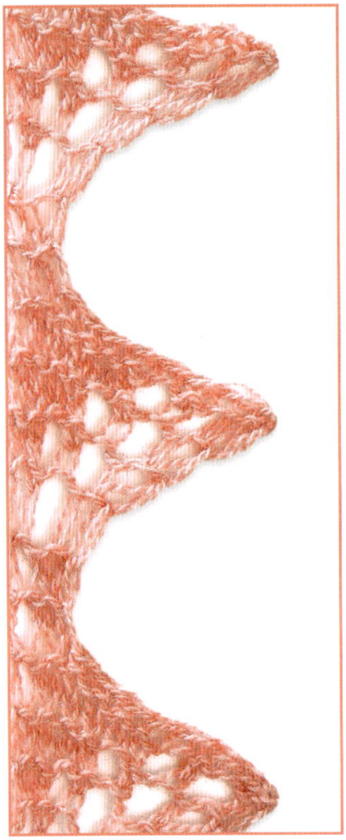

Small Triangle Lace

▸ **LACE**

Die feine Borte mit vorspringenden dreieckigen Spitzen passt eher zu kleinen Strickteilen. Mit Einsätzen kann man sie bei Bedarf breiter machen.

ANLEITUNG

Reihe 1: 1 M li abh, 3 M re
Reihe 2 und alle Rück-R: 1 M li abh, re M bis R-Ende
Reihe 3: 1 M li abh, 2 Mal [1 M re, U], 1 M re
Reihe 5: 1 M li abh, 2 Mal [1 M re, U], 3 M re
Reihe 7: 1 M li abh, 2 Mal [1 M re, U], 5 M re
Reihe 9: 1 M li abh, 2 Mal [1 M re, U], 7 M re
Reihe 11: 8 M abk, re M bis R-Ende
Reihe 12: wie Reihe 2

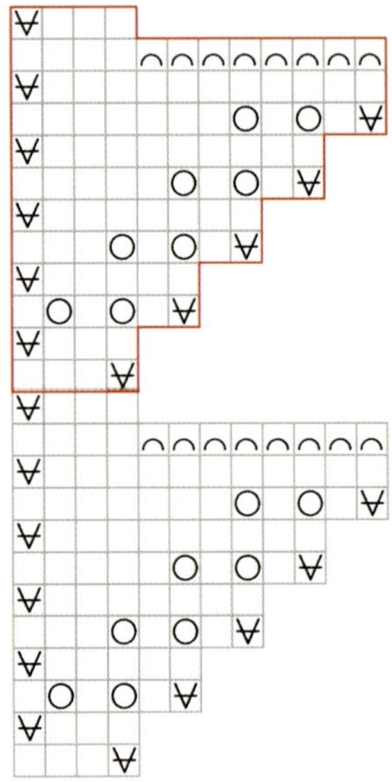

Abb. 70 %

6.2

+ 1

Stufe 1

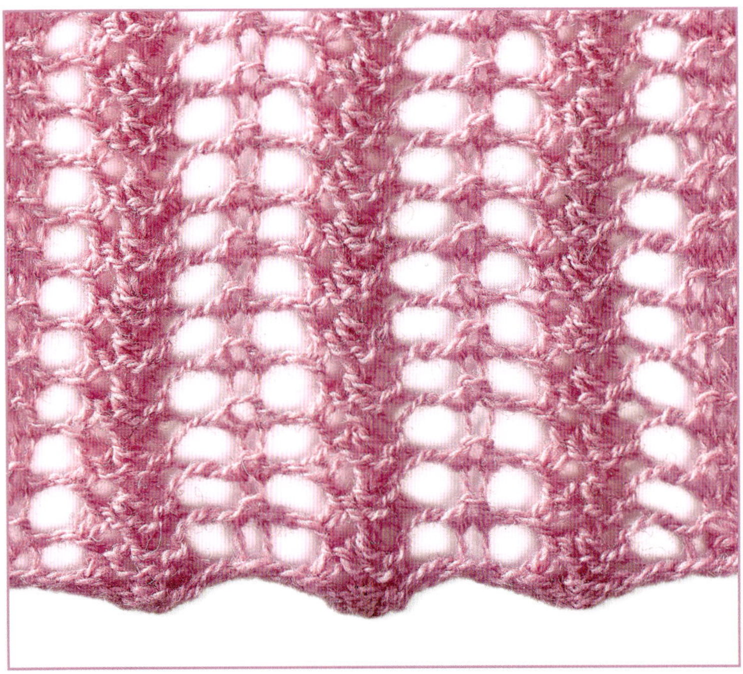

Razor Shell

▸ **FLÄCHENMUSTER**

Das nach einer Muschelart („Messerscheide") benannte Muster dient als Flächenfüller oder einzelner Streifen zwischen anderen Motiven. Die Unterkante endet mit kleinen Festonbögen.

ANLEITUNG

Reihe 1: *1 M re, U, 1 M re, 3 M re verschr zus str, 1 M re, U. Ab * fortlfd wdh bis End-M, 1 M re
Reihe 2: re M

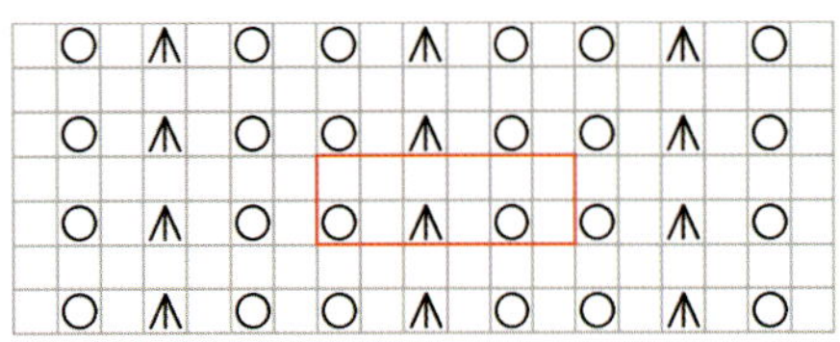

Stufe 2

6.4

+ 1

Bead Pattern

▸ FLÄCHENMUSTER*

Das uralte „Perlmuster“ hat zwar in jeder Reihe Umschläge, aber beim Stricken wiederholen sich die Abläufe jeweils in allen Hin- und Rückreihen.

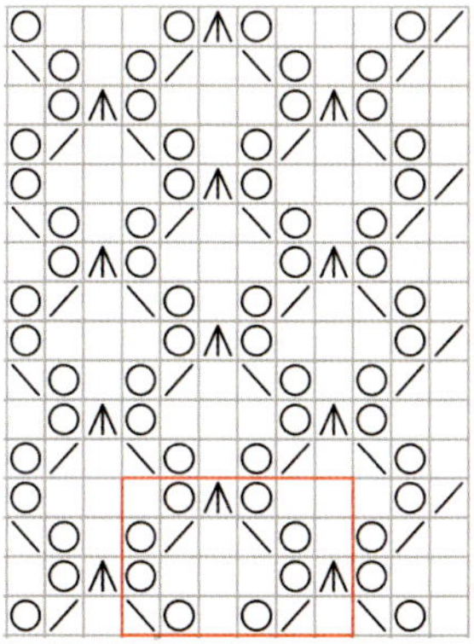

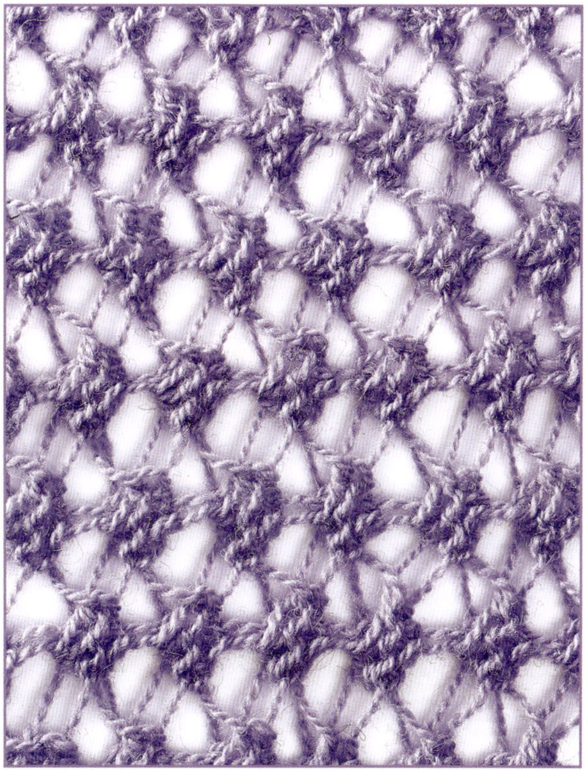

ANLEITUNG

Reihe 1: *1 M re, U, abh abh re zus str, 1 M re, 2 M re zus str, U. Ab * fortlfd wdh bis End-M, 1 M re

Reihe 2: *2 M re, U, 3 M re verschr zus str, U, 1 M re. Ab * fortlfd wdh bis End-M, 1 M re

Reihe 3: *1 M re, 2 M re zus str, U, 1 M re, U, abh abh re zus str. Ab * fortlfd wdh bis End-M, 1 M re

Reihe 4: 2 M re zus str, U, *3 M re, U, 3 M re verschr zus str, U. Ab * fortlfd wdh bis auf die letzten 5 M, 3 M re, U, abh abh re zus str

*Auch als Einsatz (S. 63), Einzelmotiv (S. 95) und Lace (S. 110)

Stufe 3

6.8

+ 1

Bird’s Eye

▸ FLÄCHENMUSTER

Das uralte „Vogelauge“ erfordert viel Konzentration, aber solange Sie die Reihenzahl beachten, ist es machbar. Mit dünnem Garn kommt es am besten zur Geltung.

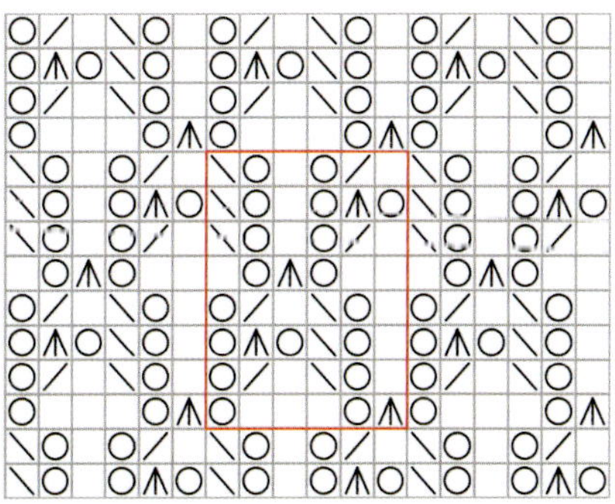

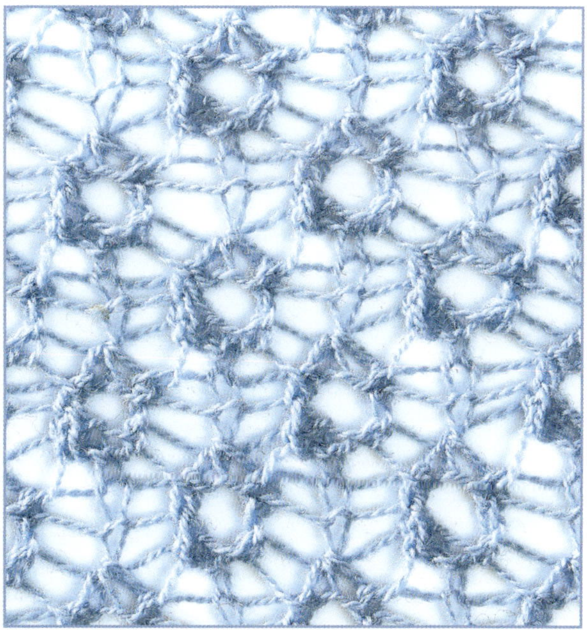

Stufe 1

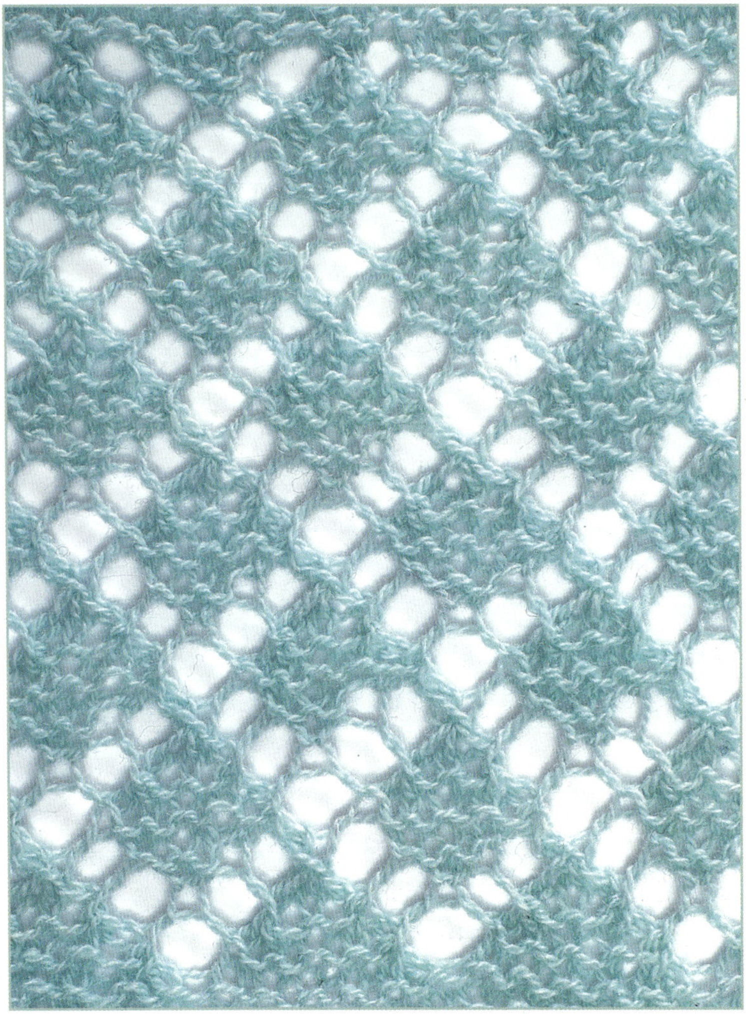

Small Diamonds

FLÄCHENMUSTER

Das alte Muster ist so schlicht wie schön. Die Größe der „kleinen Rauten" lässt sich bei Bedarf auch verändern.

ANLEITUNG

Reihe 1: *2 M re zus str, U, 4 M re. Ab * fortlfd wdh bis auf die letzten 3 M, 2 M re zus str, U, 1 M re

Reihe 2 und alle Rück-R: re M

Reihe 3: 2 M re, *U, abh abh re zus str, 1 M re, 2 M re zus str, U, 1 M re. Ab * fortlfd wdh bis End-M, 1 M re

Reihe 5: *3 M re, U, 3 M re verschr zus str, U. Ab * fortlfd wdh bis auf die letzten 3 M, 3 M re

Reihe 7: *3 M re, 2 M re zus str, U, 1 M re. Ab * fortlfd wdh bis auf die letzten 3 M, 3 M re

Reihe 9: 2 M re, *2 M re zus str, U, 1 M re, U, abh abh re zus str, 1 M re. Ab * fortlfd wdh bis End-M, 1 M re

Reihe 11: 1 M re, 2 M re zus str, U, 3 M re, *U, 3 M re verschr zus str, U, 3 M re. Ab * fortlfd wdh bis auf die letzten 3 M, U, abh abh re zus str, 1 M re

Reihe 12: re M

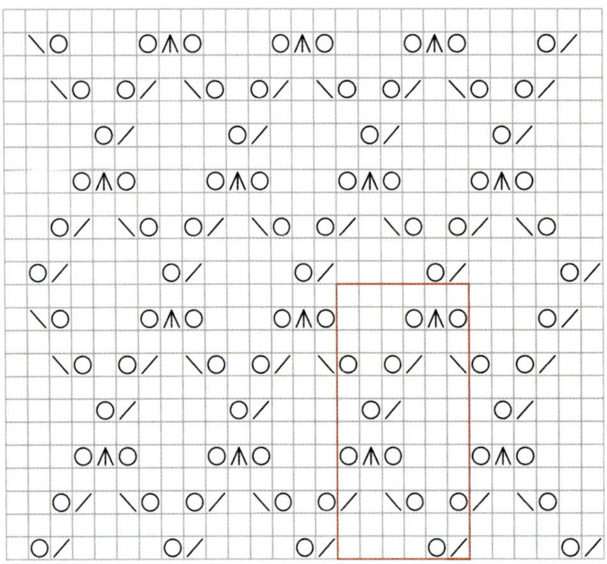

Vandyke Lace

▸ LACE

Die Borte erfordert ein wenig Konzentration, aber Sie haben schnell heraus, wie sich die vorspringenden Lochspitzen bilden. Der Ladder-Einsatz schließt sich an. Reihe 2 beginnt mit einem Umschlag. Der zweite von zwei Umschlägen wird immer links abgestrickt.

ANLEITUNG

Reihe 1: 2 M re, U, abh abh re zus str, U, U, abh abh re zus str
Reihe 2: U, 2 M re, 1 M li, 2 M re, U, abh abh re zus str
Reihe 3: 2 M re, U, abh abh re zus str, 4 M re
Reihe 4: 6 M re, U, abh abh re zus str
Reihe 5: 2 M re, U, abh abh re zus str, 2 Mal [U, U, abh abh re zus str]
Reihe 6: 2 Mal [2 M re, 1 M li], 2 M re, U, abh abh re zus str
Reihe 7: 2 M re, U, abh abh re zus str, 6 M re
Reihe 8: 8 M re, U, abh abh re zus str
Reihe 9: 2 M re, U, abh abh re zus str, 3 Mal [U, U, abh abh re zus str]
Reihe 10: 3 Mal [2 M re, 1 M li], 2 M re, U, abh abh re zus str
Reihe 11: 2 M re, U, abh abh re zus str, 9 M re
Reihe 12: 7 M abk, 4 M re, U, abh abh re zus str

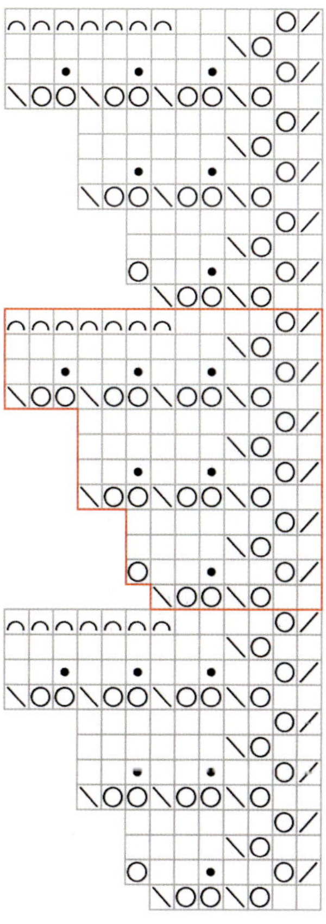

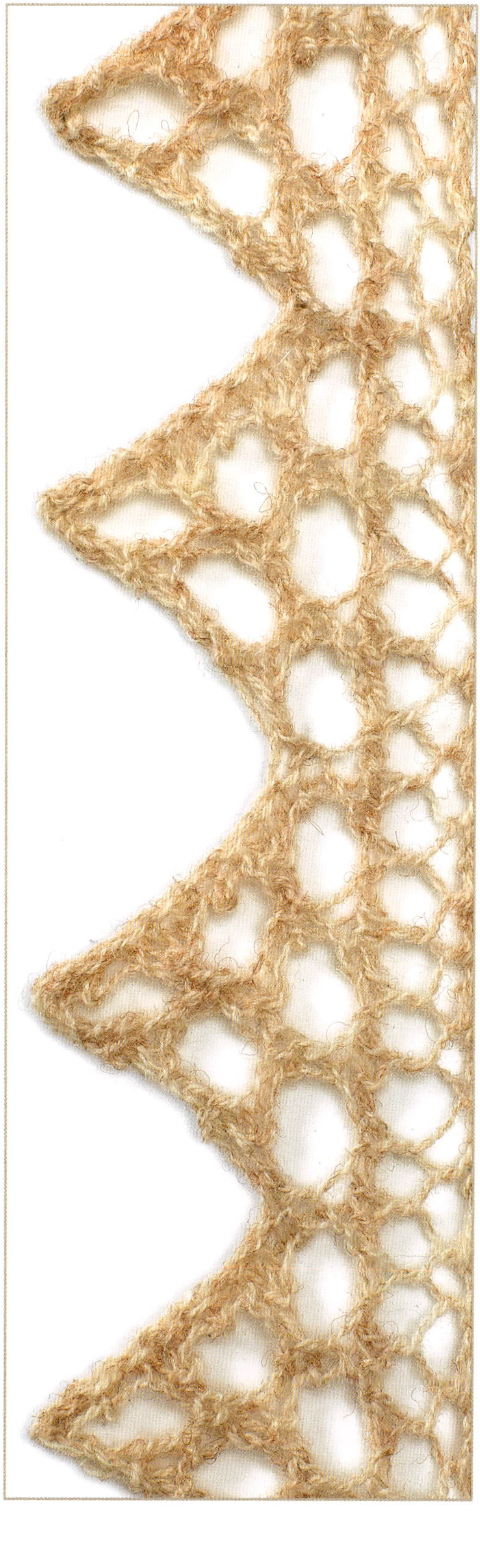

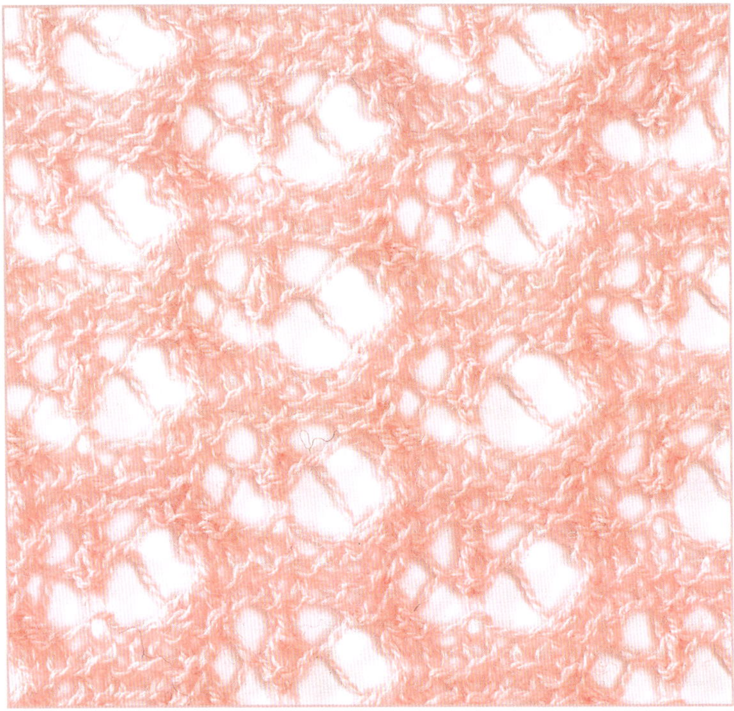

Flee als Einzelmotiv

▸ **EINZELMOTIV***

Das einfache Motiv ist Cat's Paw ohne Rechtsreihen. So gruppiert, kann man damit Flächen an Shawl-Rändern füllen oder es als Ajourmuster im Mittelteil verwenden. Die Abstände lassen sich nach Bedarf verändern.

ANLEITUNG

Reihe 1: * 1M re, 2 M re zus str, U, 1 M re, U, abh abh re zus str, 2 M re. Ab * fortlfd wdh bis End-M, 1 M re

Reihe 2: *2 M re, 2 M re zus str, U, 3 M re, U, abh abh re zus str, 1 M re. Ab * fortlfd wdh bis End-M, 1 M re

Reihe 3: *4 M re, U, 3 M re verschr zus str, U, 3 M re. Ab * fortlfd wdh bis End-M, 1 M re

Reihe 4: re M

Reihe 5: 5 M re, *3 M re, 2 M re zus str, U, 1 M re, U, abh abh re zus str, 2 M re. Ab * fortlfd wdh bis auf die letzten 6 M, 6 M re

Reihe 6: 5 M re, *2 M re, 2 M re zus str, U, 3 M re, U, abh abh re zus str, 1 M re. Ab * fortlfd wdh bis auf die letzten 6 M, 6 M re

Reihe 7: 5 M re, *4 M re, U, 3 M re verschr zus str, U, 3 M re. Ab * fortlfd wdh bis auf die letzten 6 M, 6 M re

Reihe 8: re M

*Auch als Einsatz (S. 73)

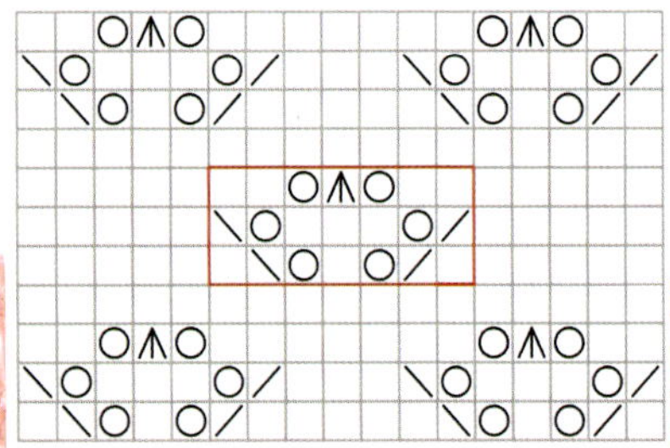

Beispiel für Mix & Match (von oben nach unten):

- Cat's Paw Lace (ohne Rechtsreihen) (S. 72)
- Flee als Einsatz (S. 73)
- Flee als Einzelmotiv (S. 62) in alternierenden Hexagon Frames (S. 97)

Mehr zur Kombination der Einzelmotive auf S. 44

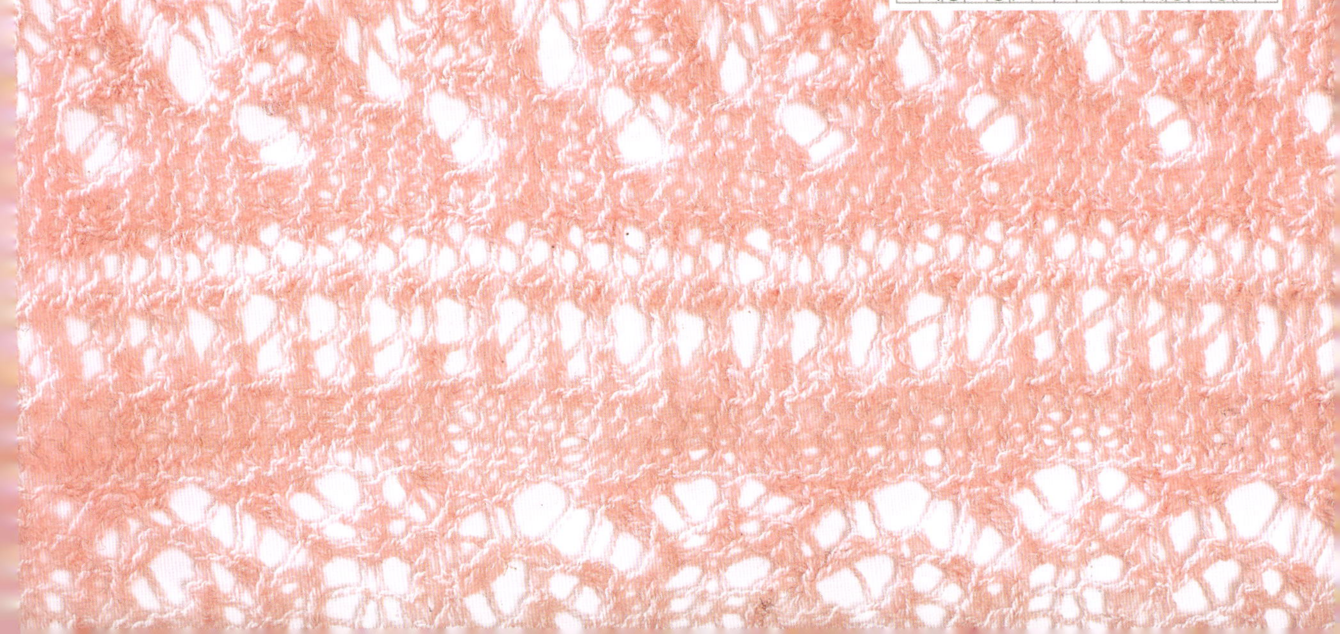

Bead als Einsatz

▸ EINSATZ*

Das „Perlmuster" ist ein schöner Einsatz, der mit dünnem Garn am besten wirkt.

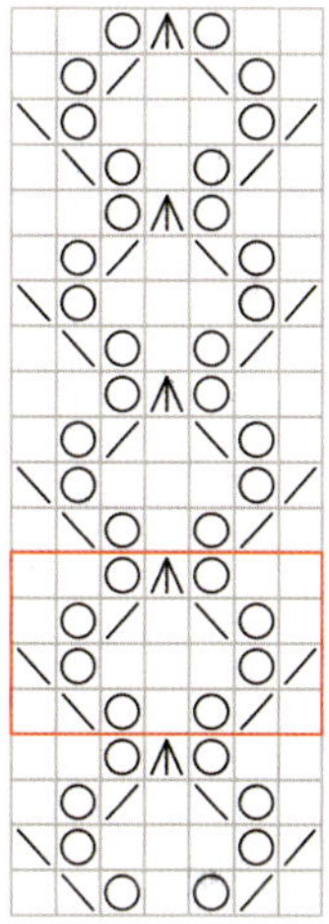

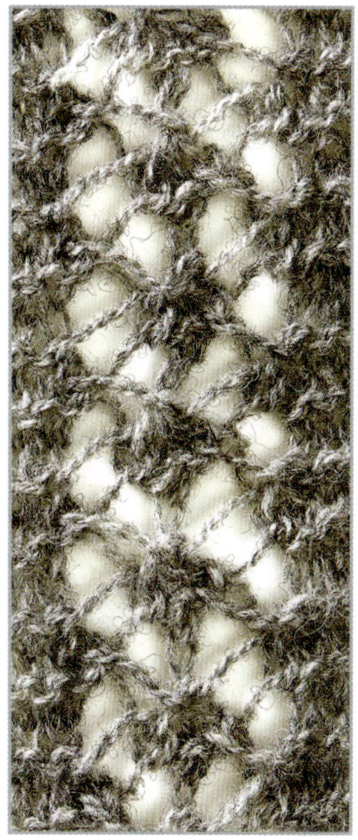

ANLEITUNG

Reihe 1: 1 M re, 2 M re zus str, U, 1 M re, U, abh abh re zus str, 1 M re
Reihe 2: 2 M re zus str, U, 3 M re, U, abh abh re zus str
Reihe 3: 1 M re, U, abh abh re zus str, 1 M re, 2 M re zus str, U, 1 M re
Reihe 4: 2 M re, U, 3 M re verschr zus str, U, 2 M re

*Auch als Flächenmuster (S. 59), Einzelmotiv (S. 95) und Lace (S. 110)

Arches

▸ FLÄCHENMUSTER

Die „Bögen" bilden eigentlich den oberen Teil eines Horse Shoe (S. 76). Das schlichte Muster ergibt ein schönes, luftiges Ajourmuster.

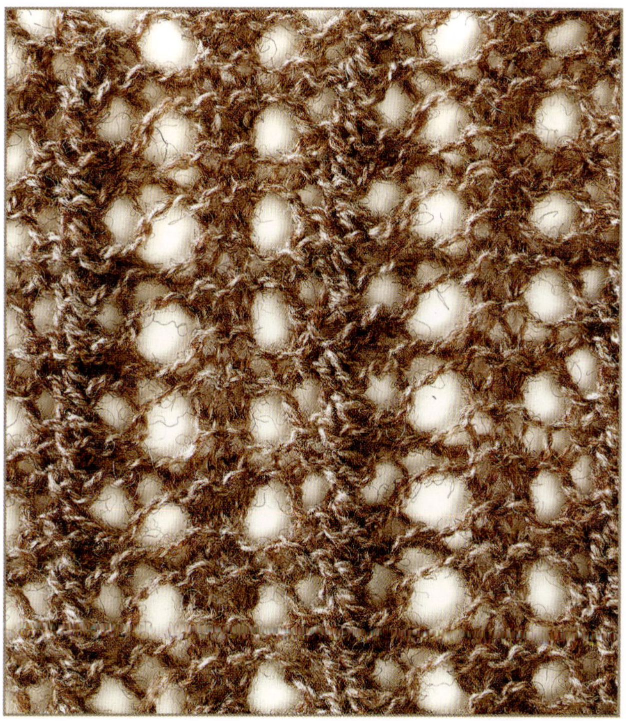

ANLEITUNG

Reihe 1: *1 M re, U, 1 M re, 3 M re verschr zus str, 1 M re, U, 1 M re. Ab * fortlfd wdh bis R-Ende
Reihe 2: re M
Reihe 3: *2 M re, U, 3 M re verschr zus str, U, 2 M re. Ab * fortlfd wdh bis R-Ende
Reihe 4: re M

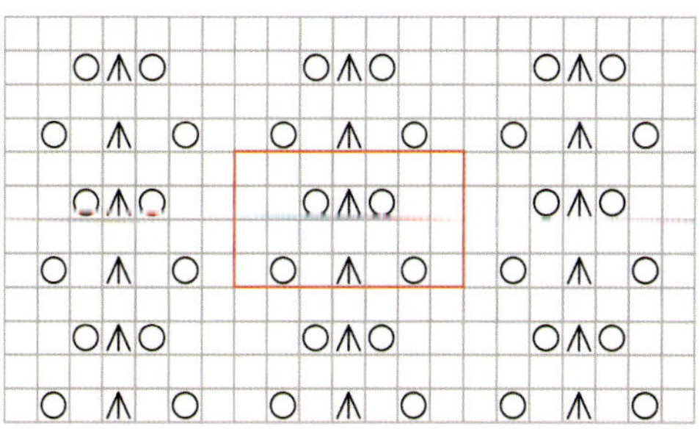

Stufe 3

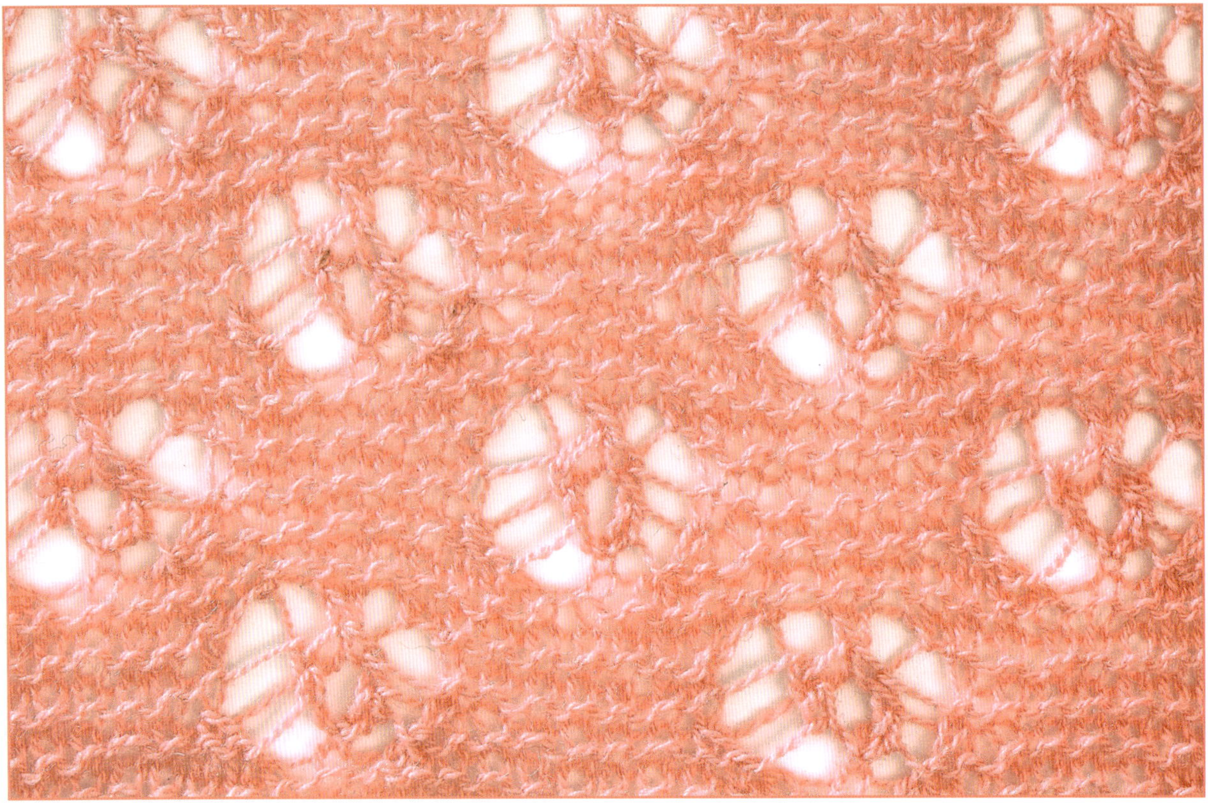

Spider als Einzelmotiv

EINZELMOTIV*

Die „Spinne“ findet man in vielen Varianten. Einige weisen oben eine zusätzliche Reihe auf, andere in der Mitte. Das Motiv ähnelt stark dem Bead-Muster, hat aber mehr Reihen. Die Abstände sind ziemlich groß, aber man kann sie auch kleiner machen.

*Auch als Einsatz (S. 73)

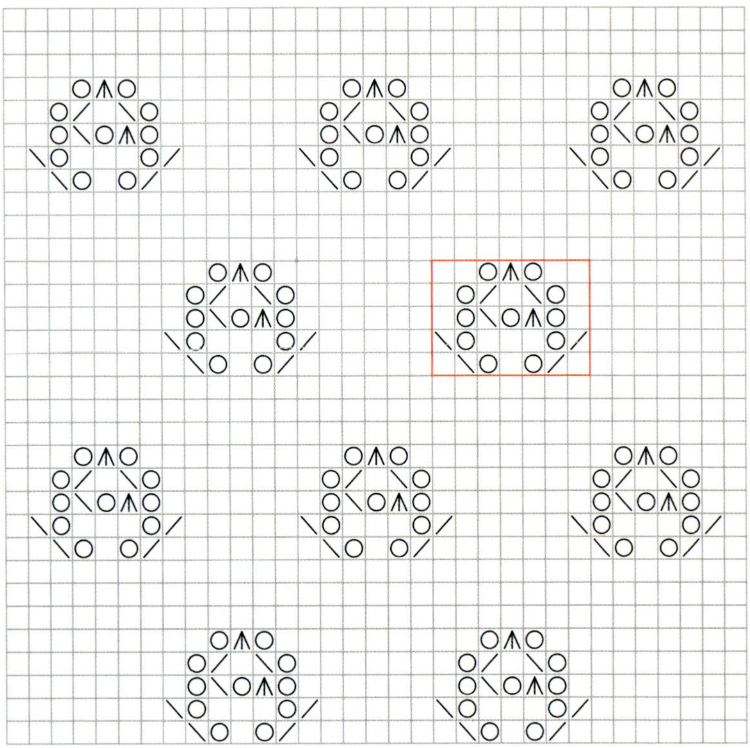

Stufe 1

7.6

Cat's Paw als Einsatz

EINSATZ*

Die „Katzenpfote" ist als Einsatz verwendbar und passt als solcher gut zu anderen „Pfötchen"-Mustern.

ANLEITUNG

Reihe 1: 1 M re, 2 M re zus str, U, 1 M re, U, abh abh re zus str, 1 M re
Reihe 2: re M
Reihe 3: 2 M re zus str, U, 3 M re, U, abh abh re zus str
Reihe 4: re M
Reihe 5: 2 M re, U, 3 M re verschr zus str, U, 2 M re, 1 M re
Reihe 6: re M

*Auch als Lace (S. 72) und Flächenmuster (S. 77)

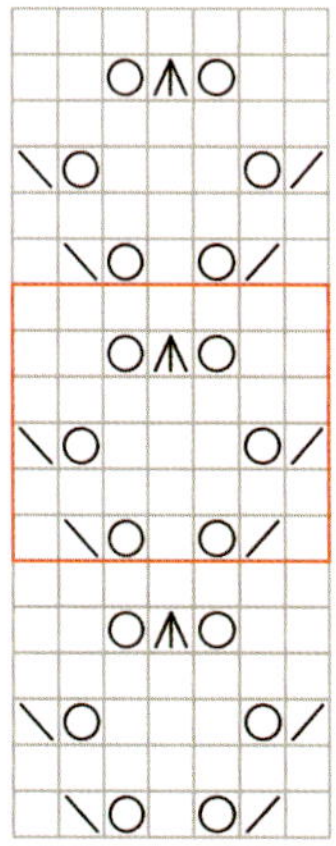

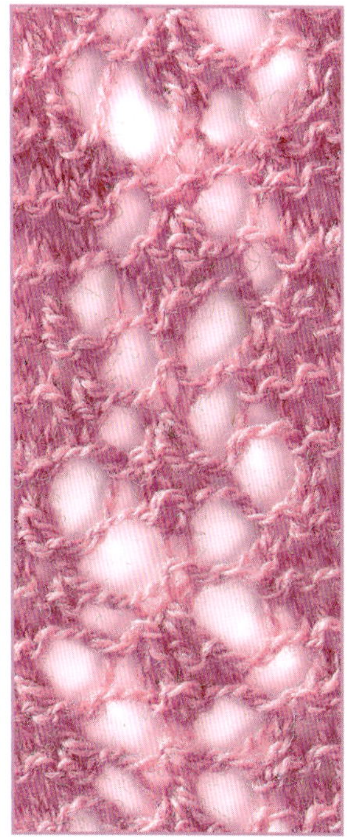

Stufe 2

7.8

Eyelid als Einsatz

EINSATZ*

Im Shetland-Dialekt sagt man „eyelid" (Augenlid) anstelle von „eyelet" (Öse oder auch Guckloch), daher der Name. Einzelne Eyelids dienen bei allen möglichen Gestricken als Füllmuster und lassen sich gut als Flächenmuster einsetzen. Achtung: Reihe 2 ist die einzige Rückreihe mit Umschlägen.

ANLEITUNG

Reihe 1: re M
Reihe 2: 1 M re, 2 M re zus str, U, 1 M re, U, abh abh re zus str, 1 M re
Reihe 3: 2 M re zus str, U, 3 M re, U, abh abh re zus str
Reihe 4: re M
Reihe 5: 1 M re, U, 3 M re verschr zus str, U, 2 M re zus str, U, 1 M re
Reihe 6: re M
Reihe 7: 2 M re, U, 3 M re verschr zus str, U, 2 M re
Reihe 8: re M

*Auch als Flächenmuster (S. 80)

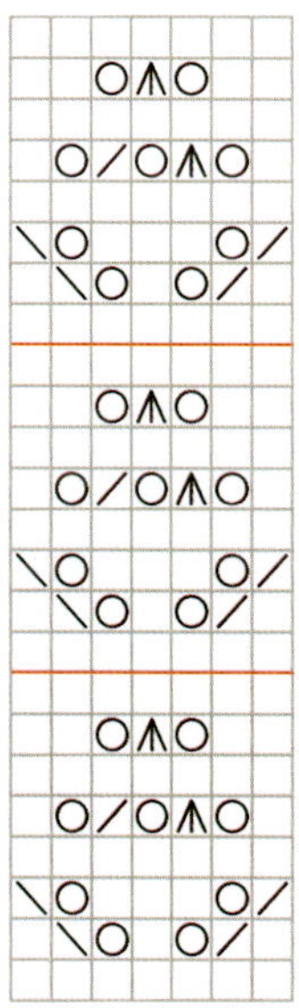

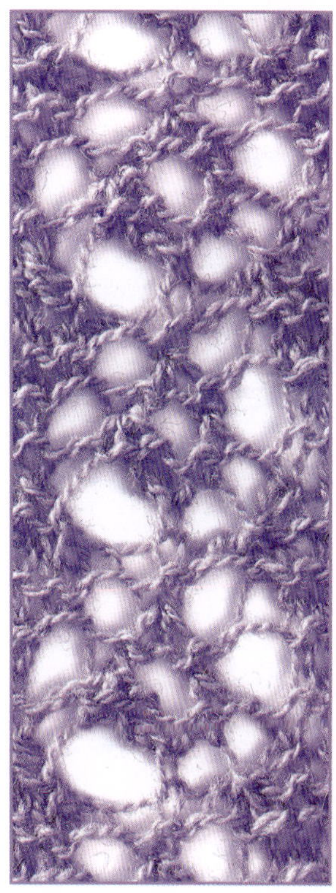

8.4

Stufe 1

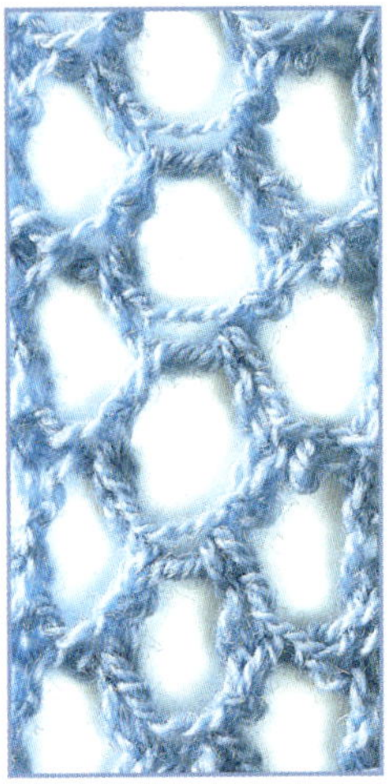

Lace Holes als Einsatz

EINSATZ*

Ein nützliches Einsatzmuster, mit dem man Borten gut verbreitern kann, hier mit doppeltem Umschlag. Soll der Einsatz breiter sein, gibt man vier Maschen oder ein Mehrfaches davon zu.

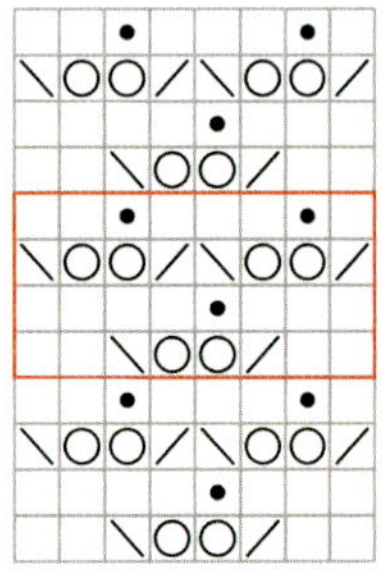

ANLEITUNG

Reihe 1: 2 M re, 2 M re zus str, U, U, abh abh re zus str, 2 M re
Reihe 2: 4 M re, 1 M li, 3 M re
Reihe 3: 2 Mal [2 M re zus str, U, U, abh abh re zus str]
Reihe 4: 2 M re, 1 M li, 3 M re, 1 M li, 1 M re

*Auch als Einzelmotiv (S. 103), Lace (S. 110) und weiterer Einsatz (S. 54)

8.8

+3

Stufe 2

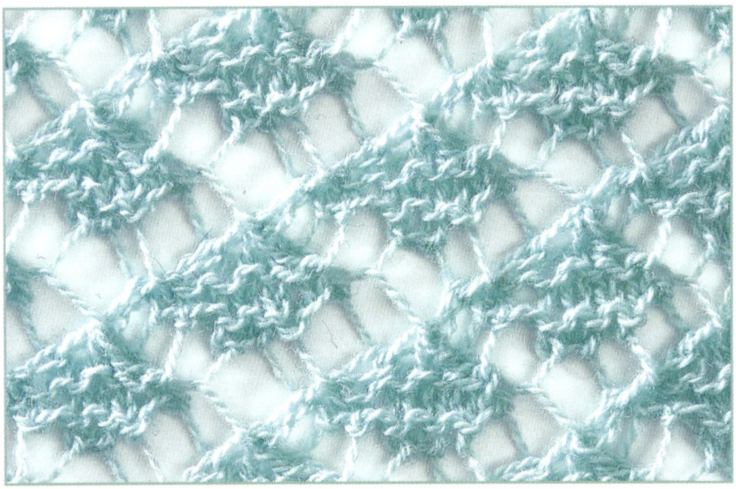

Large Diamonds

FLÄCHENMUSTER

Das alte Muster weist in jeder Reihe Umschläge auf, ist aber ganz einfach. Am schönsten sehen die „großen Rauten" mit dünnem Garn aus. Man strickt damit hübsche Schals oder Mittelteile von Schultertüchern.

ANLEITUNG

Reihe 1: 2 M re zus str, U, *6 M re, 2 M re zus str, U. Ab * fortlfd wdh bis End-M, 1 M re
Reihe 2: 2 M re, *U, abh abh re zus str, 3 M re, 2 M re zus str, U, 1 M re. Ab * fortlfd wdh bis End-M, 1 M re
Reihe 3: 2 M re, *1 M re, U, abh abh re zus str, 1 M re, 2 M re zus str, U, 2 M re. Ab * fortlfd wdh bis End-M, 1 M re
Reihe 4: 2 M re, *2 M re, U, 3 M re verschr zus str, U, 3 M re. Ab * fortlfd wdh bis End-M, 1 M re
Reihe 5: *4 M re, 2 M re zus str, U, 2 M re. Ab * fortlfd wdh bis auf die letzten 3 M, 3 M re
Reihe 6: *3 M re, 2 M re zus str, U, 1 M re, U, abh abh re zus str. Ab * fortlfd wdh bis auf die letzten 3 M, 3 M re
Reihe 7: 1 M re, *1 M re, 2 M re zus str, U, 3 M re, U, abh abh re zus str. Ab * fortlfd wdh bis auf die letzten 2 M, 2 M re
Reihe 8: 1 M re, 2 M re zus str, U, *5 M re, U, 3 M re verschr zus str, U. Ab * fortlfd wdh bis auf die letzten 8 M, 5 M re, U, abh abh re zus str, 1 M re

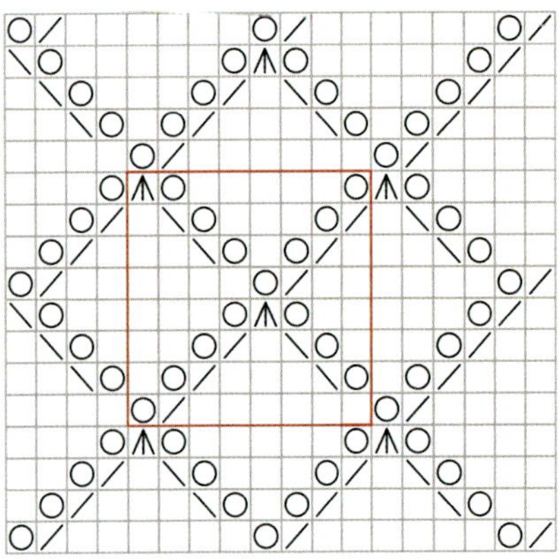

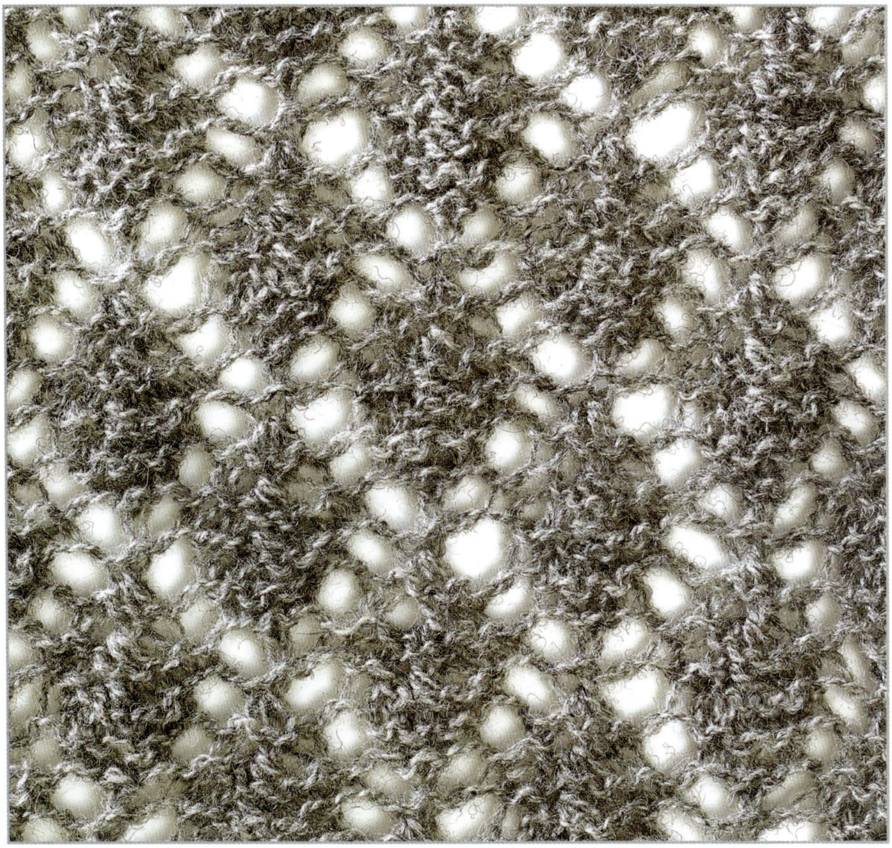

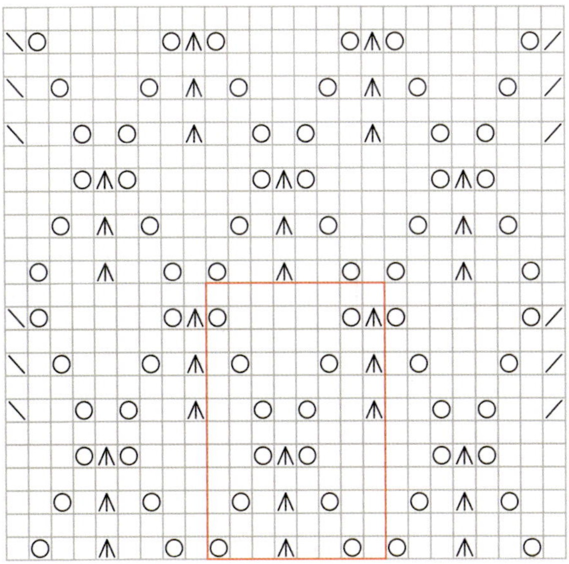

Miniature Leaf

FLÄCHENMUSTER

Auch das „Miniaturblatt“ ist ein brauchbares altes Muster für Schals und Schultertücher.

ANLEITUNG

Reihe 1: *1 M re, U, 2 M re, 3 M re verschr zus str, 2 M re, U. Ab * fortlfd wdh bis End-M, 1 M re

Reihe 2 und alle Rück-R: re M

Reihe 3: *2 M re, U, 1 M re, 3 M re verschr zus str, 1 M re, U, 1 M re. Ab * fortlfd wdh bis End-M, 1 M re

Reihe 5: *3 M re, U, 3 M re verschr zus str, U, 2 M re. Ab * fortlfd wdh bis End-M, 1 M re

Reihe 7: 2 M re zus str, *2 M re, U, 1 M re, U, 2 M re, 3 M re verschr zus str. Ab * fortlfd wdh bis auf die letzten 7 M, 2 M re, U, 1 M re, U, 2 M re, abh abh re zus str

Reihe 9: 2 M re zus str, *1 M re, U, 3 M re, U, 1 M re, 3 M re verschr zus str. Ab * fortlfd wdh bis auf die letzten 7 M, 1 M re, U, 3 M re, U, 1 M re, abh abh re zus str

Reihe 11: 2 M re zus str, *U, 5 M re, U, 3 M re verschr zus str. Ab * fortlfd wdh bis auf die letzten 7 M, U, 5 M re, U, abh abh re zus str

Reihe 12: re M

Stufe 2

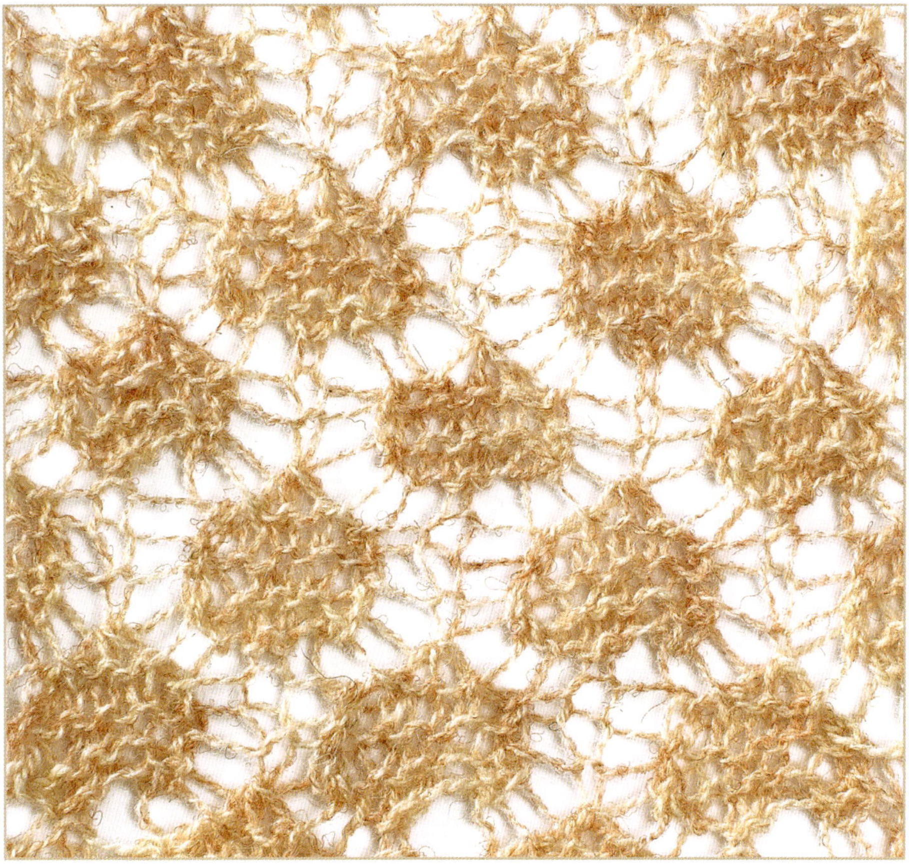

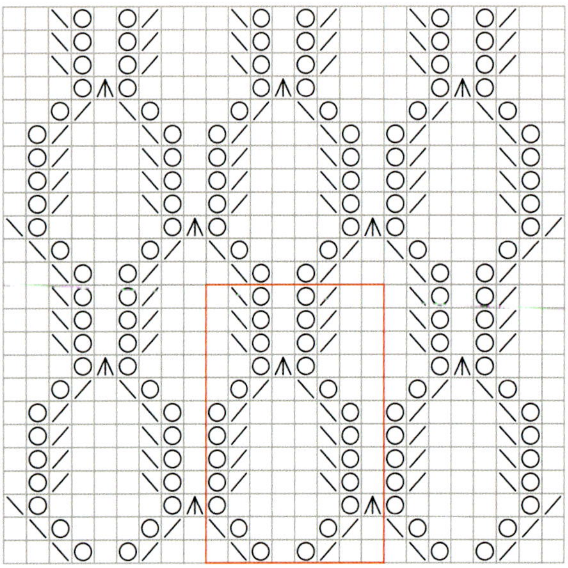

Small Hexagons

FLÄCHENMUSTER

Die „kleinen Sechsecke" sind viel einfacher zu stricken, als es aussieht. Mit dünnem Garn eignet sich das Flächenmuster für den Mittelteil einer eleganten Stola.

ANLEITUNG

Reihe 1: *2 M re, 2 M re zus str, U, 1 M re, U, abh abh re zus str, 1 M re. Ab * fortlfd wdh bis End-M, 1 M re
Reihe 2: *1 M re, 2 M re zus str, U, 3 M re, U, abh abh re zus str. Ab * fortlfd wdh bis End-M, 1 M re
Reihe 3: 2 M re zus str, U, *5 M re, U, 3 M re verschr zus str, U. Ab * fortlfd wdh bis auf die letzten 7 M, 5 M re, U, abh abh re zus str
Reihen 4 bis 7: *1 M re, U, abh abh re zus str, 3 M re, 2 M re zus str, U. Ab * fortlfd wdh bis End-M, 1 M re
Reihe 8: *2 M re, U, abh abh re zus str, 1 M re, 2 M re zus str, U, 1 M re. Ab * fortlfd wdh bis End-M, 1 M re
Reihe 9: *3 M re, U, 3 M re verschr zus str, U, 2 M re. Ab * fortlfd wdh bis End-M, 1 M re
Reihen 10 bis 12: wie Reihe 1

Zigzag als Einsatz

EINSATZ

Der Zickzackeinsatz passt gut zu anderen Wellenmustern wie Trellis Diamond (S. 91). Die Anzahl der Maschen und Reihen lässt sich leicht abwandeln.

ANLEITUNG

Reihe 1: 2 M re, 2 Mal [U, abh abh re zus str], 2 M re
Reihe 2 und alle Rück-R: re M
Reihe 3: 3 M re, 2 Mal [U, abh abh re zus str], 1 M re
Reihe 5: 4 M re, 2 Mal [U, abh abh re zus str]
Reihe 7: 2 M re, 2 Mal [2 M re zus str, U], 2 M re
Reihe 9: 1 M re, 2 Mal [2 M re zus str, U], 3 M re
Reihe 11: 2 Mal [2 M re zus str, U], 4 M re
Reihe 12: re M

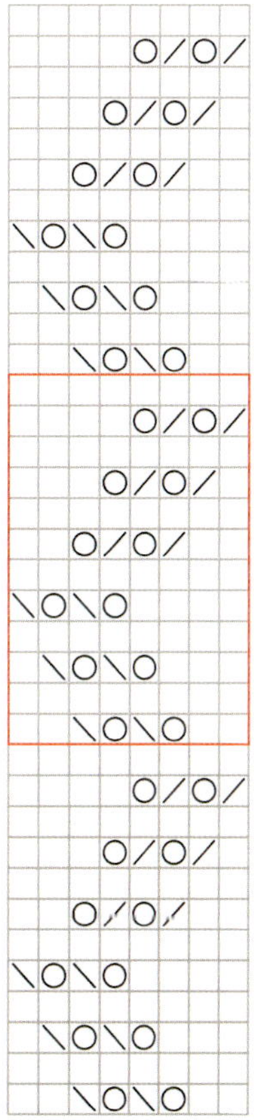

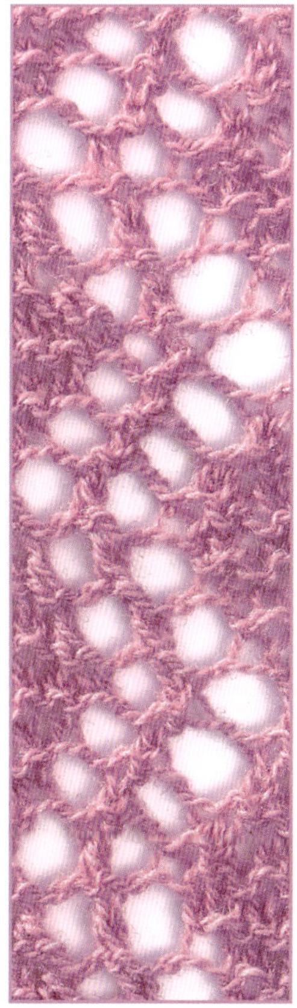

Beispiel für Mix & Match (von oben nach unten):
- Zigzag als Einsatz (S. 69)
- Eyelid als Einsatz (S. 65)

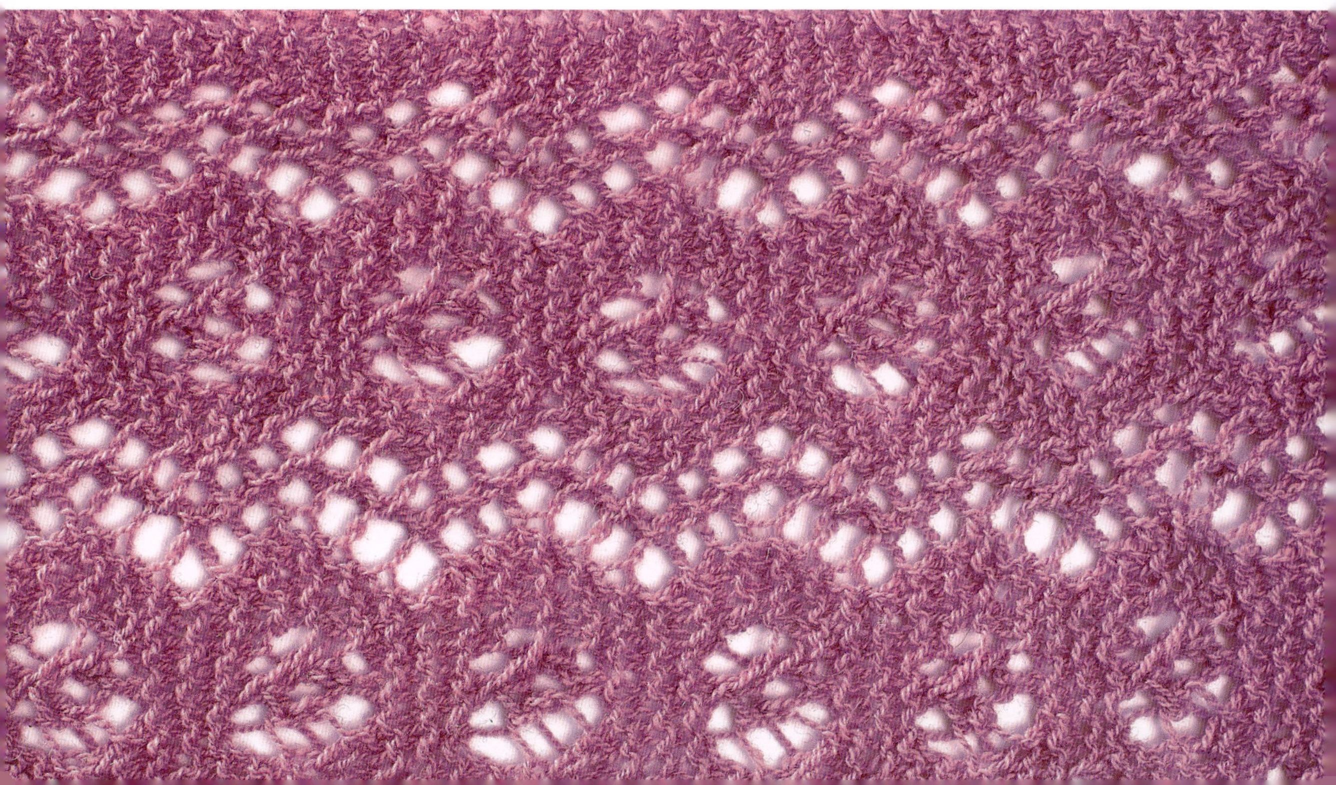

8.14

+ 1

Stufe 2

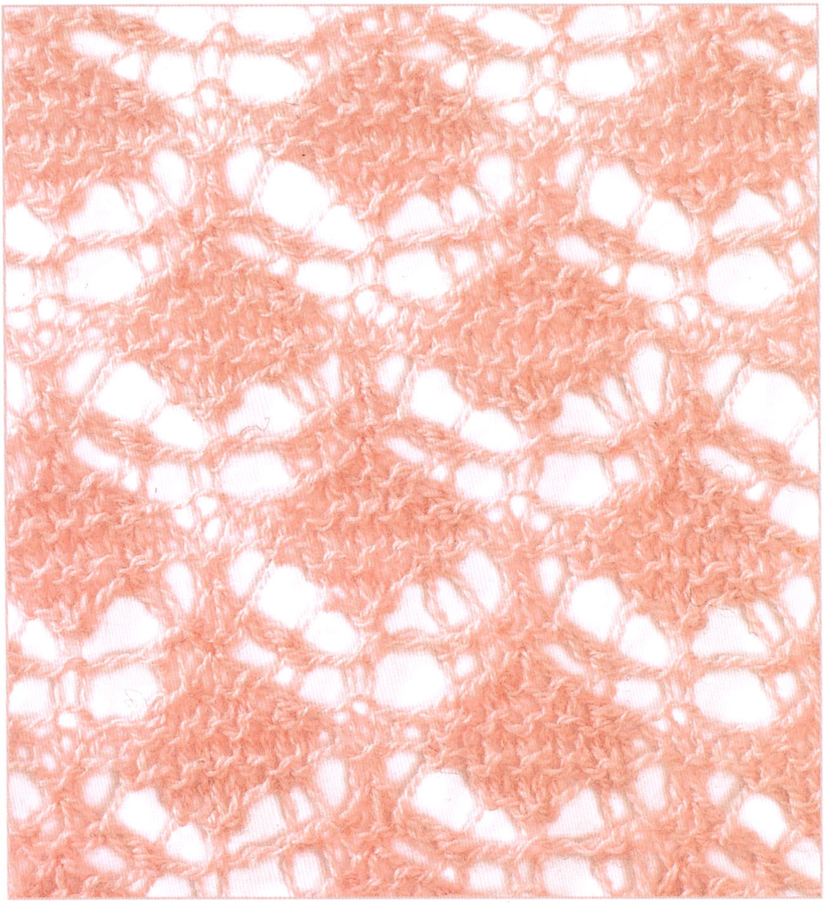

Chevrons

▸ **FLÄCHENMUSTER**

Wellenlinien kann man gut zwischen andere Muster setzen, aber auch als eigenständiges Muster verwenden. Abstände, Maschen- und Reihenzahl lassen sich leicht verändern. Sehr schön auch mit Rechtsreihen dazwischen.

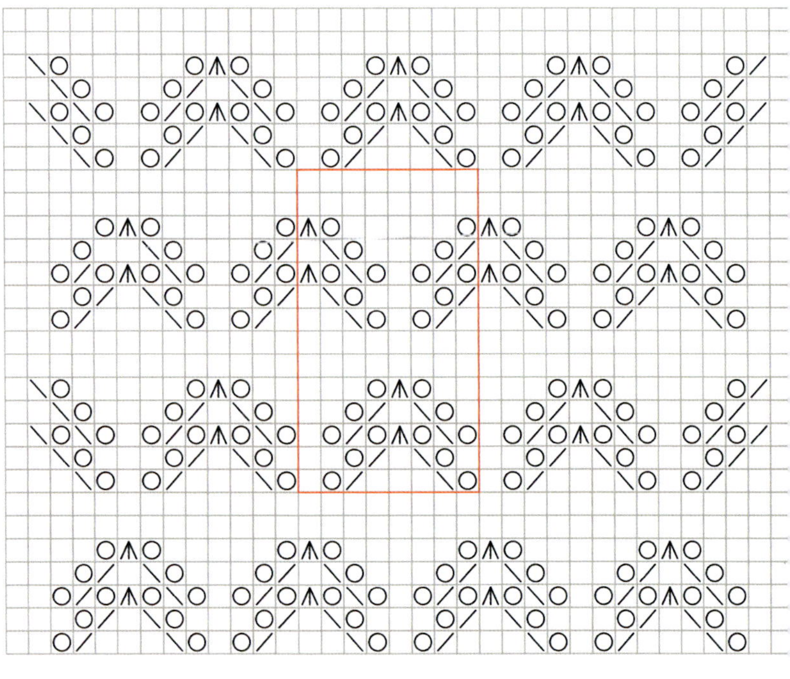

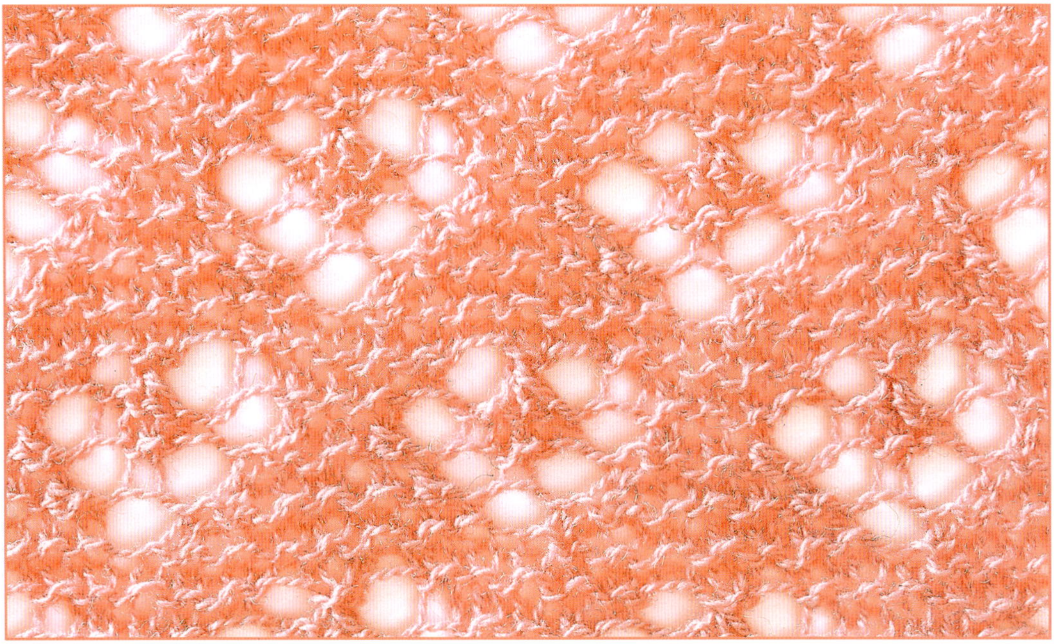

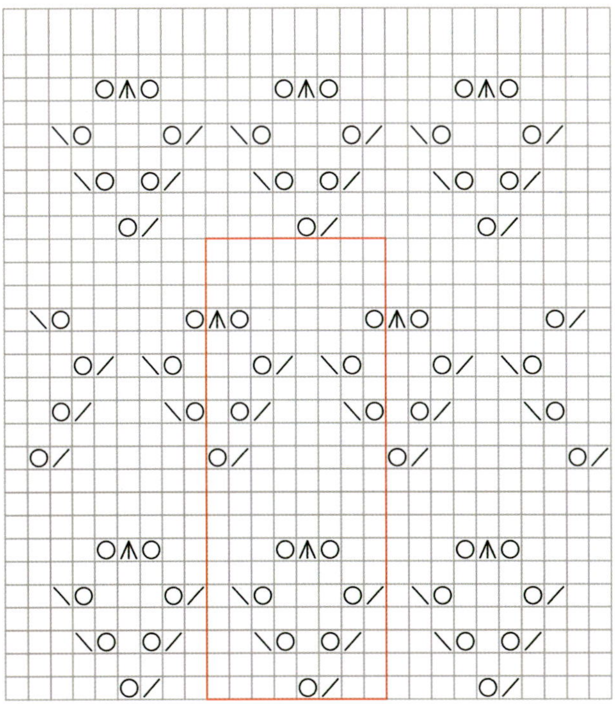

Strawberry

▸ FLÄCHENMUSTER

Das Muster heißt manchmal Cat's Paw (Katzenpfote), manchmal Strawberry (Erdbeere). Es ähnelt dem Erdbeer-Motiv in der aus Russland stammenden Orenburger Strickerei, weist jedoch etwas andere Abnahmen auf.

ANLEITUNG

Reihe 1: 2 M re, *2 M re, 2 M re zus str, U, 4 M re. Ab * fortlfd wdh bis End-M, 1 M re

Reihe 2 und alle Rück-R: re M

Reihe 3: 2 M re, *1 M re, 2 M re zus str, U, 1 M re, U, abh abh re zus str, 2 M re. Ab * fortlfd wdh bis End-M, 1 M re

Reihe 5: 2 M re, *2 M re zus str, U, 3 M re, U, abh abh re zus str, 1 M re. Ab * fortlfd wdh bis End-M, 1 M re

Reihe 7: 2 M re, *2 M re, U, 3 M re verschr zus str, U, 3 M re. Ab * fortlfd wdh bis End-M, 1 M re

Reihe 9: re M

Reihe 11: *2 M re zus str, U, 6 M re. Ab * fortlfd wdh bis auf die letzten 3 M, 2 M re zus str, U, 1 M re

Reihe 13: 1 M re, *1 M re, U, abh abh re zus str, 3 M re, 2 M re zus str, U. Ab * fortlfd wdh bis auf die letzten 2 M, 2 M re

Reihe 15: 1 M re, *2 M re, U, abh abh re zus str, 1 M re, 2 M re zus str, U, 1 M re. Ab * fortlfd wdh bis auf die letzten 2 M, 2 M re

Reihe 17: 1 M re, 2 M re zus str, U, 5 M re, *U, 3 M re verschr zus str, U, 5 M re. Ab * fortlfd wdh bis auf die letzten 3 M, U, abh abh re zus str, 1 M re

Reihe 19: re M

Reihe 20: re M

8.24 Stufe 1

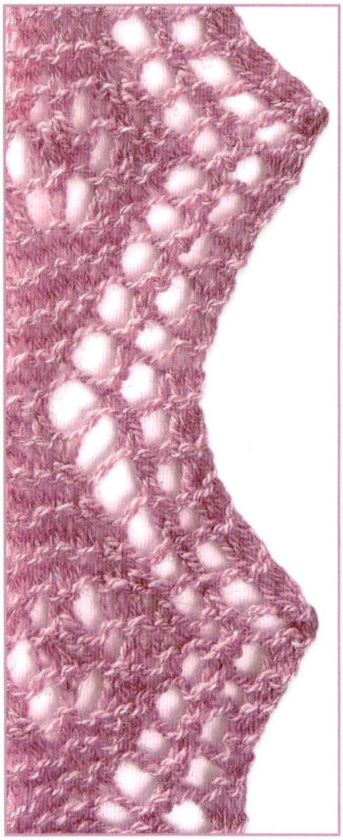

Abb. 70 %

Cat's Paw als Lace-Muster

▸ **LACE***

Für eine breitere Blende fügt man eine Reihe Cat's Paw als Einsatz (S. 65) hinzu.

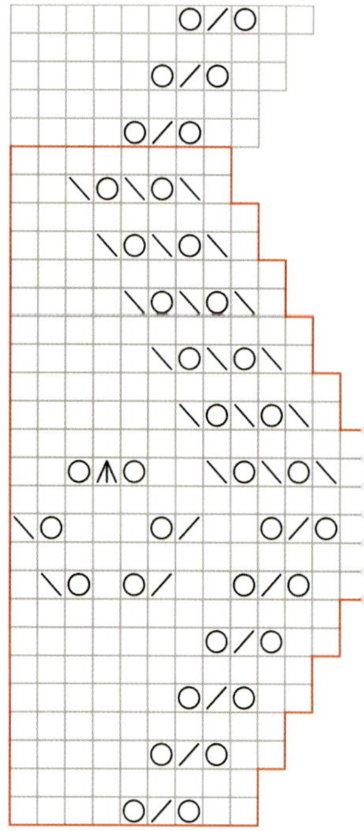

ANLEITUNG

Reihe 1: 2 M re, U, 2 M re zus str, U, 4 M re
Reihe 2 und alle Rück-R: re M
Reihe 3: 2 M re, U, 2 M re zus str, U, 5 M re
Reihe 5: 2 M re, U, 2 M re zus str, U, 6 M re
Reihe 7: 2 M re, U, 2 M re zus str, U, 7 M re
Reihe 9: 2 M re, U, 2 M re zus str, U, 2 M re, 2 M re zus str, U, 1 M re, U, abh abh re zus str, 1 M re
Reihe 11: 2 M re, U, 2 M re zus str, U, 2 M re, 2 M re zus str, U, 3 M re, U, abh abh re zus str
Reihe 13: 1 M re, 2 Mal [abh abh re zus str, U], abh abh re zus str, 2 M re, U, 3 M re verschr zus str, U, 2 M re
Reihe 15: 1 M re, 2 Mal [abh abh re zus str, U], abh abh re zus str, 6 M re
Reihe 17: 1 M re, 2 Mal [abh abh re zus str, U], abh abh re zus str, 5 M re
Reihe 19: 1 M re, 2 Mal [abh abh re zus str, U], abh abh re zus str, 4 M re
Reihe 21: 1 M re, 2 Mal [abh abh re zus str, U], abh abh re zus str, 3 M re
Reihe 23: 1 M re, 2 Mal [abh abh re zus str, U], abh abh re zus str, 2 M re
Reihe 24: wie Reihe 2

*Auch als Einsatz (S. 65) und Flächenmuster (S. 77)

9.4 Stufe 1

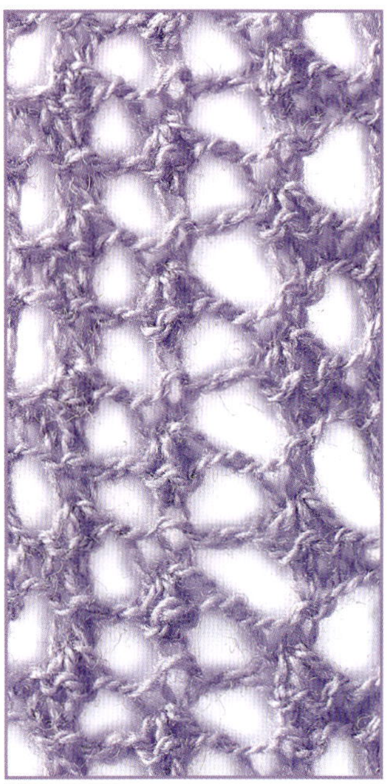

Fancy Net

▸ **EINSATZ***

Das „Phantasienetz" ist ein praktischer schmaler Einsatz, der einen luftigen Streifen zwischen Bordüre und Lace-Blende ergibt.

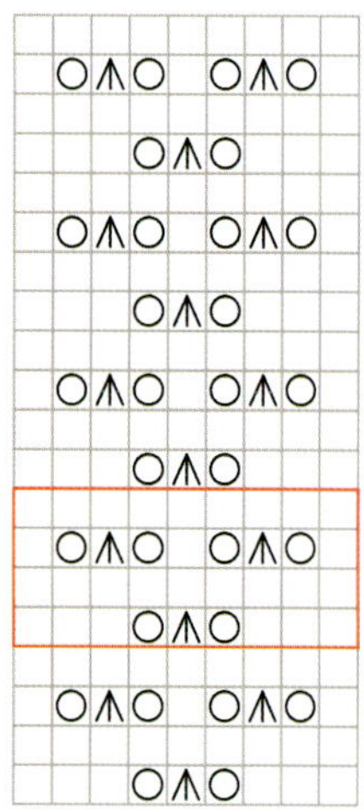

ANLEITUNG

Reihe 1: 3 M re, U, 3 M re verschr zus str, U, 3 M re
Reihe 2: re M
Reihe 3: 2 Mal [1 M re, U, 3 M re verschr zus str, U], 1 M re
Reihe 4: re M

*Auch als Flächenmuster (S. 56) und Einzelmotiv (S. 74)

Stufe 2

9.4

Flee als Einsatz

▸ **EINSATZ***

„Flee" heißt im Shetland-Dialekt Fliege (engl. „fly") und die Durchbrüche (siehe Einzelmotiv) erinnern tatsächlich an die Flügel eines Insekts. Ein luftiger Einsatz.

ANLEITUNG

Reihe 1: 2 M re, 2 M re zus str, U, 1 M re, U, abh abh re zus str, 2 M re
Reihe 2: 1 M re, 2 M re zus str, U, 3 M re, U, abh abh re zus str, 1 M re
Reihe 3: 3 M re, U, 3 M re verschr zus str, U, 3 M re
Reihe 4: re M

*Auch als Einzelmotiv (S. 62)

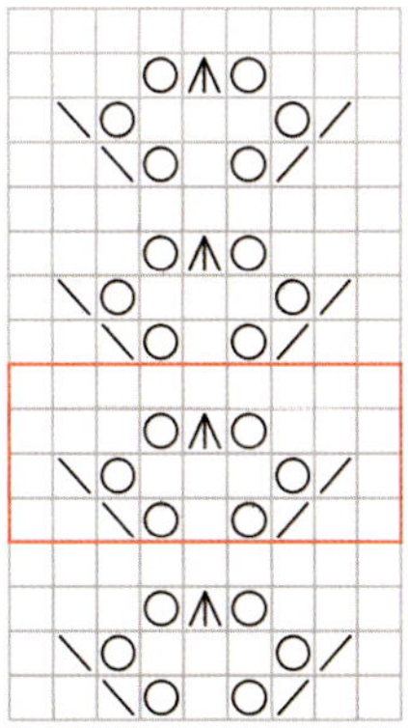

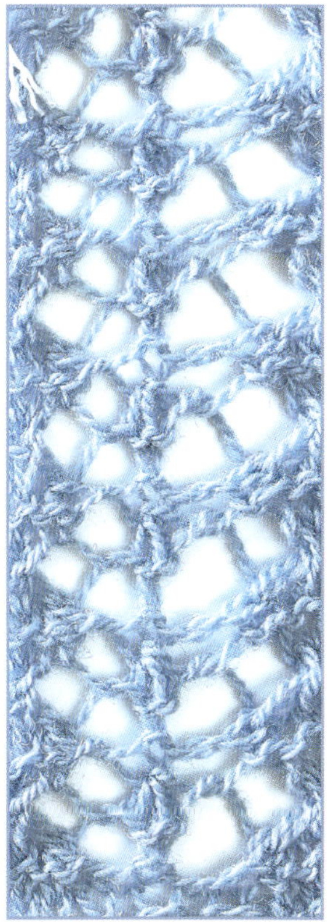

Stufe 3

9.6

Spider als Einsatz

▸ **EINSATZ***

Als Einsatz wirkt die „Spinne" wie eine Abfolge runder Öffnungen zwischen Mittelteil und Lace-Blende. Passen Sie gut auf, in welcher Reihe Sie sich befinden, und denken Sie daran, zwischen den „Spinnen" jeweils eine Reihe glatt rechts zu stricken.

*Auch als Einzelmotiv (S. 64) und Flächenmuster (S. 77)

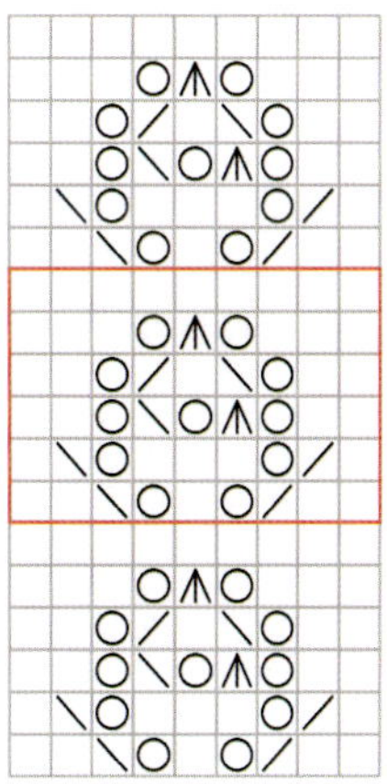

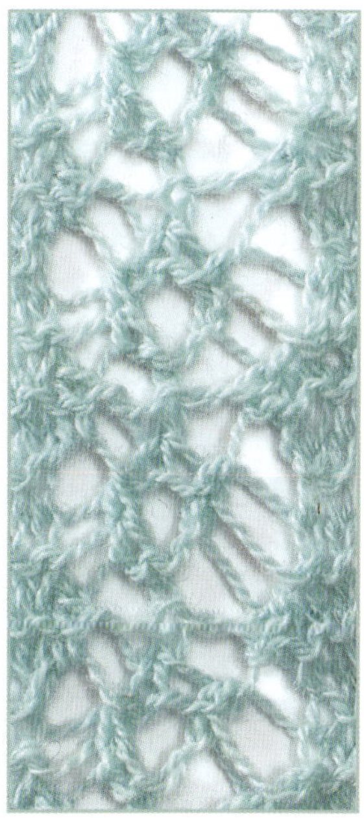

9.6

Stufe 1

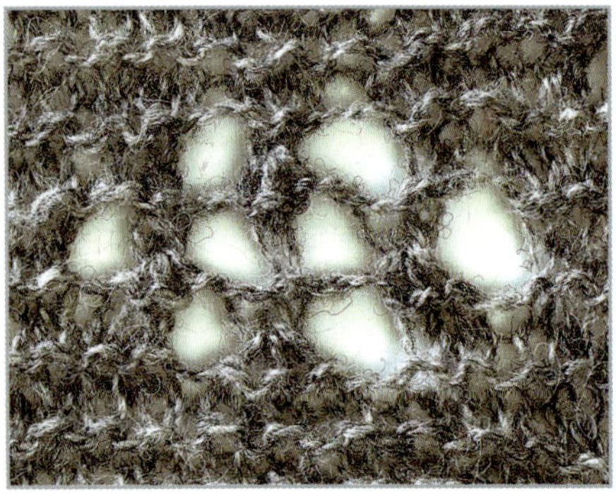

Fancy Net

EINZELMOTIV*

Das „Phantasienetz" kann man auch gruppieren und an allen möglichen Stellen verwenden. Größe und Form sind beliebig veränderbar. Traditionell macht man daraus großzügige Zickzackmuster oder Rahmen für andere Einzelmotive.

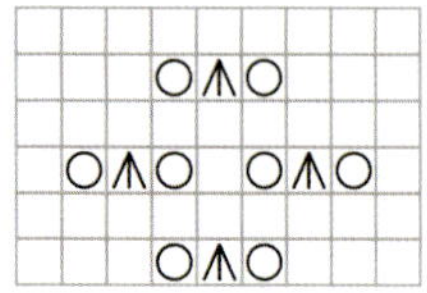

ANLEITUNG

Reihe 1: 3 M re, U, 3 M re verschr zus str, U, 3 M re
Reihe 2 und alle Rück-R: re M
Reihe 3: 1 M re, 2 Mal [U, 3 M re verschr zus str, U, 1 M re]
Reihe 5: wie Reihe 1
Reihe 6: re M

*Auch als Flächenmuster (S. 57) und Einsatz (S. 72)

9.12

Stufe 1

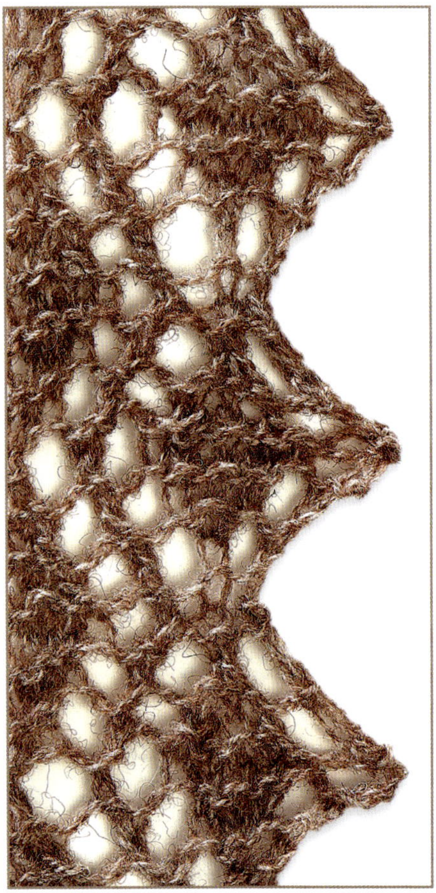

Doris Lace

LACE

Die schlichte Borte macht sich in allen Garnstärken glatt und kraus rechts gestrickt sehr gut. Achtung: Vor und nach dem Umschlag am Rand kommt nur eine Masche.

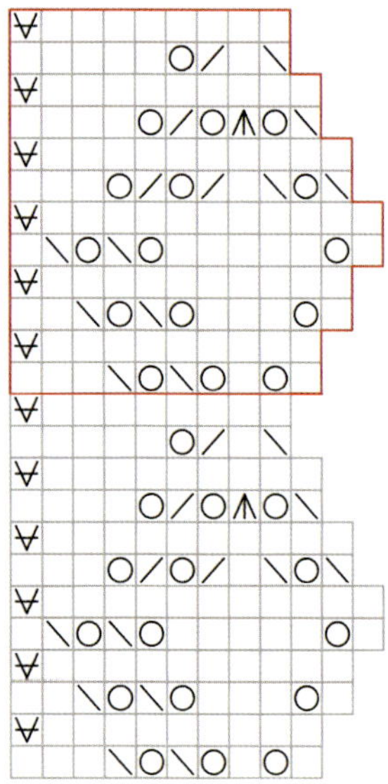

ANLEITUNG

Reihe 1: 2 Mal [1 M re, U], 2 Mal [abh abh re zus str, U], 3 M re
Reihe 2 und alle Rück-R: 1 M li abh, re M bis R-Ende
Reihe 3: 1 M re, U, 3 M re, 2 Mal [U, abh abh re zus str], 2 M re
Reihe 5: 1 M re, U, 5 M re, 2 Mal [U, abh abh re zus str], 1 M re
Reihe 7: abh abh re zus str, U, abh abh re zus str, 1 M re, 2 Mal [2 M re zus str, U], 3 M re
Reihe 9: abh abh re zus str, U, 3 M re verschr zus str, U, 2 M re zus str, U, 4 M re
Reihe 11: abh abh re zus str, 1 M re, 2 M re zus str, U, 5 M re
Reihe 12: 1 M li abh, re M bis R-Ende

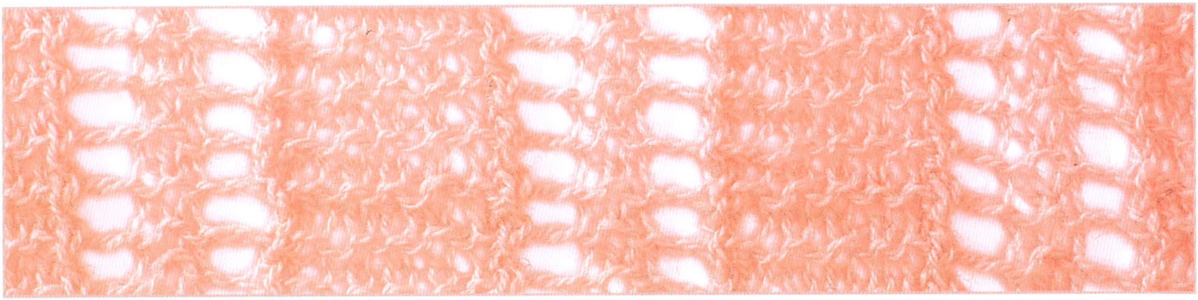

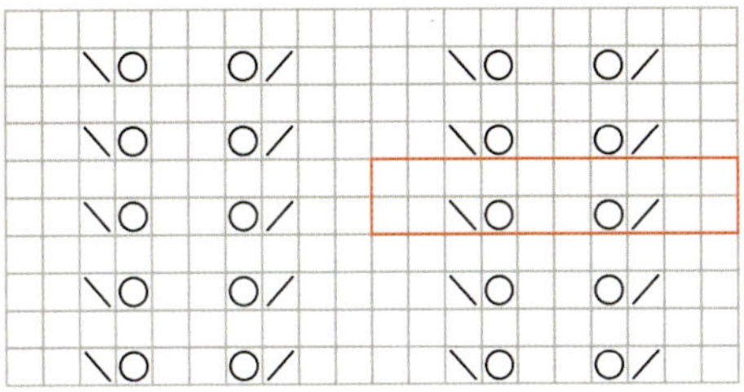

Acre

FLÄCHENMUSTER

Ein altes Muster für „Strumpfwaren“, zu denen die Shetländer neben Socken auch Handschuhe, Schals und Mützen rechnen. Mit einem glatten Rechtsmaschengrund bis heute für Strümpfe sehr schön.

ANLEITUNG

Reihe 1: *2 M re, 2 M re zus str, U, 2 M re, U, abh abh re zus str, 2 M re. Ab * fortlfd wdh bis R-Ende

Reihe 2: re M

Stufe 1

10.2
+ 1

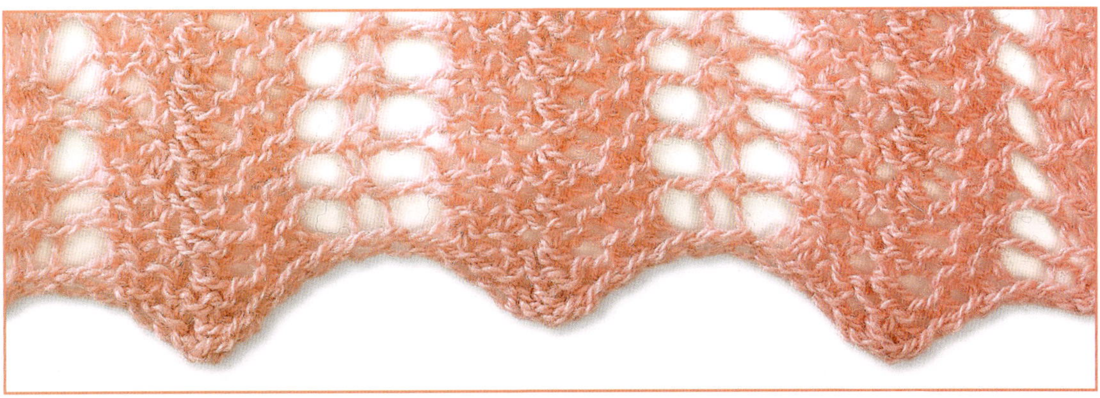

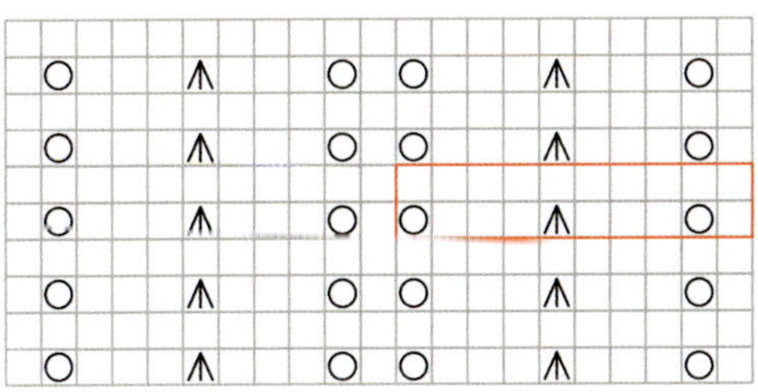

New Shell

FLÄCHENMUSTER

Dieses schöne alte Muster endet in Festonbögen und wirkt besonders gut mit Farbwechseln.

ANLEITUNG

Reihe 1: *1 M re, U, 3 M re, 3 M re verschr zus str, 3 M re, U. Ab * fortlfd wdh bis End-M, 1 M re

Reihe 2: re M

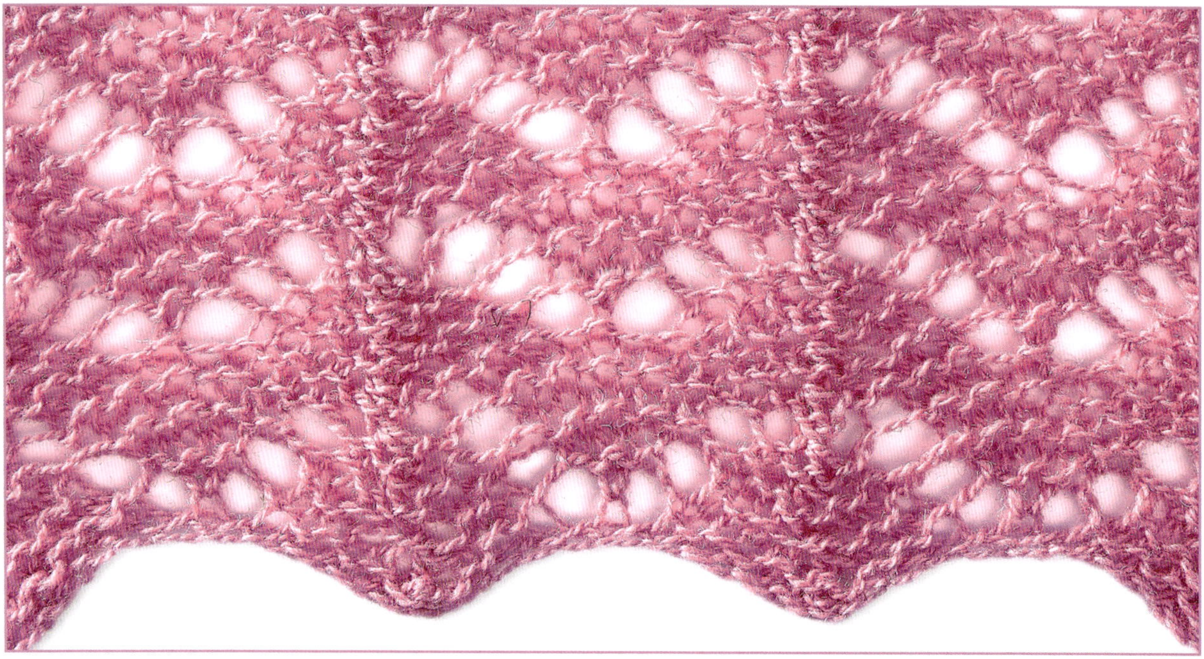

Horse Shoe

▸ **FLÄCHENMUSTER**

Das „Hufeisen" ist ein sehr vielseitiges altes Muster für alle Garnstärken. Für glatte und krause Rechtsmaschengründe gleichermaßen geeignet.

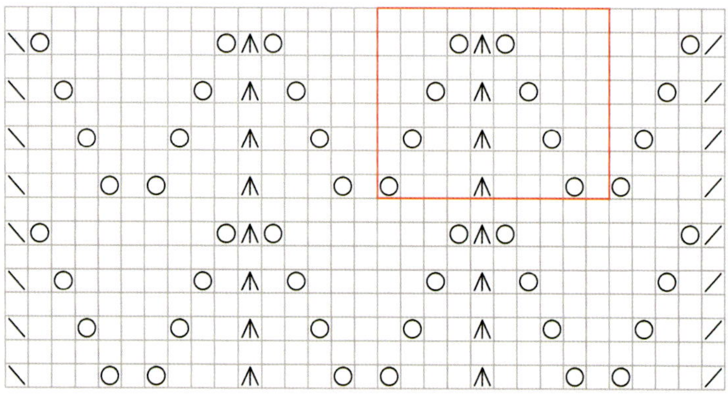

ANLEITUNG

Reihe 1: 2 M re zus str, 3 M re, U, *1 M re, U, 3 M re, 3 M re verschr zus str, 3 M re, U. Ab * fortlfd wdh bis auf die letzten 6 M, 1 M re, U, 3 M re, abh abh re zus str

Reihe 2 und alle Rück-R: re M

Reihe 3: 2 M re zus str, 2 M re, U, 1 M re, *2 M re, U, 2 M re, 3 M re verschr zus str, 2 M re, U, 1 M re. Ab * fortlfd wdh bis auf die letzten 6 M, 2 M re, U, 2 M re, abh abh re zus str

Reihe 5: 2 M re zus str, 1 M re, U, 2 M re, *3 M re, U, 1 M re, 3 M re verschr zus str, 1 M re, U, 2 M re. Ab * fortlfd wdh bis auf die letzten 6 M, 3 M re, U, 1 M re, abh abh re zus str

Reihe 7: 2 M re zus str, U, 3 M re, *4 M re, U, 3 M re verschr zus str, U, 3 M re. Ab * fortlfd wdh bis auf die letzten 6 M, 4 M re, U, abh abh re zus str

Reihe 8: re M

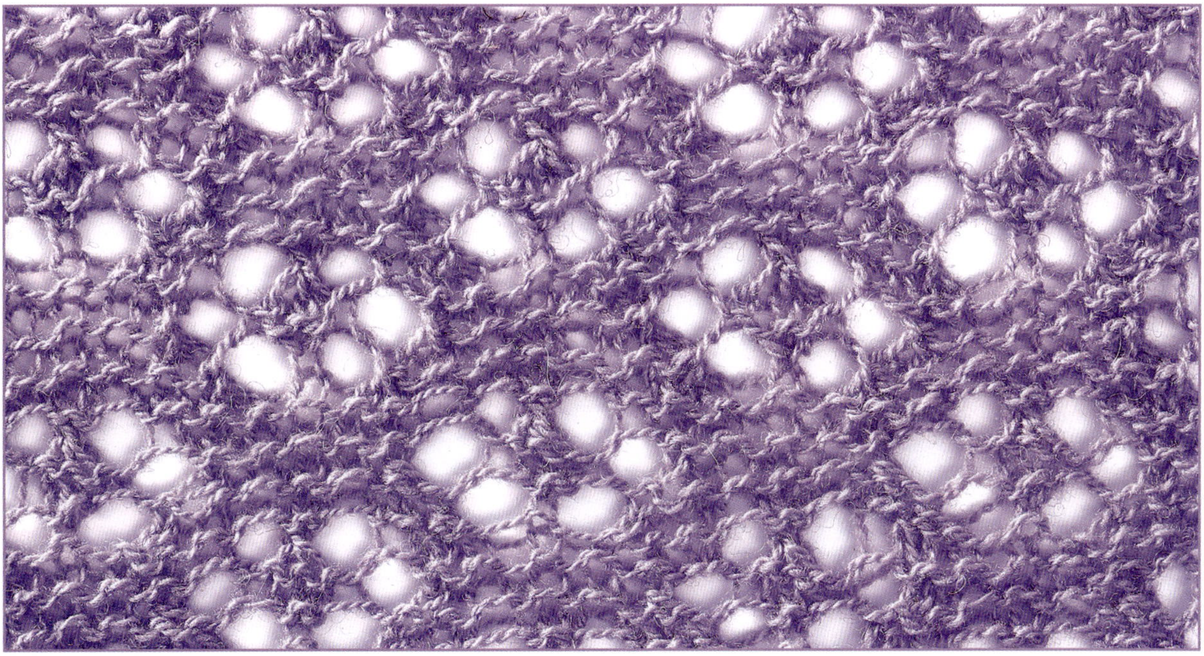

Cat's Paw

FLÄCHENMUSTER*

Die „Katzenpfote" lässt sich auf vielerlei Weise verwenden – als Streifen mit und ohne rechte Maschen dazwischen oder gestaffelt wie hier. Sie eignet sich für jedes Garn glatt oder kraus rechts gestrickt, einzeln oder in Gruppen. Unter Shetland Lace-Fans unverzichtbar!

ANLEITUNG

Reihe 1: *3 M re, 2 M re zus str, U, 1 M re, U, abh abh re zus str, 2 M re. Ab * fortlfd wdh bis End-M, 1 M re
Reihe 2 und alle Rück-R: re M
Reihe 3: *2 M re, 2 M re zus str, U, 3 M re, U, abh abh re zus str, 1 M re. Ab * fortlfd wdh bis End-M, 1 M re
Reihe 5: *4 M re, U, 3 M re verschr zus str, U, 3 M re. Ab * fortlfd wdh bis End-M, 1 M re
Reihe 7: 1 M re, U, abh abh re zus str, 2 M re, *3 M re, 2 M re zus str, U, 1 M re, U, abh abh re zus str, 2 M re. Ab * fortlfd wdh bis auf die letzten 6 M, 3 M re, 2 M re zus str, U, 1 M re
Reihe 9: 2 M re, U, abh abh re zus str, 1 M re, *2 M re, 2 M re zus str, U, 3 M re, U, abh abh re zus str, 1 M re. Ab * fortlfd wdh bis auf die letzten 6 M, 2 M re, 2 M re zus str, U, 2 M re
Reihe 11: 2 M re zus str, U, 3 M re, *4 M re, U, 3 M re verschr zus str, U, 3 M re. Ab * fortlfd wdh bis auf die letzten 6 M, 4 M re, U, abh abh re zus str
Reihe 12: re M

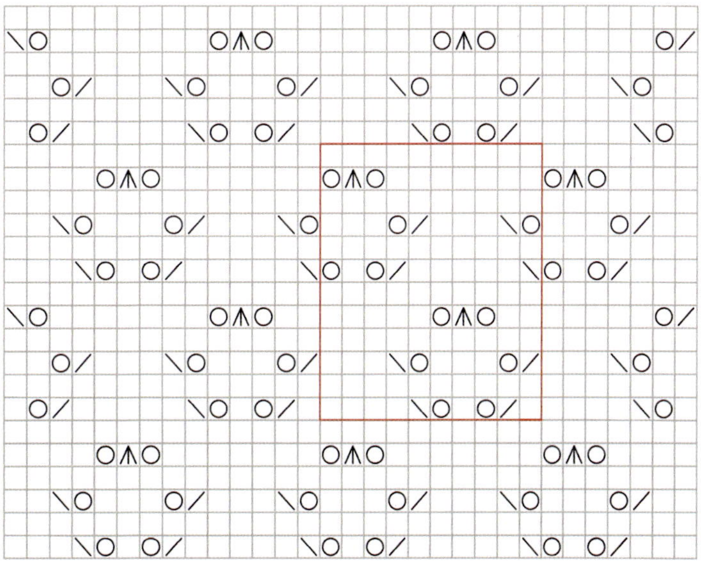

*Auch als Einsatz (S. 65) und Lace (S. 72)

10.16 Stufe 1

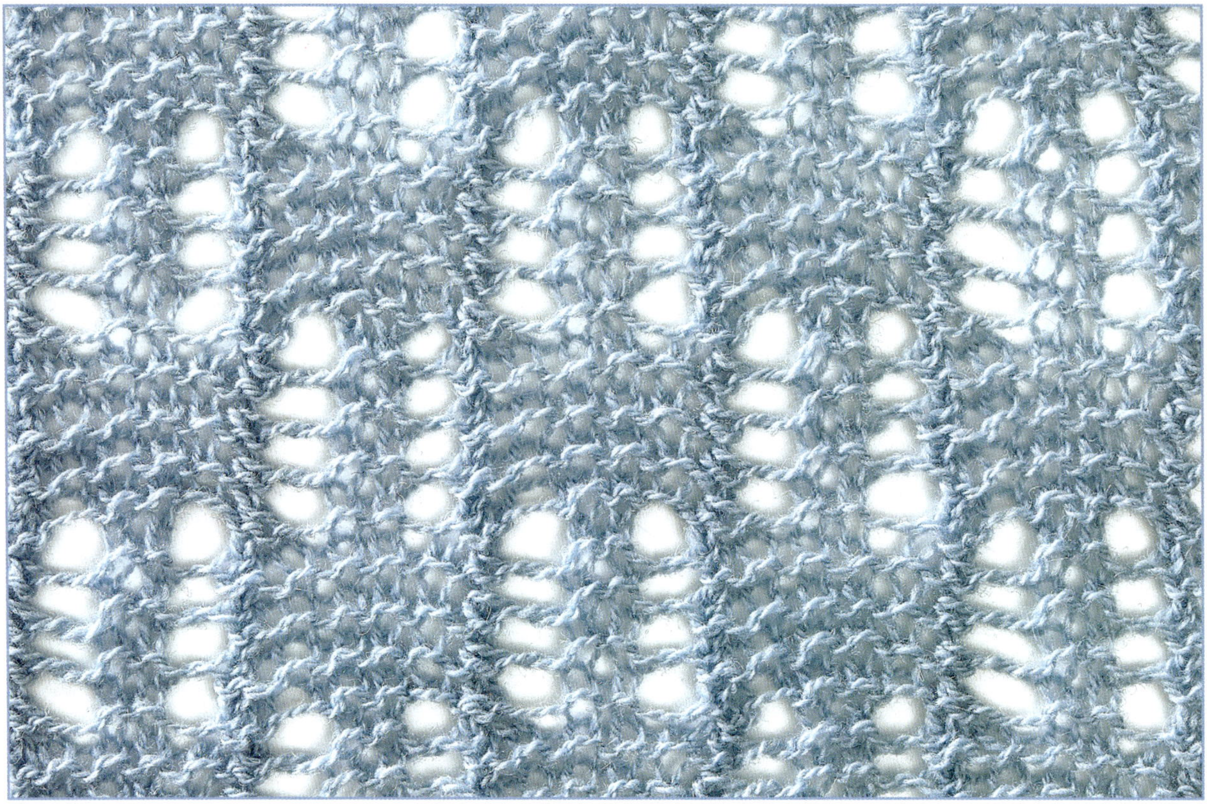

Broken Acre

▸ **FLÄCHENMUSTER**

Diese Version des Acre-Musters lässt sich fast mühelos zu einem hübschen Schal oder Mittelteil für ein Schultertuch verstricken. Gleichermaßen gut geeignet für glatte und krause Rechtsmaschengründe und jede Garnstärke.

ANLEITUNG

Reihe 1: 1 M re, U, abh abh re zus str, 2 M re, *2 M re, 2 M re zus str, U, 2 M re, U, abh abh re zus str, 2 M re. Ab * fortlfd wdh bis auf die letzten 5 M, 2 M re, 2 M re zus str, U, 1 M re

Reihe 2: re M

Reihen 3 bis 8: R 1 und 2 dreimal wdh

Reihe 9: *2 M re, 2 M re zus str, U, 2 M re, U, abh abh re zus str, 2 M re. Ab * fortlfd wdh bis R-Ende

Reihe 10: re M

Reihen 11 bis 16: R 9 und 10 dreimal wdh

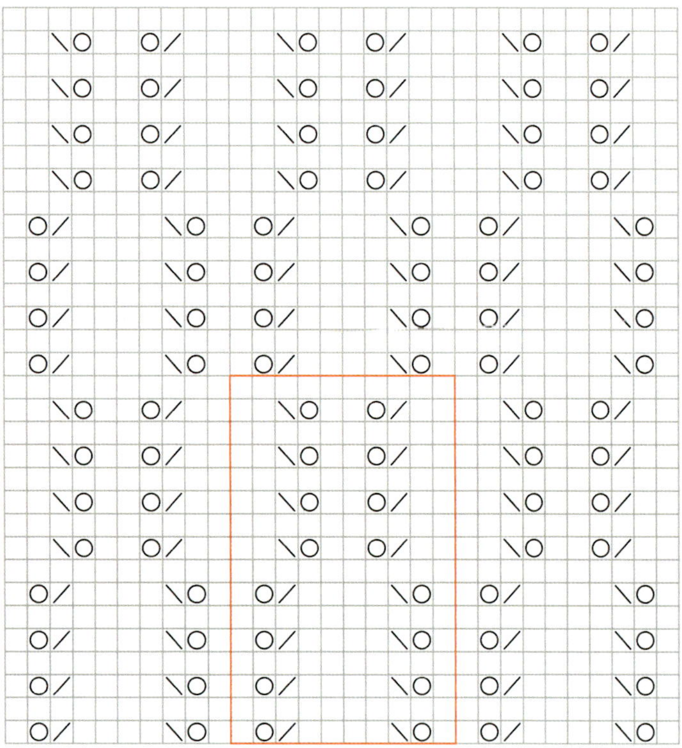

Candle Light

▸ FLÄCHENMUSTER

Das „Kerzenlicht" ist ein hübsches Muster, das mehr Konzentration erfordert als andere mit Umschlägen nur in den Hinreihen. Bei dickeren Garnen wirkt es am besten mit glattem Rechtsmaschengrund, weil er die Rauten der Abnahmen schön zur Geltung bringt.

ANLEITUNG

Reihe 1: *3 M re, 2 M re zus str, U, 1 M re, U, abh abh re zus str, 2 M re. Ab * fortlfd wdh bis End-M, 1 M re
Reihe 2 und alle Rück-R: re M
Reihe 3: *2 M re, 2 M re zus str, 1 M re, U, 1 M re, U, 1 M re, abh abh re zus str, 1 M re. Ab * fortlfd wdh bis End-M, 1 M re
Reihe 5: *1 M re, 2 M re zus str, 2 M re, U, 1 M re, U, 2 M re, abh abh re zus str. Ab * fortlfd wdh bis End-M, 1 M re
Reihe 7: 2 M re zus str, 3 M re, U, 1 M re, U, 3 M re, *3 M re verschr zus str, 3 M re, U, 1 M re, U, 3 M re. Ab * fortlfd wdh bis auf die letzten 2 M, abh abh re zus str
Reihe 9: *1 M re, U, abh abh re zus str, 5 M re, 2 M re zus str, U. Ab * fortlfd wdh bis End-M, 1 M re
Reihe 11: *1 M re, U, 1 M re, abh abh re zus str, 3 M re, 2 M re zus str, 1 M re, U. Ab * fortlfd wdh bis End-M, 1 M re
Reihe 13: *1 M re, U, 2 M re, abh abh re zus str, 1 M re, 2 M re zus str, 2 M re, U. Ab * fortlfd wdh bis End-M, 1 M re
Reihe 15: *1 M re, U, 3 M re, 3 M re verschr zus str, 3 M re, U. Ab * fortlfd wdh bis End-M, 1 M re
Reihe 16: re M

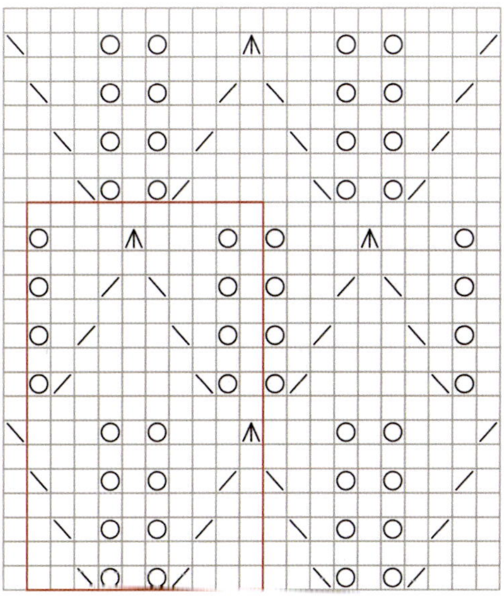

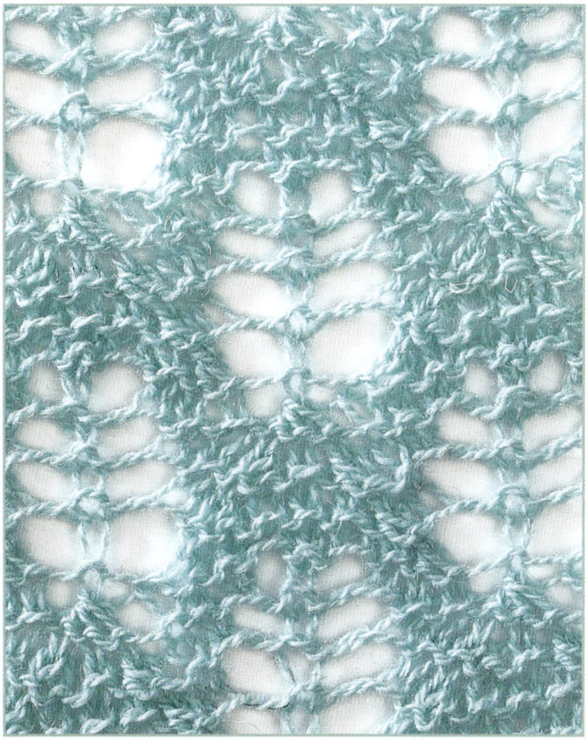

Kraus rechts gestrickter Maschengrund

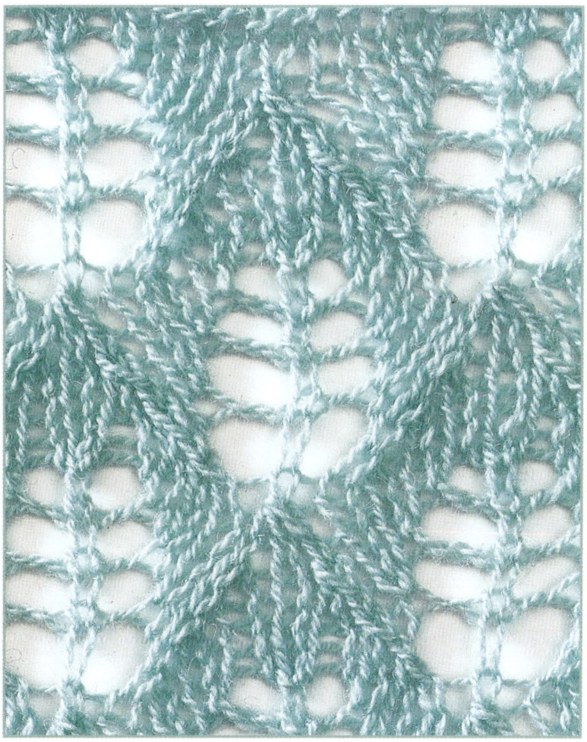

Glatt rechts gestrickter Maschengrund

Stufe 1
••••••

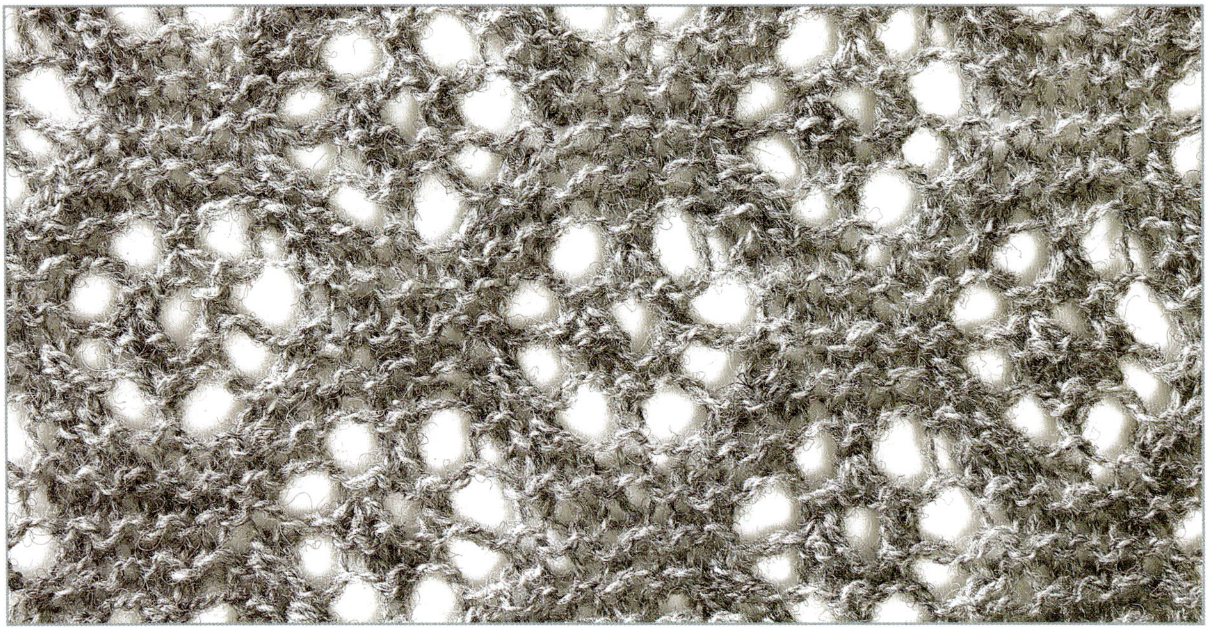

Rosebud Eyelid

▶ **FLÄCHENMUSTER***

Die „Rosenknospe" gehört zu den „Eyelid"-Mustern. Abfolge wie bei der Spider, jedoch mit rechten Reihen dazwischen. Das Einzelmotiv wirkt auch als Einsatz oder Flächenmuster, dabei reiht man die „Ösen" dicht aneinander, damit das Gestrick luftig wirkt, oder vergrößert die Abstände mit zusätzlichen Maschen.

ANLEITUNG

Reihe 1: *3 M re, 2 M re zus str, U, 1 M re, U, abh abh re zus str, 2 M re. Ab * fortlfd wdh bis End-M, 1 M re
Reihe 2 und alle Rück-R: re M
Reihe 3: *2 M re, 2 M re zus str, U, 3 M re, U, abh abh re zus str, 1 M re. Ab * fortlfd wdh bis End-M, 1 M re
Reihe 5: *3 M re, U, abh abh re zus str, U, 3 M re verschr zus str, U, 2 M re. Ab * fortlfd wdh bis End-M, 1 M re
Reihe 7: *4 M re, U, 3 M re verschr zus str, U, 3 M re. Ab * fortlfd wdh bis End-M, 1 M re
Reihe 9: 1 M re, U, abh abh re zus str, 2 M re, *3 M re, 2 M re zus str, U, 1 M re, U, abh abh re zus str, 2 M re. Ab * fortlfd wdh bis auf die letzten 6 M, 3 M re, 2 M re zus str, U, 1 M re
Reihe 11: 2 M re, U, abh abh re zus str, 1 M re, *2 M re, 2 M re zus str, U, 3 M re, U, abh abh re zus str, 1 M re. Ab * fortlfd wdh bis auf die letzten 6 M, 2 M re, 2 M re zus str, U, 2 M re
Reihe 13: 1 M re, 2 M re zus str, U, 2 M re, *3 M re, U, abh abh re zus str, U, 3 M re verschr zus str, U, 2 M re. Ab * fortlfd wdh bis auf die letzten 6 M, 3 M re, U, abh abh re zus str, 1 M re
Reihe 15: 2 M re zus str, U, 3 M re, *4 M re, U, 3 M re verschr zus str, U, 3 M re. Ab * fortlfd wdh bis auf die letzten 6 M, 4 M re, U, abh abh re zus str
Reihe 16: re M

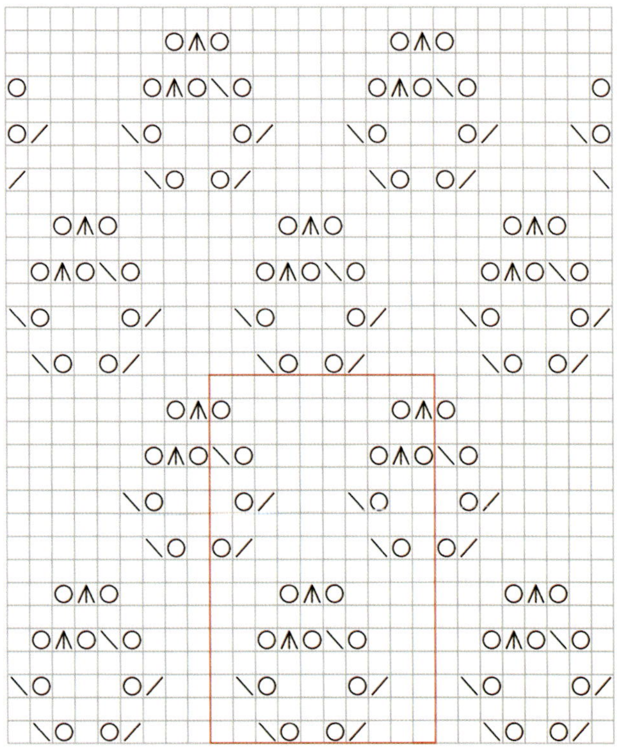

*Auch als Einsatz (S. 65)

Traditional Scalloped Lace

LACE

Die Festonborte dient oft als Blende für klassische Schultertücher. Durch Hinzufügen oder Weglassen von Reihen im Mittelteil lässt sie sich leicht vergrößern oder verkleinern.

ANLEITUNG

Reihe 1: 1 M re, 2 M re zus str, U, 5 M re, U, 2 M re
Reihe 2 und alle Rück-R: 1 M li abh, re M bis R-Ende
Reihe 3: 1 M re, 2 M re zus str, U, 4 M re, U, abh abh re zus str, U, 2 M re
Reihe 5: 1 M re, 2 M re zus str, U, 3 M re, 2 Mal [U, abh abh re zus str], U, 2 M re
Reihe 7: 1 M re, 2 M re zus str, U, 2 M re, 3 Mal [U, abh abh re zus str], U, 2 M re
Reihe 9: 1 M re, 2 M re zus str, U, 1 M re, 4 Mal [U, abh abh re zus str], U, 2 M re
Reihe 11: 1 M re, 2 M re zus str, U, 1 M re, 2 M re zus str, 4 Mal [U, 2 M re zus str], 1 M re
Reihe 13: 1 M re, 2 M re zus str, U, 2 M re, 2 M re zus str, 3 Mal [U, 2 M re zus str], 1 M re
Reihe 15: 1 M re, 2 M re zus str, U, 3 M re, 2 M re zus str, 2 Mal [U, 2 M re zus str], 1 M re
Reihe 17: 1 M re, 2 M re zus str, U, 4 M re, 2 M re zus str, U, 2 M re zus str, 1 M re
Reihe 19: 1 M re, 2 M re zus str, U, 5 M re, 2 M re zus str, 1 M re
Reihe 20: 1 M li abh, re M bis R-Ende

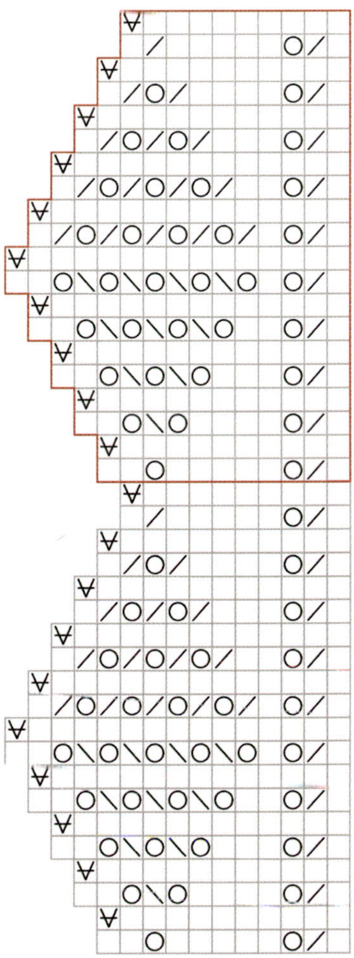

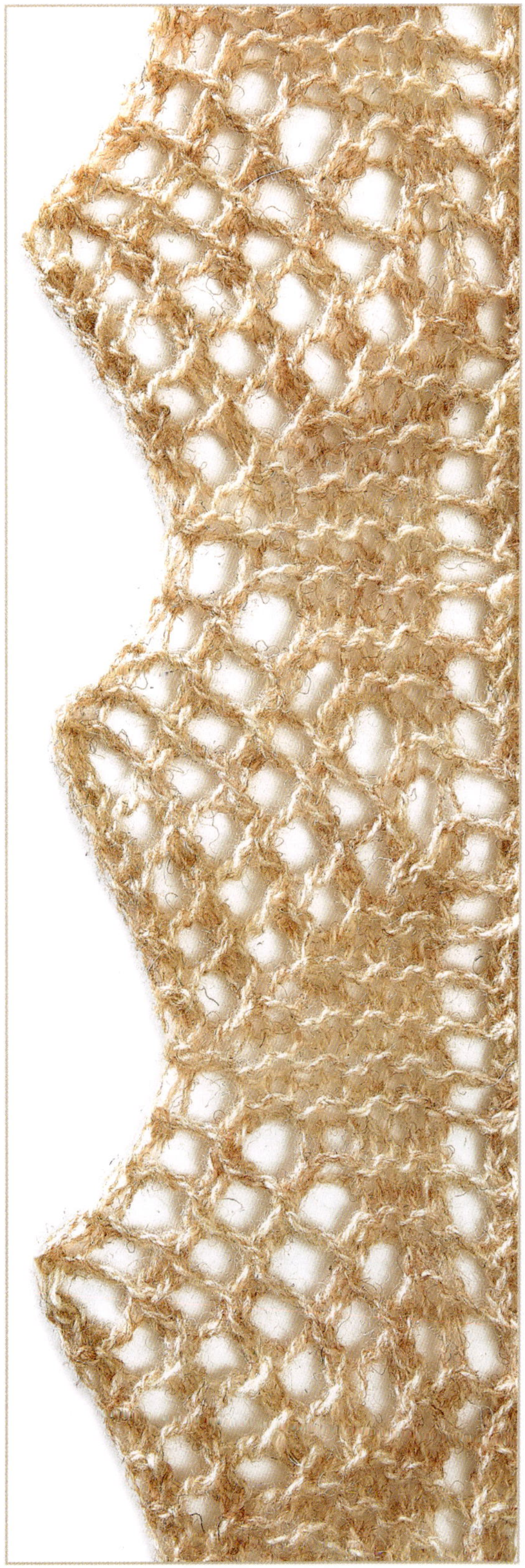

Stufe 1
•••••••

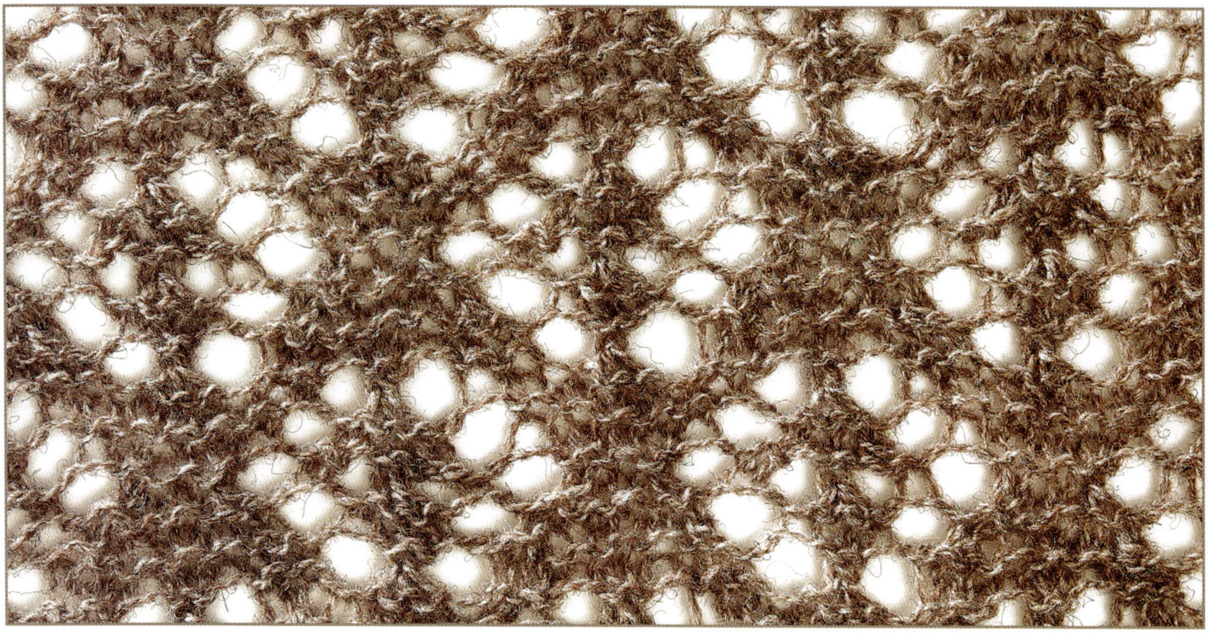

Dot Diamond

▸ **FLÄCHENMUSTER**

Die „Pünktchen-Rauten" fand ich auf einigen uralten Strickwaren aus Unst. Ich weiß nicht einmal, ob sie einen speziellen Namen haben! Das Muster ist leicht zu stricken und schön für den Mittelteil eines Schultertuchs.

ANLEITUNG

Reihe 1: *4 M re, U, 3 M re verschr zus str, U, 3 M re. Ab * fortlfd wdh bis End-M, 1 M re
Reihe 2 und alle Rück-R: re M
Reihe 3: *2 M re, 2 M re zus str, U, 3 M re, U, abh abh re zus str, 1 M re. Ab * fortlfd wdh bis End-M, 1 M re
Reihe 5: *1 M re, 2 M re zus str, U, 1 M re, U, 3 M re verschr zus str, U, 1 M re, U, abh abh re zus str. Ab * fortlfd wdh bis End-M, 1 M re
Reihe 7: *3 M re, U, abh abh re zus str, 1 M re, 2 M re zus str, U, 2 M re. Ab * fortlfd wdh bis End-M, 1 M re
Reihe 9: wie Reihe 1
Reihe 11: 2 M re zus str, U, 7 M re, *U, 3 M re verschr zus str, U, 7 M re. Ab * fortlfd wdh bis auf die letzten 2 M, U, abh abh re zus str
Reihe 13: 2 M re, U, abh abh re zus str, 3 M re, *2 M re zus str, U, 3 M re, U, abh abh re zus str, 3 M re. Ab * fortlfd wdh bis auf die letzten 4 M, 2 M re zus str, U, 2 M re
Reihe 15: 2 M re zus str, U, 1 M re, U, abh abh re zus str, *1 M re, 2 M re zus str, U, 1 M re, U, 3 M re verschr zus str, U, 1 M re, U, abh abh re zus str. Ab * fortlfd wdh bis auf die letzten 6 M, 1 M re, 2 M re zus str, U, 1 M re, U, abh abh re zus str
Reihe 17: 1 M re, 2 M re zus str, U, 5 M re, *U, abh abh re zus str, 1 M re, 2 M re zus str, U, 5 M re. Ab * fortlfd wdh bis auf die letzten 3 M, U, abh abh re zus str, 1 M re
Reihe 19: wie Reihe 11
Reihe 20: re M

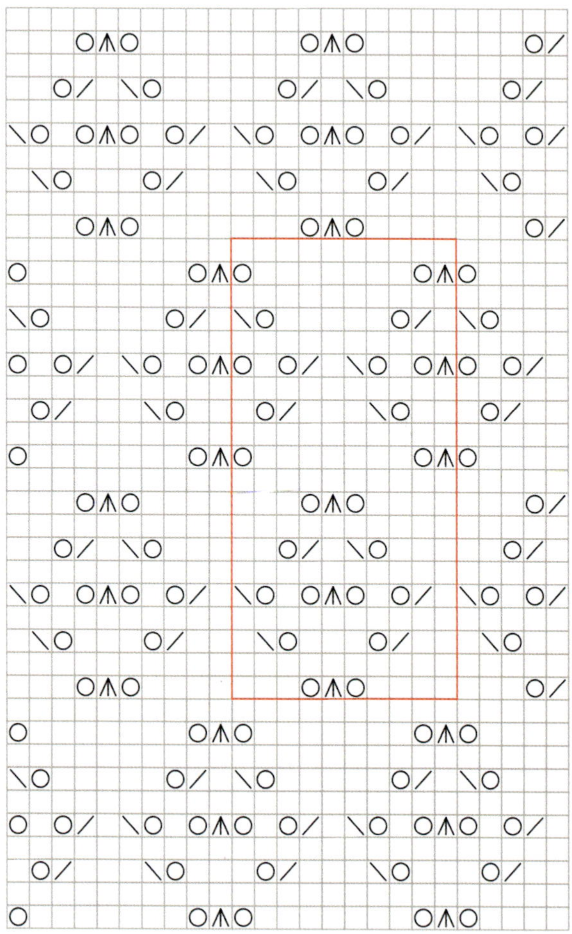

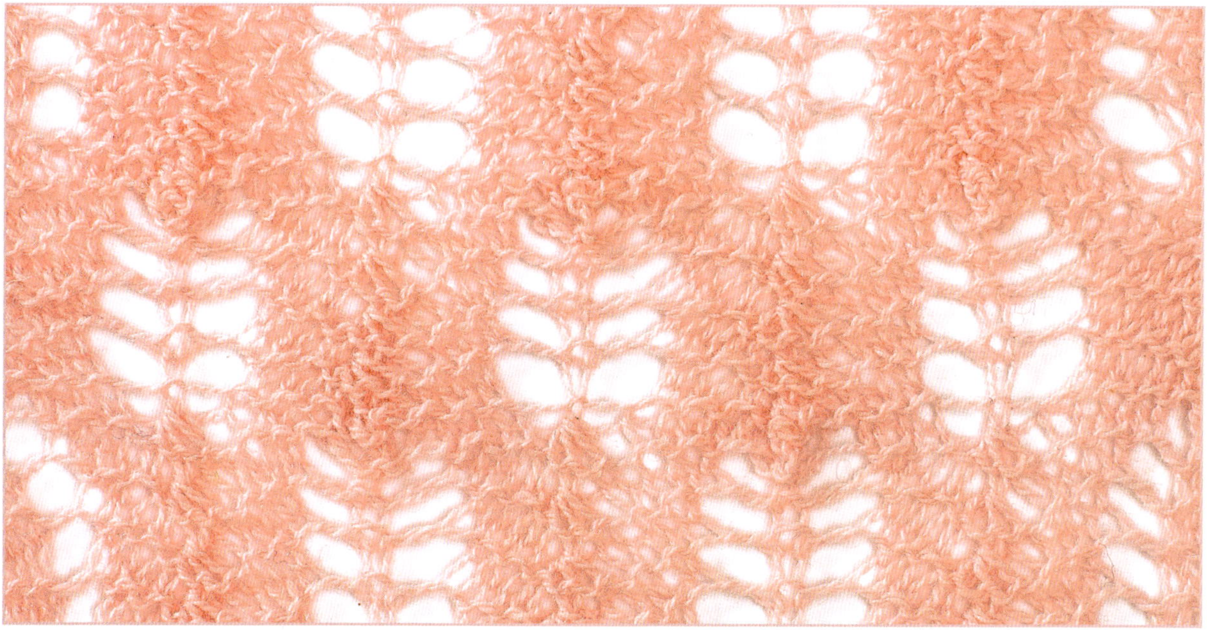

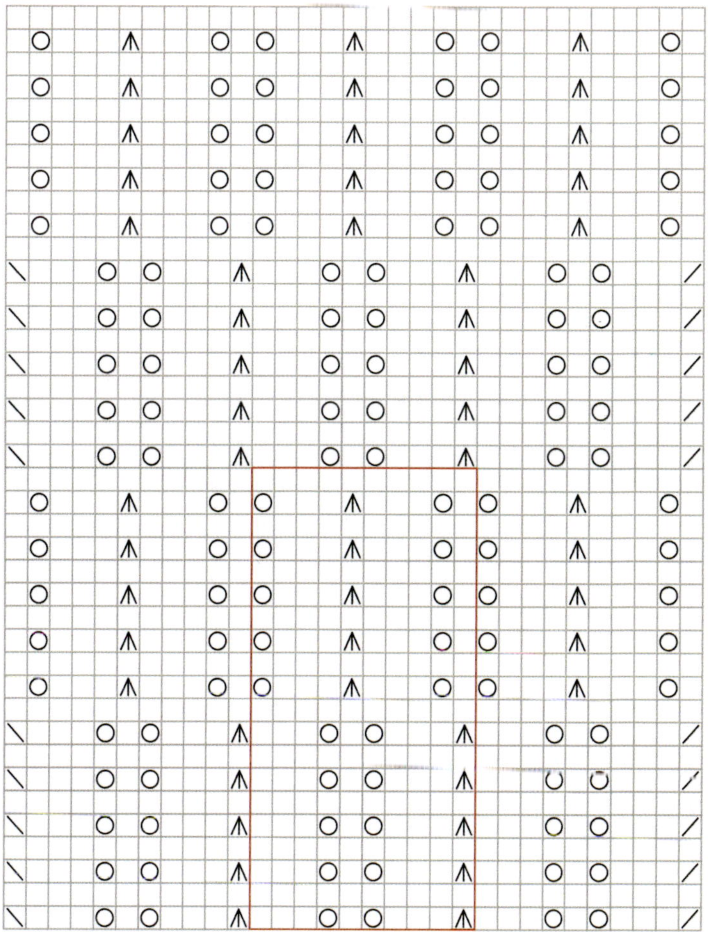

Fir Cone

▸ **FLÄCHENMUSTER**

Die schlichten „Tannenzapfen“ stülpen sich beim Stricken etwas aus, doch nach dem Spannen werden die oberen Zapfenenden flach und machen die Form rund. Die Grundreihe des Musters ist identisch mit New Shell (S. 75) und der ersten Reihe des Horse Shoe (S. 76).

ANLEITUNG

Reihe 1: 2 M re zus str, 3 M re, U, *1 M re, U, 3 M re, 3 M re verschr, 3 M re, U. Ab * fortlfd wdh bis auf die letzten 6 M, 1 M re, U, 3 M re, abh abh re zus str
Reihe 2: re M
Reihen 3 bis 10: R 1 und 2 viermal wdh
Reihe 11: 1 M re, *U, 3 M re, 3 M re verschr, 3 M re, U, 1 M re. Ab * fortlfd wdh bis R-Ende
Reihe 12: re M
Reihen 13 bis 20: R 11 und 12 viermal wdh

10.28

+ 1

Stufe 1

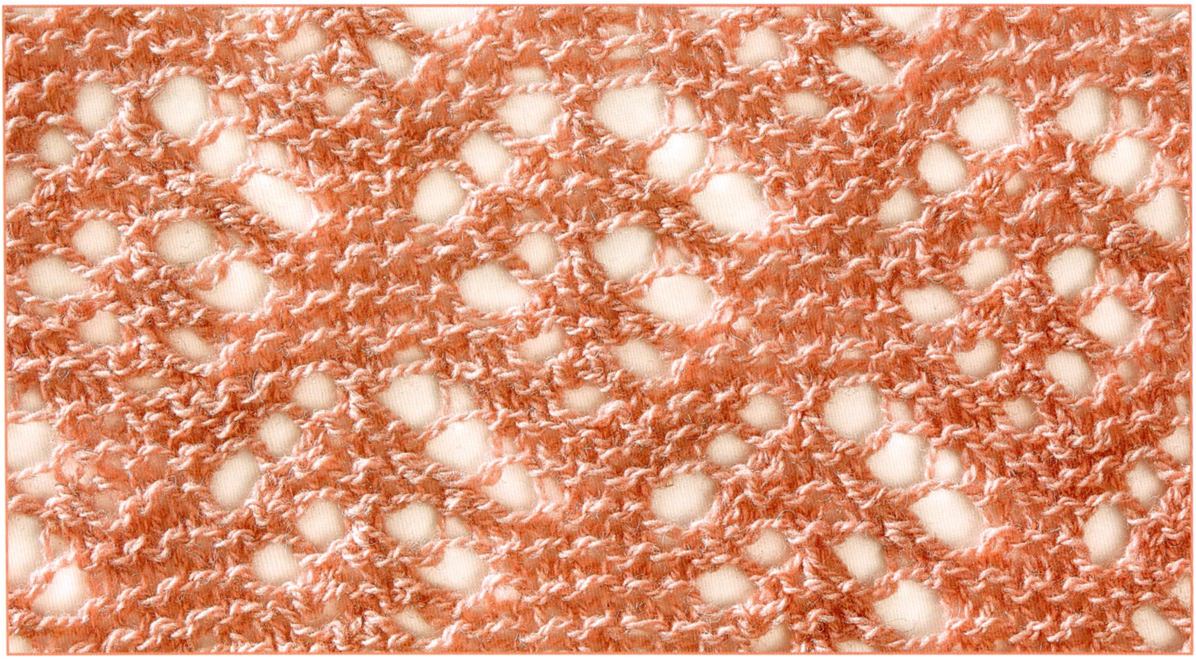

The Madeira

▸ **FLÄCHENMUSTER**

Das Madeira-Muster war im 19. Jahrhundert sehr beliebt. Man sieht es an alten Stücken und auf vielen Fotos. Der Name könnte darauf hinweisen, dass es ursprünglich von einem iberischen Schultertuch stammt.

ANLEITUNG

Reihe 1: *4 M re, 2 M re zus str, U, 4 M re. Ab * fortlfd wdh bis End-M, 1 M re

Reihe 2 und alle Rück-R: re M

Reihe 3: *4 M re, U, 3 M re verschr zus str, U, 3 M re. Ab * fortlfd wdh bis End-M, 1 M re

Reihe 5: *3 M re, U, abh abh re zus str, 1 M re, 2 M re zus str, U, 2 M re. Ab * fortlfd wdh bis End-M, 1 M re

Reihe 7: wie Reihe 3

Reihe 9: *2 M re, U, abh abh re zus str, 3 M re, 2 M re zus str, U, 1 M re. Ab * fortlfd wdh bis End-M, 1 M re

Reihe 11: wie Reihe 5

Reihe 13: wie Reihe 3

Reihe 15: 5 M re, *4 M re, 2 M re zus str, U, 4 M re. Ab * fortlfd wdh bis auf die letzten 6 M, 6 M re

Reihe 17: 2 M re zus str, U, 3 M re, *4 M re, U, 3 M re verschr zus str, U, 3 M re. Ab * fortlfd wdh bis auf die letzten 6 M, 4 M re, U, abh abh re zus str

Reihe 19: 1 M re, 2 M re zus str, U, 2 M re, *3 M re, U, abh abh re zus str, 1 M re, 2 M re zus str, U, 2 M re. Ab * fortlfd wdh bis auf die letzten 6 M, 3 M re, U, abh abh re zus str, 1 M re

Reihe 21: wie Reihe 17

Reihe 23: 2 M re, 2 M re zus str, U, 1 M re, *2 M re, U, abh abh re zus str, 3 M re, 2 M re zus str, U, 1 M re. Ab * fortlfd wdh bis auf die letzten 6 M, 2 M re, U, abh abh re zus str, 2 M re

Reihe 25: wie Reihe 19

Reihe 27: wie Reihe 17

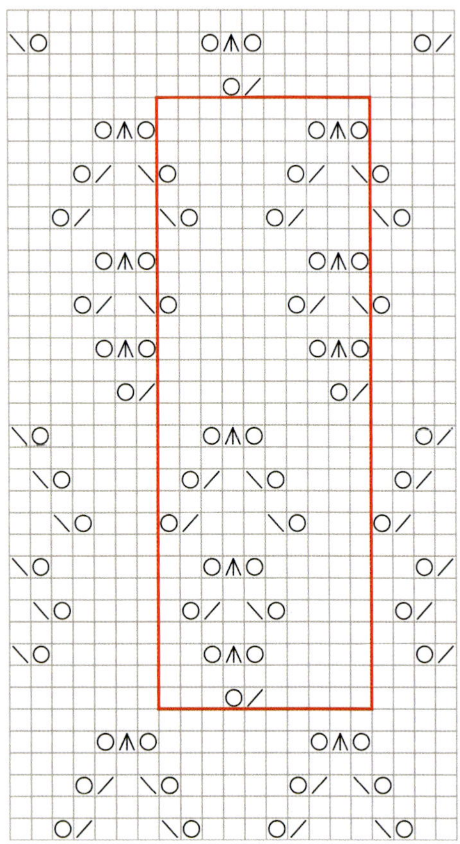

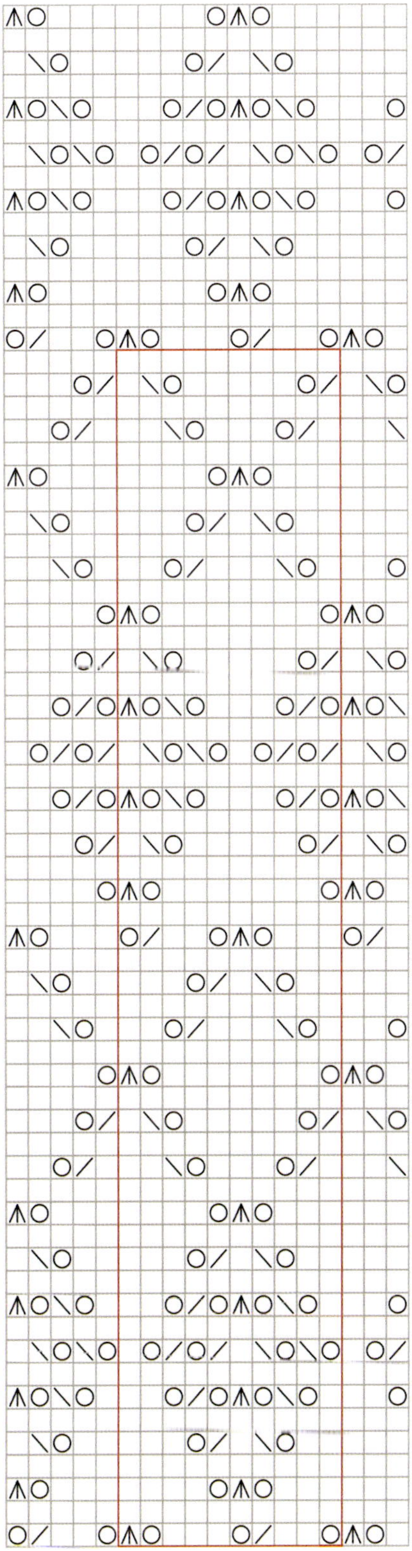

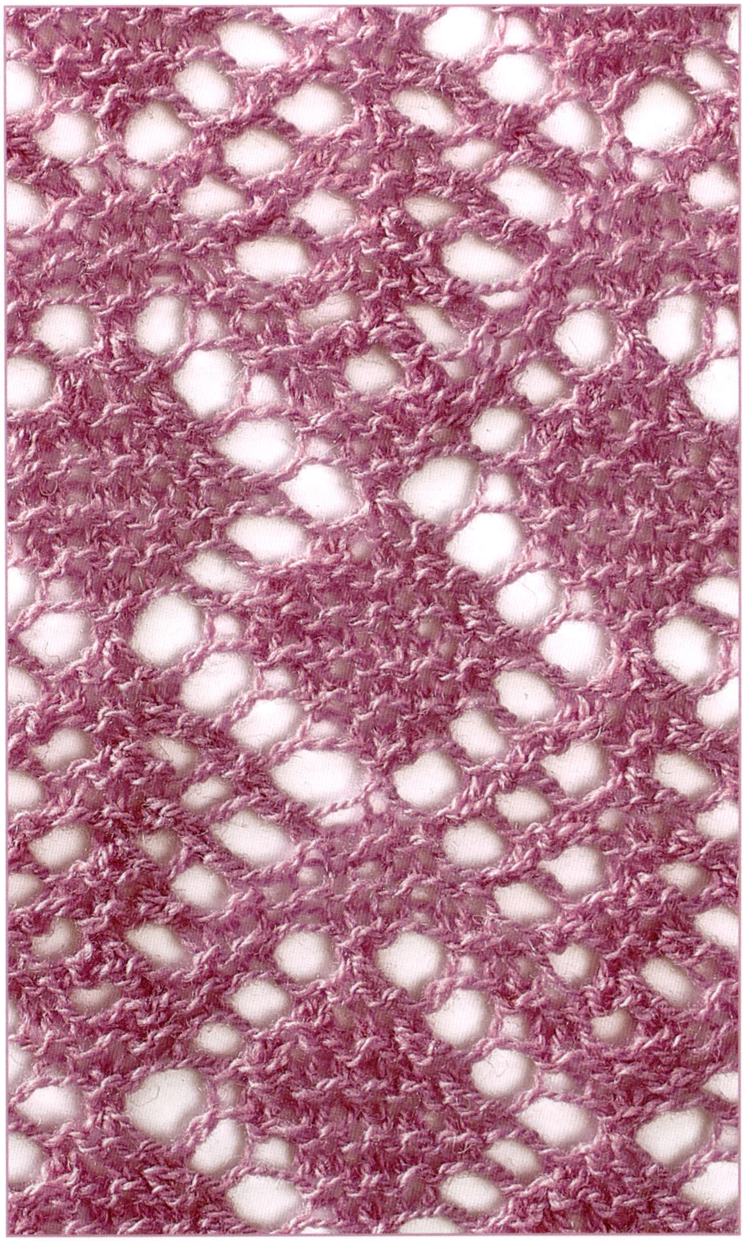

Madeira and Diamond

FLÄCHENMUSTER

Das asymmetrische Muster aus Madeira und Rauten findet man auf alten Stücken recht häufig. Der Mustersatz ergibt eine schöne Bordüre für ein Schultertuch. Übrigens: Dieses Madeira-Muster ist nicht zu verwechseln mit The Madeira (S. 84)!

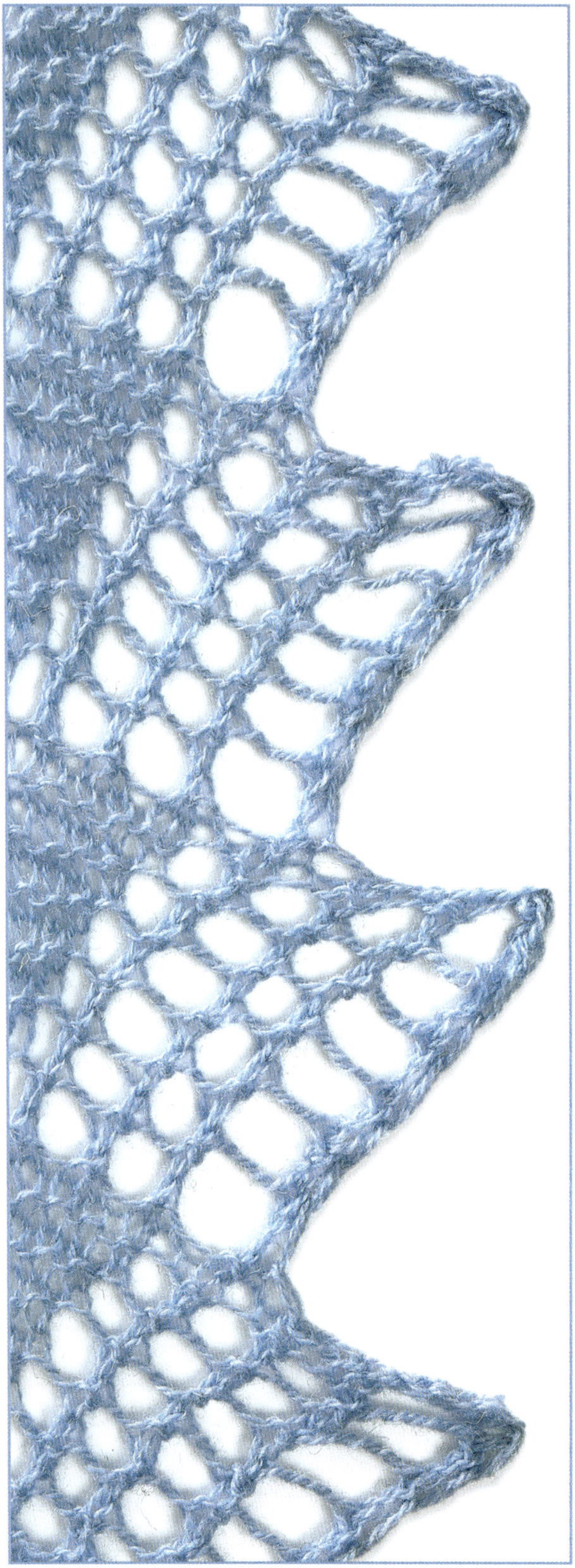

Coburg Lace

▸ LACE

Dieses alte „Coburger“ Ajourmuster unterscheidet sich vom Brand Iron (S. 90) nur durch die weitere Reihe Durchbrüche an der Außenkante.

ANLEITUNG

Reihe 1: 1 M li abh, 2 M re zus str, 2 Mal [U], 3 Mal [2 M re zus str, U], 2 M re
Reihe 2: 1 M li abh, 8 M re, 1 M li, 2 M re
Reihe 3: 1 M li abh, 2 M re zus str, 2 Mal [U], 3 Mal [2 M re zus str, U], 3 M re
Reihe 4: 1 M li abh, 9 M re, 1 M li, 2 M re
Reihe 5: 1 M li abh, 2 M re zus str, 2 Mal [U], 3 Mal [2 M re zus str, U], 4 M re
Reihe 6: 1 M li abh, 10 M re, 1 M li, 2 M re
Reihe 7: 1 M li abh, 2 M re zus str, 3 Mal [U], 3 Mal [2 M re zus str, U], 5 M re
Reihe 8: 1 M li abh, 11 M re, 1 M li, 2 M re
Reihe 9: 1 M li abh, 2 M re zus str, 2 Mal [U], 3 Mal [2 M re zus str, U], 6 M re
Reihe 10: 1 M li abh, 12 M re, 1 M li, 2 M re
Reihe 11: 1 M li abh, 2 M re zus str, 2 Mal [U], 3 Mal [2 M re zus str, U], 7 M re
Reihe 12: 1 M li abh, 13 M re, 1 M li, 2 M re
Reihe 13: 6 M abk, re M bis R-Ende
Reihe 14: 1 M li abh, 10 M re

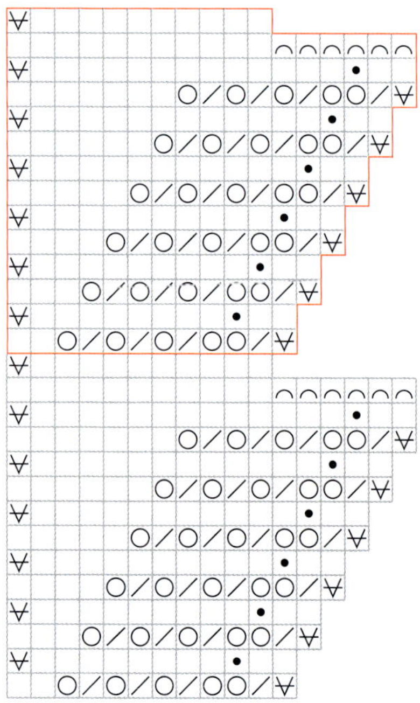

Wave Lace

▸ LACE

Das „Wellenmuster“ ist eine kleinere, schmalere Version der Traditional Scalloped Lace (S. 81). Am Beginn der Rückreihe können Sie anstelle von „U, abh abh re zus str“ ohne Weiteres auch „1 M li abh, 1 M re“ stricken.

ANLEITUNG

Reihe 1: 3 M re, U, abh abh re zus str, 2 M re, U, abh abh re zus str, U, 2 M re

Reihe 2 und alle Rück-R: U, abh abh re zus str, re M bis R-Ende

Reihe 3: 2 M re, 2 Mal [U, abh abh re zus str], 2 M re, U, abh abh re zus str, U, 2 M re

Reihe 5: 3 M re, 2 Mal [U, abh abh re zus str], 2 M re, U, abh abh re zus str, U, 2 M re

Reihe 7: 2 M re, 3 Mal [U, abh abh re zus str], 2 M re, U, abh abh re zus str, U, 2 M re

Reihe 9: 2 M re, 2 Mal [2 M re zus str, U], 2 M re, 2 Mal [2 M re zus str, U], 2 M re zus str, 1 M re

Reihe 11: 1 M re, 2 Mal [2 M re zus str, U], 2 M re, 2 Mal [2 M re zus str, U], 2 M re zus str, 1 M re

Reihe 13: 2 M re, 2 M re zus str, U, 2 M re, 2 Mal [2 M re zus str, U], 2 M re zus str, 1 M re

Reihe 15: 1 M re, 2 M re zus str, U, 2 M re, 2 Mal [2 M re zus str, U], 2 M re zus str, 1 M re

Reihe 16: U, abh abh re zus str, re M bis R-Ende

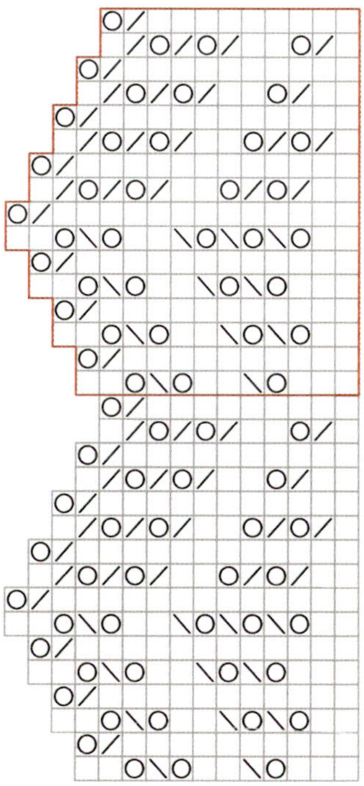

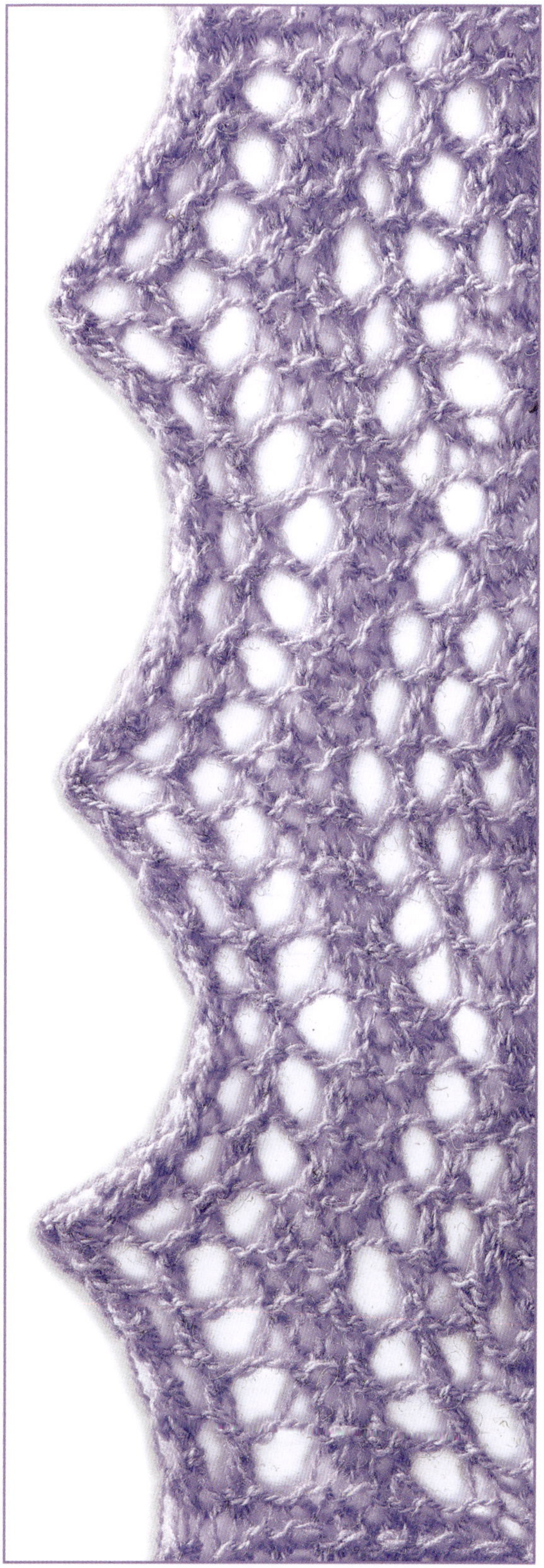

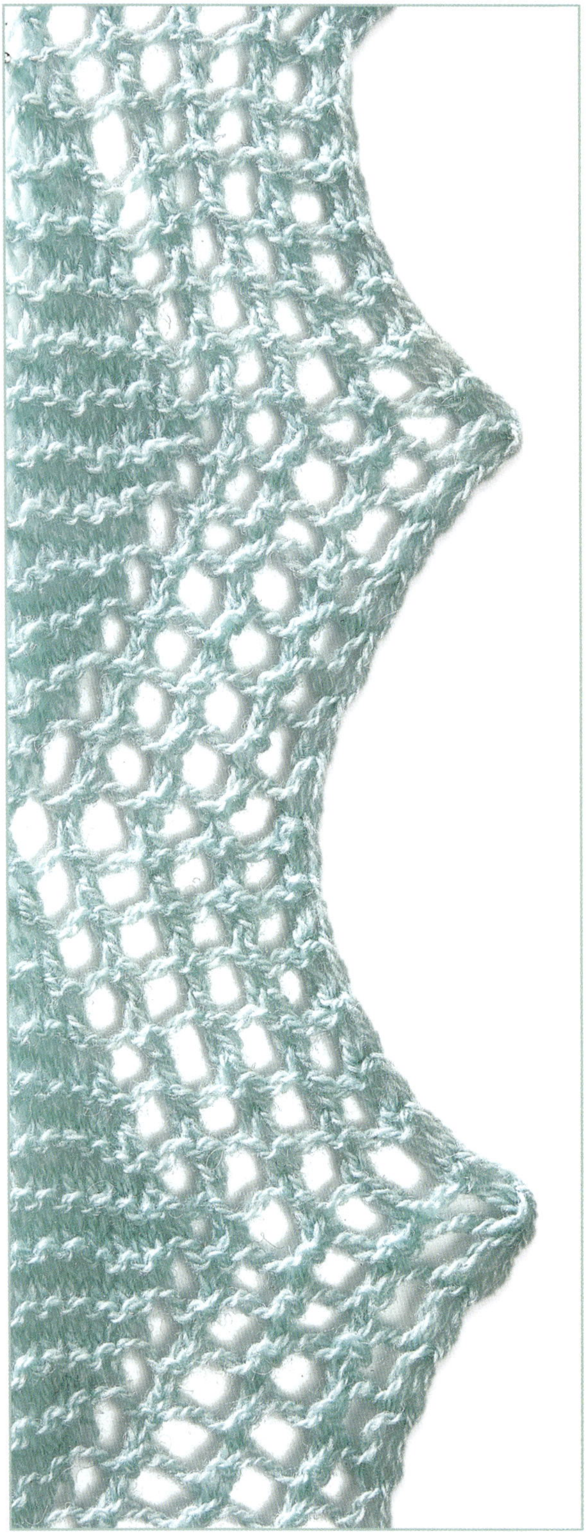

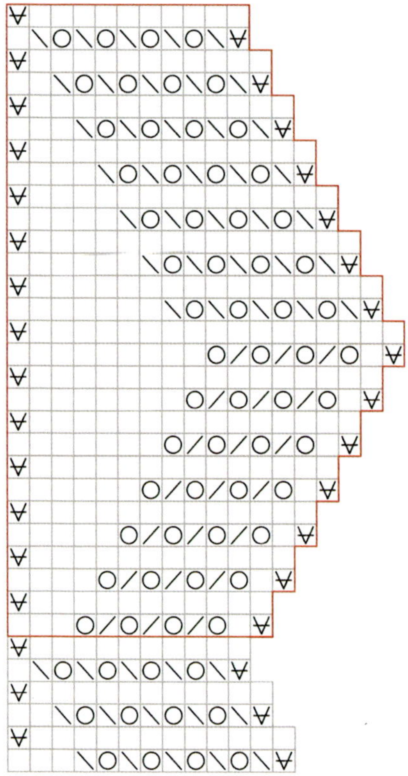

Plain Vandyke

▸ **LACE**

Die „einfache Vandyke"-Borte ist vielseitig einsetzbar. Sowohl die Zahl der Ajourstreifen wie auch die Reihen zahl im Muster lassen sich problemlos abwandeln.

ANLEITUNG

Reihe 1: 1 M li abh, 1 M re, 3 Mal [U, 2 M re zus str], U, 3 M re
Reihe 2 und alle Rück-R: 1 M li abh, re M bis R-Ende
Reihe 3: 1 M li abh, 1 M re, 3 Mal [U, 2 M re zus str], U, 4 M re
Reihe 5: 1 M li abh, 1 M re, 3 Mal [U, 2 M re zus str], U, 5 M re
Reihe 7: 1 M li abh, 1 M re, 3 Mal [U, 2 M re zus str], U, 6 M re
Reihe 9: 1 M li abh, 1 M re, 3 Mal [U, 2 M re zus str], U, 7 M re
Reihe 11: 1 M li abh, 1 M re, 3 Mal [U, 2 M re zus str], U, 8 M re
Reihe 13: 1 M li abh, 1 M re, 3 Mal [U, 2 M re zus str], U, 9 M re
Reihe 15: 1 M li abh, 4 Mal [abh abh re zus str, U], abh abh re zus str, 7 M re
Reihe 17: 1 M li abh, 4 Mal [abh abh re zus str, U], abh abh re zus str, 6 M re
Reihe 19: 1 M li abh, 4 Mal [abh abh re zus str, U], abh abh re zus str, 5 M re
Reihe 21: 1 M li abh, 4 Mal [abh abh re zus str, U], abh abh re zus str, 4 M re
Reihe 23: 1 M li abh, 4 Mal [abh abh re zus str, U], abh abh re zus str, 3 M re
Reihe 25: 1 M li abh, 4 Mal [abh abh re zus str, U], abh abh re zus str, 2 M re
Reihe 27: 1 M li abh, 4 Mal [abh abh re zus str, U], abh abh re zus str, 1 M re
Reihe 28: 1 M li abh, re M bis R-Ende

Cyprus Lace

▸ **LACE**

Die „Zypern"-Borte ist ein altes Muster, das man am besten auswendig lernen sollte. Schauen Sie sich die Strickschrift gründlich an, bevor Sie loslegen. Am besten wirkt das zierliche Ajourmuster mit dünnem Garn. Das schöne Ergebnis ist die Mühe wert.

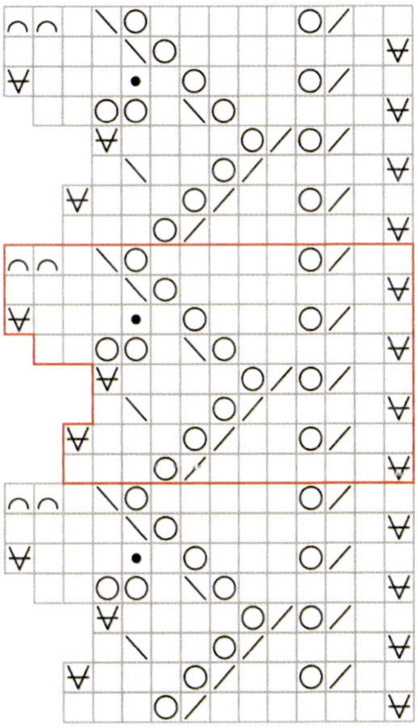

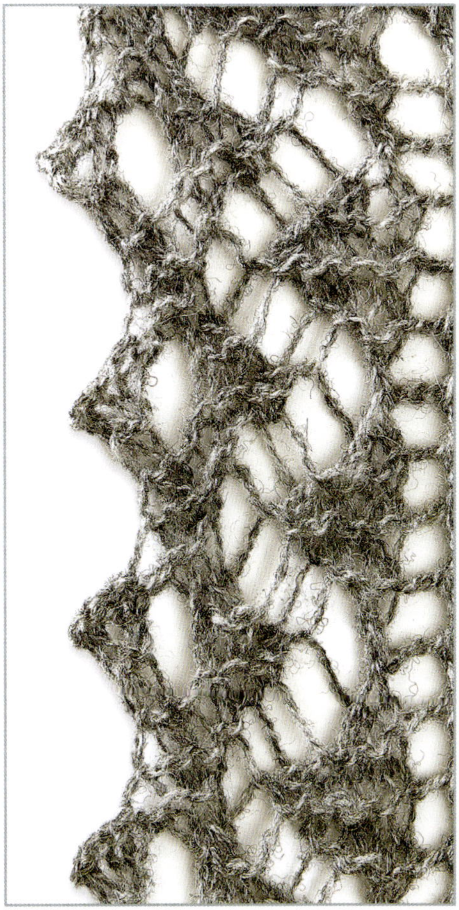

Beispiel für Mix & Match (von oben nach unten):

- Cyprus Lace (S. 89)
- Steek One (S. 52)
- Bead als Einsatz (S. 63)
- Steek One (S. 52)
- Large Diamonds (S. 66)

Mehr zur Kombination der Einzelmotive auf S. 42

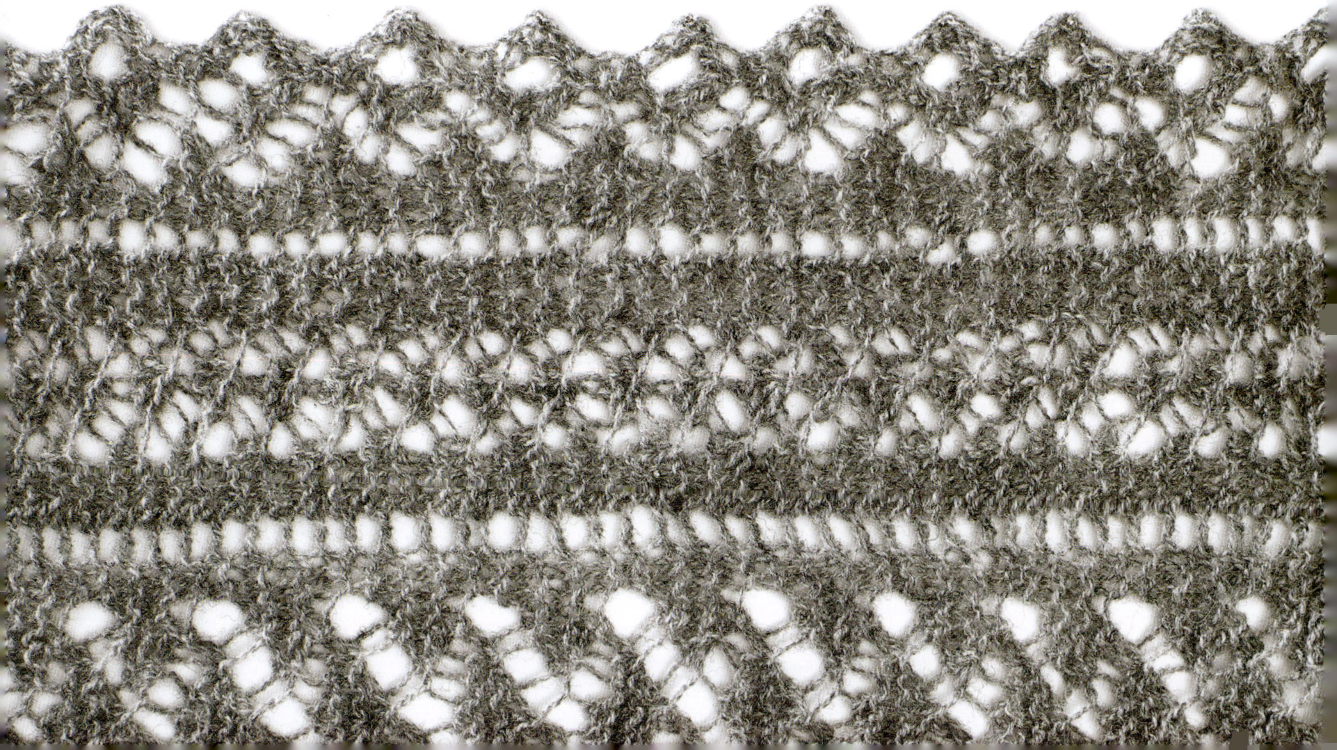

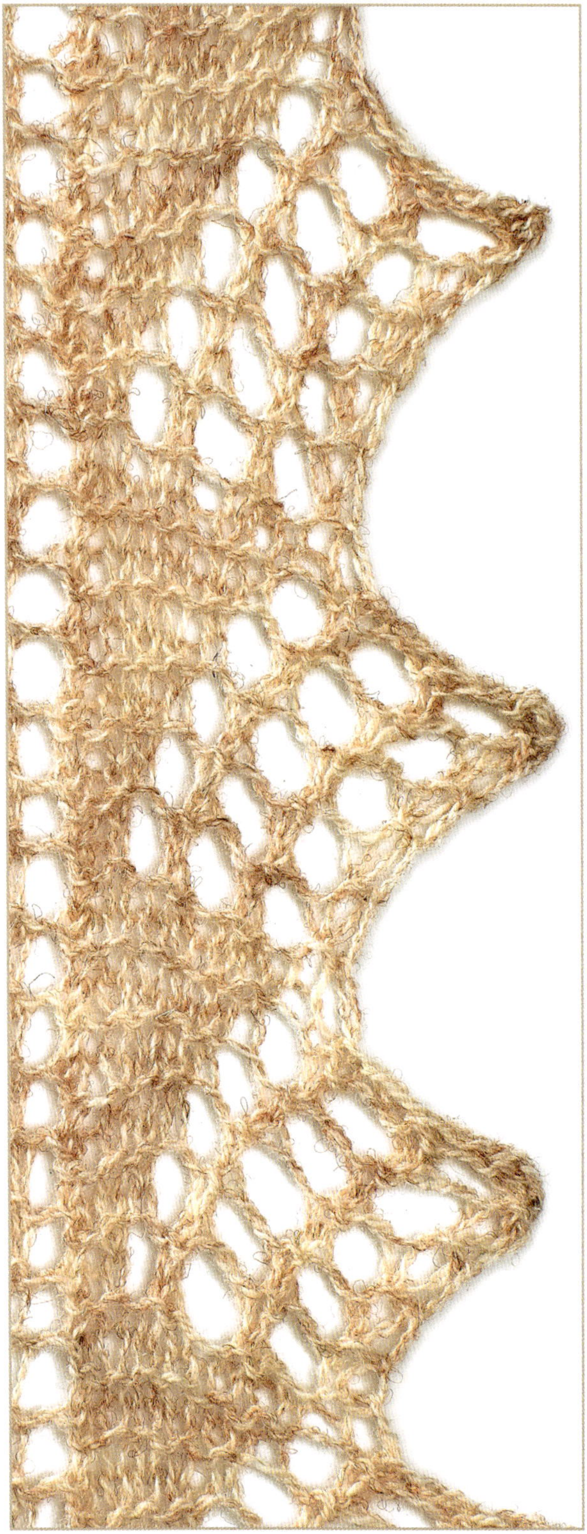

Brand Iron Lace

▶ LACE

Das „Brenneisen“ ist ein gängiges altes Muster, das sich vielseitig verwenden lässt. Eine der leichtesten Borten, die zu jedem Garn passt.

ANLEITUNG

Reihe 1: 1 M li abh, 1 M re, 2 Mal [U, 2 M re zus str], U, 1 M re, 2 M re zus str, U, 3 M re
Reihe 2 und alle Rück-R: 1 M li abh, re M bis R-Ende
Reihe 3: 1 M li abh, 1 M re, 2 Mal [U, 2 M re zus str], U, 2 M re, 2 M re zus str, U, 3 M re
Reihe 5: 1 M li abh, 1 M re, 2 Mal [U, 2 M re zus str], U, 3 M re, 2 M re zus str, U, 3 M re
Reihe 7: 1 M li abh, 1 M re, 2 Mal [U, 2 M re zus str], U, 4 M re, 2 M re zus str, U, 3 M re
Reihe 9: 1 M li abh, 1 M re, 2 Mal [U, 2 M re zus str], U, 5 M re, 2 M re zus str, U, 3 M re
Reihe 11: 5 M abk, 7 M re, 2 M re zus str, U, 3 M re
Reihe 12: 1 M li abh, re M bis R-Ende

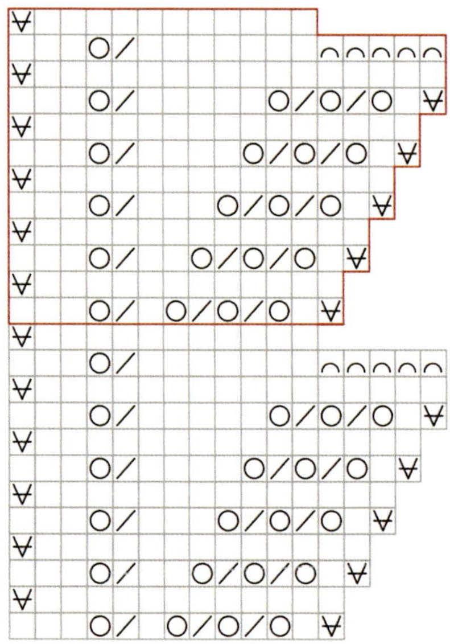

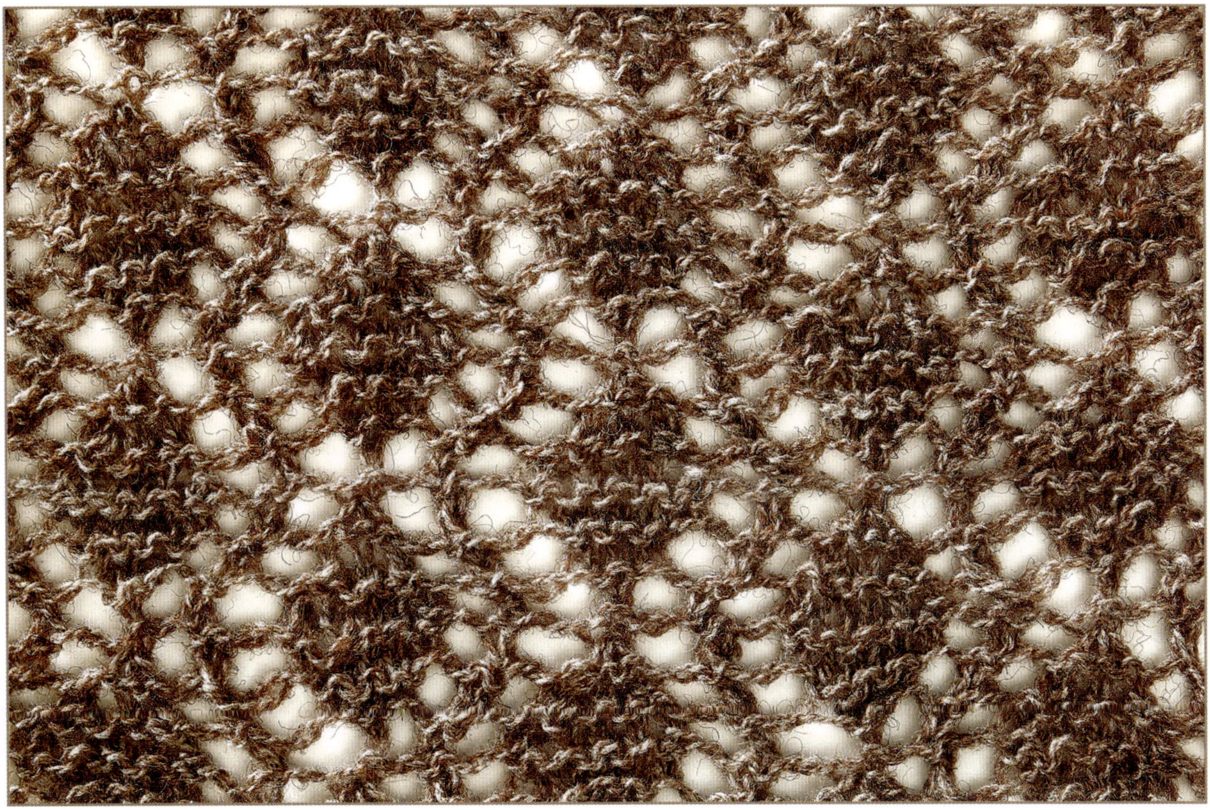

Trellis Diamond

▸ **FLÄCHENMUSTER**

Schaut man sich den Verlauf der Umschläge bei den „Rankgitter-Rauten“ an, wird schnell klar, dass man mit drei oder mehr weiteren Umschlagreihen längere Zacken bekommt.

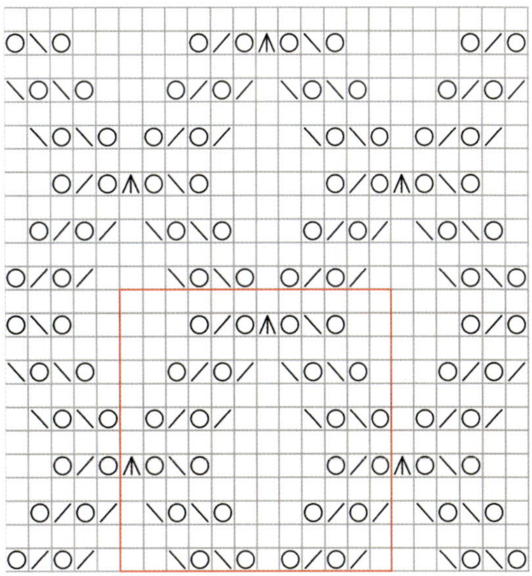

ANLEITUNG

Reihe 1: 1 M re, *1 M re, 2 Mal [2 M re zus str, U], 1 M re, 2 Mal [U, abh abh re zus str], 2 M re. Ab * fortlfd wdh bis R-Ende
Reihe 2 und alle Rück-R: re M
Reihe 3: 1 M re, *2 Mal [2 M re zus str, U], 3 M re, 2 Mal [U, abh abh re zus str], 1 M re. Ab * fortlfd wdh bis R-Ende
Reihe 5: 2 M re zus str, *U, 2 M re zus str, U, 5 M re, U, abh abh re zus str, U, 3 M re verschr zus str. Ab * fortlfd wdh bis auf die letzten 11 M, U, 2 M re zus str, U, 5 M re, 2 Mal [U, abh abh re zus str]
Reihe 7: 1 M re, *2 Mal [U, abh abh re zus str], 3 M re, 2 Mal [2 M re zus str, U], 1 M re. Ab * fortlfd wdh bis R-Ende
Reihe 9: 1 M re, *1 M re, 2 Mal [U, abh abh re zus str], 1 M re, 2 Mal [2 M re zus str, U], 2 M re. Ab * fortlfd wdh bis R-Ende
Reihe 11: 1 M re, *2 M re, U, abh abh re zus str, U, 3 M re verschr zus str, U, 2 M re zus str, U, 3 M re. Ab * fortlfd wdh bis R-Ende
Reihe 12: re M

Stufe 1

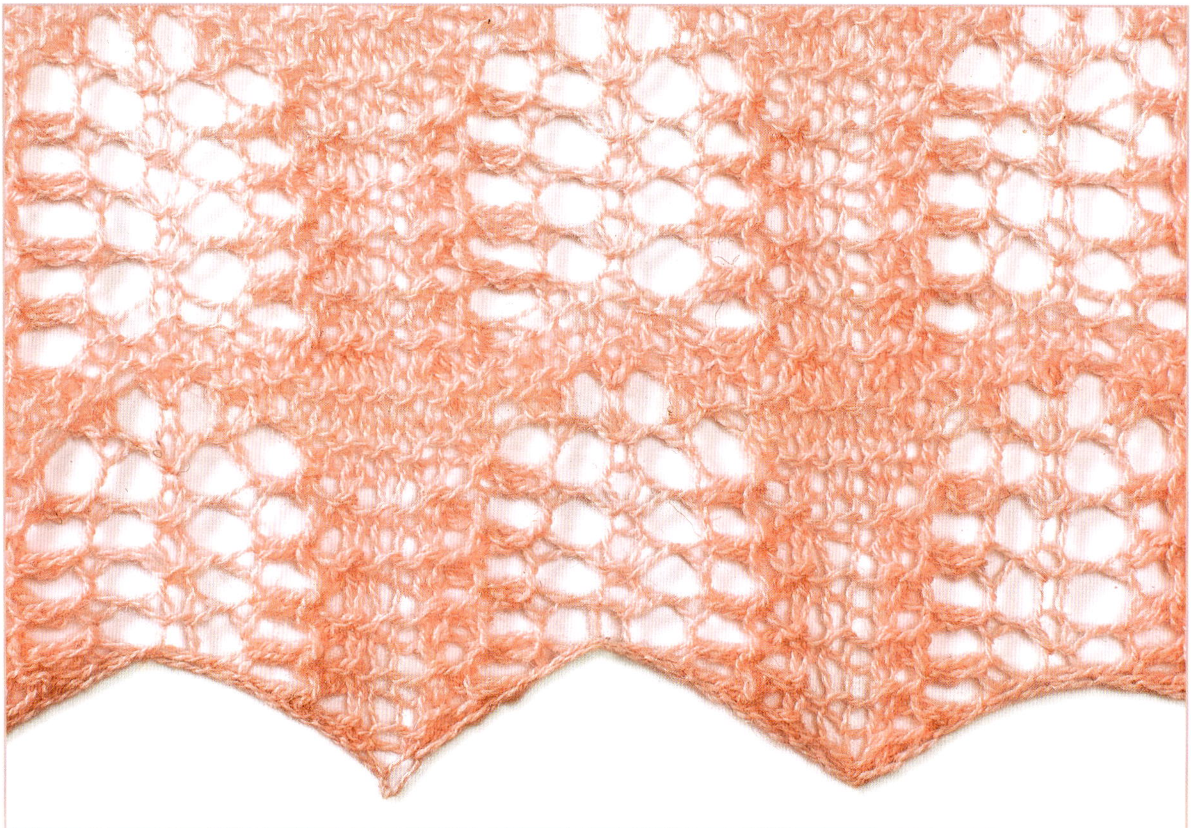

Crest of the Wave

▸ **FLÄCHENMUSTER**

Der „Wellenkamm" bildet eine hübsche Bogenkante und lässt sich gut anstelle von Old Shale als Blende für ein Schultertuch verwenden. Man kann auch die Reihen 1 bis 10 mit glattem und die Reihen 11 bis 14 in krausem Rechtsmaschengrund stricken.

ANLEITUNG

Reihe 1: *1 M re, 2 Mal 2 M re zus str, 3 Mal [U, 1 M re], U, 2 Mal [abh abh re zus str]. Ab * fortlfd wdh bis End-M, 1 M re
Reihe 2: re M
Reihen 3 bis 10: R 1 und 2 viermal wdh
Reihen 11 bis 14: re M

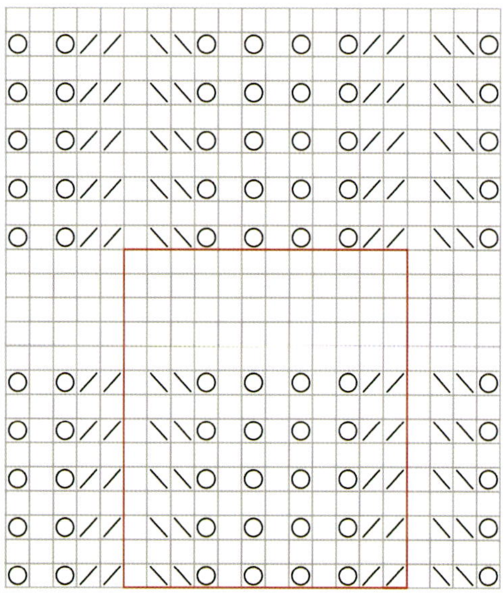

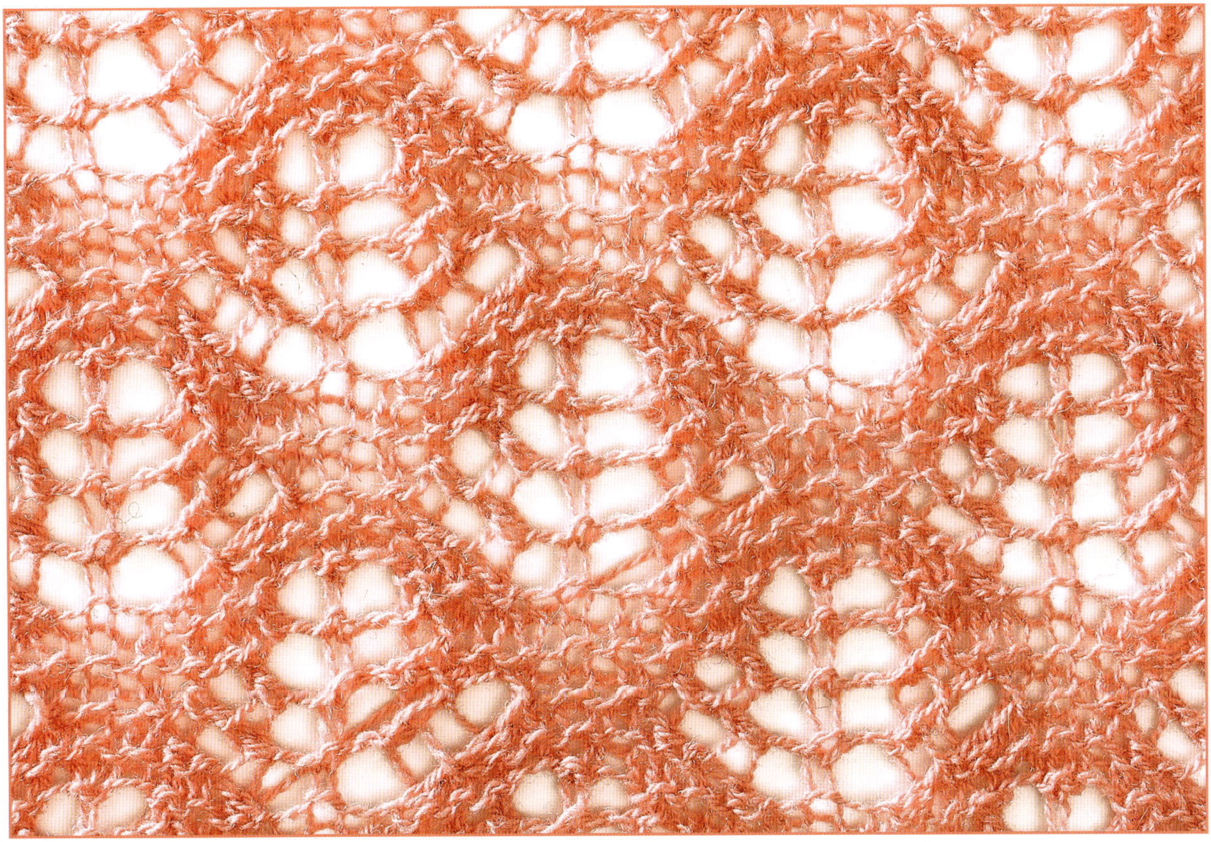

Small Trees

▸ FLÄCHENMUSTER

Diese „Bäumchen“ gibt es in allen Größen. Hier sind sie gestaffelt und relativ nah beieinander angeordnet. Größe und Abstände lassen sich nach Bedarf verändern.

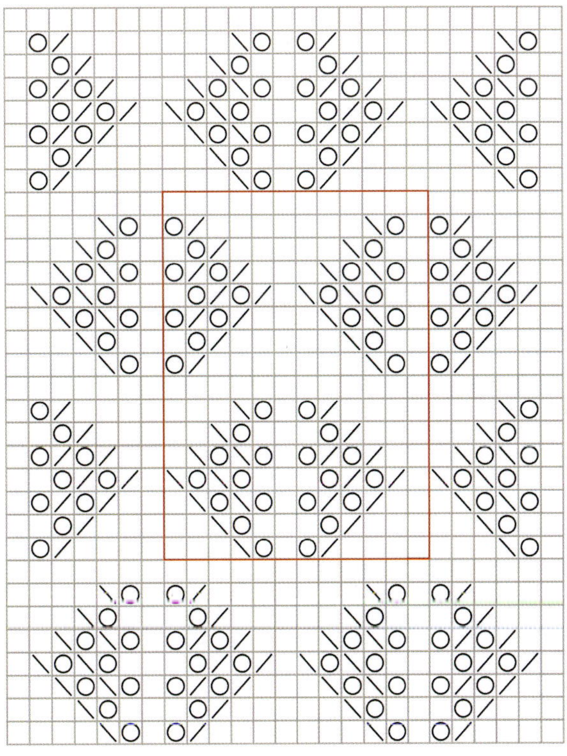

Stufe 2

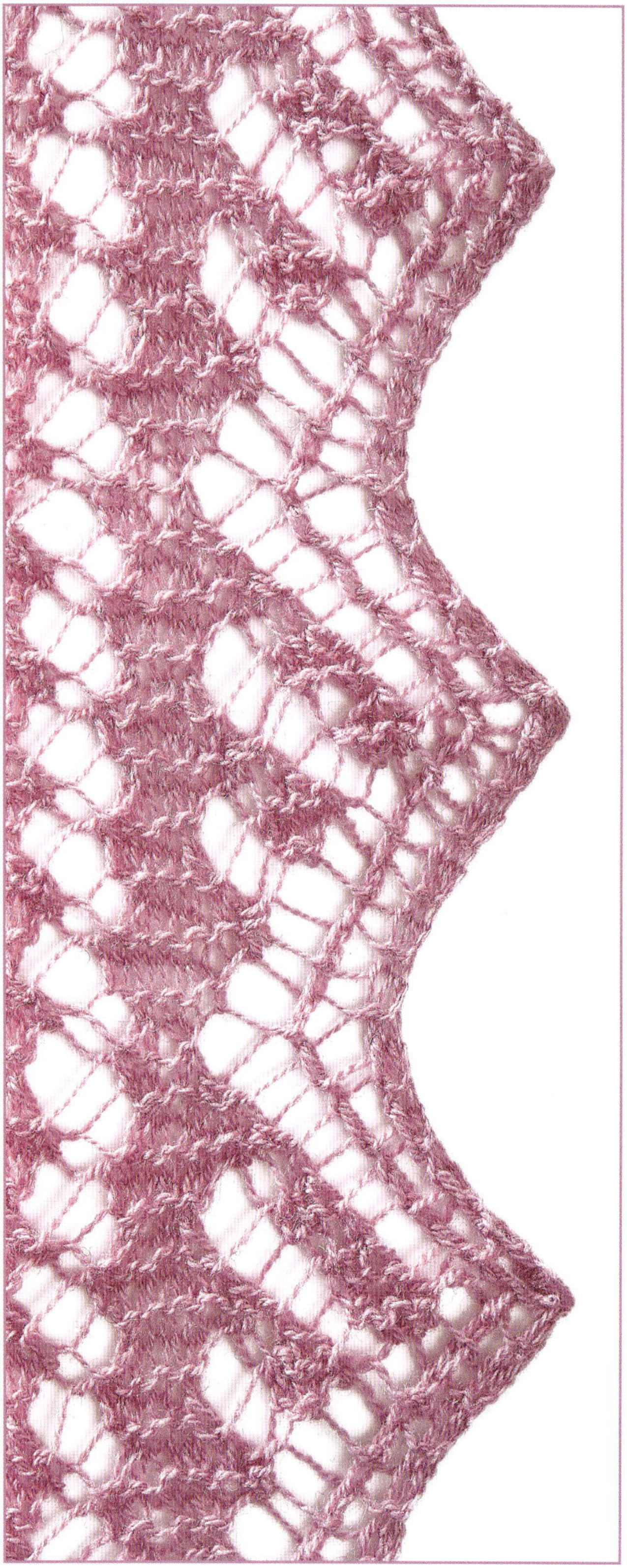

Queen's Lace

▸ **LACE**

Das klassische Lace-Muster mit weit vorspringenden Zacken ergibt eine schöne Borte für ein Schultertuch mit Zickzack- oder Rautenmotiven.

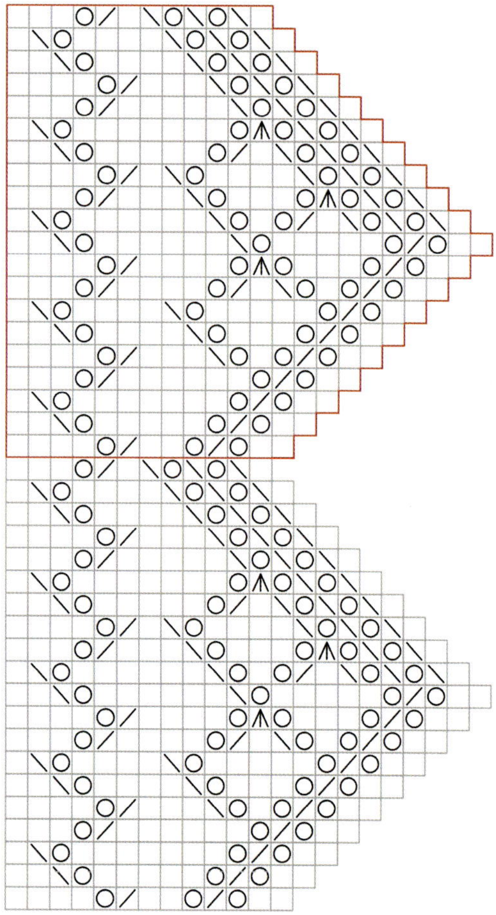

Stufe 2

13.8

Bead Cluster

▸ **EINZELMOTIV***

Auch dieses Einzelmotiv lässt sich bei Bedarf vergrößern und eignet sich gut als „Füllmaterial" in Bordüren.

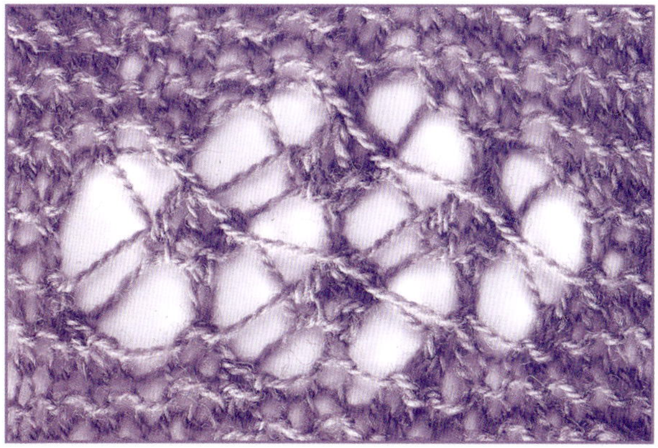

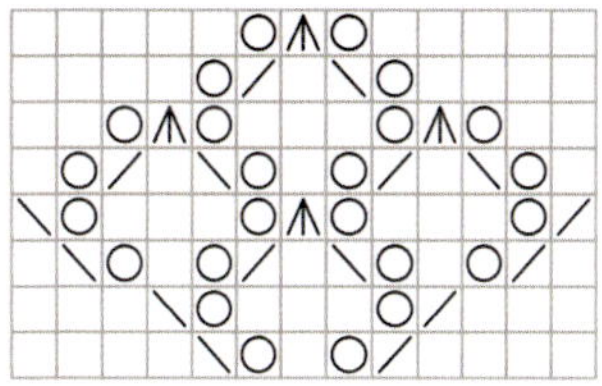

ANLEITUNG

Reihe 1: 4 M re, 2 M re zus str, U, 1 M re, U, abh abh re zus str, 4 M re
Reihe 2: 3 M re, 2 M re zus str, U, 3 M re, U, abh abh re zus str, 3 M re
Reihe 3: 2 Mal [1 M re, 2 M re zus str, U, 1 M re, U, abh abh re zus str], 1 M re
Reihe 4: 2 M re zus str, U, 3 M re, U, 3 M re verschr zus str, U, 3 M re, U, abh abh re zus str
Reihe 5: 2 Mal [1 M re, U, abh abh re zus str, 1 M re, 2 M re zus str, U], 1 M re
Reihe 6: 2 Mal [2 M re, U, 3 M re verschr zus str, U, 1 M re], 1 M re
Reihe 7: 4 M re, U, abh abh re zus str, 1 M re, 2 M re zus str, U, 4 M re
Reihe 8: 5 M re, U, 3 M re verschr zus str, U, 5 M re

*Auch als Flächenmuster (S. 59), Einsatz (S. 63) und Lace (S. 110)

Stufe 2

13.16

Rose Cluster

▸ **EINZELMOTIV**

Hier wurden die einzelnen „Röschen" zu einer Gruppe zusammengestellt. Die Größe lässt sich durch Hinzunehmen weiterer Segmente leicht verändern.

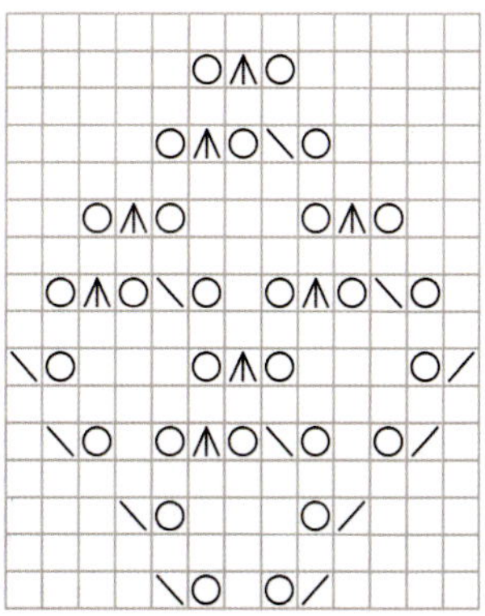

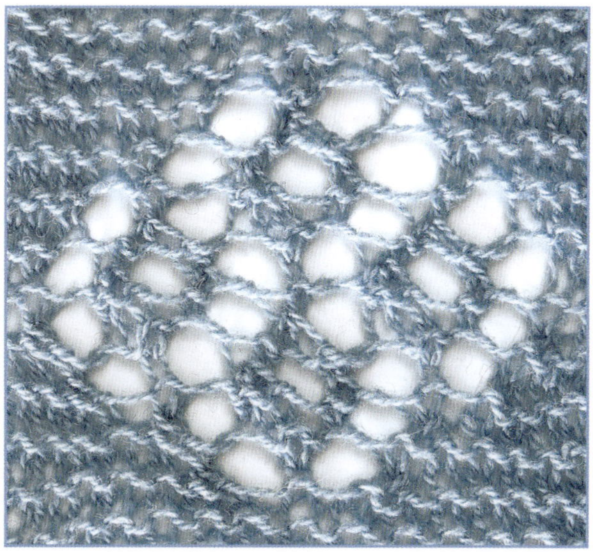

ANLEITUNG

Reihe 1: 4 M re, 2 M re zus str, U, 1 M re, U, abh abh re zus str, 4 M re
Reihe 2 und alle Rück-R: re M
Reihe 3: 3 M re, 2 M re zus str, U, 3 M re, U, abh abh re zus str, 3 M re
Reihe 5: 1 M re, 2 M re zus str, U, 1 M re, U, abh abh re zus str, U, 3 M re verschr zus str, U, 1 M re, U, abh abh re zus str, 1 M re
Reihe 7: 2 M re zus str, U, 3 M re, U, 3 M re verschr zus str, U, 3 M re, U, abh abh re zus str
Reihe 9: 2 Mal [1 M re, U, abh abh re zus str, U, 3 M re verschr zus str, U], 1 M re
Reihe 11: 2 Mal [2 M re, U, 3 M re verschr zus str, U, 1 M re], 1 M re
Reihe 13: 4 M re, U, abh abh re zus str, U, 3 M re verschr zus str, U, 4 M re
Reihe 15: 5 M re, U, 3 M re verschr zus str, U, 5 M re
Reihe 16: re M

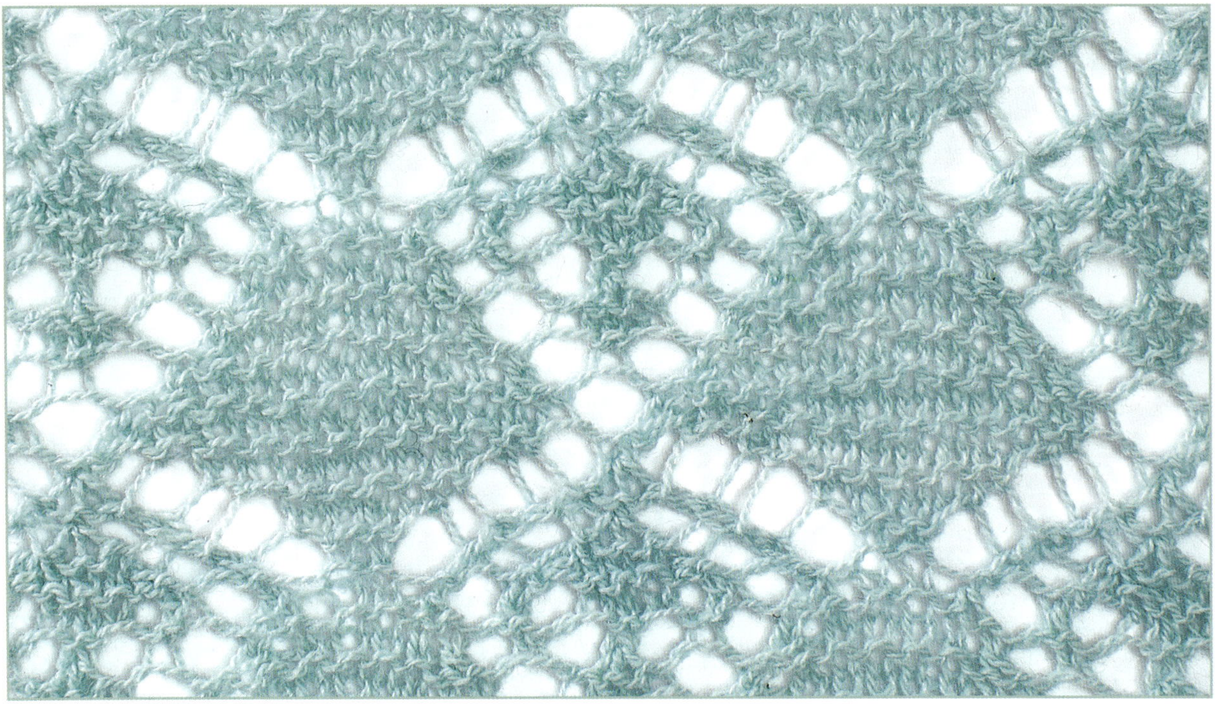

Fern

▶ **FLÄCHENMUSTER**

Der „Farn" spielt mit dem Kontrast zwischen Durchbruchmuster und kraus rechten Flächen.

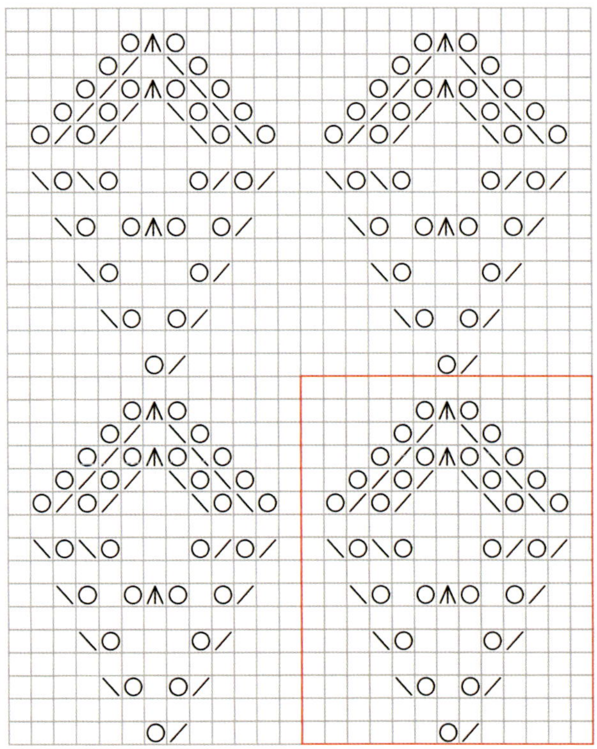

ANLEITUNG

Reihe 1: *5 M re, 2 M re zus str, U, 6 M re. Ab * fortlfd wdh bis R-Ende

Reihen 2, 4, 6, 8, 10: re M

Reihe 3: *4 M re, 2 M re zus str, U, 1 M re, U, abh abh re zus str, 4 M re. Ab * fortlfd wdh bis R-Ende

Reihe 5: *3 M re, 2 M re zus str, U, 3 M re, U, abh abh re zus str, 3 M re. Ab * fortlfd wdh bis R-Ende

Reihe 7: *2 M re, 2 M re zus str, U, 1 M re, U, 3 M re verschr zus str, U, 1 M re, U, abh abh re zus str, 2 M re. Ab * fortlfd wdh bis R-Ende

Reihe 9: *1 M re, 2 Mal [2 M re zus str, U], 3 M re, 2 Mal [U, abh abh re zus str], 1 M re

Reihe 11: *1 M re, 2 Mal [U, abh abh re zus str], 3 M re, 2 Mal [2 M re zus str, U], 1 M re. Ab * fortlfd wdh bis R-Ende

Reihe 12: *2 M re, 2 Mal [U, abh abh re zus str], 1 M re, 2 Mal [2 M re zus str, U], 2 M re. Ab * fortlfd wdh bis R-Ende

Reihe 13: *3 M re, U, abh abh re zus str, U, 3 M re verschr zus str, U, 2 M re zus str, U, 3 M re. Ab * fortlfd wdh bis R-Ende

Reihe 14: *4 M re, U, abh abh re zus str, 1 M re, 2 M re zus str, U, 4 M re. Ab * fortlfd wdh bis R-Ende

Reihe 15: *5 M re, U, 3 M re verschr zus str, U, 5 M re. Ab * fortlfd wdh bis R-Ende

Reihe 16: re M

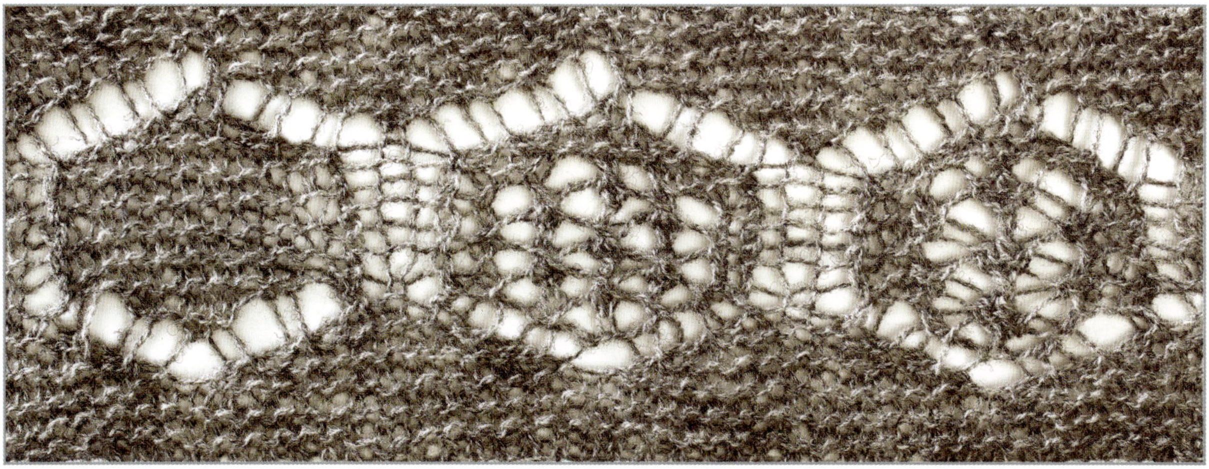

Abb. 75 %

Hexagon Frame with the Brother and the Sister

EINZELMOTIV

Der „Bruder“ (der Mittelteil) und die „Schwester“ (rechts) sind gängige Einzelmotive, die oft alternierend als Shawl-Bordüren oder Endstücke für Stolen gestrickt werden. Bei genauem Hinsehen verbirgt sich im Sechseckrahmen des Brother ein Fancy Net (S. 74), im Rahmen der Sister ein Bead Cluster (S. 95). Obwohl das Brother-Muster aussieht, als säße es zu weit unten im Rahmen, erscheint es im Gestrick genau mittig. Der Sechseckrahmen eignet sich auch als Einfassung für andere Elemente. Die Größe lässt sich einfach anpassen.

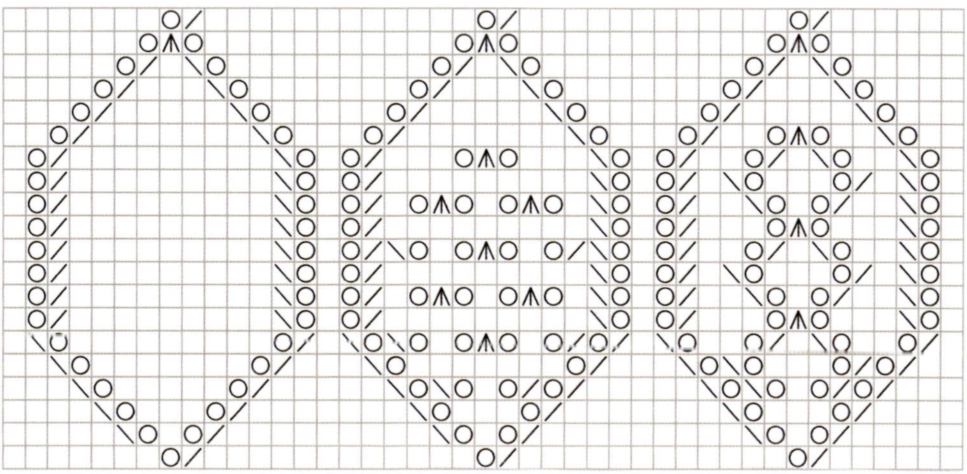

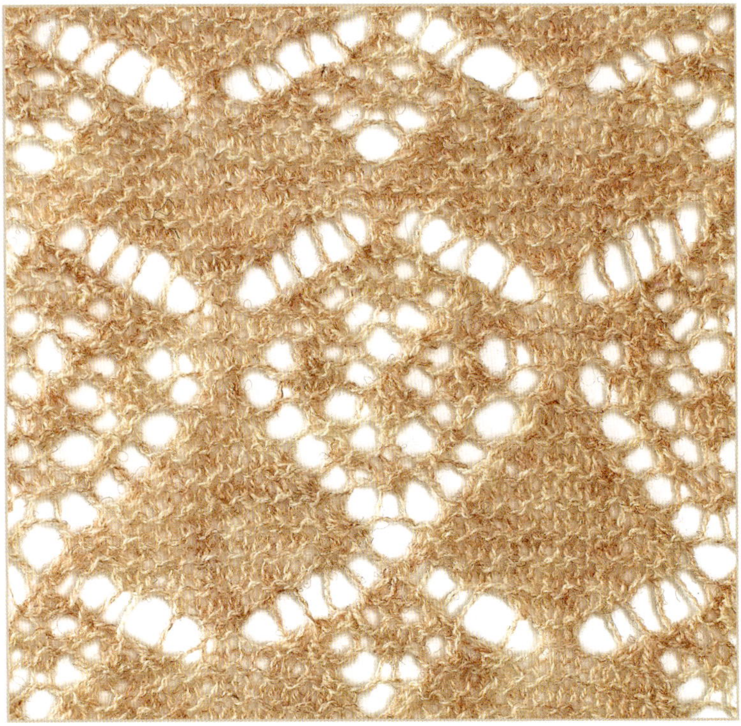

Abb. 60 %

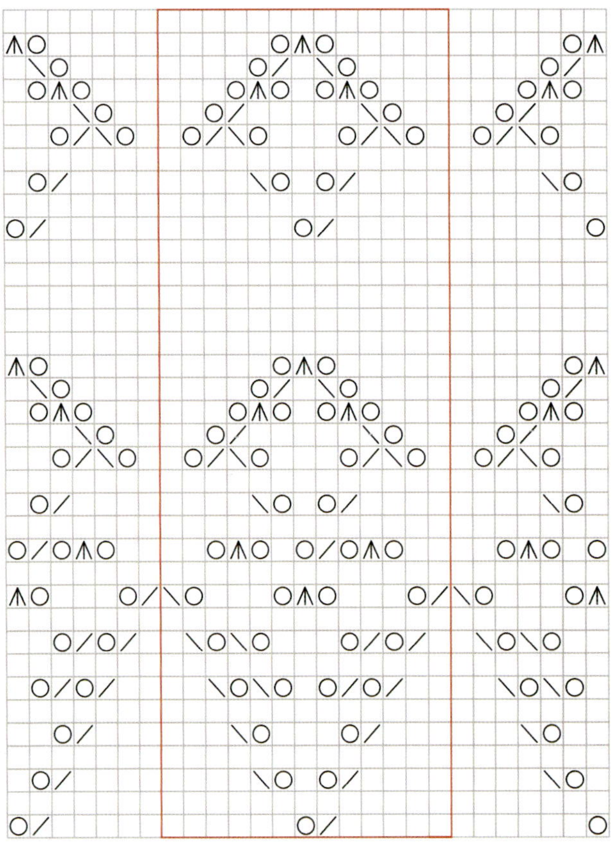

Vase

EINZELMOTIV

Dieses Muster entdeckte ich als Motiv in einem Schultertuch auf einem Foto in der Bildersammlung auf der Website des Shetland Museum. Es ergibt ein hübsches Endstück für einen Schal oder eine Stola und ist gar nicht schwer zu stricken.

ANLEITUNG

Reihe 1: *5 M re, 2 M re zus str, U, 6 M re. Ab * fortlfd wdh bis R-Ende
Reihen 2, 4, 6, 8, 10, 12, 14, 16: re M
Reihe 3: *4 M re, 2 M re zus str, U, 1 M re, U, abh abh re zus str, 4 M re. Ab * fortlfd wdh bis R-Ende
Reihe 5: *3 M re, 2 M re zus str, U, 3 M re, U, abh abh re zus str, 3 M re. Ab * fortlfd wdh bis R-Ende
Reihe 7: *2 M re, 2 Mal [2 M re zus str, U], 1 M re, 2 Mal [U, abh abh re zus str], 2 M re. Ab * fortlfd wdh bis R-Ende
Reihe 9: *1 M re, 2 Mal [2 M re zus str, U], 3 M re, 2 Mal [U, abh abh re zus str], 1 M re. Ab * fortlfd wdh bis R-Ende
Reihe 11: *2 M re zus str, U, 3 M re, U, 3 M re verschr zus str, U, 3 M re, U, abh abh re zus str. Ab * fortlfd wdh bis R-Ende
Reihe 13: *2 M re, U, 3 M re verschr zus str, U, 2 M re zus str, U, 1 M re, U, 3 M re verschr zus str, U, 2 M re. Ab * fortlfd wdh bis R-Ende
Reihe 15: wie Reihe 3
Reihe 17: *1 M re, U, abh abh re zus str, 2 M re zus str, U, 3 M re, U, abh abh re zus str, 2 M re zus str, U, 1 M re. Ab * fortlfd wdh bis R-Ende
Reihe 18: *2 M re, U, abh abh re zus str, 5 M re, 2 M re zus str, U, 2 M re. Ab * fortlfd wdh bis R-Ende
Reihe 19: *3 M re, U, 3 M re verschr zus str, U, 1 M re, U, 3 M re verschr zus str, U, 3 M re. Ab * fortlfd wdh bis R-Ende
Reihe 20: *4 M re, U, abh abh re zus str, 1 M re, 2 M re zus str, U, 4 M re. Ab * fortlfd wdh bis R-Ende
Reihe 21: *5 M re, U, 3 M re verschr zus str, U, 5 M re. Ab * fortlfd wdh bis R-Ende
Reihen 22 bis 26: re M
Reihe 27: wie Reihe 1
Reihen 28 bis 36: wie Reihen 14 bis 22

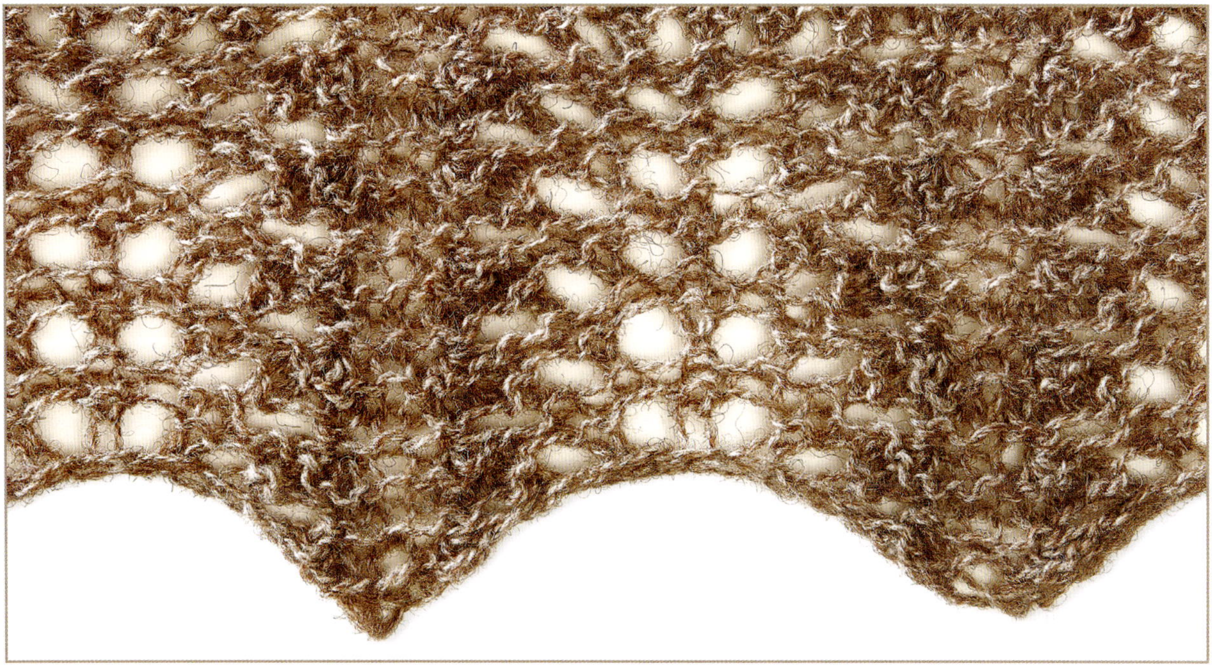

Feather and Fan

FLÄCHENMUSTER

Dieses Muster nennen die Shetländerinnen „Feder und Fächer". Es weist steilere Abnahmen auf als Old Shale (S. 108) und tiefere Festonmulden.

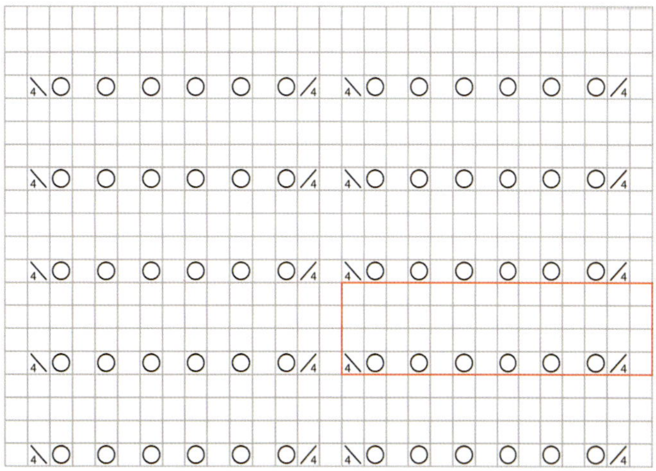

ANLEITUNG

Reihe 1: *1 M re, 4 M re zus str, 5 Mal [U, 1 M re], U, 4 M re verschr zus str. Ab * fortlfd wdh bis End-M, 1 M re

Reihen 2 bis 4: re M

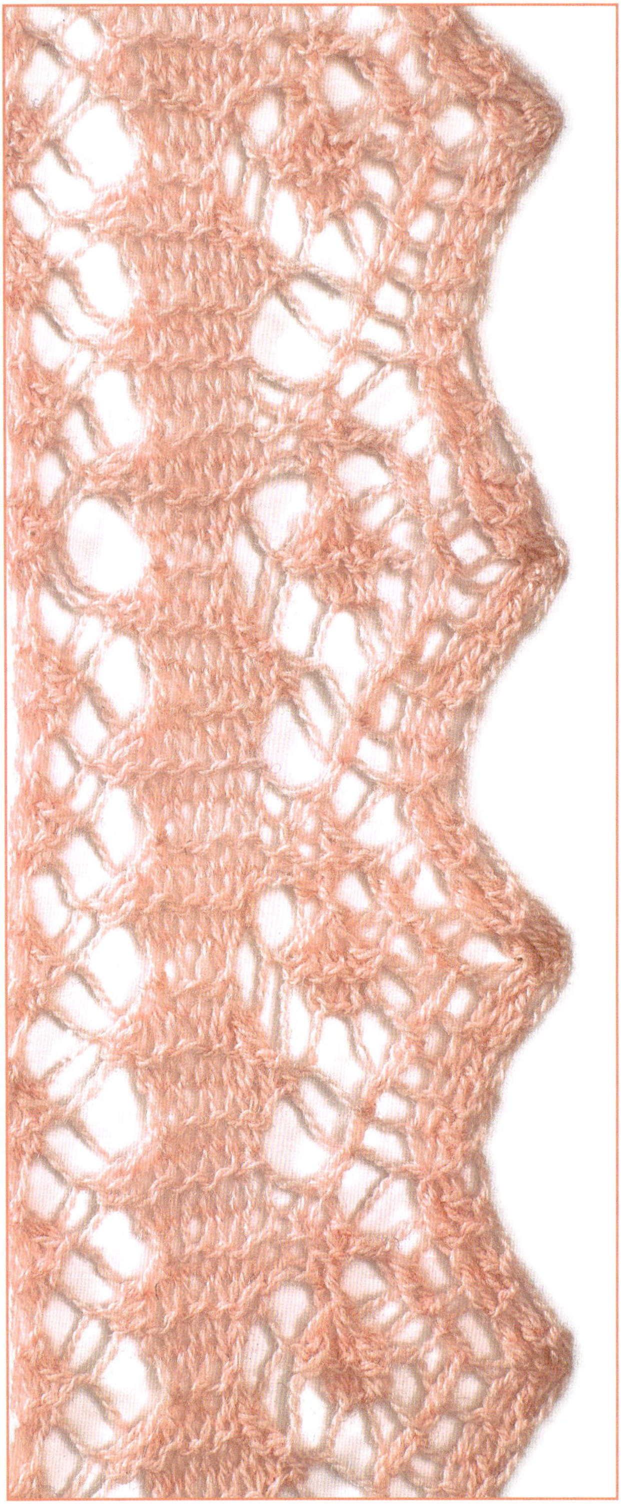

Don's Lace

LACE

Diese Ajourborte ist eine kleinere Version der Queen's Lace (S. 94) und wirkt am schönsten mit dünnem Garn. Die sieben inneren Maschen bilden einen Einsatz, den man auch separat verwenden kann.

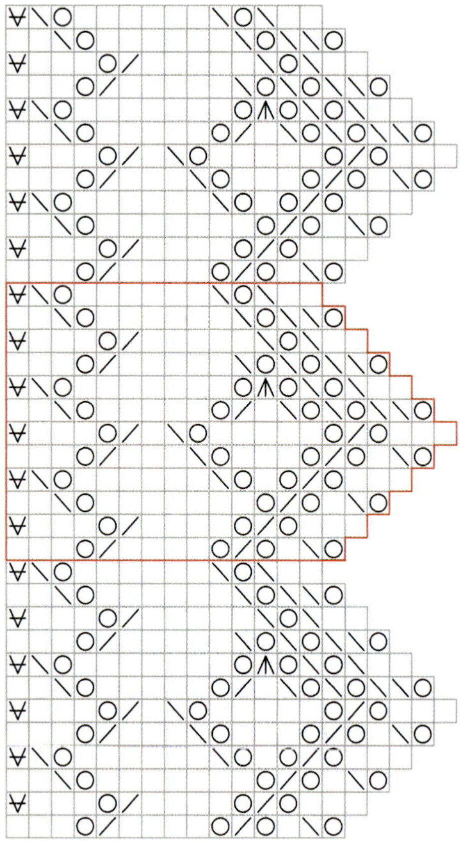

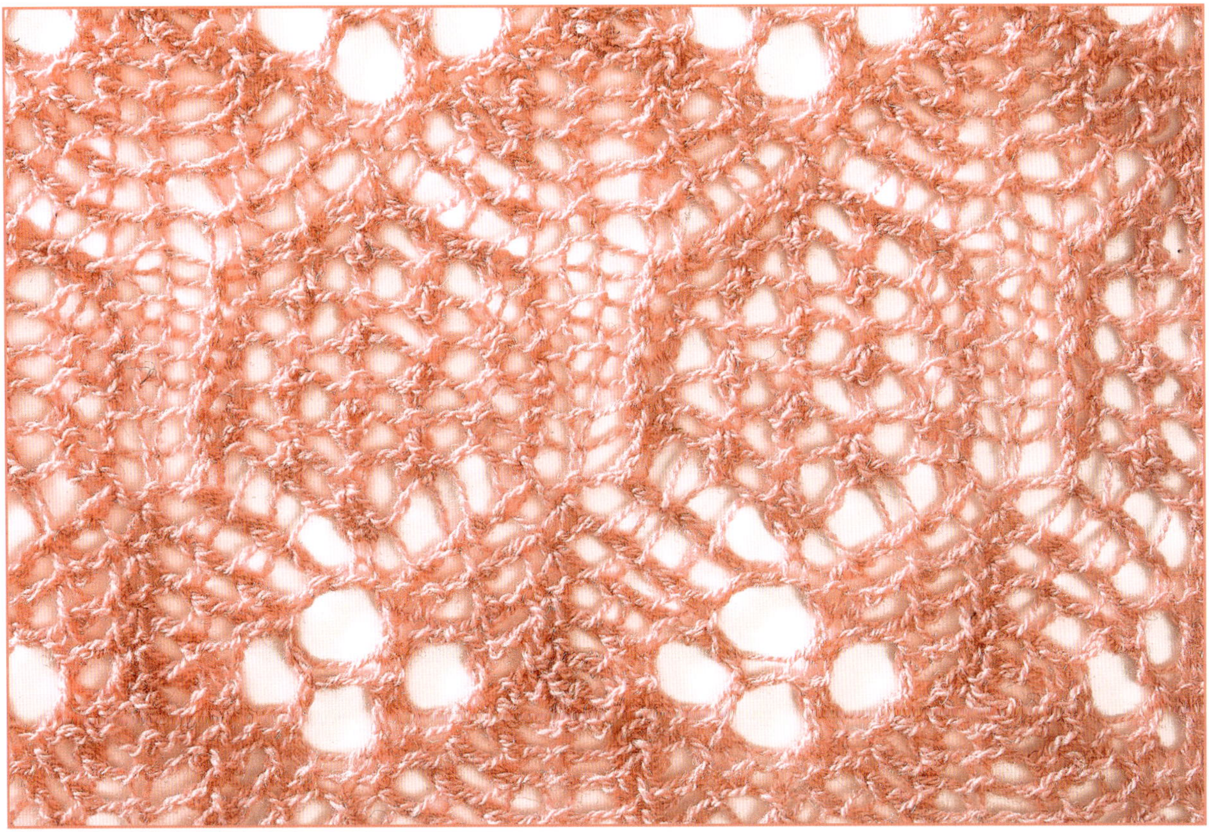

Abb. 75 %

Da Puzzle

▸ FLÄCHENMUSTER

Dieses „Rätsel“ verwendet man auf Unst für die Mittelteile der allerfeinsten Schultertücher. Auf den ersten Blick wirkt es hochkompliziert, aber wenn man sich die einzelnen Elemente ansieht, ist jeder Teil für sich ganz einfach. Da der Mustersatz nur 14 M lang ist, kann man sich die Abfolge leicht merken. Es gibt nur wenige Reihen, in denen man tatsächlich gut aufpassen muss.

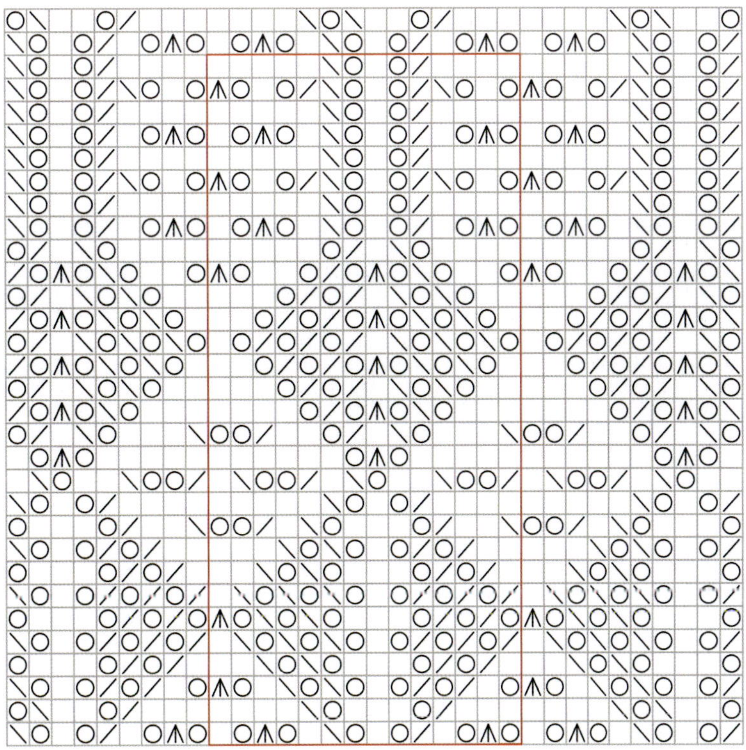

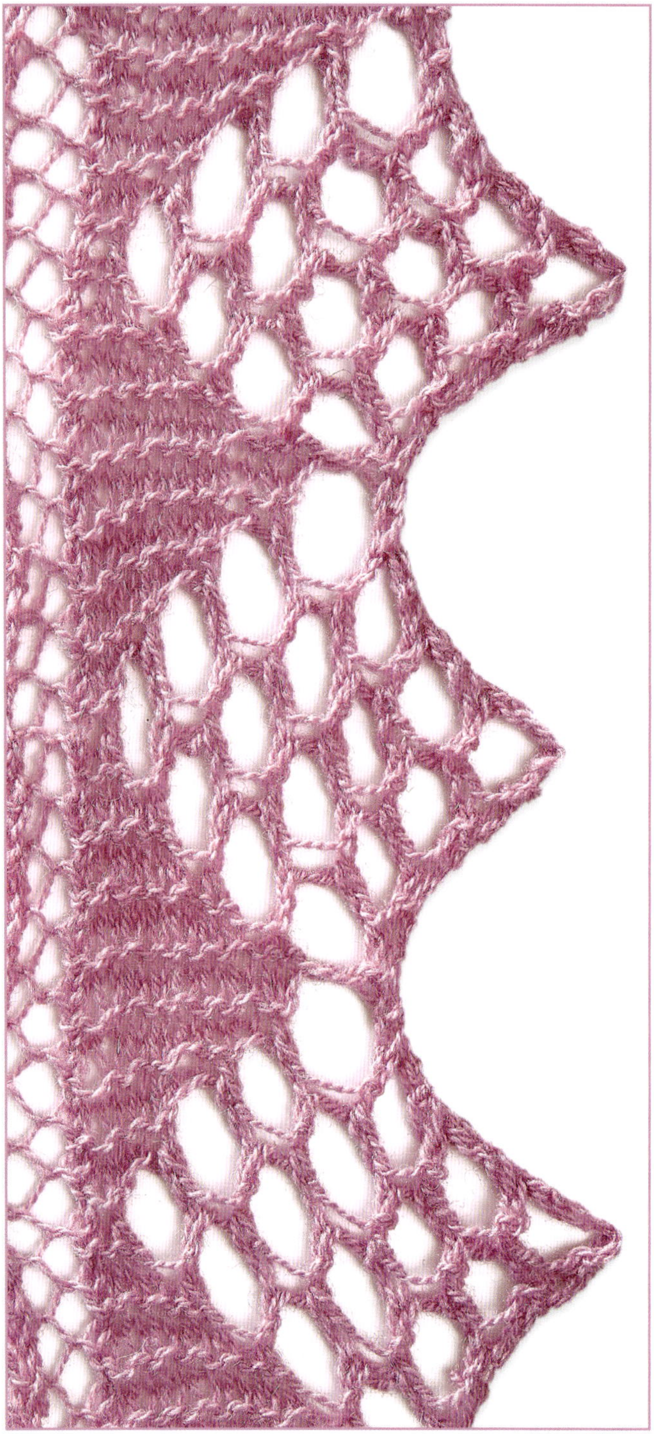

Drops Lace

LACE

Die uralte „Tropfenborte“ passt perfekt zu anderen Ajourmustern. Teil des Musters ist ein „Leiter- Einsatz“ (Ladder).

ANLEITUNG

Reihe 1: 10 M re, 2 M re zus str, U, 3 M re
Reihe 2: 1 M re, 2 M re zus str, U, 11 M re, je 1 M re in vord u. hint M-Glied
Reihe 3: je 1 M re in vord u. hint M-Glied, 2 M re zus str, U, U, abh abh re zus str, 6 M re, 2 M re zus str, U, 3 M re
Reihe 4: 1 M re, 2 M re zus str, U, 10 M re, 1 M li, 2 M re, je 1 M re in vord u. hint M-Glied
Reihe 5: je 1 M re in vord u. hint M-Glied, 2 Mal [2 M re zus str U, U, abh abh re zus str], 4 M re, 2 M re zus str, U, 3 M re
Reihe 6: 1 M re, 2 M re zus str, U, 8 M re, 1 M li, 3 M re, 1 M li, 2 M re, je 1 M re in vord u. hint M-Glied
Reihe 7: je 1 M re in vord u. hint M-Glied, 3 Mal [2 M re zus str U, U, abh abh re zus str], 2 M re, 2 M re zus str, U, 3 M re
Reihe 8: 1 M re, 2 M re zus str, U, 6 M re, 3 Mal [1 M li, 3 M re]
Reihe 9: 4 Mal [2 M re zus str, U, U, abh abh re zus str], 2 M r zus str, U, 3 M re
Reihe 10: 1 M re, 2 M re zus str, U, 4 M re, 3 Mal [1 M li, 3 M re] 1 M li, 1 M re
Reihe 11: abh abh re zus str, 3 Mal [2 M re zus str, U, U, abh abh re zus str], 2 M re, 2 M re zus str, U, 3 M re
Reihe 12: 1 M re, 2 M re zus str, U, 6 M re, 2 Mal [1 M li, 3 M re] 1 M li, 2 M re zus str
Reihe 13: abh abh re zus str, 2 Mal [2 M re zus str, U, U, abh abh re zus str], 4 M re, 2 M re zus str, U, 3 M re
Reihe 14: 1 M re, 2 M re zus str, U, 8 M re, 1 M li, 3 M re, 1 M li, 2 M re zus str
Reihe 15: abh abh re zus str, 2 M re zus str, U, U, abh abh re zus str, 6 M re, 2 M re zus str, U, 3 M re
Reihe 16: 1 M re, 2 M re zus str, U, 10 M re, 1 M li, 2 M re zus str

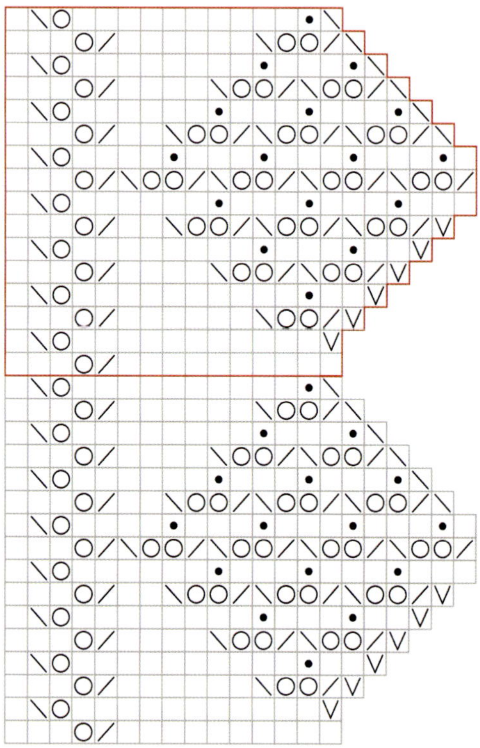

Stufe 3

16.8

Victorian Zigzag Lace

LACE

Die „viktorianische Zickzackborte“ findet man in vielen Strickwaren von den Shetlandinseln. Bei genauem Hinsehen sieht man, dass sich das Muster aus einem Steek, dem Zickzackeinsatz und der Kante mit dem Durchbruchmuster zusammensetzt. Die Zickzacklinien können auch separat verwendet werden.

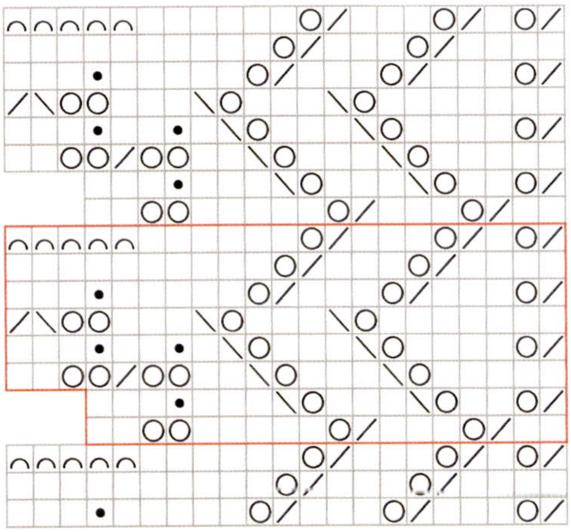

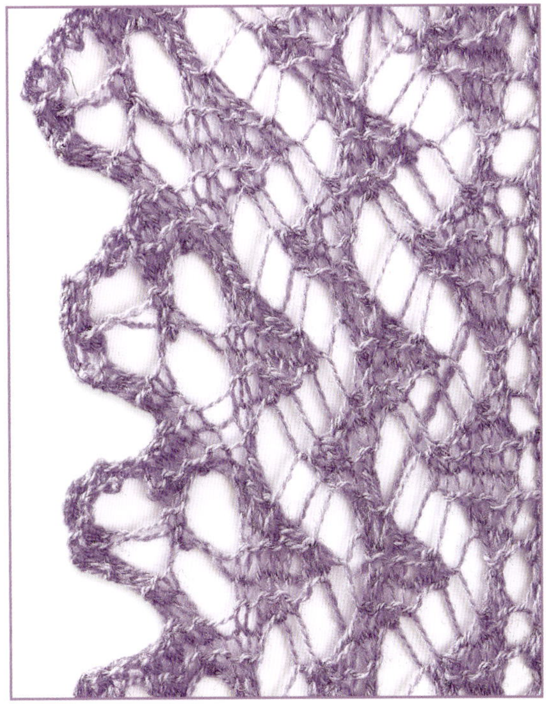

Abb. 75 %

Lace Holes

EINZELMOTIV*

Stufe 2

16.14

Das kleine Ajourmotiv lässt sich vielfach verwenden. Der doppelte Umschlag ergibt große Durchbrüche, die das Gestrick sehr dehnbar machen. Achtung: In Reihe 2 wird der zweite Umschlag üblicherweise links gestrickt, so werden die Öffnungen ordentlicher. Wenn Sie die Löcher zu groß finden, machen Sie nur 1 U – denken Sie aber daran, in der Rückreihe je eine rechte und linke Masche in den Umschlag zu stricken.

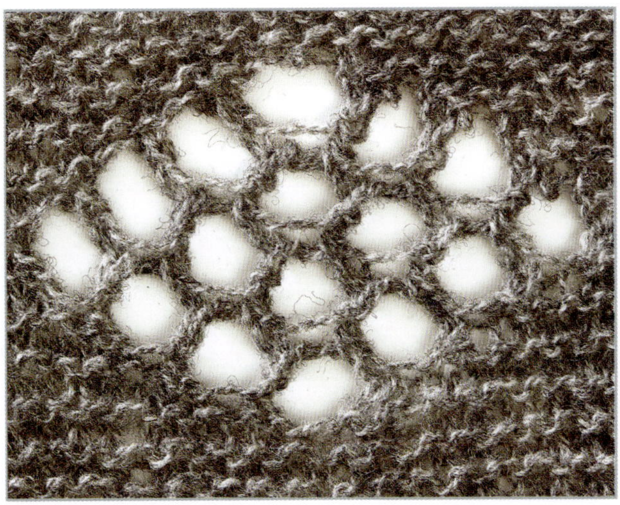

*Auch als Einsatz (S. 54, 66) und Lace (S. 110)

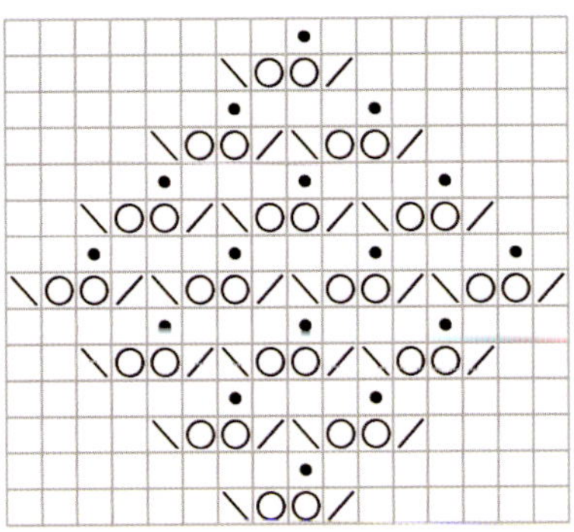

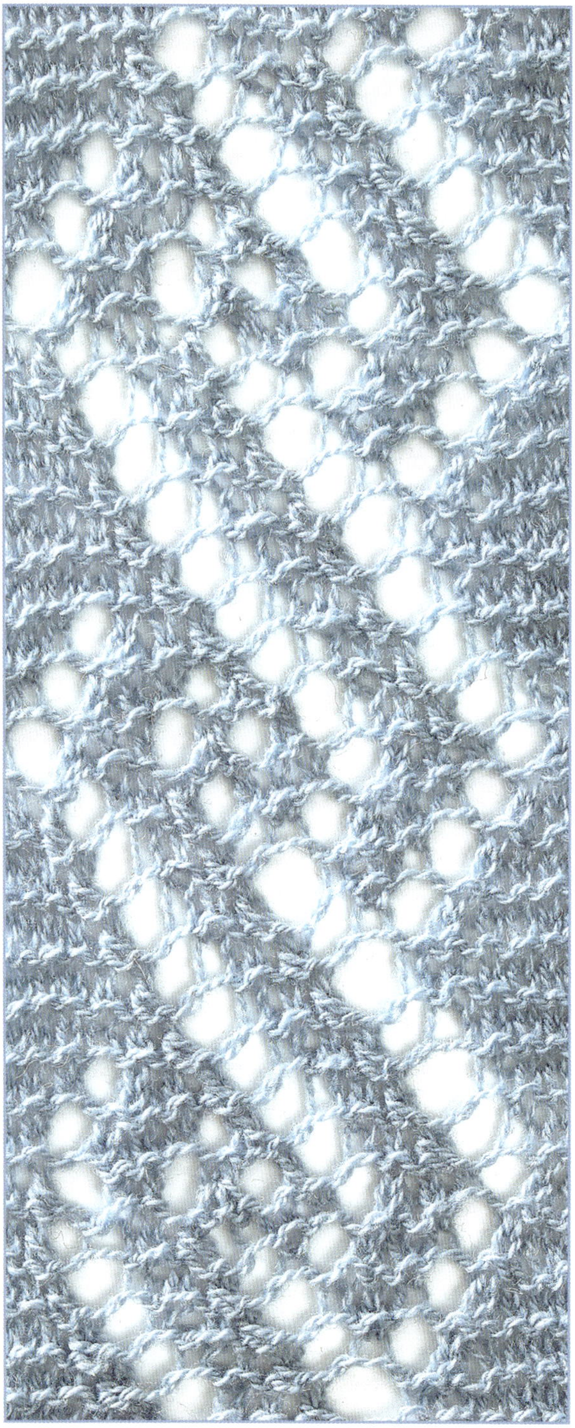

Lace Cable

EINZELMOTIV

Das Ajourmuster kann als Einzelmotiv oder als Streifen zwischen anderen Einzelmotiven verwendet werden. Damit das „Zopfmuster" gut erkennbar ist, sind beiderseits ein paar rechte Maschen erforderlich.

ANLEITUNG

Reihe 1: 5 M re, 2 Mal [U, abh abh re zus str, 2 M re], 3 M re
Reihe 2 und alle Rück-R: re M
Reihe 3: 3 M re, 2 M re zus str, U, 1 M re, 2 Mal [U, abh abh re zus str, 2 M re], 2 M re
Reihe 5: 2 M re, 2 M re zus str, U, 3 M re, 2 Mal [U, abh abh re zus str, 2 M re], 1 M re
Reihe 7: 1 M re, 2 M re zus str, U, 2 M re, 2 M re zus str, U, 1 M re, 2 Mal [U, abh abh re zus str, 2 M re]
Reihe 9: 2 M re zus str, U, 2 M re, 2 M re zus str, U, 3 M re, U, abh abh re zus str, 2 M re, U, abh abh re zus str, 1 M re
Reihe 11: 2 Mal [2 M re, U, abh abh re zus str], U, 3 M re verschr zus str, U, 2 M re, 2 M re zus str, U, 1 M re
Reihe 13: 3 M re, U, abh abh re zus str, 2 M re, U, 3 M re verschr zus str, U, 2 M re, 2 M re zus str, U, 2 M re
Reihe 15: 2 M re, 2 Mal [2 M re, U, abh abh re zus str], 1 M re, 2 M re zus str, U, 3 M re
Reihe 16: re M

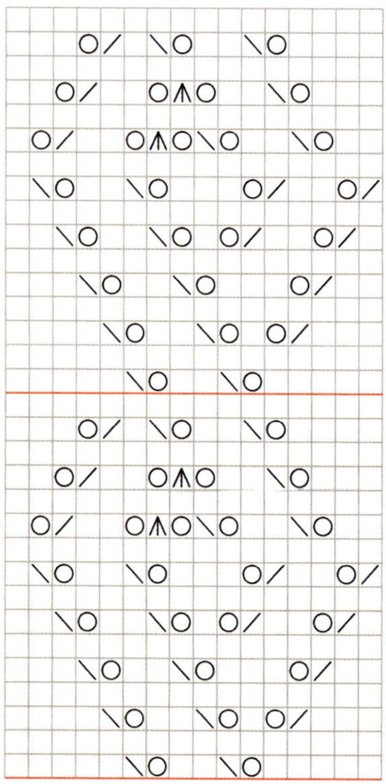

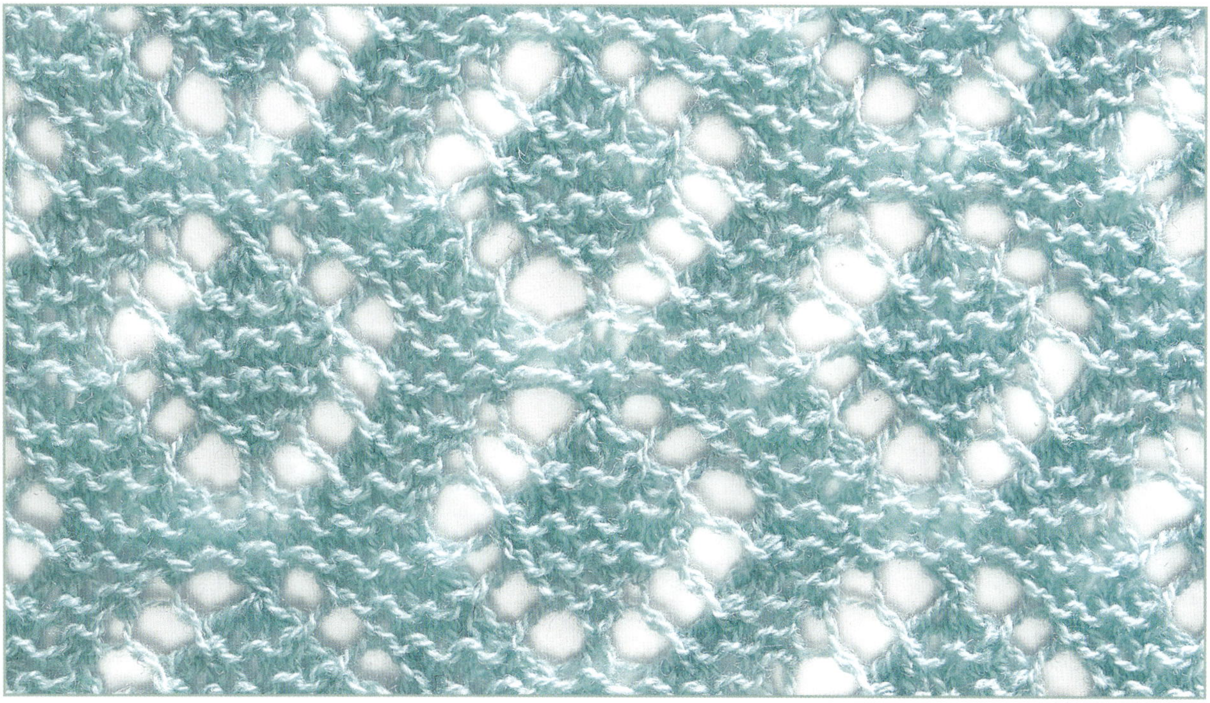

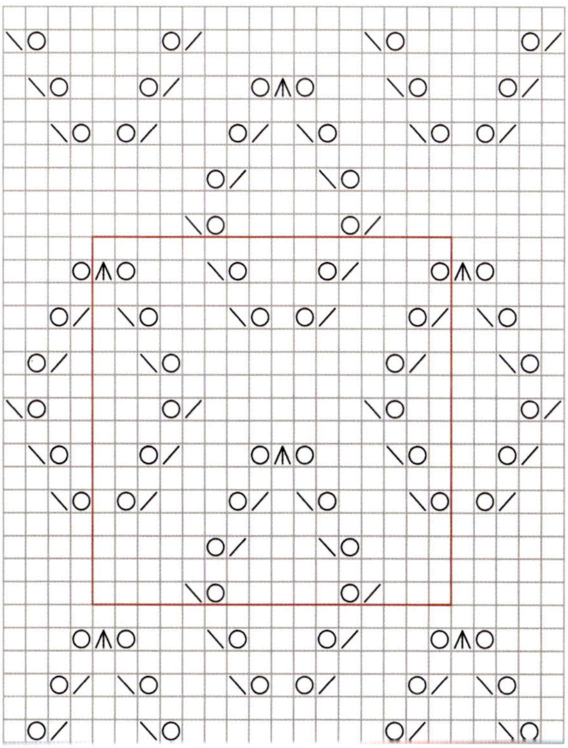

Mrs Montague's Pattern

FLÄCHENMUSTER

Klassisches Muster für den Mittelteil von Schultertüchern, aber aus dickerem Garn auch für eine Babydecke gut geeignet.

ANLEITUNG

Reihe 1: *5 M re, U, abh abh re zus str, 3 M re, 2 M re zus str, U, 4 M re. Ab * fortlfd wdh bis End-M, 1 M re
Reihe 2 und alle Rück-R: re M
Reihe 3: *1 M re, U, abh abh re zus str, 3 M re, U, abh abh re zus str, 1 M re, 2 M re zus str, U, 3 M re, 2 M re zus str, U. Ab * fortlfd wdh bis End-M, 1 M re
Reihe 5: *2 M re, U, abh abh re zus str, 3 M re, U, 3 M re verschr zus str, U, 3 M re, 2 M re zus str, U, 1 M re. Ab * fortlfd wdh bis End-M, 1 M re
Reihe 7: *3 M re, U, abh abh re zus str, 7 M re, 2 M re zus str, U, 2 M re. Ab * fortlfd wdh bis End-M, 1 M re
Reihe 9: *2 M re, 2 M re zus str, U, 9 M re, U, abh abh re zus str, 1 M re. Ab * fortlfd wdh bis End-M, 1 M re
Reihe 11: *1 M re, 2 M re zus str, U, 3 M re, 2 M re zus str, U, 1 M re, U, abh abh re zus str, 3 M re, U, abh abh re zus str. Ab * fortlfd wdh bis End-M, 1 M re
Reihe 13: 2 M re zus str, U, *3 M re, 2 M re zus str, U, 3 M re, U, abh abh re zus str, 3 M re, U, 3 M re verschr zus str, U. Ab * fortlfd wdh bis auf die letzten 15 M, 3 M re, 2 M re zus str, U, 3 M re, U, abh abh re zus str, 3 M re, U, abh abh re zus str
Reihe 15: *4 M re, 2 M re zus str, U, 5 M re, U, abh abh re zus str, 3 M re. Ab * fortlfd wdh bis End-M, 1 M re
Reihe 16: re M

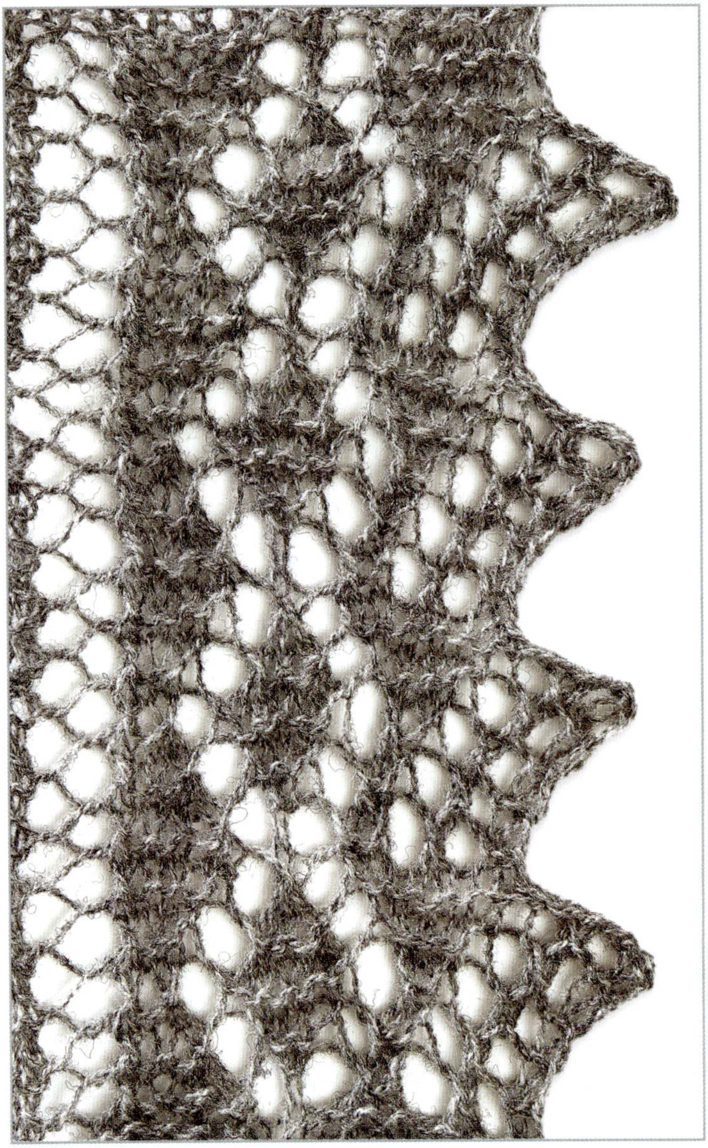

Abb. 85 %

Traditional Peaked Lace

▸ **LACE**

Seit vielen, vielen Jahren ziert die traditionelle Spitzenborte Hap Shawls und andere Schultertücher und hat an Attraktivität und Vielseitigkeit nichts verloren. Teil des Musters ist der „Leiter-Einsatz“ (Ladder).

ANLEITUNG

Reihen 1, 3, 5, 7: 1 M li abh, re M bis auf die letzten 3 M, U, abh abh re zus str

Reihe 2: 2 M re, U, abh abh re zus str, 1 M re, 2 M re zus str, U, 3 M re, U, abh abh re zus str, 1 M re, U, abh abh re zus str, U, 2 M re

Reihe 4: 2 M re, U, abh abh re zus str, 2 M re zus str, U, 5 M re, U, abh abh re zus str, 1 M re, U, abh abh re zus st U, 2 M re

Reihe 6: 2 M re, U, abh abh re zus str, 2 M re, U, abh abh re zus str, 1 M re, 2 M re zus str, U, 4 M re, U, abh abh re zus str, U, 2 M re

Reihe 8: 2 M re, U, abh abh re zus str, 3 M re, U, 3 M re verschr zus str, U, 6 M re, U, abh abh re zus str, U, 2 M r

Reihe 9: 5 M abk, re M bis auf die letzten 3 M, U, abh ab re zus str

Reihe 10: 2 M re, U, abh abh re zus str, 2 M re, 2 M re zu str, U, 2 Mal [1 M re, U, 2 M re zus str], U, 2 M re

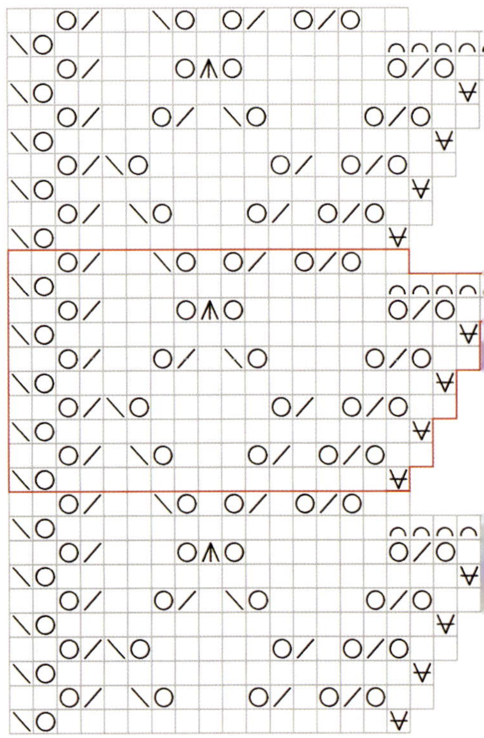

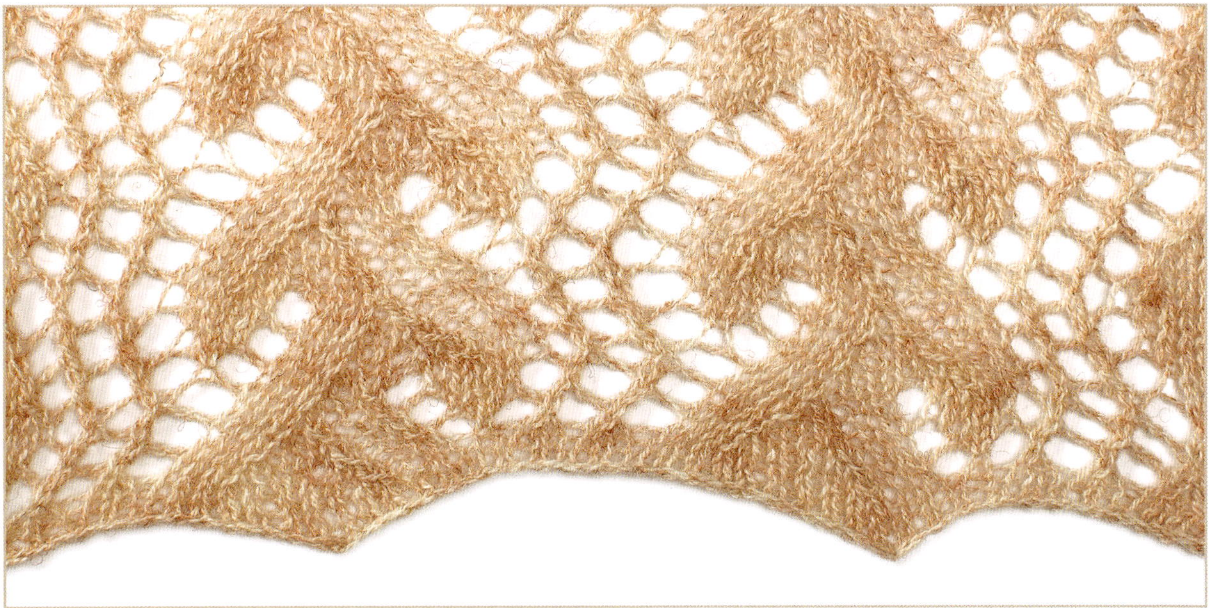

Abb. 75 %

Print of the Wave

FLÄCHENMUSTER

Der „Wellenabdruck" ist eines der wenigen Muster mit GLATT RECHTS gestricktem Maschengrund (außer bei den feinsten Garnen). Deshalb werden in den Rückreihen linke anstatt rechter Maschen gestrickt. Obwohl die Abläufe nicht schwierig sind, muss man sich schon ein bisschen konzentrieren, da die Umschläge und Abnahmen in den einzelnen Reihen unterschiedlich weit auseinander liegen.

ANLEITUNG

Reihe 1: 2 M re, 2 Mal [2 M re zus str, U], *2 M re zus str, U, 1 M re, U, 2 M re, abh abh re zus str, 4 M re, 2 M re zus str, 2 M re, U, 2 M re zus str, U. Ab * fortlfd wdh bis auf die letzten 4 M, 2 M re zus str, U, 2 M re

Reihe 2 und alle Rück-R: li M

Reihe 3: 1 M re, 2 Mal [2 M re zus str, U], 2 M re zus str, *U, 3 M re, U, 2 M re, abh abh re zus str, 2 M re, 2 M re zus str, 2 M re, 2 Mal [U, 2 M re zus str]. Ab * fortlfd wdh bis auf die letzten 3 M, U, 3 M re

Reihe 5: 3 Mal [2 M re zus str, U], *5 M re, U, 2 M re, abh abh re zus str, 2 M re zus str, 2 M re, 2 Mal [U, 2 M re zus str], U. Ab * fortlfd wdh bis auf die letzten 4 M, 4 M re

Reihe 7: 2 M re, 2 Mal [U, abh abh re zus str], *U, 2 M re, abh abh re zus str, 4 M re, 2 M re zus str, 2 M re, U, 1 M re, 2 Mal [U, abh abh re zus str]. Ab * fortlfd wdh bis auf die letzten 4 M, U, abh abh re zus str, 2 M re

Reihe 9: 3 M re, U, abh abh re zus str, U, *abh abh re zus str, U, 2 M re, abh abh re zus str, 2 M re, 2 M re zus str, 2 M re, U, 3 M re, U, abh abh re zus str, U. Ab * fortlfd wdh bis auf die letzten 5 M, abh abh re zus str, U, abh abh re zus str, 1 M re

Reihe 11: 4 M re, U, abh abh re zus str, *U, abh abh re zus str, U, 2 M re, abh abh re zus str, 2 M re zus str, 2 M re, U, 5 M re, U, abh abh re zus str. Ab * fortlfd wdh bis auf die letzten 4 M, 2 Mal [U, abh abh re zus str]

Reihe 12: li M

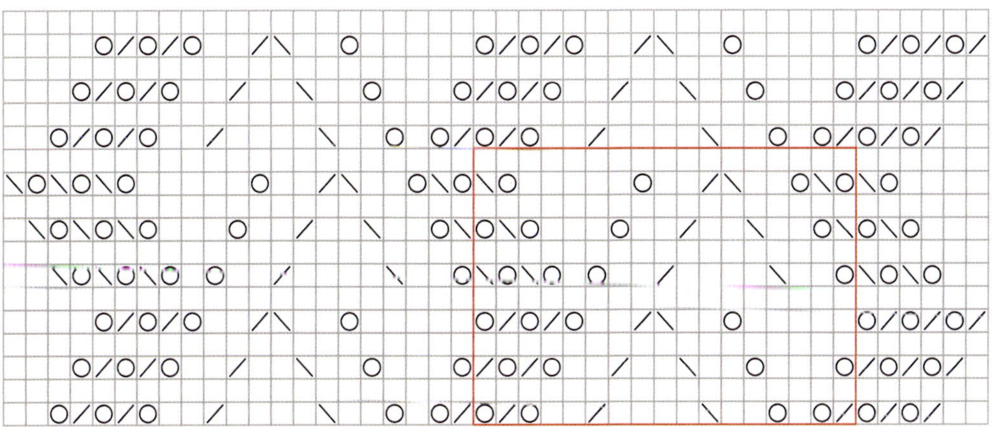

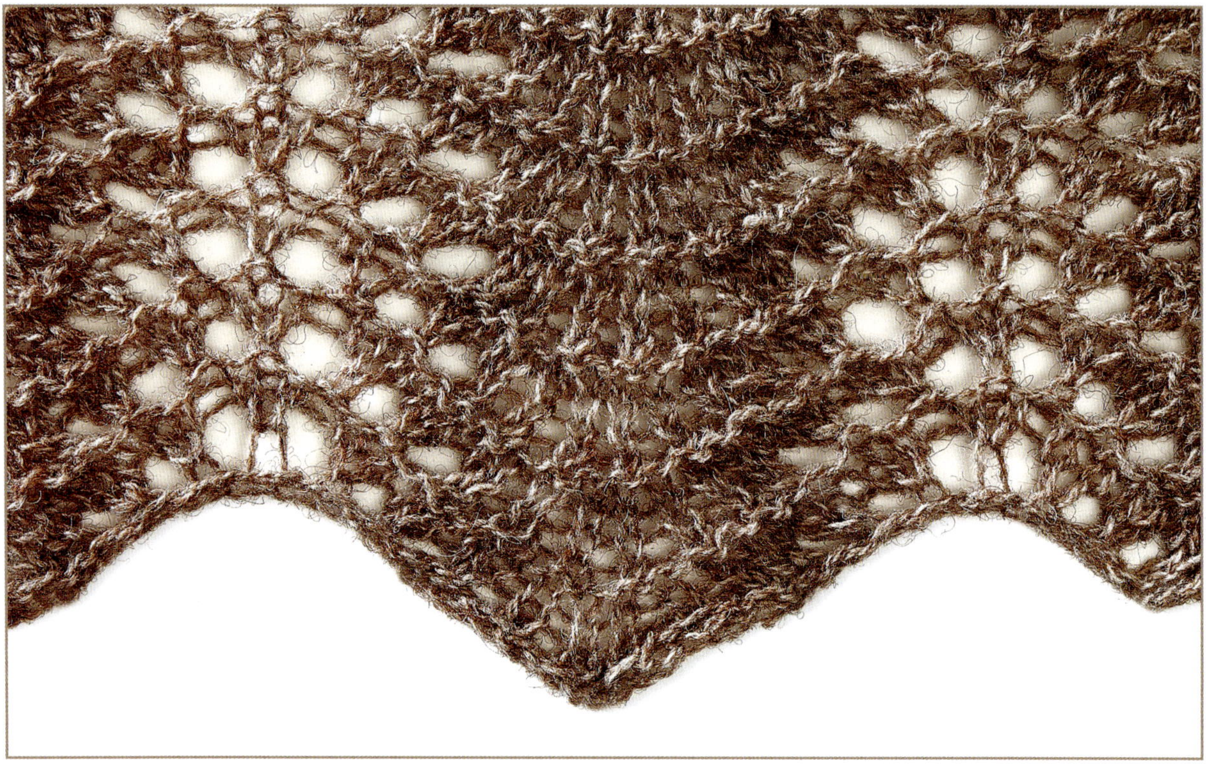

Old Shale

FLÄCHENMUSTER

Dieses Muster findet man traditionell als Bordüre an jedem Hap Shawl, wie ihn die Frauen auf den Shetland- und Orkneyinseln früher trugen. Die Shetländerinnen nannten es eigentlich „Old Shell“ (alte Muschelschale), doch die frühen Mustersammler missverstanden den schottischen Akzent und machten daraus „shale“ (Schiefer), und dabei blieb es. Das Muster wird mit glattem Rechtsmaschengrund gestrickt.

ANLEITUNG

Reihe 1: *2 Mal 2 M re zus str, 6 Mal [U, 1 M re], 3 Mal 2 M re zus str. Ab * fortlfd wdh bis R-Ende
Reihen 2 und 3: re M
Reihe 4: li M

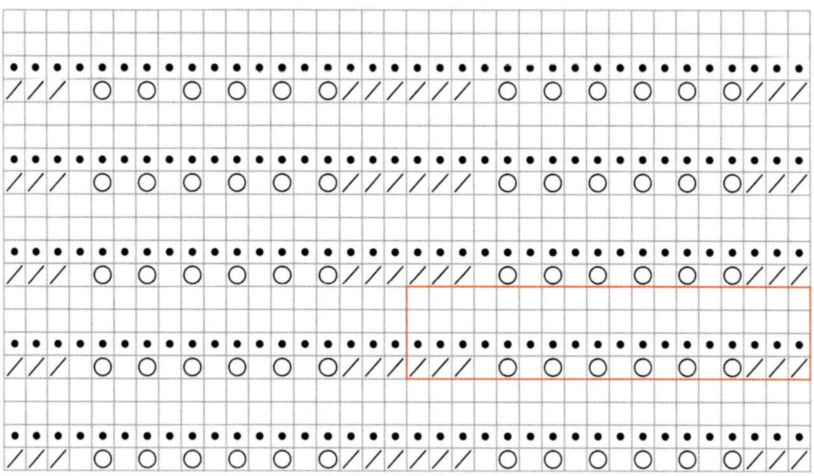

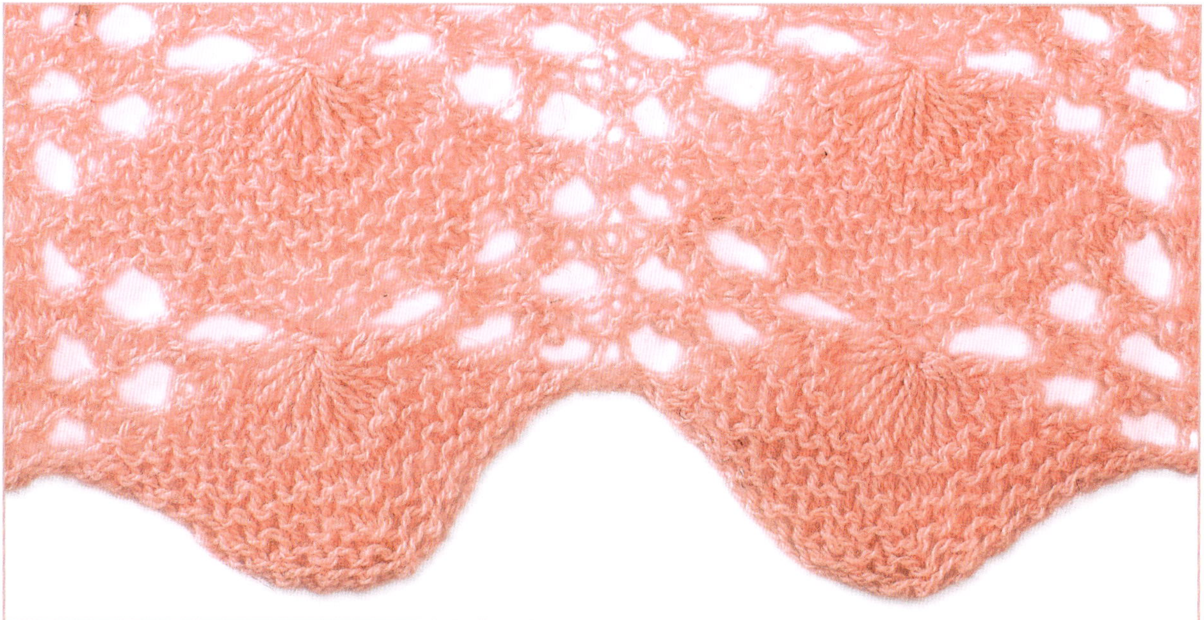

Abb. 85 %

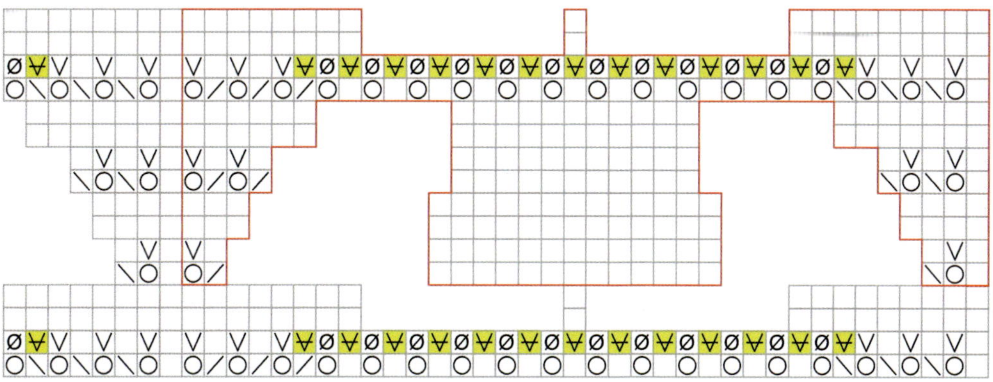

Cockleshell

▸ FLÄCHENMUSTER

Die „Herzmuschelschale“ wird fast ausschließlich für Schals verwendet, kann aber auch als Blende an einem Schultertuch sehr hübsch aussehen. Schlagen Sie die Maschen besonders locker an, damit die „Muscheln“ Form annehmen. Die Maschenzahl verändert sich von Reihe zu Reihe.

ANLEITUNG

Reihe 1: *1 M re, U, abh abh re zus str, 13 M re, 2 M re zus str, U. Ab * fortlfd wdh bis End-M, 1 M re (Rapport = 18 M)

Reihe 2: *1 M re, re M und li M in die folg M, 15 M re, re und li M in die folg M. Ab * fortlfd wdh bis End-M, 1 M re (Rapport = 20 M)

Reihen 3 und 4: re M

Reihe 5: *1 M re, 2 Mal [U, abh abh re zus str], 11 M re, 2 Mal [2 M re zus str, U]. Ab * fortlfd wdh bis End-M, 1 M re

Reihe 6: *2 Mal [1 M re, re M und li M in die folg M], 12 M re, 2 Mal [1 M re, re und li M in die folg M] (Rapport = 24 M)

Reihen 7 und 8: re M

Reihe 9: *1 M re, 3 Mal [U, abh abh re zus str], 11 Mal [U, 1 M re], U, 3 Mal [2 M re zus str, U]. Ab * fortlfd wdh bis End-M, 1 M re (Rapport = 36 M)

Reihe 10: *3 Mal [1 M re, je 1 M re und li in die folg M], 12 Mal [1 M li abh, U fallen lassen], 1 M li abh. Die 13 abgeh M wieder auf die andere Nadel legen und verschränkt zus str, 2 Mal [je 1 re u. li Ma in die folg M, 1 M re], je 1 re u. li M in die folg M. Ab * fortlfd wdh bis End-M, 1 M re (Rapport = 18 M)

Reihen 11 und 12: re M

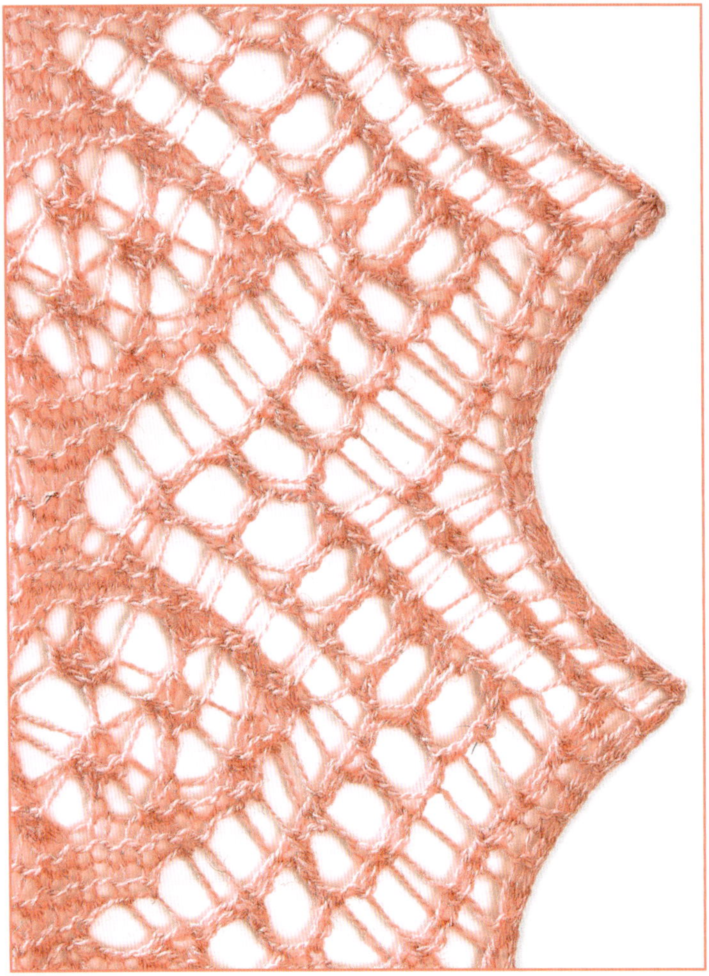

Abb. 70 %

Bead and Lace Holes

▸ **LACE***

Diese Borte ist zusammengesetzt aus einem einfachen Zickzackmuster, Ajourzacken und einem Pearl Cluster als Einzelmotiv. Soll die Borte breiter werden, fügt man ein paar einfache Zacken oder einen „Leiter"-Einsatz hinzu.

*Bead auch als Flächenmuster (S. 59), Einsatz (S. 63) und Einzelmotiv (S. 95); Lace Holes auch als Einsatz (S. 54, 66), und Einzelmotiv (S. 103)

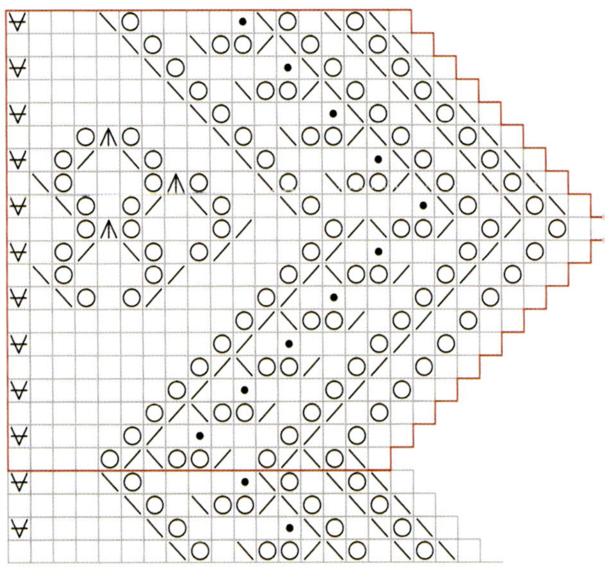

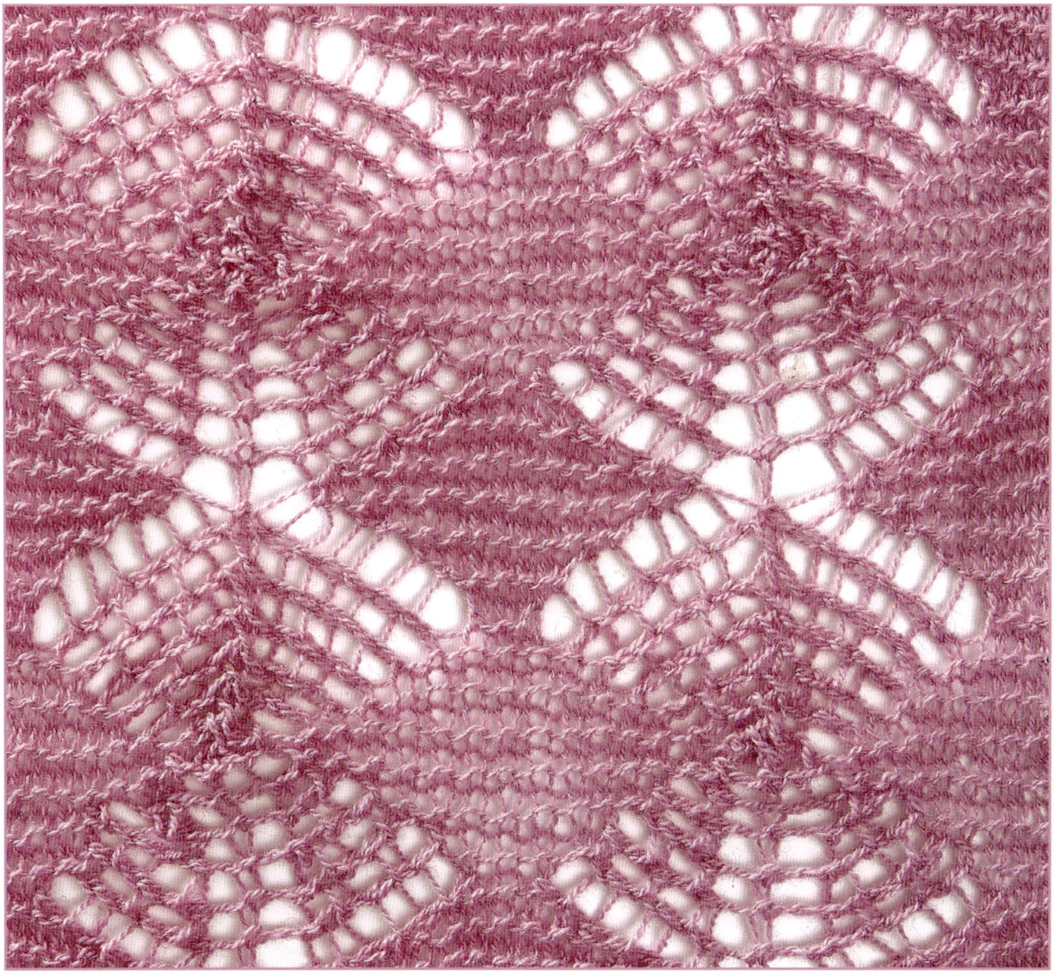

Abb. 70 %

Spider's Web

▸ FLÄCHENMUSTER

Das „Spinnennetz“ ist eines der Muster, bei denen die Strickschrift ganz anders aussieht als das fertige Gestrick. Nach dem Stricken klappen sich die Maschen der Abnahmen um und bilden das Netz. Füllt man die rechts gestrickten Rauten mit einem weiteren Durchbruchmuster wie Lace Holes (S. 54) oder Fancy Net (S. 74), bekommt man eine Netzspitze.

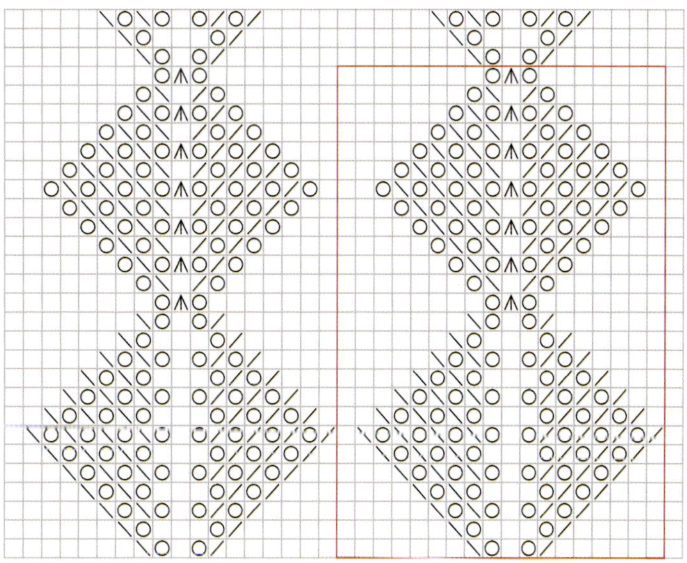

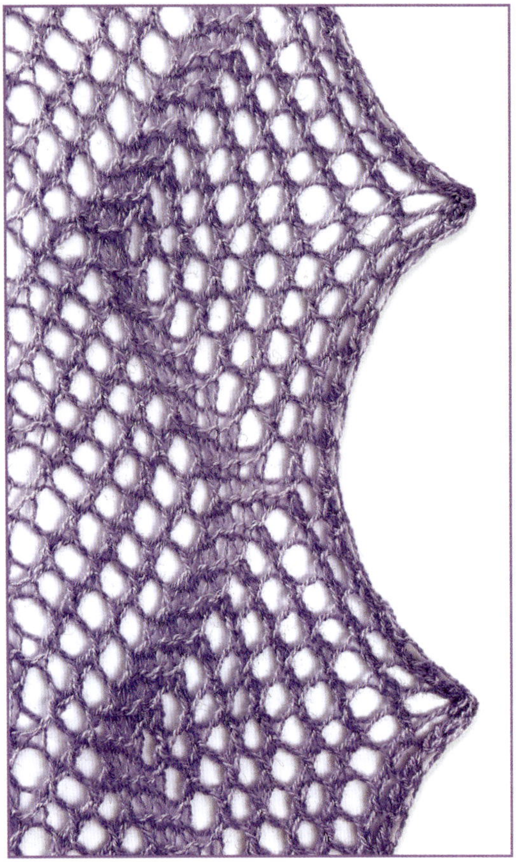

Abb. 50 %

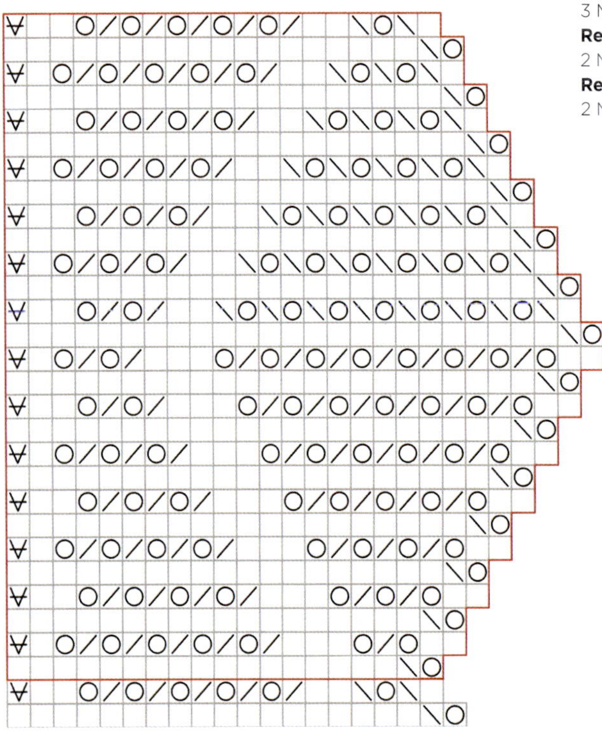

Traditional Large Scalloped Lace

LACE

Die breite klassische Borte verläuft in weiten Bögen mit flach ausgezogenen Spitzen und wirkt sehr schön an einem schlichten Schultertuch.

ANLEITUNG

Reihe 1 und alle Hin-R: U, abh abh re zus str, re M bis R-Ende
Reihe 2: 1 M li abh, 1 M re, 5 Mal [U, abh abh re zus str], 3 M re, U, abh abh re zus str, U, 2 M re
Reihe 4: 1 M li abh, 2 M re, 4 Mal [U, abh abh re zus str], 3 M re, 2 Mal [U, abh abh re zus str], U, 2 M re
Reihe 6: 1 M li abh, 1 M re, 4 Mal [U, abh abh re zus str], 3 M re, 3 Mal [U, abh abh re zus str], U, 2 M re
Reihe 8: 1 M li abh, 2 M re, 3 Mal [U, abh abh re zus str], 3 M re, 4 Mal [U, abh abh re zus str], U, 2 M re
Reihe 10: 1 M li abh, 1 M re, 3 Mal [U, abh abh re zus str], 3 M re, 5 Mal [U, abh abh re zus str], U, 2 M re
Reihe 12: 1 M li abh, 2 M re, 2 Mal [U, abh abh re zus str], 3 M re, 6 Mal [U, abh abh re zus str], U, 2 M re
Reihe 14: 1 M li abh, 1 M re, 2 Mal [U, abh abh re zus str], 3 M re, 7 Mal [U, abh abh re zus str], U, 2 M re
Reihe 16: 1 M li abh, 2 M re, 2 Mal [U, abh abh re zus str], 2 M re, 7 Mal [2 M re zus str, U], 2 M re zus str, 1 M re
Reihe 18: 1 M li abh, 1 M re, 3 Mal [U, abh abh re zus str], 2 M re, 6 Mal [2 M re zus str, U], 2 M re zus str, 1 M re
Reihe 20: 1 M li abh, 2 M re, 3 Mal [U, abh abh re zus str], 2 M re, 5 Mal [2 M re zus str, U], 2 M re zus str, 1 M re
Reihe 22: 1 M li abh, 1 M re, 4 Mal [U, abh abh re zus str], 2 M re, 4 Mal [2 M re zus str, U], 2 M re zus str, 1 M re
Reihe 24: 1 M li abh, 2 M re, 4 Mal [U, abh abh re zus str], 2 M re, 3 Mal [2 M re zus str, U], 2 M re zus str, 1 M re
Reihe 26: 1 M li abh, 1 M re, 5 Mal [U, abh abh re zus str], 2 M re, 2 Mal [2 M re zus str, U], 2 M re zus str, 1 M re
Reihe 28: 1 M li abh, 2 M re, 5 Mal [U, abh abh re zus str], 2 M re, 2 M re zus str, U, 2 M re zus str, 1 M re

Irish, auch Elaine Lace

▸ **LACE**

Auch dieses Ajourmuster ist sehr alt, hat jedoch ein riesiges Auge als Hingucker. Wenn es Ihnen zu groß ist, machen Sie anstatt drei nur zwei Umschläge und in der Rückreihe dann eine rechte und eine linke Masche in den ersten Umschlag. Die Rückreihen beginnen am Rand alle mit „U, abh abh re zus str".

ANLEITUNG

Reihe 1: 1 M li abh, 1 M re, 4 Mal [U, abh abh re zus str], 3 M re, 2 M re zus str, U, 3 M re, U, 2 M re

Reihen 2, 4, 8, 10: U, abh abh re zus str, re M bis R-Ende

Reihe 3: 1 M li abh, 2 M re, 3 Mal [U, abh abh re zus str], 3 M re, 2 M re zus str, U, 5 M re, U, 2 M re

Reihe 5: 1 M li abh, 1 M re, 3 Mal [U, abh abh re zus str], 3 M re, 2 M re zus str, U, abh abh re zus str, 2 M re zus str, 3 Mal U, abh abh re zus str, 1 M re, U, 2 M re

Reihe 6: U, abh abh re zus str, 4 M re, 1 M li, re M bis R-Ende

Reihe 7: 1 M li abh, 2 M re, 3 Mal [U, abh abh re zus str], 4 M re, U, abh abh re zus str, 3 M re, 2 M re zus str, U, 2 M re zus str, 1 M re

Reihe 9: 1 M li abh, 1 M re, 4 Mal [U, abh abh re zus str], 4 M re, U, abh abh re zus str, 1 M re, 2 M re zus str, U, 2 M re zus str, 1 M re

Reihe 11: 1 M li abh, 2 M re, 4 Mal [U, abh abh re zus str], 4 M re, U, 3 M re verschr zus str, U, 2 M re zus str, 1 M re

Reihe 12: U, abh abh re zus str, re M bis R-Ende

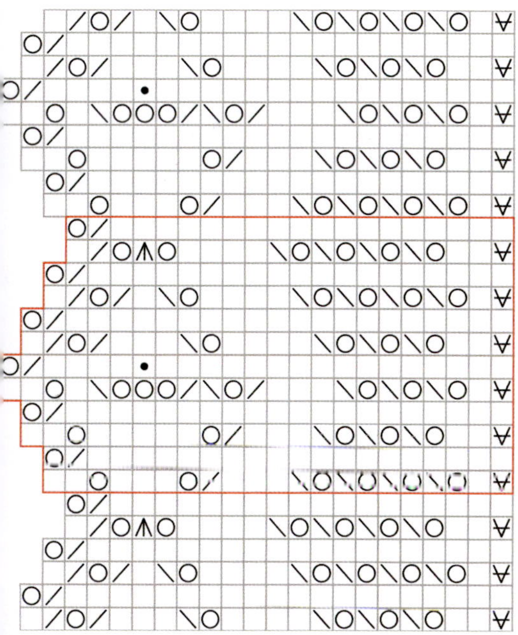

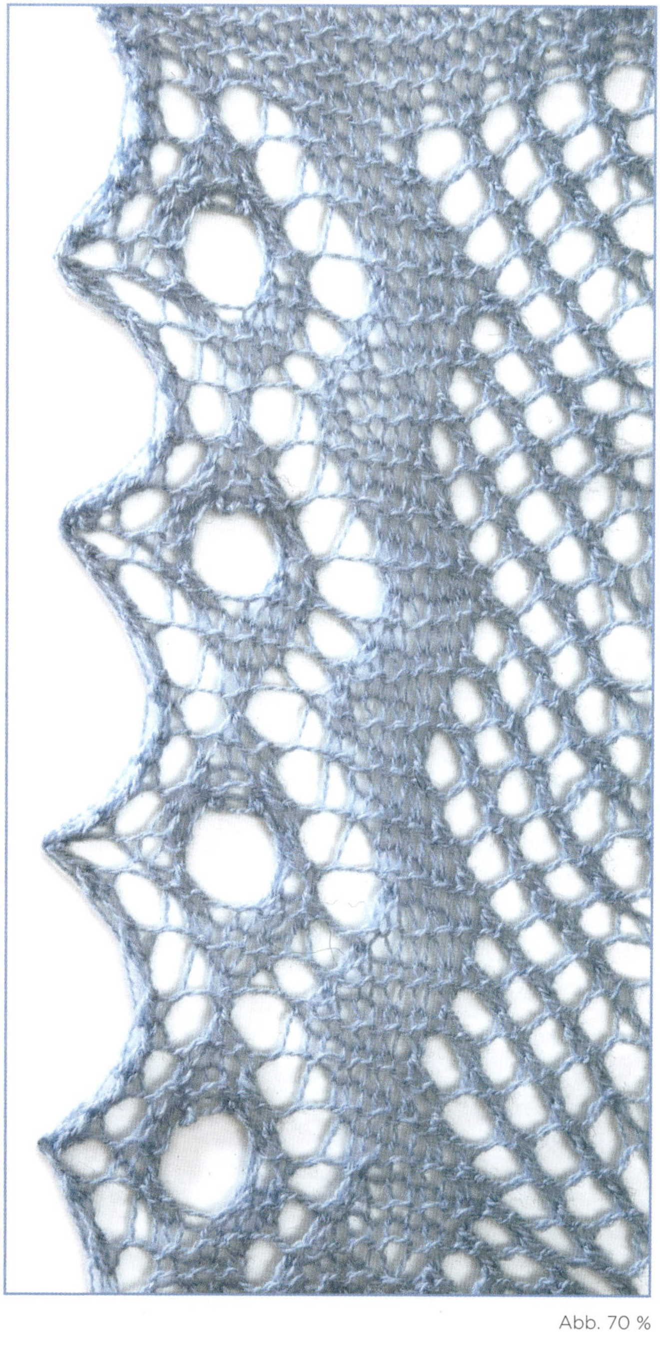

Abb. 70 %

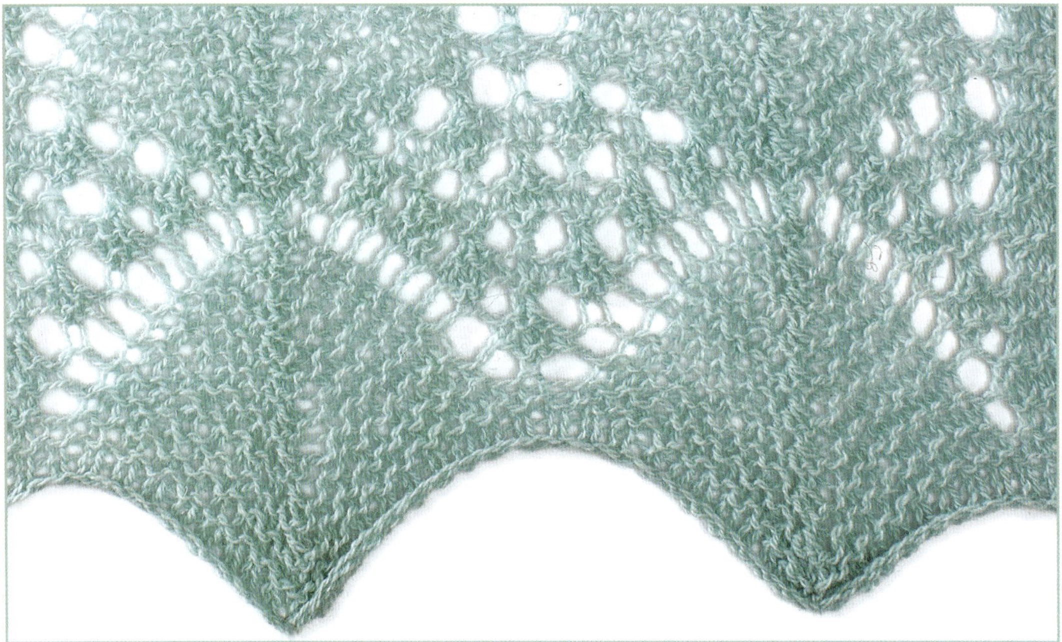

Abb. 75 %

Madeira Cascade

▸ **FLÄCHENMUSTER**

Das altehrwürdige Muster könnte iberischen Ursprungs oder einer iberischen Spitze abgeschaut sein. Mit The Madeira (S. 84) hat es interessanterweise nichts gemeinsam.

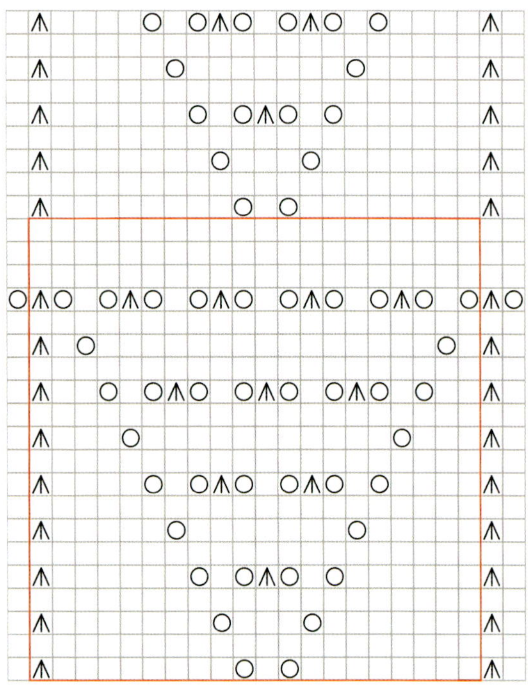

ANLEITUNG

Reihe 1: *1 M re, U, 8 M re, 3 M re verschr zus str, 8 M re, U. Ab * fortlfd wdh bis End-M, 1 M re

Reihe 2 und alle Rück-R: re M

Reihe 3: *2 M re, U, 7 M re, 3 M re verschr zus str, 7 M re, U, 1 M re. Ab * fortlfd wdh bis End-M, 1 M re

Reihe 5: 2 M re zus str, U, *1 M re, U, 6 M re, 3 M re verschr zus str, 6 M re, U, 1 M re, U, 3 M re zus str, U. Ab * fortlfd wdh bis auf die letzten 19 M, 1 M re, U, 6 M re, 3 M re verschr zus str, 6 M re, U, 1 M re, U, abh abh re zus str

Reihe 7: *4 M re, U, 5 M re, 3 M re verschr zus str, 5 M re, U, 3 M re. Ab * fortlfd wdh bis End-M, 1 M re

Reihe 9: *1 M re, U, 3 M re verschr zus str, U, 4 M re, 3 M re verschr zus str, 4 M re, U, 1 M re, U, 3 M re verschr zus str, U. Ab * fortlfd wdh bis End-M, 1 M re

Reihe 11: *6 M re, U, 3 M re, 3 M re verschr zus str, 3 M re, U, 3 M re. Ab * fortlfd wdh bis End-M, 1 M re

Reihe 13: 2 M re zus str, U, *1 M re, U, 3 M re verschr zus str, U, 1 M re, U, 2 M re, 3 M re verschr zus str, 2 M re, U, 2 Mal [1 M re, U, 3 M re verschr zus str, U]. Ab * fortlfd wdh bis auf die letzten 19 M, 1 M re, U, 3 M re verschr zus str, U, 1 M re, U, 2 M re, 3 M re verschr zus str, 2 M re, U, 1 M re, U, 3 M re verschr zus str, U, 1 M re, U, abh abh re zus str

Reihe 15: *8 M re, U, 1 M re, 3 M re verschr zus str, 1 M re, U, 5 M re. Ab * fortlfd wdh bis End-M, 1 M re

Reihe 17: *1 M re, U, 3 M re verschr zus str, U. Ab * fortlfd wdh bis End-M, 1 M re

Reihen 19 und 20: re M

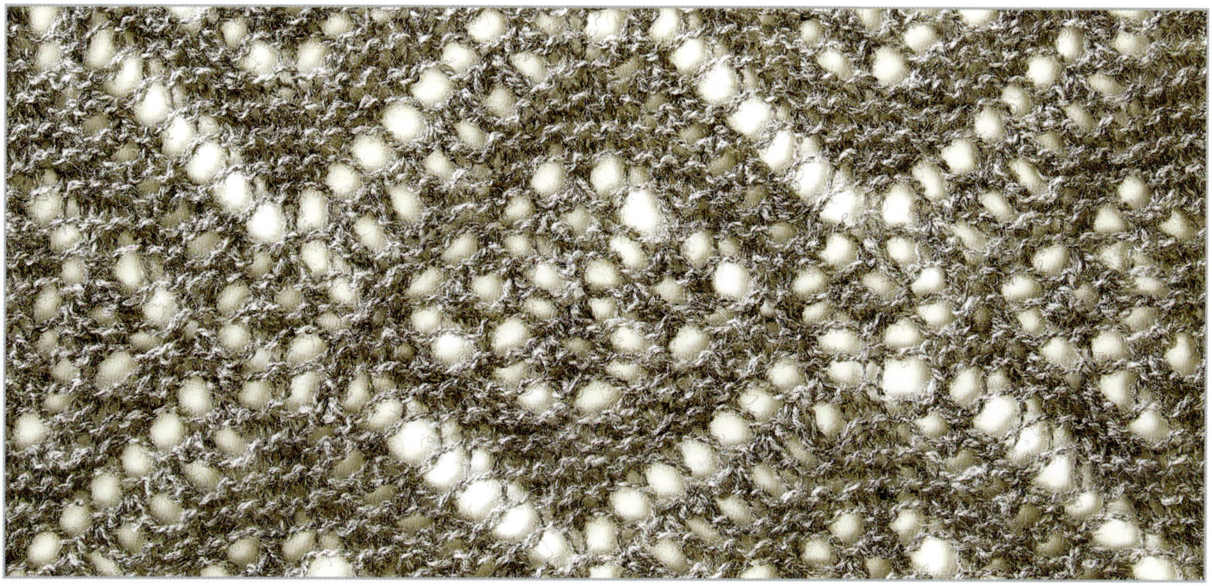

Abb. 70 %

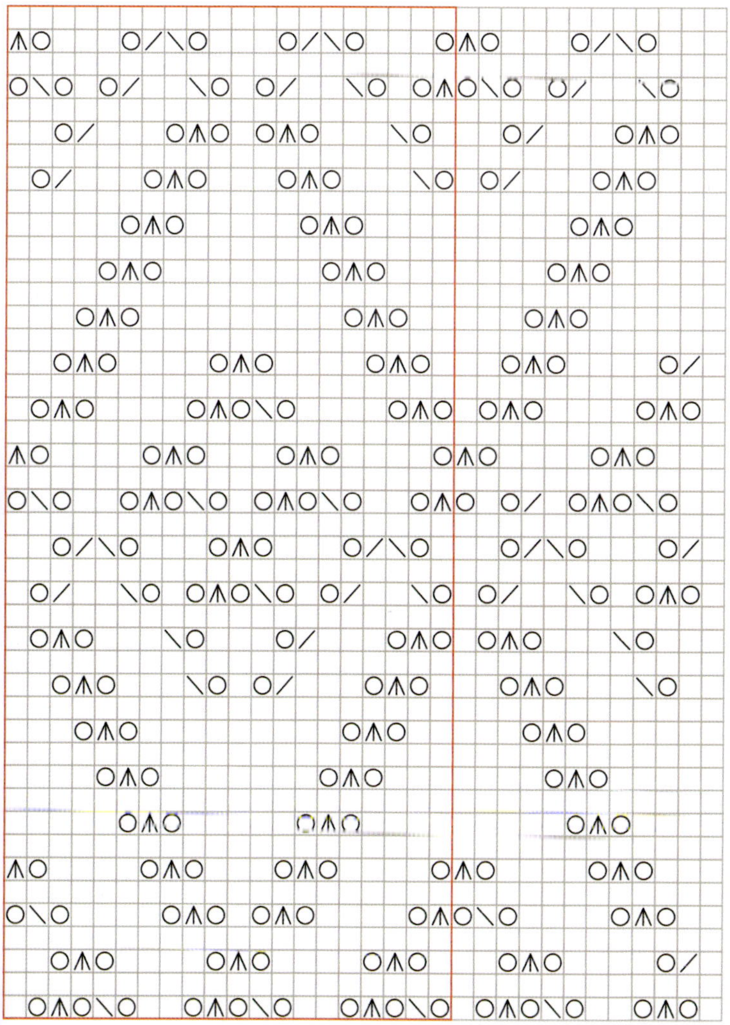

Rose Diamond Frame with Rose Clusters

▸ **FLÄCHENMUSTER**

Der rautenförmige Rahmen ist an den Eckpunkten mit einer einzelnen „Rose“ verziert, in der Raute sind die Röschen zur Gruppe zusammengestellt. Der Rahmen lässt sich auch mit anderen Einzelmotiven gut kombinieren.

Stufe 3

Fan Lace

LACE

Die Strickschrift der „Fächer-Borte“ sieht kompliziert aus, doch wenn man erst einmal dabei ist, geht es leicht voran. Die Rückreihen beginnen alle mit einem Umschlag. Durch Hinzufügen oder Weglassen von Reihen in der Mitte der Strickschrift lässt sich dieses Lace-Muster ganz einfach länger oder kürzer machen.

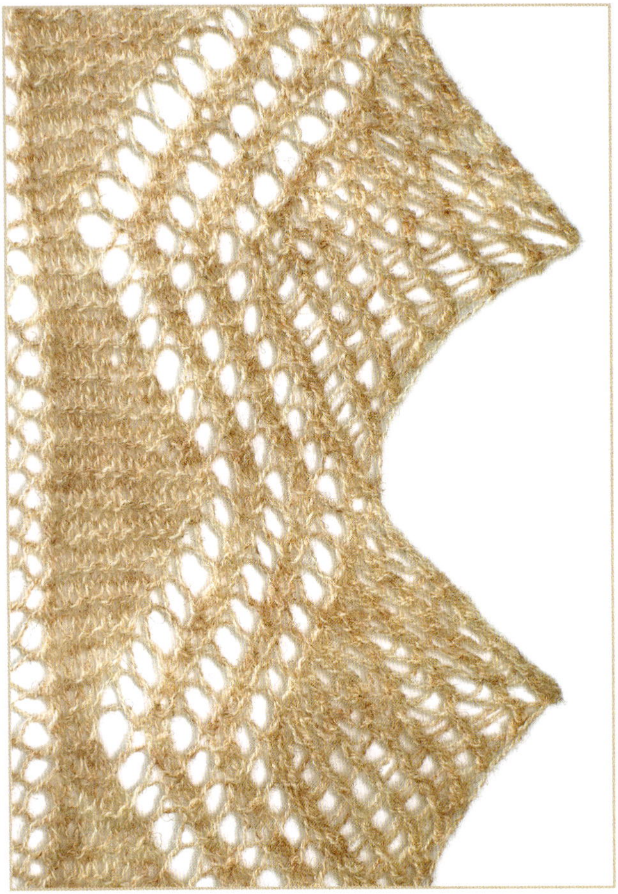

Abb. 50 %

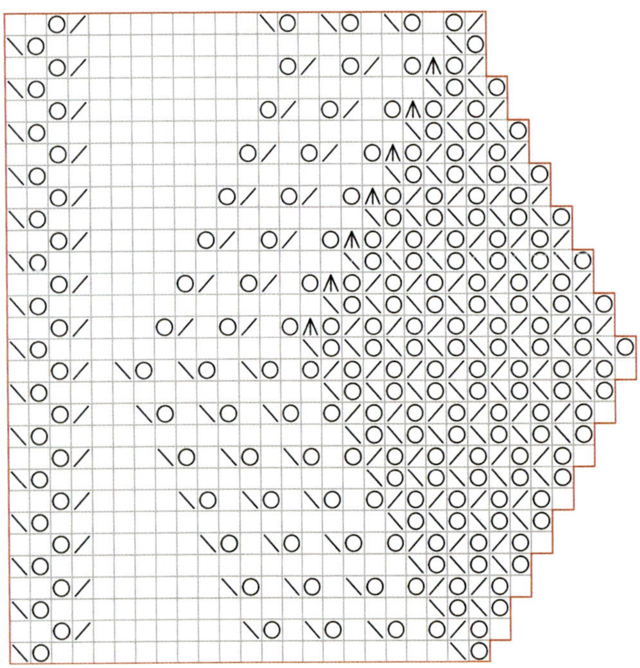

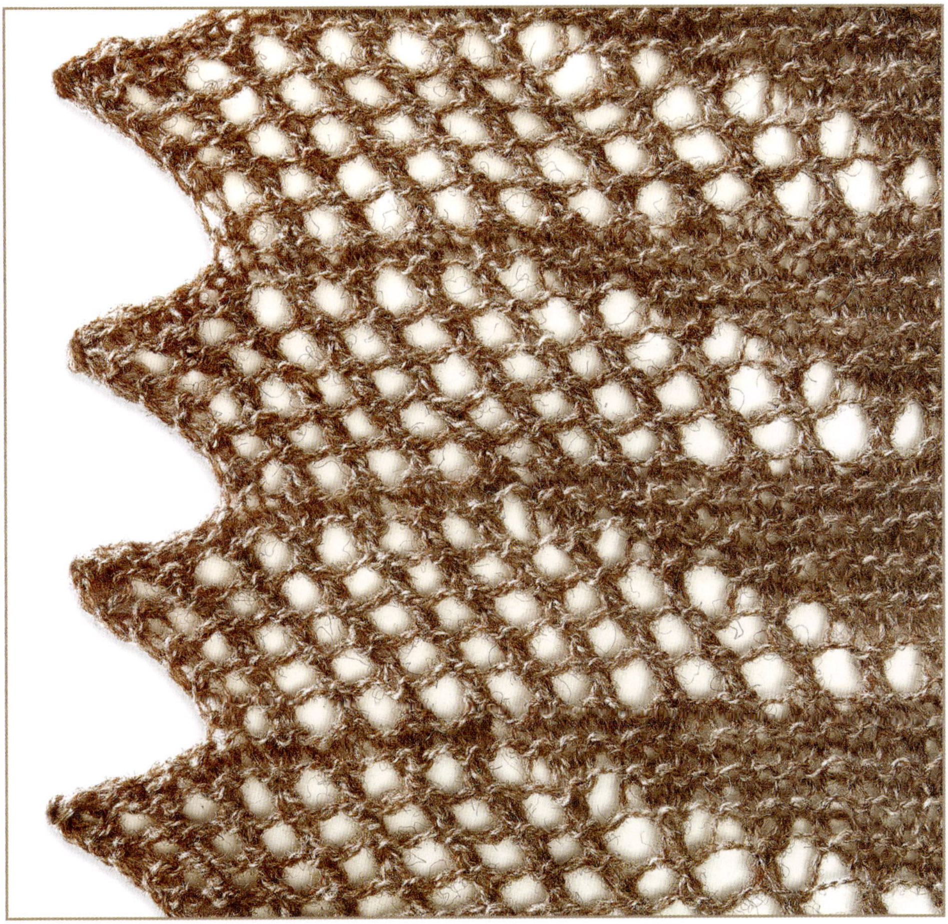

Abb. 75 %

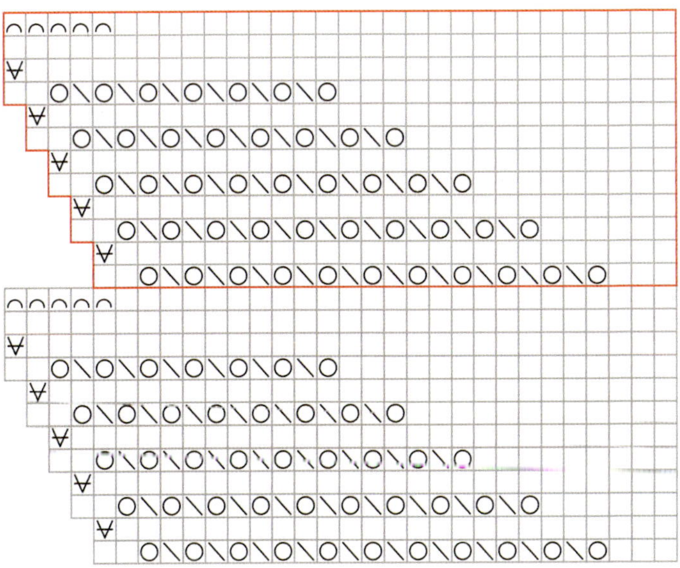

Margaret's Lace

LACE

Diese ist eine von mehreren Versionen einer Borte von Margaret Peterson aus Unst. Seine Einfachheit und die schnörkellosen Bögen, die sich bis in die Spitzen ziehen, machen es zur idealen Blende für schlichte Schultertücher.

ANLEITUNG

Reihe 1: 3 M re, 10 Mal [U, abh abh re zus str], U, 2 M re
Reihe 2 und alle Rück-R: 1 M li abh, re M bis R-Ende
Reihe 3: 6 M re, 9 Mal [U, abh abh re zus str], U, 2 M re
Reihe 5: 9 M re, 8 Mal [U, abh abh re zus str], U, 2 M re
Reihe 7: 12 M re, 7 Mal [U, abh abh re zus str], U, 2 M re
Reihe 9: 15 M re, 6 Mal [U, abh abh re zus str], U, 2 M re
Reihe 11: re M
Reihe 12: 5 M abk, re M bis R-Ende

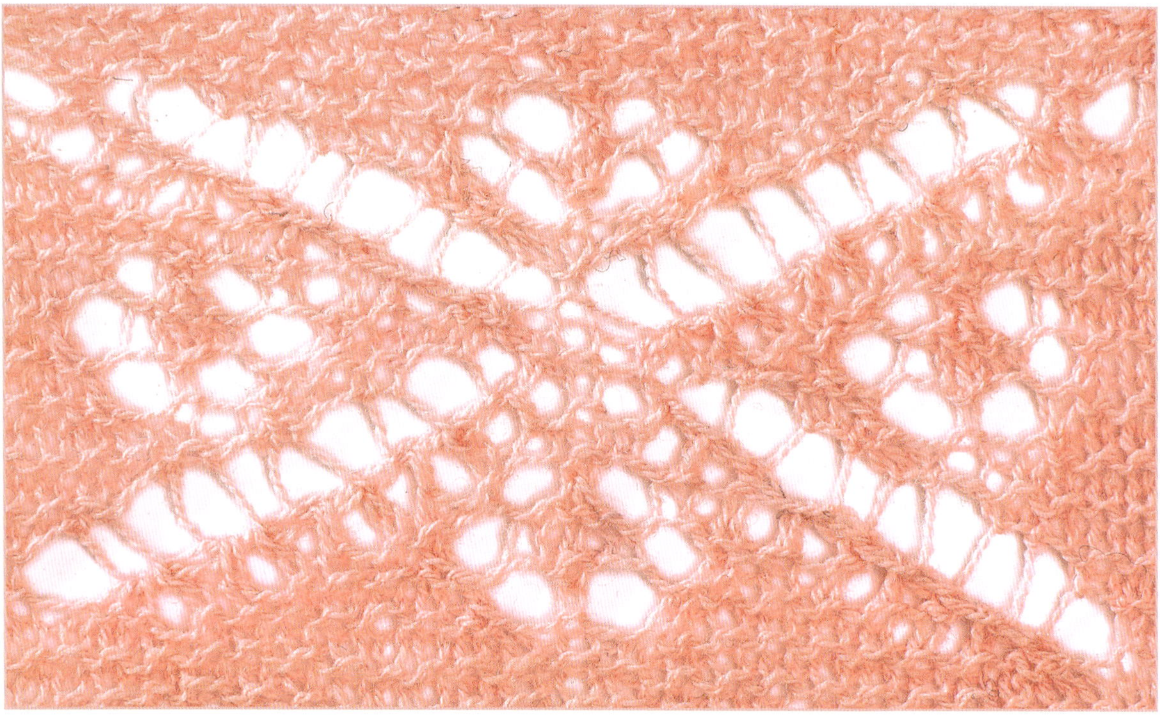

The Saltire

EINZELMOTIV

Das schräge Andreaskreuz – auf Englisch „Saltire" – schmückt die Flagge Schottlands und war als Strickmotiv im 19. und frühen 20. Jahrhundert auf den Shetlandinseln sehr beliebt. Oft setzte man, wie hier auch, zwischen die Balken kleine Einzelmotive. Ich habe hier Cat's Paws verwendet, aber Sie können die „Katzenpfötchen" gern durch Ihr Lieblingsmotiv ersetzen.

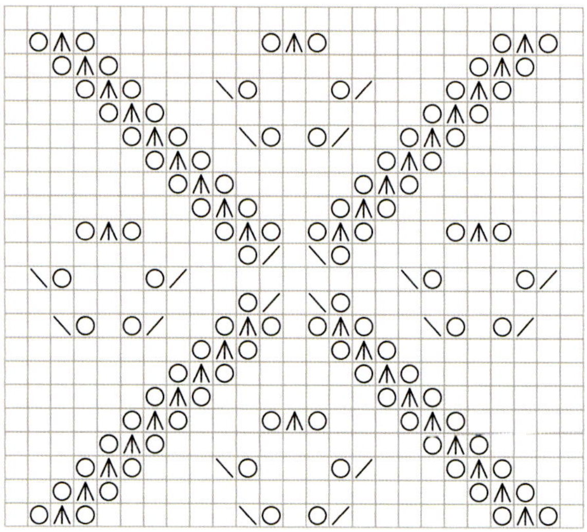

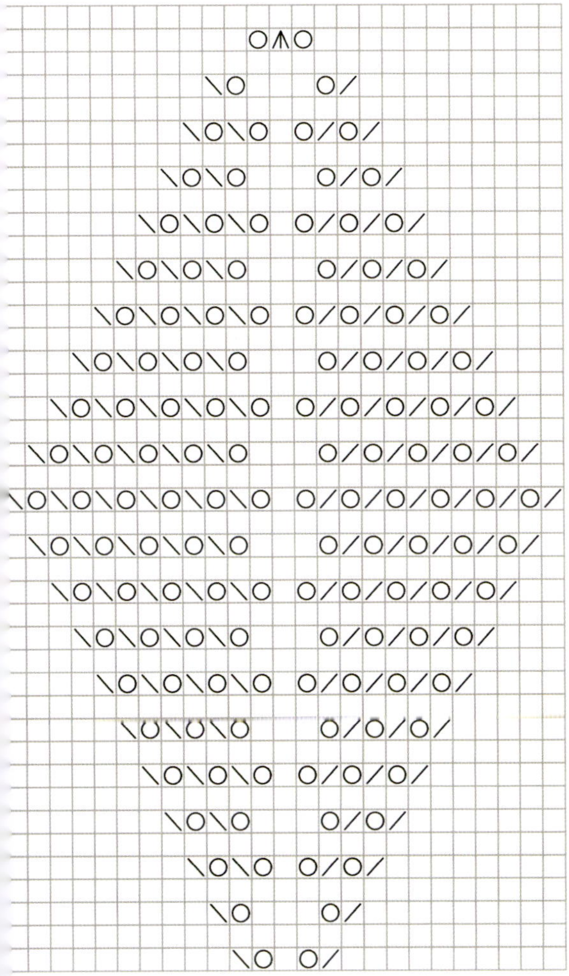

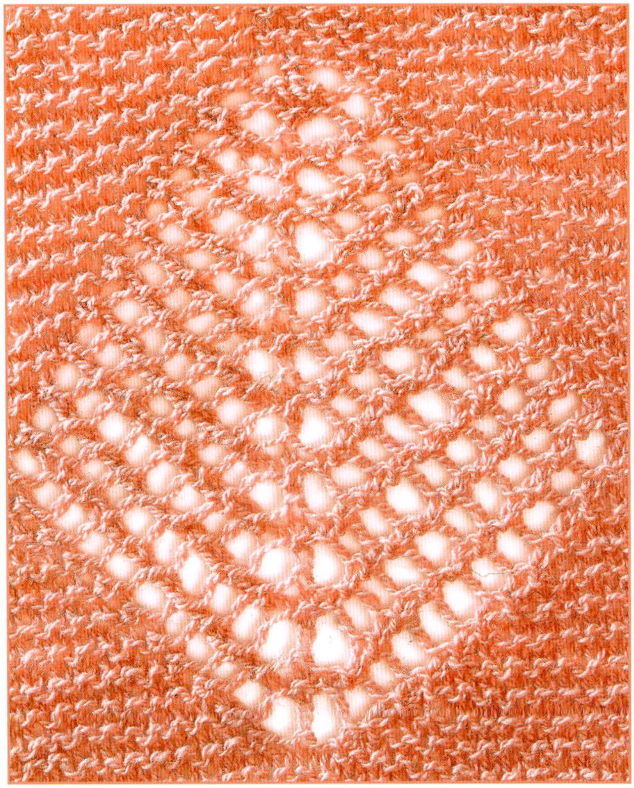

Abb. 70 %

Tree

▸ EINZELMOTIV

„Bäume" können in jeder Größe gestrickt werden. Man sieht sie oft in den Bordüren von Schultertüchern.

ANLEITUNG

Reihe 1: 10 M re, 2 M re zus str, U, 1 M re, U, abh abh re zus str, 10 M re
Reihe 2 und alle Rück-R: re M
Reihe 3: 9 M re, 2 M re zus str, U, 3 M re, U, abh abh re zus str, 9 M re
Reihe 5: 8 M re, 2 Mal [2 M re zus str, U], 1 M re, 2 Mal [U, abh abh re zus str], 8 M re
Reihe 7: 7 M re, 2 Mal [2 M re zus str, U], 3 M re, 2 Mal [U, abh abh re zus str], 7 M re
Reihe 9: 6 M re, 3 Mal [2 M re zus str, U], 1 M re, 3 Mal [U, abh abh re zus str], 6 M re
Reihe 11: 5 M re, 3 Mal [2 M re zus str, U], 3 M re, 3 Mal [U, abh abh re zus str], 5 M re
Reihe 13: 4 M re, 4 Mal [2 M re zus str, U], 1 M re, 4 Mal [U, abh abh re zus str], 4 M re
Reihe 15: 3 M re, 4 Mal [2 M re zus str, U], 3 M re, 4 Mal [U, abh abh re zus str], 3 M re
Reihe 17: 2 M re, 5 Mal [2 M re zus str, U], 1 M re, 5 Mal [U, abh abh re zus str], 2 M re
Reihe 19: 1 M re, 5 Mal [2 M re zus str, U], 3 M re, 5 Mal [U, abh abh re zus str], 1 M re
Reihe 21: 6 Mal [2 M re zus str, U], 1 M re, 6 Mal [U, abh abh re zus str]
Reihe 23: wie Reihe 19
Reihe 25: wie Reihe 17
Reihe 27: wie Reihe 15
Reihe 29: wie Reihe 13
Reihe 31: wie Reihe 11
Reihe 33: wie Reihe 9
Reihe 35: wie Reihe 7
Reihe 37: wie Reihe 5
Reihe 39: wie Reihe 3
Reihe 41: 11 M re, U, 3 M re verschr zus str, U, 11 M re
Reihe 42: re M

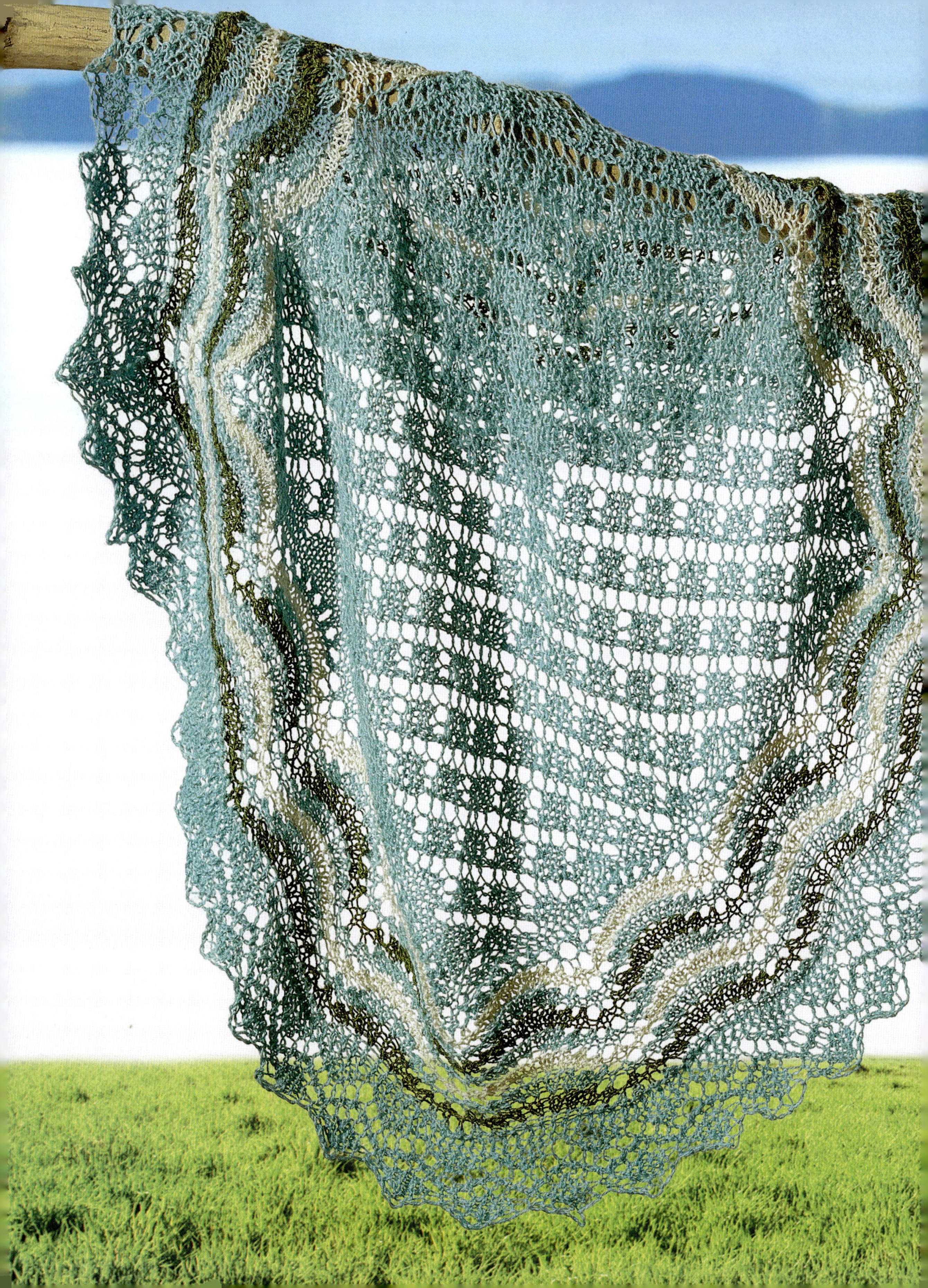

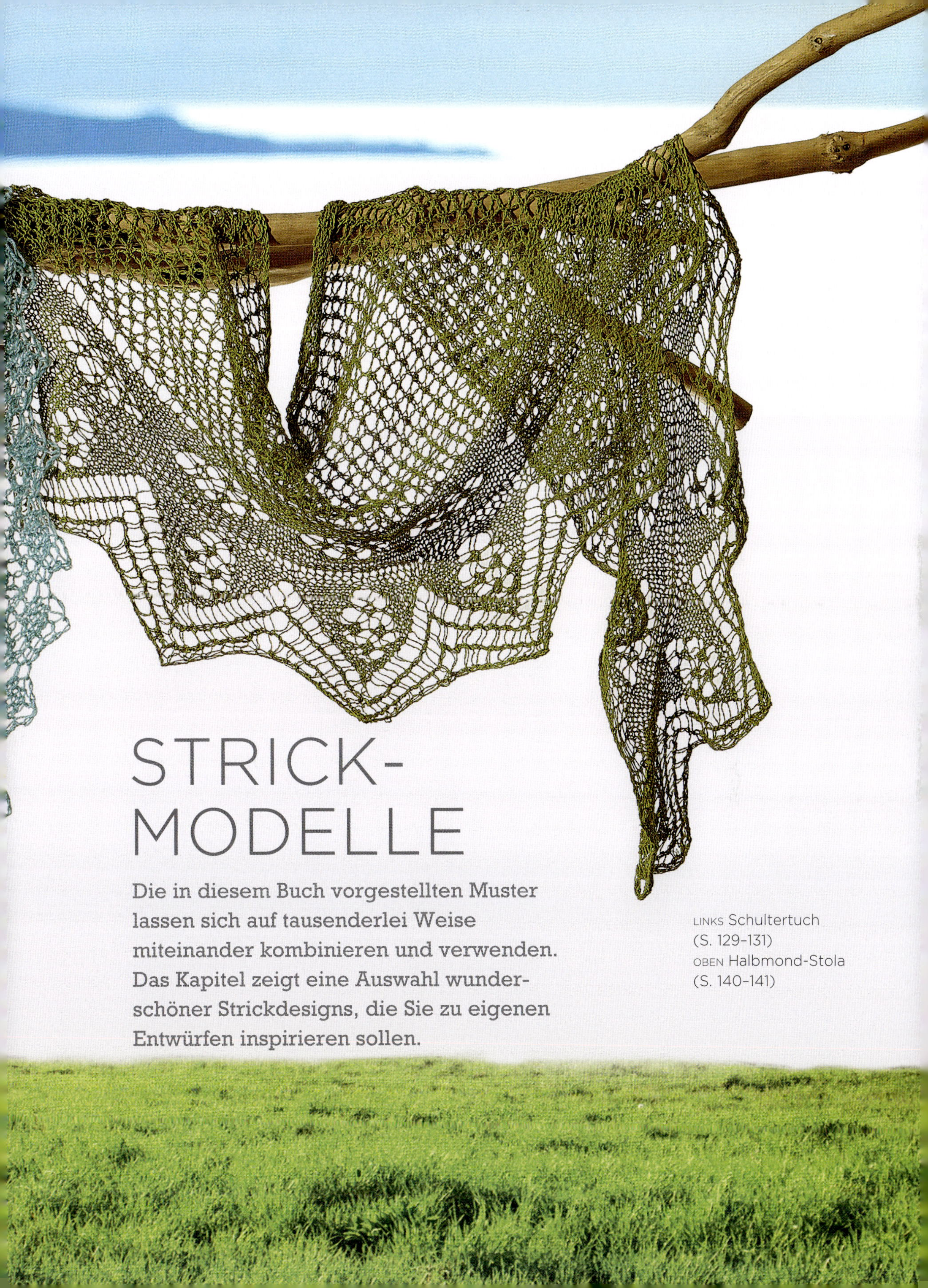

STRICK-MODELLE

Die in diesem Buch vorgestellten Muster lassen sich auf tausenderlei Weise miteinander kombinieren und verwenden. Das Kapitel zeigt eine Auswahl wunderschöner Strickdesigns, die Sie zu eigenen Entwürfen inspirieren sollen.

LINKS Schultertuch (S. 129–131)
OBEN Halbmond-Stola (S. 140–141)

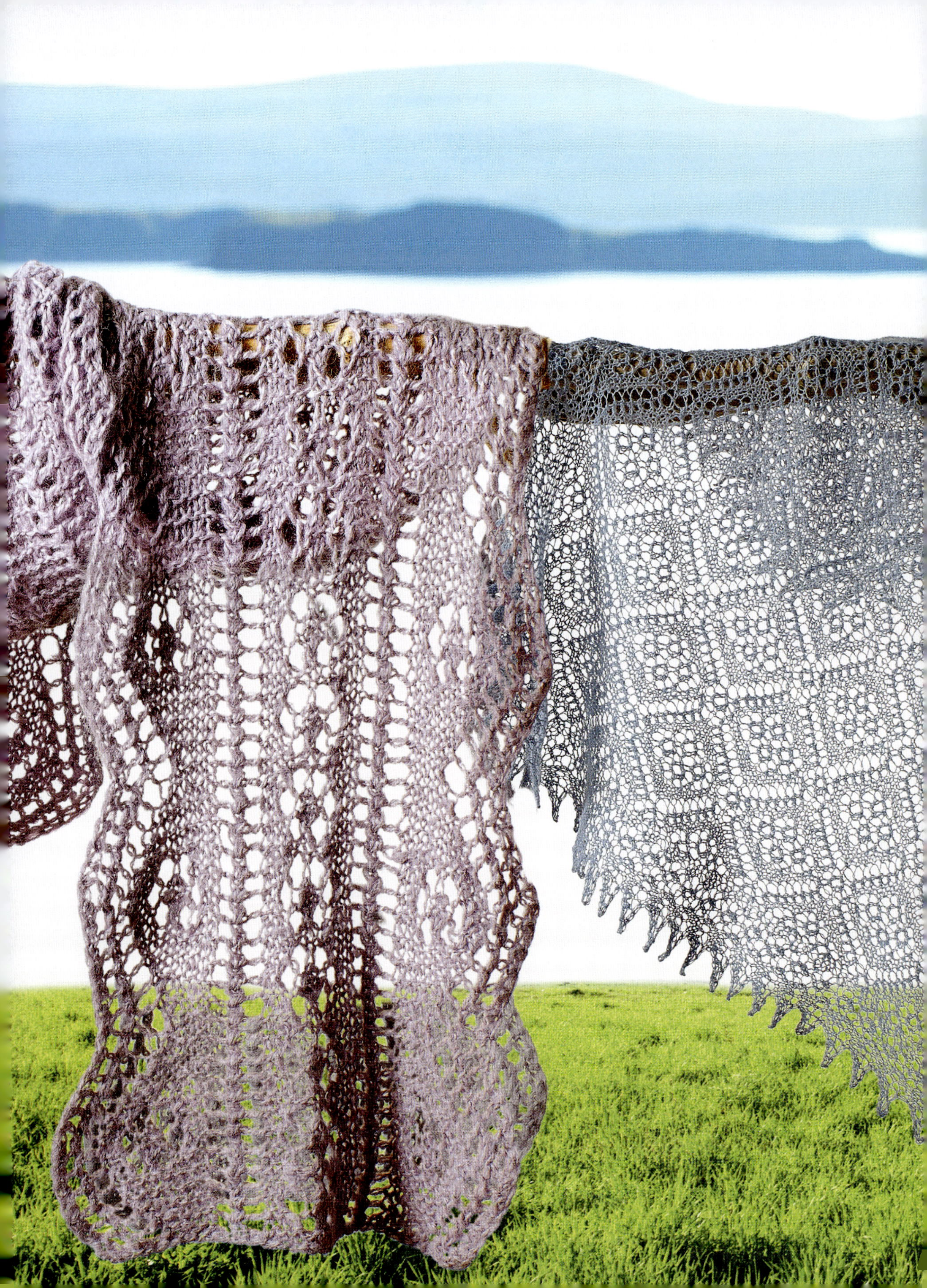

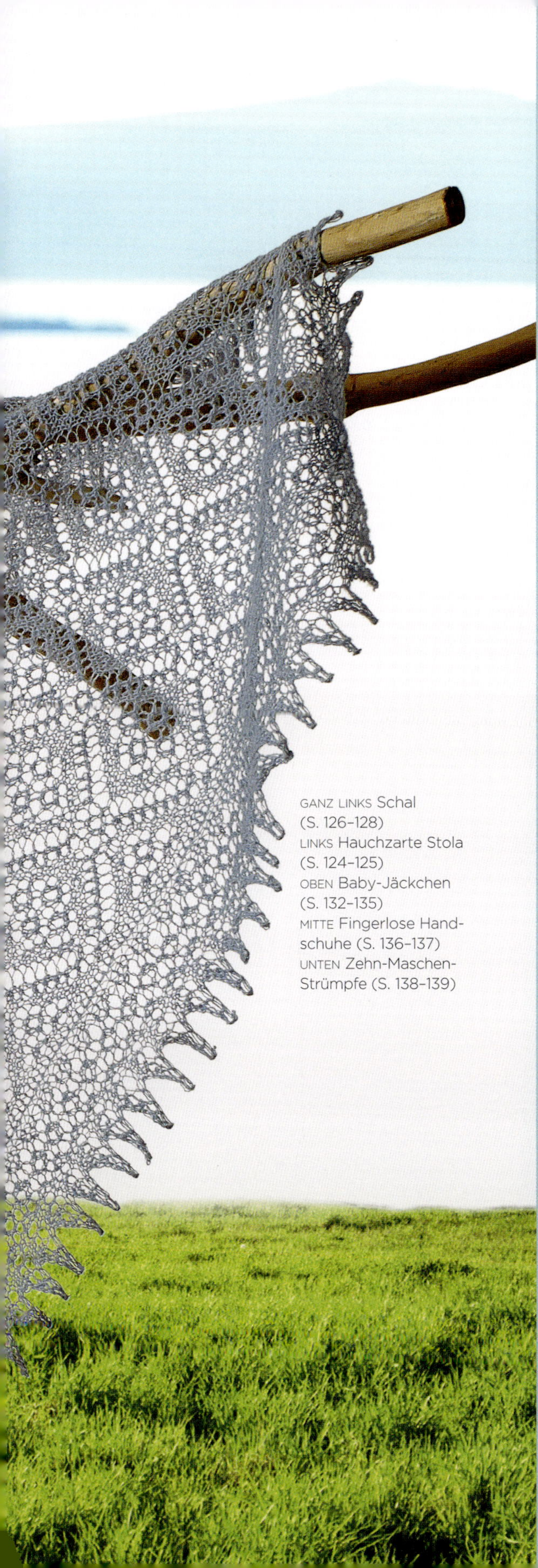

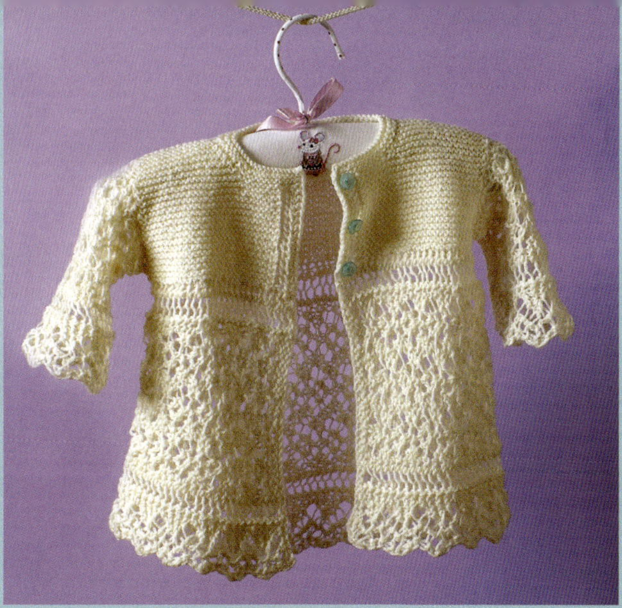

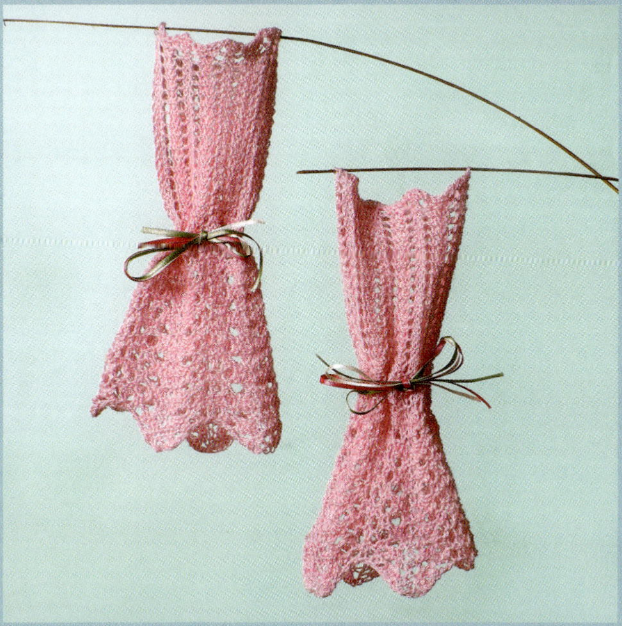

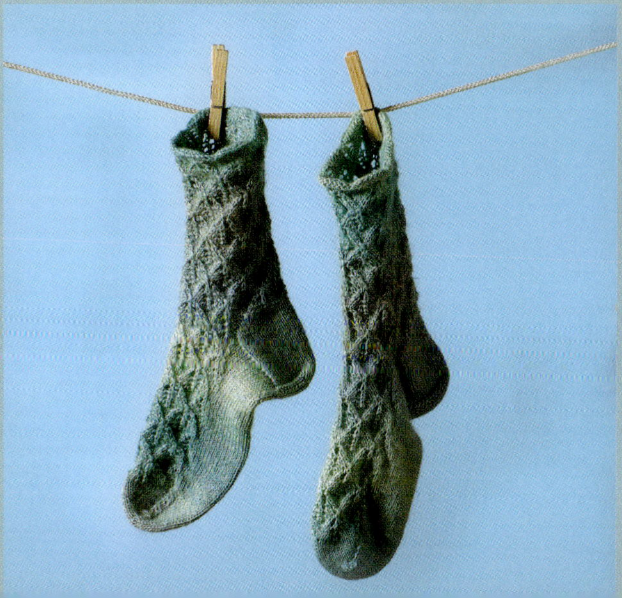

GANZ LINKS Schal (S. 126–128)
LINKS Hauchzarte Stola (S. 124–125)
OBEN Baby-Jäckchen (S. 132–135)
MITTE Fingerlose Handschuhe (S. 136–137)
UNTEN Zehn-Maschen-Strümpfe (S. 138–139)

MATERIAL

- 35 g (550 m) einfädiges Garn
- Ein Paar Stricknadeln 3 mm (Nr. 2)
- Reihenzähler
- Garnrest

GRÖSSE

Ca. 65 x 65 cm

MASCHENPROBE

Ca. 20 M und 44 R = 10 x 10 cm im Muster des Mittelteils. Das Tuch ist sehr dehnbar.

ALTERNATIVE MUSTER:

Mittelteil:

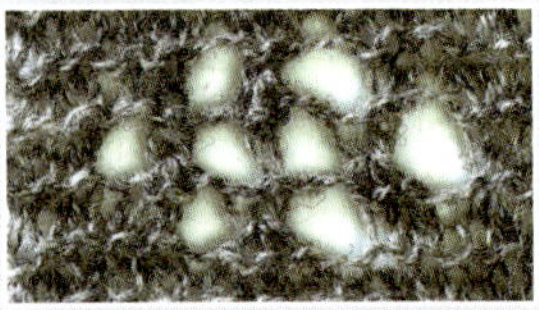

Fancy Net (S. 74)

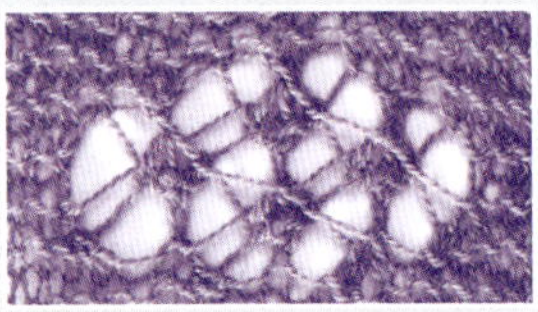

Bead Cluster (S. 95)

Lace-Blende:

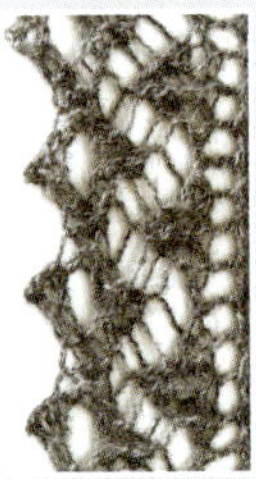

Bead Einsatz (S. 63)

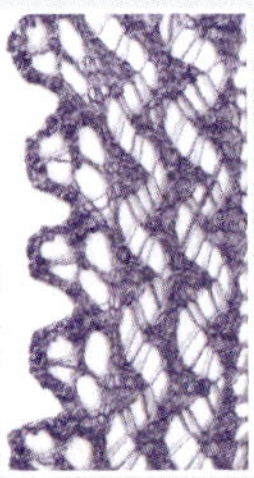

Victorian Zigzag Lace, (S. 103)

Hauchzarte Stola

Aus feinstem Garn hergestellt, lässt sich das federleichte und doch wärmende Schultertuch mühelos durch einen Trauring ziehen. Da die Umschläge nur in den Hinreihen erfolgen, ist es nicht schwer zu stricken.

Lace-Blende

Mit einem Hilfsfaden 11 M anschl. Mit dem Strickgarn 108 Mal die 8 R der Strickschrift für die Blende str. Die M für den Maschenstich auf einen Hilfsfaden legen.

Mittelteil

Auf der Vorder-S von der Anschlagkante aus mit einer Nadel insges. 216 M aus dem geraden Rand der Borte aufnehmen (1 M aus jeder li abgeh M). Auf der Rück-S mit der zweiten Nadel ab den M auf dem Hilfsfaden insges. 216 M aus dem geraden Rand der Borte aufnehmen (1 M aus jeder li abgeh M). Die Nadelspitzen sollen in der Mitte der Blende zueinander zeigen. Auf der Rück-S einen Faden anschlingen und HIN- UND RÜCK-R wie folgt arbeiten:

Reihe 1 (Hin-R): 1 M li abh, 103 M re, abh abh re zus str, wenden

Reihe 2 (Rück-R): wie Reihe 1

Nun diese 105 M nach der Strickschrift für den Mittelteil abstr, dabei den 20 M-Rapport 4 Mal pro R str und am Ende jeder R wie gezeigt abn. Die 44 R des Zählmusters insges. 5 Mal arb.

Folg R: 1 M li abh, re M bis R-Ende

Ausarbeitung

Die restlichen Maschen des Mittelteils mit Maschenstich an die aufgen M am Ende der Blende anfügen. Den Hilfsfaden vom Beginn der Blende entfernen und diese M an die auf der Nadel liegenden M am Ende des Lace-Musters anfügen. Alle Fadenenden vernähen. Stola waschen und spannen. Fadenenden nach dem Trocknen abschneiden.

Strickschrift Mittelteil

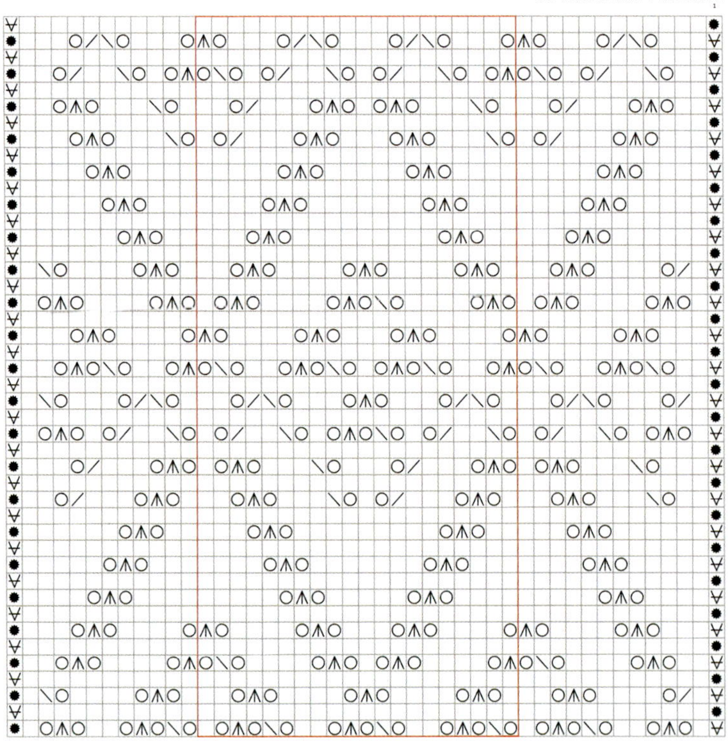

Strickschrift Blende

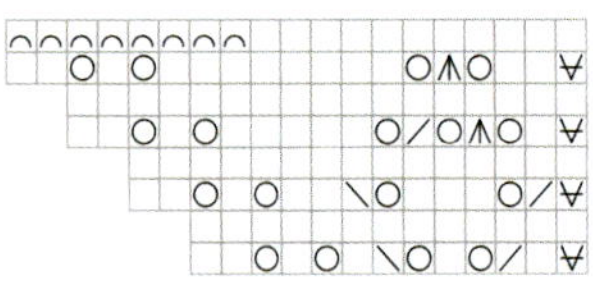

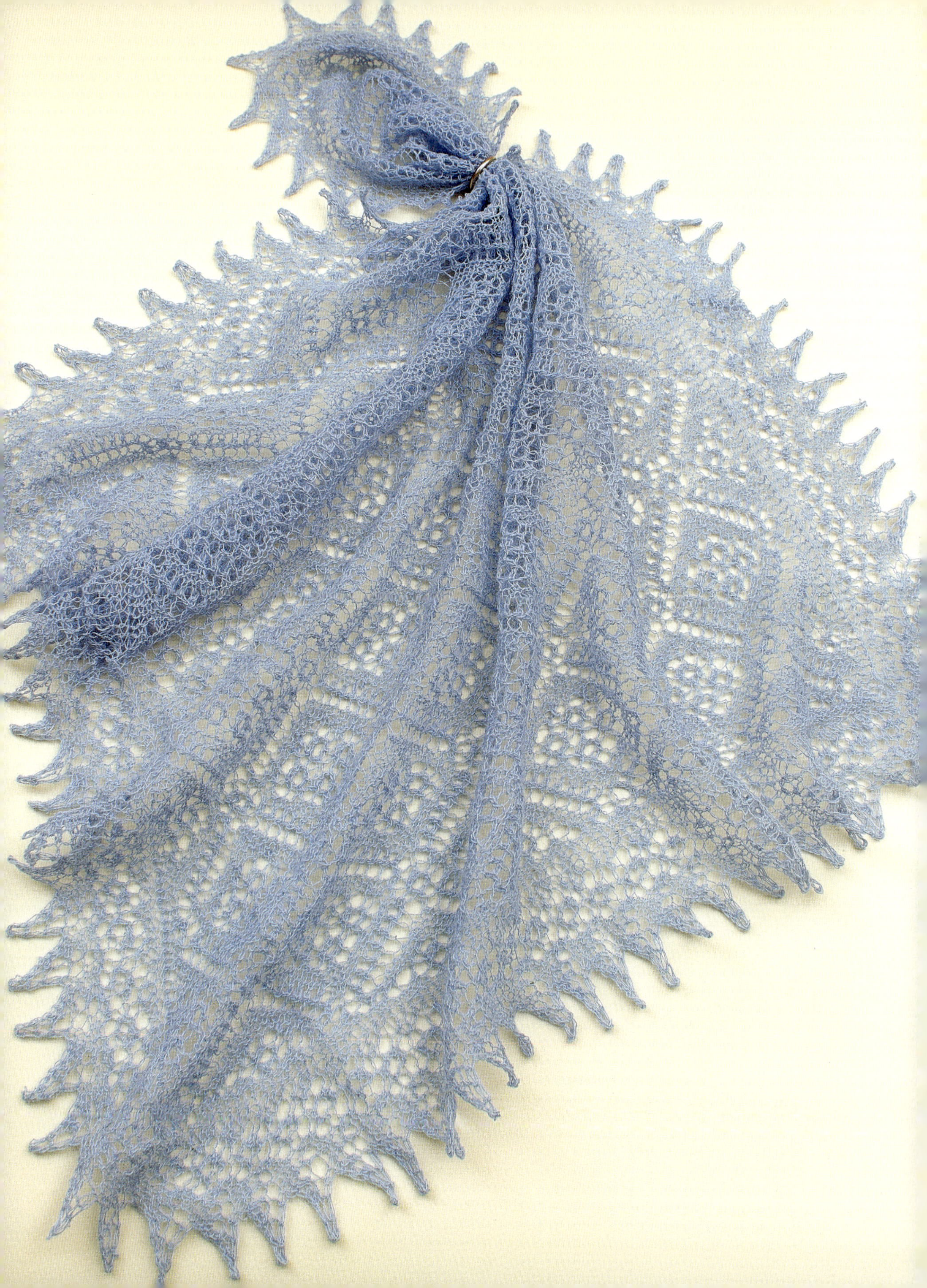

MATERIAL
- 150 g (375 m) Aran-Garn
- Ein Paar Stricknadeln 8 mm (Nr. 11)
- Reihenzähler
- Sticknadel

GRÖSSE

Schal von 30 cm Breite und 152 cm Länge. Die Länge ist einfach veränderbar. Die Mütze ist sehr dehnbar und passt Jugendlichen und Erwachsenen mit einem Kopfumfang von bis zu 59 cm.

MASCHENPROBE

12 M und 24 R kraus rechts = 10 x 10 cm

ALTERNATIVE MUSTER:

Anstelle von Cat's Paw:

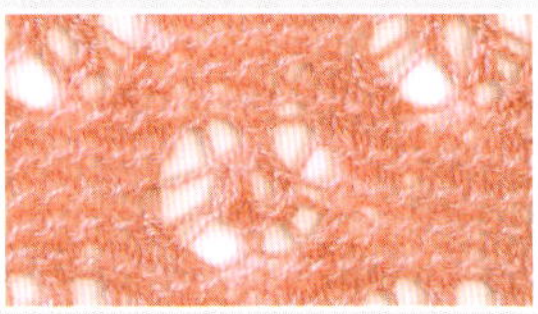

Spider als Einzelmotiv (S. 64)

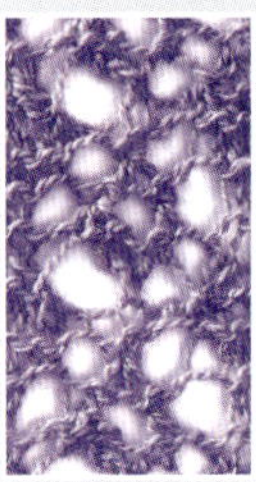

Bead als Einsatz (S. 63)

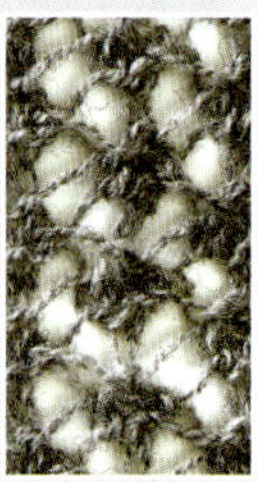

Eyelid als Einsatz (S. 65)

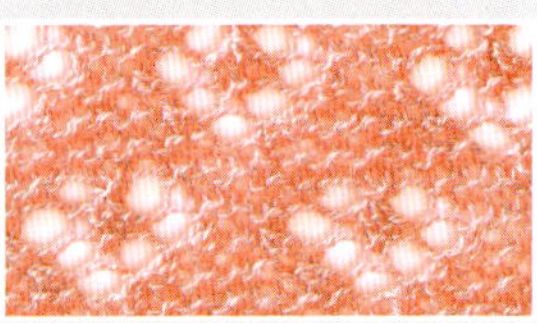

Strawberry (S. 71)

Mütze und Schal

Das wärmende Set ist schnell gestrickt. Der Schal besteht aus Cat's Paw und drei Einsätzen, aber Sie können gern andere Einzelmotive wählen.

Schal

33 M anschl und 1 R re M stricken. Die 24 R der Strickschrift für den Schal 10 Mal oder bis zur gewünschten Länge str. Nach Reihe 12 abketten.

Anleitung Schal

Reihe 1: 1 M li abh, 1 M re, U, 2 M re zus str, U, 5 M re, U, 3 M re verschr zus str, U, 2 M re, 2 M re zus str, U, 1 M re, U, abh abh re zus str, 2 M re, U, 3 M re verschr zus str, U, 5 M re, U, abh abh re zus str, U, 2 M re

Reihe 2 und alle Rück-R: 1 M li abh, re M bis R-Ende

Reihe 3: 1 M li abh, 1 M re, U, 2 M re zus str, U, 6 M re, U, 3 M re verschr zus str, U, 1 M re, 2 M re zus str, U, 3 M re, U, abh abh re zus str, 1 M re, U, 3 M re verschr zus str, U, 6 M re, U, abh abh re zus str, U, 2 M re

Reihe 5: 1 M li abh, 1 M re, U, 2 M re zus str, U, 7 M re, 2 Mal [U, 3 M re verschr zus str, U, 3 M re], U, 3 M re verschr zus str, U, 7 M re, U, abh abh re zus str, U, 2 M re

Reihe 7: 1 M li abh, 1 M re, U, 2 M re zus str, U, 8 M re, U, 3 M re verschr zus str, U, 9 M re, U, 3 M re verschr zus str, U, 8 M re, U, abh abh re zus str, U, 2 M re

Reihe 9: 1 M li abh, 1 M re, U, 2 M re zus str, 2 Mal [U, 2 M re, 2 M re zus str, U, 1 M re, U, abh abh re zus str, 2 M re, U, 3 M re verschr zus str], U, 2 M re, 2 M re zus str, U, 1 M re, U, abh abh re zus str, 2 M re, U, abh abh re zus str, U, 2 M re

Reihe 11: 1 M li abh, 1 M re, U, 2 M re zus str, U, 2 M re, 2 Mal [2 M re zus str, U, 3 M re, U, abh abh re zus str, 1 M re, U, 3 M re verschr zus str, U, 1 M re], 2 M re zus str, U, 3 M re, U, abh abh re zus str, 2 M re, U, abh abh re zus str, U, 2 M re

Reihe 13: 1 M li abh, 2 Mal [abh abh re zus str, U], abh abh re zus str, 2 M re, 4 Mal [U, 3 M re verschr zus str, U, 3 M re], U, 3 M re verschr zus str, U, 2 M re, 2 Mal [2 M re zus str, U], 2 M re zus str, 1 M re

Reihe 15: 1 M li abh, 2 Mal [abh abh re zus str, U], abh abh re zus str, 7 M re, U, 3 M re verschr zus str, U, 9 M re, U, 3 M re verschr zus str, U, 7 M re, 2 Mal [2 M re zus str, U], 2 M re zus str, 1 M re

Reihe 17: 1 M li abh, 2 Mal [abh abh re zus str, U], abh abh re zus str, 6 M re, U, 3 M re verschr zus str, U, 2 M re, 2 M re zus str, U, 1 M re, U, abh abh re zus str, 2 M re, U, 3 M re verschr zus str, U, 6 M re, 2 Mal [2 M re zus str, U], 2 M re zus str, 1 M re

Reihe 19: 1 M li abh, 2 Mal [abh abh re zus str, U], abh abh re zus str, 5 M re, U, 3 M re verschr zus str, U, 1 M re, 2 M re zus str, U, 3 M re, U, abh abh re zus str, 1 M re, U, 3 M re verschr zus str, U, 5 M re, 2 Mal [2 M re zus str, U], 2 M re zus str, 1 M re

Reihe 21: 1 M li abh, 2 Mal [abh abh re zus str, U], abh abh re zus str, 4 M re, 2 Mal [U, 3 M re verschr zus str, U, 3 M re], U, 3 M re verschr zus str, U, 4 M re, 2 Mal [2 M re zus str, U], 2 M re zus str, 1 M re

Reihe 23: 1 M li abh, 2 Mal [abh abh re zus str, U], abh abh re zus str, 3 M re, U, 3 M re verschr zus str, U, 9 M re, U, 3 M re verschr zus str, U, 3 M re, 2 Mal [2 M re zus str, U], 2 M re zus str, 1 M re

Reihe 24: wie Reihe 2

Strickschrift Schal

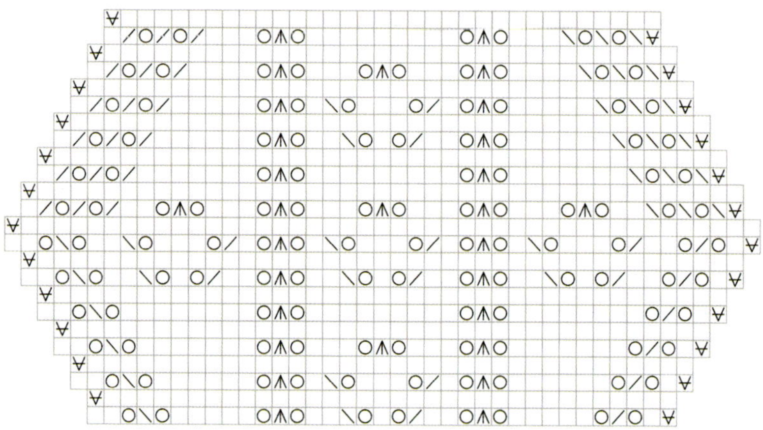

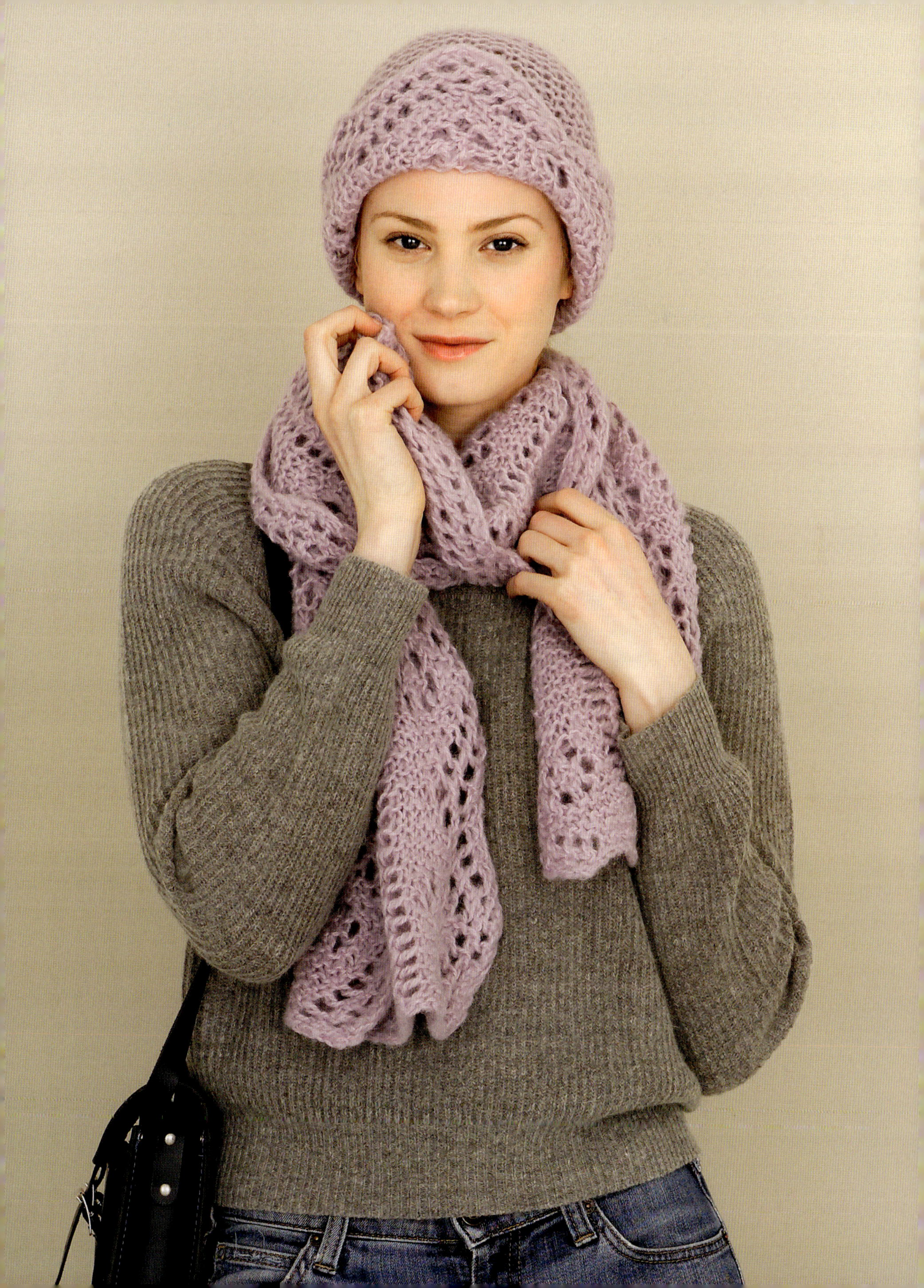

Mütze

9 M anschl und 1 R re M. Die 24 R der Strickschrift für die Mütze 4 Mal arb, dann abk. Für das Kopfteil 48 M aus dem geraden Rand der Krempe aufn [je 1 M aus jeder li abgeh M]. 24 R re M.

Anleitung Kopfteil

Reihe 1: *6 M re, 2 M re zus str. Ab * fortlfd wdh bis R-Ende
Reihen 2, 4, 6, 8: re M
Reihe 3: *5 M re, 2 M re zus str. Ab * fortlfd wdh bis R-Ende
Reihe 5: *4 M re, 2 M re zus str. Ab * fortlfd wdh bis R-Ende
Reihe 7: *3 M re, 2 M re zus str. Ab * fortlfd wdh bis R-Ende
Reihe 9: *2 M re, 2 M re zus str. Ab * fortlfd wdh bis R-Ende
Reihe 10: *1 M re, 2 M re zus str. Ab * fortlfd wdh bis R-Ende
Reihe 11: 2 M re zus str bis R-Ende.
Faden abschn und durch die restl 6 M ziehen.

Anleitung Krempe

Reihe 1: 1 M li abh, 4 M re, U, abh abh re zus str, U, 2 M re
Reihe 2 und alle Rück-R: 1 M li abh, re M bis R-Ende
Reihe 3: 1 M li abh, 5 M re, U, abh abh re zus str, U, 2 M re
Reihe 5: 1 M li abh, 6 M re, U, abh abh re zus str, U, 2 M re
Reihe 7: 1 M li abh, 7 M re, U, abh abh re zus str, U, 2 M re
Reihe 9: 1 M li abh, 1 M re, 2 M re zus str, U, 1 M re, U, abh abh re zus str, 2 M re, U, abh abh re zus str, U, 2 M re
Reihe 11: 1 M li abh, 2 M re zus str, U, 3 M re, U, abh abh re zus str, 2 M re, U, abh abh re zus str, U, 2 M re
Reihe 13: 1 M li abh, 2 M re, U, 3 M re verschr zus str, U, 2 M re, 2 Mal [2 M re zus str, U], 2 M re zus str, 1 M re
Reihe 15: 1 M li abh, 6 M re, 2 Mal [2 M re zus str, U], 2 M re zus str, 1 M re
Reihe 17: 1 M li abh, 5 M re, 2 Mal [2 M re zus str, U], 2 M re zus str, 1 M re
Reihe 19: 1 M li abh, 4 M re, 2 Mal [2 M re zus str, U], 2 M re zus str, 1 M re
Reihe 21: 1 M li abh, 3 M re, 2 Mal [2 M re zus str, U], 2 M re zus str, 1 M re
Reihe 23: 1 M li abh, 2 M re, 2 Mal [2 M re zus str, U], 2 M re zus str, 1 M re
Reihe 24: 1 M li abh, re M bis R-Ende

Ausarbeitung

Nähte schließen, dabei die Naht für die Krempe umkehren. Fäden vernähen. Mütze und Schal waschen und liegend trocknen, dabei die Festonbögen in Form ziehen. Die Krempe umschlagen.

Strickschrift Mütze

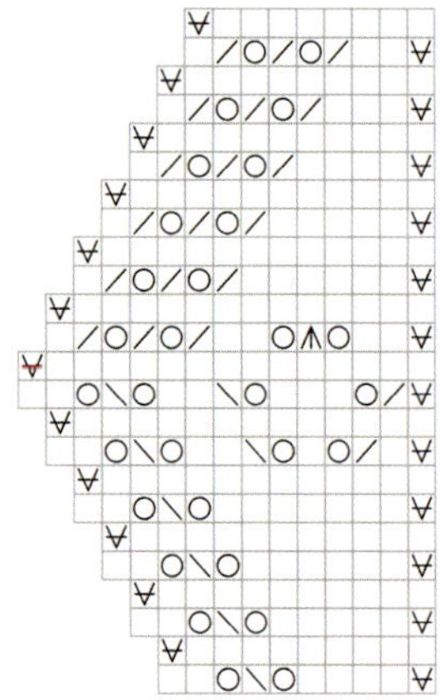

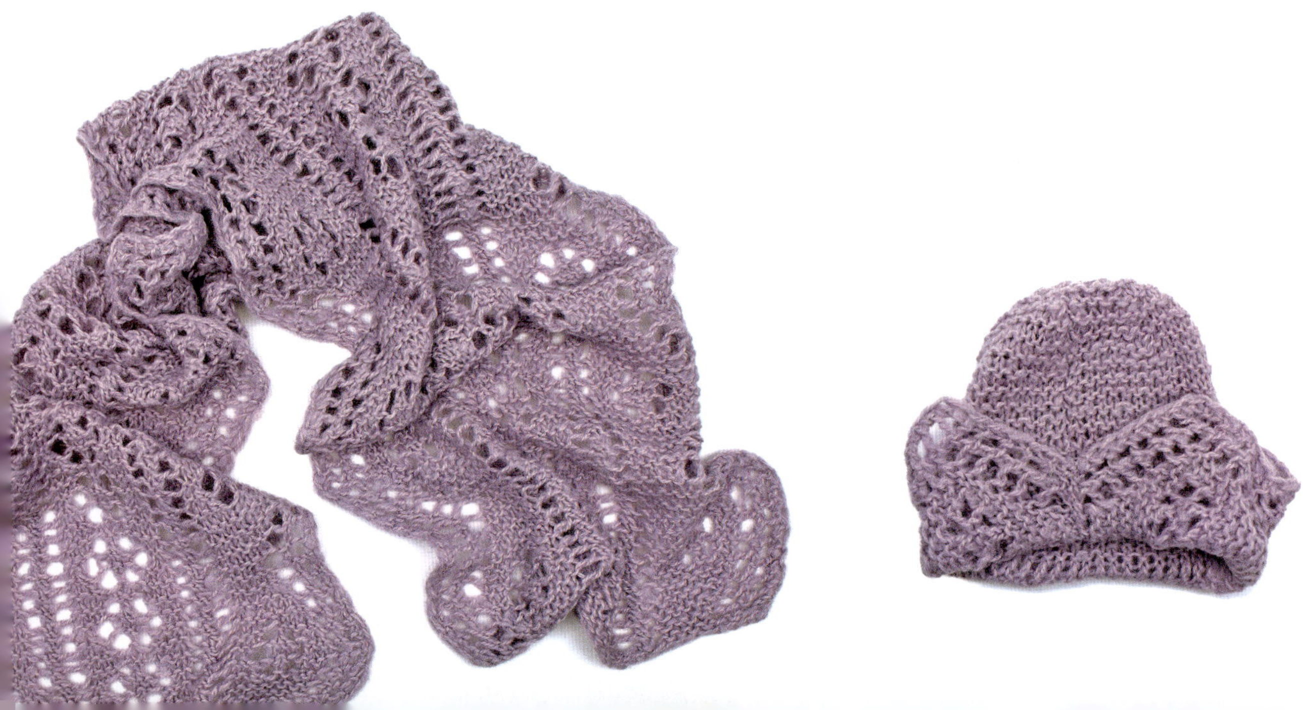

Schultertuch

Das Tuch ist eine moderne Version des klassischen Hap Shawls, wie ihn die Frauen auf den Shetland- und Orkneyinseln seit Generationen tragen. Wenn es kühl wird, legt man es einfach über die Schultern.

ATERIAL

150 g (550 m) Garn A plus je 10 g (37 m) Garn B und C; alle vierfädig

Ein Paar Stricknadeln 6 mm (Nr. 10)

80 cm lange Rundnadel 6 mm (Nr. 10)

Reihenzähler

4 Maschenmarkierer

Garnrest

Sticknadel

RÖSSE

a. 85 x 85 cm

ASCHENPROBE

a. 12 M und 24 R = 10 x 10 m im Muster des Mittelteils. as Tuch ist sehr dehnbar.

LTERNATIVE MUSTER:

ittelteil:

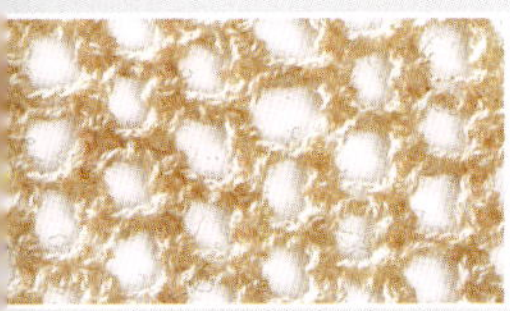

at's Eye (S. 55)

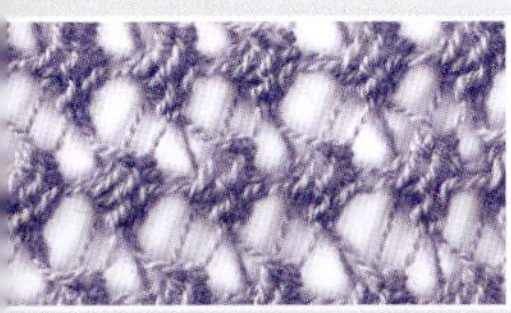

ead Pattern (S. 59)

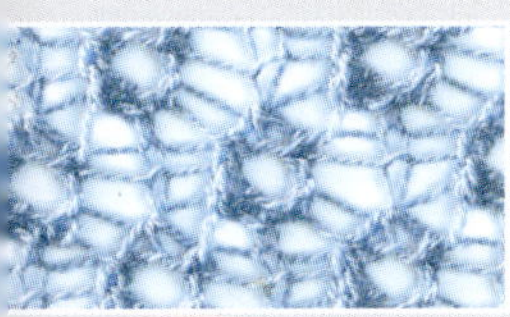

ird's Eye (S. 59)

ace-Blende:

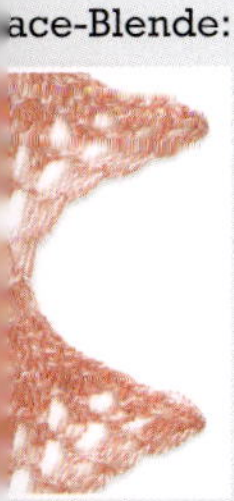

nall Triangle ace (S. 58)

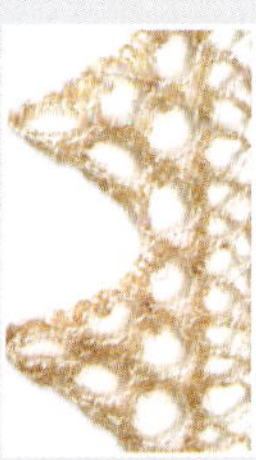

Vandyke Lace, (S. 61)

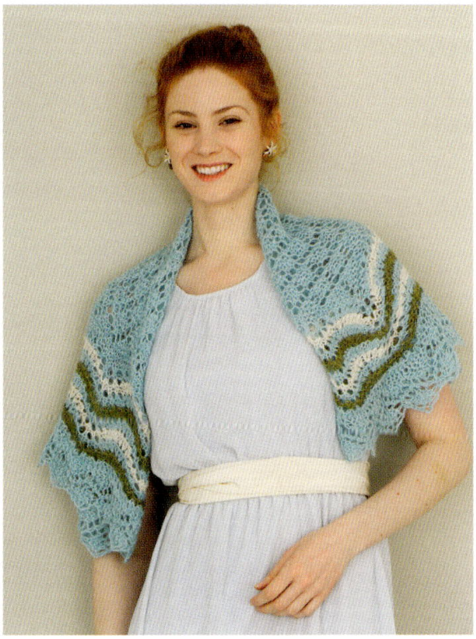

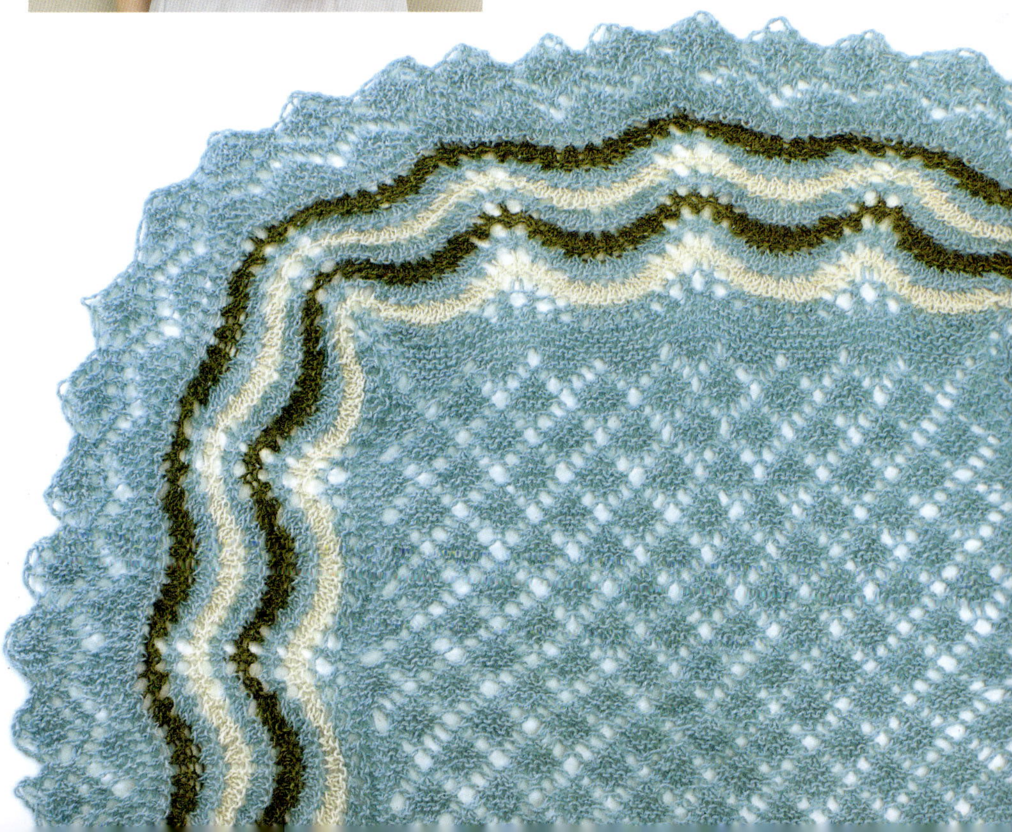

Mittelteil

Mit geraden Nadeln und einem Garnrest 59 M anschl. Mit Garn A wie folgt weiterarb:

Rand-R: 1 M li abh, re M bis R-Ende. Die Rand-R noch 3 Mal wdh. Nach der Strickschrift 9 Mal die 12 R des Mittelteils str, dann 4 Mal die Rand-R. Faden nicht abschneiden.

Anleitung Mittelteil

Reihe 1: 1 M li abh, *2 M re zus str, U, 4 M re. Ab * fortlfd wdh bis auf die letzten 4 M, 2 M re zus str, U, 2 M re
Reihe 2 und alle Rück-R: 1 M li abh, re M bis R-Ende
Reihe 3: 1 M li abh, 1 M re, *1 M re, U, abh abh re zus str, 1 M re, 2 M re zus str, U. Ab * fortlfd wdh bis auf die letzten 3 M, 3 M re
Reihe 5: 1 M li abh, *3 M re, U, 3 M re verschr zus str, U. Ab * fortlfd wdh bis auf die letzten 4 M, 4 M re
Reihe 7: 1 M li abh, *3 M re, 2 M re zus str, U, 1 M re. Ab * fortlfd wdh bis auf die letzten 4 M, 4 M re
Reihe 9: 1 M li abh, 1 M re, *1 M re, 2 M re zus str, U, 1 M re, U, abh abh re zus str . Ab * fortlfd wdh bis auf die letzten 3 M, 3 M re
Reihe 11: 1 M li abh, 1 M re, 2 M re zus str, U, *3 M re, U, 3 M re verschr zus str, U. Ab * fortlfd wdh bis auf die letzten 7 M, 3 M re, U, abh abh re zus str, 2 M re
Reihe 12: 1 M li abh, re M bis R-Ende

Bordüre

Mit dem gleichen Garn und der Rundnadel weiter wie folgt arb:

Runde 1: 59 M re, MM einf, 59 M re aufnehmen und bis zum Hilfsfaden an der Anschlagkante str (1 re M in jede li abgeh M der R-Enden des Mittelteils), MM einf, Hilfsfaden am Anfang des Mittelteils entfernen und diese 59 M re str, MM einf, am Seitenrand des Mittelteils 59 M re aufn. MM einf. Verbinden und in Rd weiterarb.
Runde 2: *29 M li, 1 M zun, re M bis zum nächsten MM, MM abh. Ab * fortlfd wdh bis Rd-Ende. 4 Mal 60 M
Runde 3: * 3 Mal [U, je 1 M re in vord u. hint M-Glied], 3 Mal [U, 2 M re zus str] bis 3 M vor dem nächsten MM, [U, je 1 M re in vord u. hint M-Glied], MM abh. Ab * fortlfd wdh bis Rd-Ende. 4 Mal 72 M
Runde 4: li M

Zu Garn B wechseln und im Old Shale-Muster (S.108) wie folgt weiterarb:

Runde 1: * 3 Mal [U, 1 M re], 6 Mal je 2 M re zus str, 3 Mal [U, 1 M re]. Ab * fortlfd wdh bis Rd-Ende
Runde 2: li M
Runden 3 und 4: re M

Diese 4 Runden mit Garn A wdh, dann mit Garn C, dann mit Garn A, dann mit Garn B, dann mit Garn A, dann mit Garn C. Mit Rd 1 bis 3 in Garn A abschließen. Faden nicht abschn.

Strickschrift Mittelteil

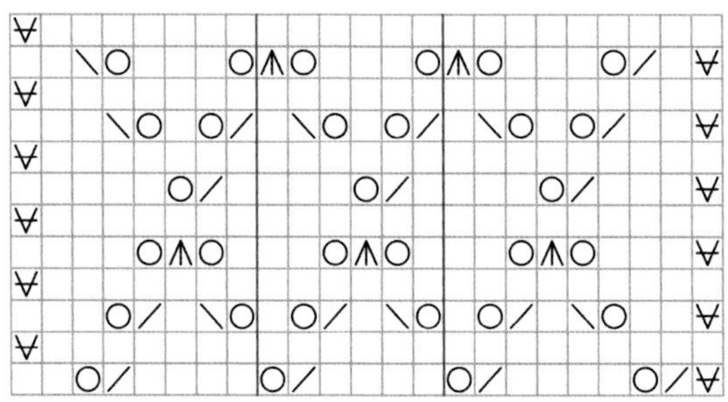

Lace-Blende

Mit geraden Nadeln und Garnrest 9 M anschl und 1 R re str. Mit Garn A ab Bordüre nach der Strickschrift für die Blende diese M abstr, dabei aufpassen, dass bei jedem 12. R-Rapport 6 M von der Bordüre abgen werden (1 am Ende jeder Rück-R). Sobald alle M abgen sind, den Hilfsfaden vom Beginn des Lace-Musters entf und die beiden R (noch) offener M mit Maschenstich verb.

Anleitung Blende

Reihe 1: 1 M li abh, 2 M re, 2 Mal [2 M re zus str, U], 1 M re, U, 1 M re
Reihe 2: 1 M li abh, 8 M re, lMnM
Reihe 3: 1 M li abh, 1 M re, 2 Mal [2 M re zus str, U], 3 M re, U, 1 M re
Reihe 4: 1 M li abh, 9 M re, lMnM
Reihe 5: 1 M li abh, 2 Mal [2 M re zus str, U], 5 M re, U, 1 M re
Reihe 6: 1 M li abh, 10 M re, lMnM
Reihe 7: 1 M li abh, 2 M re, 2 Mal [U, abh abh re zus str], 1 M re, 2 M re zus str, U, 2 M re zus str
Reihe 8: 1 M li abh, 9 M re, lMnM
Reihe 9: 1 M li abh, 3 M re, U, abh abh re zus str, U, 3 M re verschr zus str, U, 2 M re zus str
Reihe 10: 1 M li abh, 8 M re, lMnM
Reihe 11: 1 M li abh, 4 M re, U, abh abh re zus str, 1 M re, 2 M re zus str
Reihe 12: 1 M li abh, 7 M re, lMnM

Ausarbeitung

Fadenenden vernähen. Waschen, spannen und nach dem Trocknen alle Fadenenden abschneiden.

Strickschrift Lace

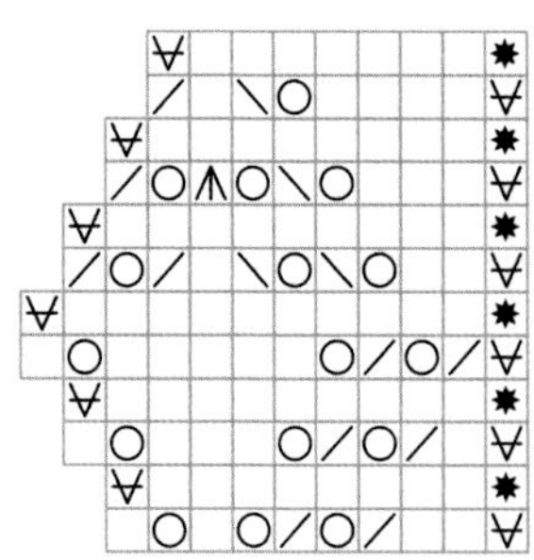

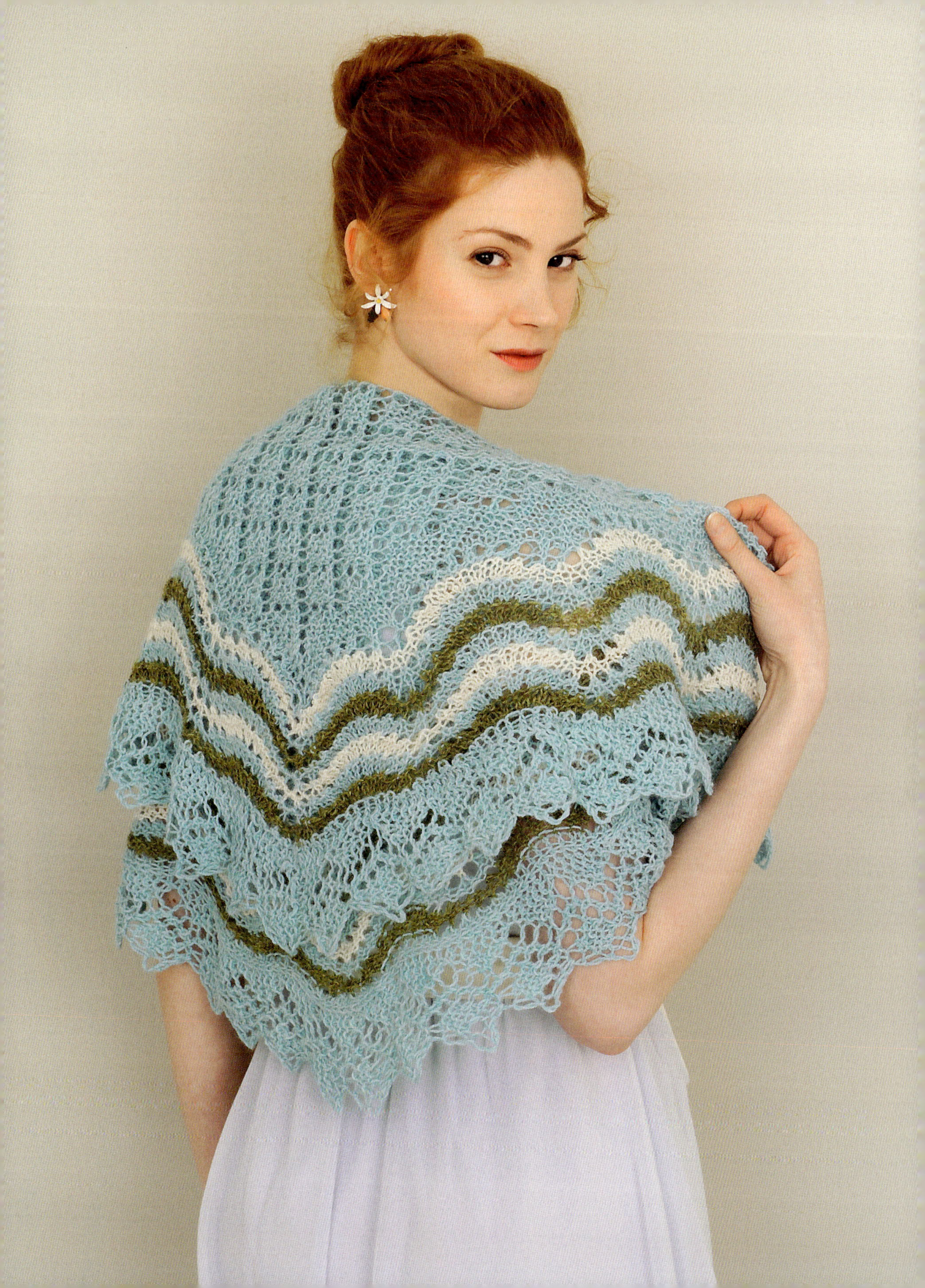

MATERIAL
- 100 g (460 m) dreifädiges Garn
- Je ein Paar Stricknadeln 3,5 mm (Nr. 4) und 4,5 mm (Nr. 7)
- Reihenzähler
- Garnrest
- Sticknadel
- Ggf. 2 m schmales Bändchen
- 3 kleine Knöpfe (Durchm. 9 mm) für das Jäckchen

GRÖSSE

Für Kindern von drei bis neun Monaten. Die Jacke hat einen Brustumfang von 46 cm und ist 28 cm lang; die Ärmel sind 13 cm lang.

Die Fäustlinge sind 13 cm lang und haben einen Umfang von 15 cm.

Das Häubchen ist rings um das Gesicht 30 cm weit.

Das Set ist sehr dehnbar.

MASCHENPROBE

28 M und 56 Reihen = 10 x 10 cm kraus rechts mit Nadeln 3,5 mm (Nr. 4) gestrickt u. nicht gedehnt. Mustersätze mit Nadeln 3 mm (Nr. 3).

ALTERNATIVE MUSTER:

Anstelle des Spider-Musters:

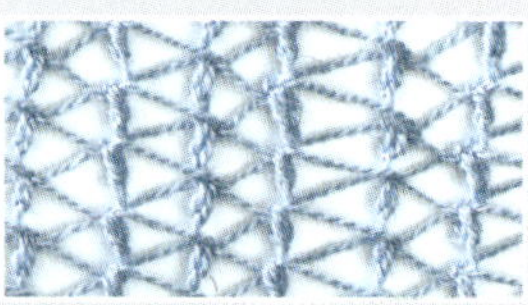

Faggotting (S. 53)

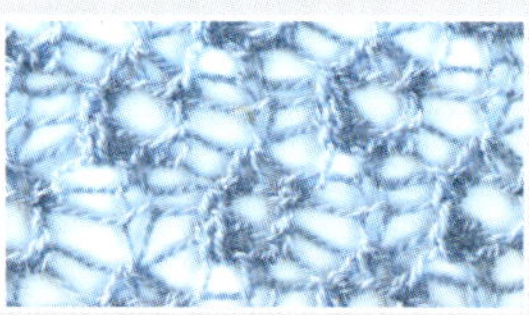

Bird's Eye (S. 59)

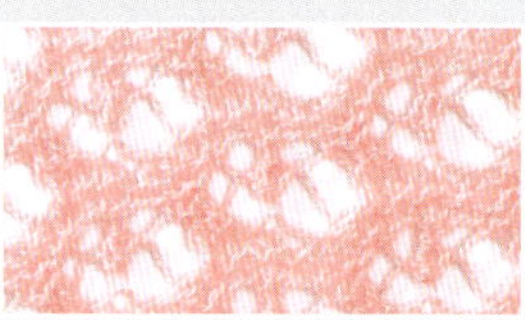

Flee als Einzelmotiv (S. 62)

Baby-Set

Nehmen Sie für dieses Set ein maschinenwaschbares Wollgarn. Es hält das Baby schön warm, ist aber leicht zu waschen und zu trocknen – die beste Garantie dafür, dass es oft getragen wird und viele Komplimente einbringt.

Fäustlinge

Manschette

Mit Stricknadeln 4,5 mm (Nr. 7) 11 M anschl u. 1 R re M str. Die 8 R der Strickschrift für die Fäustlinge 6 Mal stricken und dann abk.

Hand

Mit Nadeln 3,5 mm (Nr. 4) auf der Vorder-S aus der geraden Kante der Manschette 24 M aufn (1 M in jede li abgeh M).

Reihe 1 (Vorder-S): *1 M re, je 1 M re in vord u. hint M-Glied, 1 M re. Ab * fortlfd wdh bis R-Ende. 32 M

Reihe 2: re M

Reihe 3: *1 M re, U, abh abh re zus str, 1 M re. Ab * fortlfd wdh bis R-Ende

Strickschrift Fäustlinge

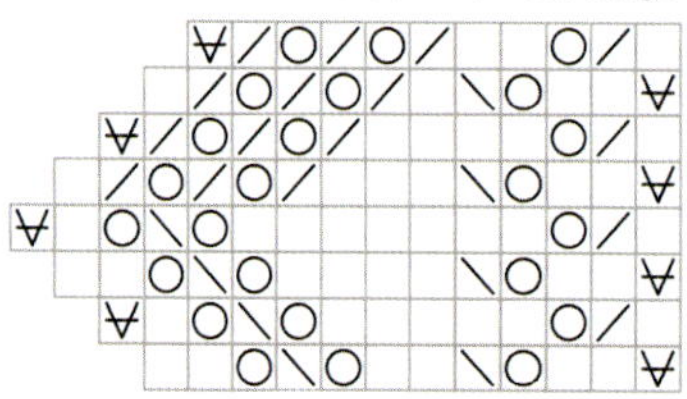

Reihen 4 bis 30: re M

Reihe 31: *2 M re, 2 M re zus str. Ab * fortlfd wdh bis R-Ende

Reihe 32: re M

Reihe 33: *1 M re, 2 M re zus str. Ab * fortlfd wdh bis R-Ende

Reihe 34: re M

Reihe 35: 2 M re zus str bis R-Ende. Faden abschn u. durch die restl M ziehen.

Ausarbeitung

Seitennähte schließen und Fadenenden vernähen. Waschen und liegend trocknen, die Spitzen der Borte am Handgelenk feststecken. Aus dem Garn zwei ca. 30 cm lange Kordeln herstellen und durch die Löcher des Ladder-Einsatzes fädeln (oder Bändchen dafür nehmen).

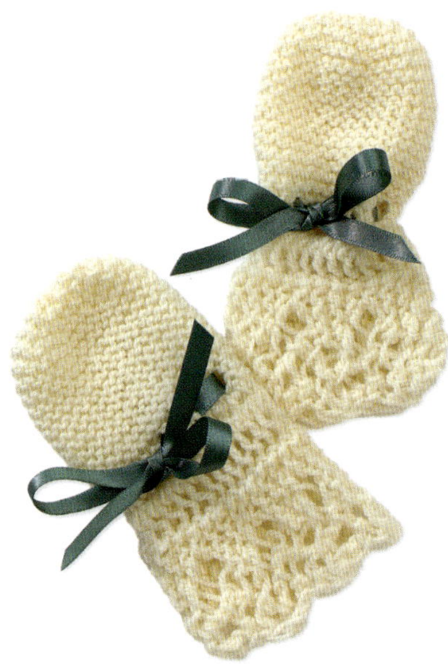

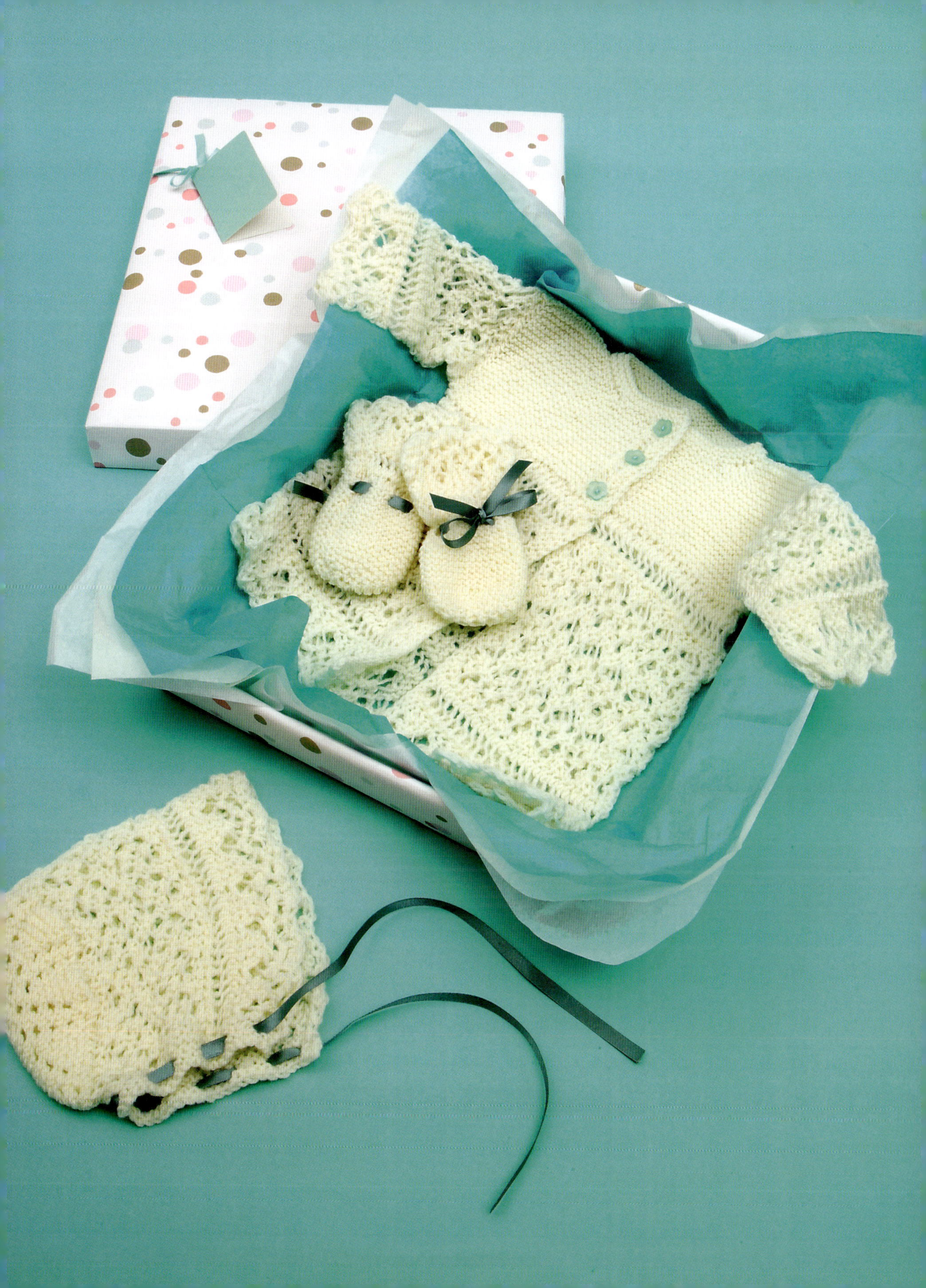

Häubchen

Spitzenbesatz

Mit Stricknadeln 4,5 mm (Nr. 7) und einem Garnrest 24 M anschl. Mit dem Strickgarn 1 R re M. Die 8 R der Strickschrift für Mütze und Ärmel 12 Mal stricken.

Folg R (Vorder-S): 1 M li abh, 2 M re, U, 3 M re verschr zus str, U, re M bis R-Ende. Diese 24 M auf einen Hilfsfaden legen.

Hinterkopf

Mit Nadeln 3,5 mm (Nr. 4) von der Vorder-S des Spitzenrands 49 M aus der geraden Kante der Spitze aufn (1 M in jede li abgeh M). Diese M mit neuem Faden wie folgt abstr: 1 M re, [1 M re, U, 1 M re] bis R-Ende. 73 M

Reihe 1: 1 M re, *2 M re, 2 M re zus str, U, 3 M re verschr zus str, U, abh abh re zus str, 3 M re. Ab * fortlfd wdh bis R-Ende
Reihen 2 bis 4: 1 M li abh, re M bis R-Ende
Reihe 5: 1 M re, *1 M re, 2 M re zus str, U, 3 M re verschr zus str, U, abh abh re zus str, 2 M re. Ab * fortlfd wdh bis R-Ende
Reihen 6 bis 8: 1 M li abh, re M bis R-Ende
Reihe 9: 1 M re, *2 M re zus str, U, 3 M re verschr zus str, U, abh abh re zus str, 1 M re. Ab * fortlfd wdh bis R-Ende
Reihen 10 bis 12: 1 M li abh, re M bis R-Ende
Reihe 13: 2 M re zus str, *U, 3 M re verschr zus str. Ab * fortlfd wdh bis auf die letzten 2 M, abh abh re zus str
Reihen 14 bis 16: 1 M li abh, re M bis R-Ende
Reihe 17: 1 M re, *U, 3 M re verschr zus str. Ab * fortlfd wdh bis auf die letzten 2 M, abh abh re zus str
Reihen 18 bis 20: 1 M li abh, re M bis R-Ende
Reihe 21: 1 M re, 5 Mal 3 M re verschr zus str

Strickschrift Mütze und Ärmel

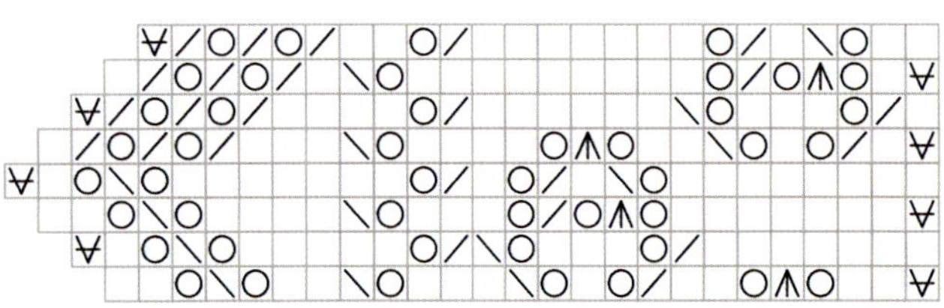

Faden abschneiden und durch die restl 6 M ziehen. Mittig auf Hälfte legen und am Hinterkopf zusammennähen.

Halsansatz

Den Hilfsfaden am Anfang des Besatzes entfernen. Auf der Vorder-S diese 24 M auf eine Nadel 3,5 mm (Nr. 4) legen, 1 M aus dem Ende der rückwärtigen Naht aufn und dann die 24 offenen M vom anderen Ende des Besatzes aufn. 49 M. 2 R re M.

Folg R: 1 M li abh, *1 M re, U, abh abh re zus str, 1 M re. Ab * fortlfd wdh bis R-Ende
Folg R: 1 M li abh, re M bis R-Ende. Diese zwei R noch 2 Mal wdh

Abketten.

Ausarbeitung

Fadenenden vernähen. Die Haube waschen und liegend trocknen, dabei die Spitzen des Besatzes feststecken. Aus Garn eine ca. 75 cm lange Kordel herstellen und durch die Löcher am Halsansatz ziehen oder ein Bändchen dafür nehmen.

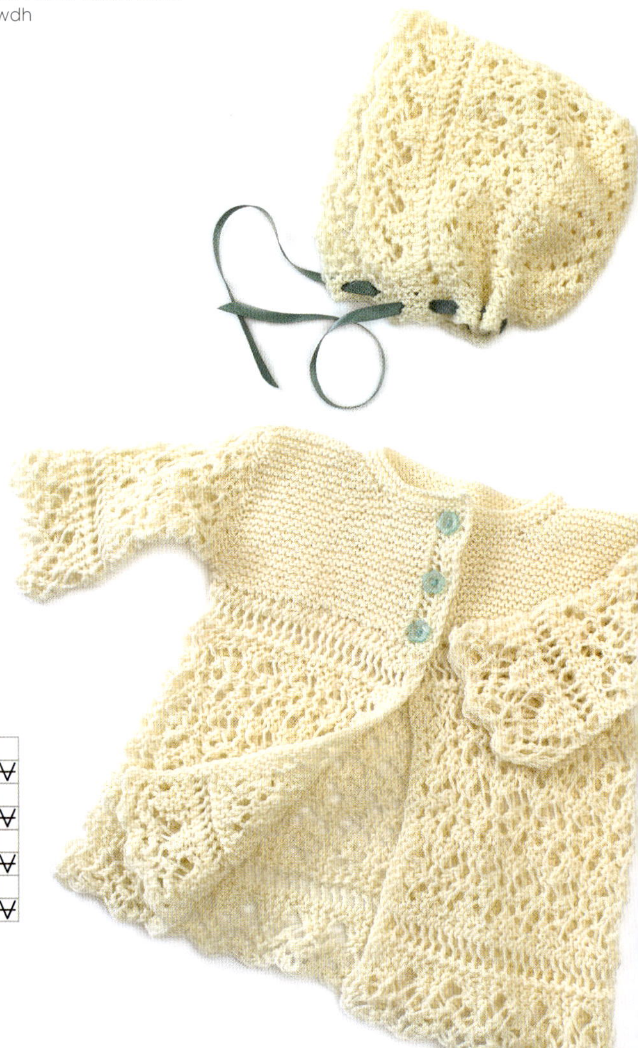

Jäckchen

Ärmel (2 Mal)

Mit Stricknadeln 4,5 mm (Nr. 7) und Garnrest 24 M anschl. Mit dem Strickgarn 1 R re M str. Die 8 R der Strickschrift für Mütze und Ärmel 6 Mal stricken, dann abk.

Schößchen

Mit Stricknadeln 4,5 mm (Nr. 7) 34 M anschl und 3 R re M str. Die 8 R der Strickschrift für die Jacke 24 Mal stricken, dann R 1 bis 5 wdh. 3 R re M. Abk.

Passe

Mit Nadeln 3,5 mm (Nr. 4) von der Vorder-S des Schößchens die 98 Schlingen aus dessen geraden Kanten aufn (1 M in jede li abgeh M). Wie folgt arb:

Reihe 1 (Vorder-S): *1 M re, je 1 M re in vord u. hint M-Glied, 3 M re, je 1 M re in vord u. hint M-Glied, 1 M re. Ab * fortlfd wdh bis R-Ende. 126 M
Reihe 2: 1 M li abh, re M bis R-Ende
Reihe 3: 1 M li abh, 1 M re, 2 M re zus str, U, re M bis auf die letzten 4 M, U, abh abh re zus str, 2 M re
Reihe 4: 1 M li abh, 3 M re, U, abh abh re zus str, re M bis auf die letzten 6 M, 2 M re zus str, U, 4 M re
Reihe 5: 1 M li abh, 1 M re, 2 M re zus str, U, 29 M re. Die folg 60 M für das Rückenteil auf einen Hilfsfaden legen und die restl 33 M für das li Vorderteil auf einen weiteren Hilfsfaden legen. Wenden.
Reihe 6: re M bis auf die letzten 6 M, 2 M re zus str, U, 4 M re

Rechtes Vorderteil

Reihe 1: 1 M li abh, 1 M re, 2 M re zus str, U, re M bis R-Ende
Reihe 2: re M bis auf die letzten 6 M, 2 M re zus str, U, 4 M re.

Mit diesen M weiter str, dabei mit einer abgeh M an der Vorderkante beginnen, nicht jedoch am Rand des Armlochs, bis das Armloch ungedehnt 5 cm groß ist. Auf der Rück-S enden. Halsausschnitt wie folgt str:

Reihe 1 (Vorder-S): 1 M li abh, 11 M re. Diese 12 M für die Halsblende auf einen Hilfsfaden legen. Re M bis R-Ende. 21 M
Reihe 2: re M
Reihe 3: 2 M re zus str, re M bis R-Ende
Reihe 4: re M

Reihen 3 und 4 noch 5 Mal wdh. Die restl 15 M abk.

Rückenteil

Die 60 M für das Rückenteil wieder aufn. Auf der Vorder-S mit neuem Faden 8 cm kraus rechts anstr.

Folg R: 15 M abk, re M bis auf die letzten 15 M str, 15 M abk

Die restl 30 M für die Halsblende auf einen Hilfsfaden legen.

Linkes Vorderteil

Die restl 33 M aufnehmen. Auf der Vorder-S mit neuem Faden die M wie folgt arb:

Reihe 1: re M bis auf die letzten 4 M, U, abh abh re zus str, 2 M re
Reihe 2: 1 M li abh, 3 M re, U, abh abh re zus str, re M bis R-Ende

Mit diesen M weiter str, dabei mit einer abgeh M an der Vorderkante beginnen, nicht jedoch am Rand des Armlochs, bis das Armloch ungedehnt 5 cm groß ist. Auf der Rück-S enden.

Halsausschnitt wie folgt str:

Reihe 1 (Vorder-S): 21 M re. Die restl 12 M der R für die Halsblende auf eine Hilfsnadel legen.
Reihe 2: re M
Reihe 3: re M bis auf die letzten 2 M, abh abh re zus str
Reihe 4: re M

Reihen 3 und 4 noch 5 Mal wdh. Die restl 15 M abk.

Halsblende

Schulternähte schließen. Mit Nadeln 3,5 mm (Nr. 4) auf der Vorder-S am Halsausschnitt des re Vorderteils mit neuem Faden 12 M vom Faden re abstr, 8 M aus dem seitl Halsausschnitt aufn und re str, 30 M vom hinteren Halsausschnitt aufn und re str, 8 M vom li seitl Halsausschnitt aufn und dann die 12 re M vom Halsausschnitt des li Vorderteils str. 70 M 4 R re M str, dabei stets die 1. M li abh. Abk.

Ausarbeitung

Ärmelnähte schließen und die Ärmel in die Armlöcher einnähen. Alle Fadenenden vernähen. Vorn an der Passe die Knöpfe annähen. Waschen und liegend trocknen, dabei die Spitzen feststecken.

Strickschrift Jäckchen

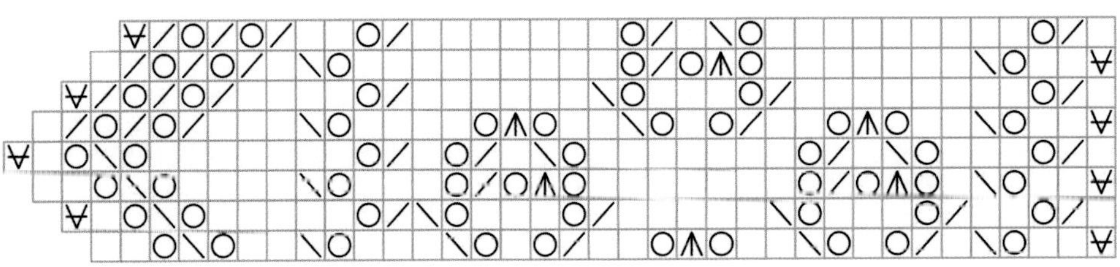

MATERIAL
- 15 g (ca. 155 m) feines Garn (Lace Weight) für alle Größen
- Je ein Paar Stricknadeln 3 mm (Nr. 3), 3,5 mm (Nr. 4) und 4,5 mm (Nr. 7)
- Reihenzähler
- Sticknadel
- 1 m schmales Bändchen

GRÖSSE
Für eine kleine/mittlere/breite Hand, Umfang Handfläche 14/17/19 cm; Handlänge 8/10/13 cm. Die Handschuhe sind sehr dehnbar; die Handlänge lässt sich leicht verändern.

MASCHENPROBE
28 M und 32 Reihen = 10 x 10 cm im Handschuh-Muster mit Nadeln 3 mm (Nr. 3)

ALTERNATIVE MUSTER:
Stulpe:

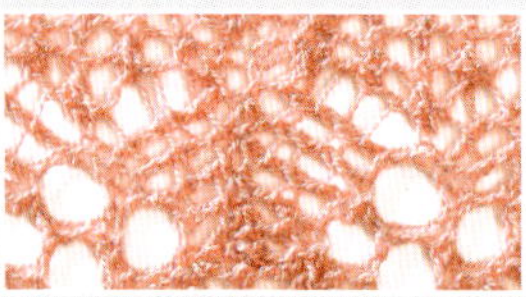

Da Puzzle (S. 101)

Hand:

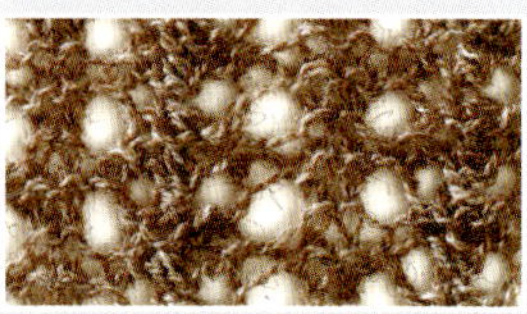

Arches (S. 63)

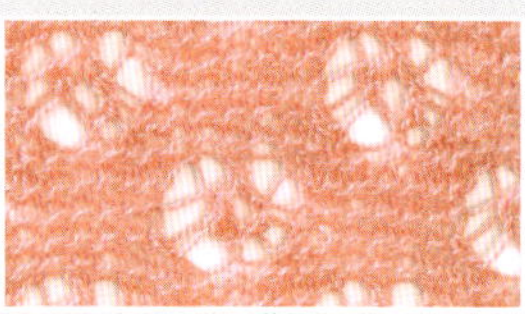

Spider als Einzelmotiv (S. 64)

Fingerlose Handschuhe

Die Handschuhe sind einfach zu stricken, aber ausgesprochen schick. Sie eignen sich bestens als Anfängerstück, auch, wenn Sie bisher noch nie mit feinem Garn gestrickt haben.

Stulpe
Mit Stricknadeln 4,5 mm (Nr.7) 57 M locker anschl. 1 R re M. Die 4 R der Strickschrift insgesamt 3/4/4 Mal arb. Mit Nadeln 3,5 mm (Nr. 4) die Strickschrift nochmals 3/3/4 Mal arb. Die Löcher für das Bändchen entstehen wie folgt: 1 M re, *1 M re, U, abh abh re zus str, 1 M re. Ab * fortlfd wdh bis R-Ende. 3 R re M.

Anleitung Stulpe
Reihe 1: *1 M re, 4 M re verschr, 5 Mal [U, 1 M re], U, 4 M re verschr zu str. Ab * fortlfd wdh bis End-M, 1 M re
Reihen 2 bis 4: re M

Nun entspr. der gewünschten Größe wie folgt abn:

Kleine Hand: 2 Mal 2 M re zus str, *2 M re zus str, 2 M re. Ab * fortlfd wdh bis auf die letzten 5 M, 2 M re zus str, 3 M re. 42 M
Mittlere Hand: *5 M re, 2 M re zus str. Ab * fortlfd wdh bis End-M, 1 M re. 49 M
Breite Hand: 2 M re zus str, re M bis R-Ende. 56 M

Hand
Mit Nadeln 3 mm (Nr. 3) die beiden R der Strickschrift für den Handschuh 13/15/17 Mal arb. Die Länge an dieser Stelle anpassen. 1 R re M. Abk.

Strickschrift Stulpe

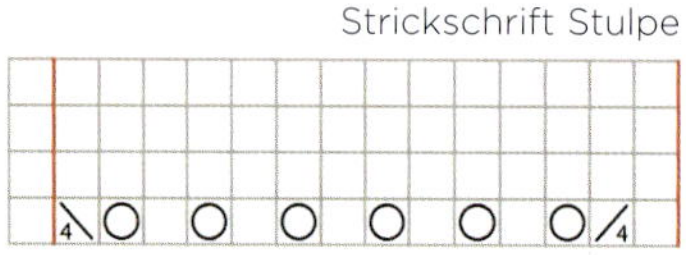

Strickschrift Hand

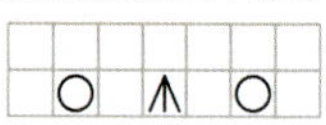

Anleitung Hand
Reihe 1: *1 M re, U, 1 M re, 3 M re verschr zus str, 1 M re, U, 1 M re. Ab * fortlfd wdh bis R-Ende
Reihe 2: re M

Den zweiten Handschuh genauso arb.

Ausarbeitung
Das Gestrick mittig zusammenlegen und die Naht vom oberen Rand aus ca. 2 cm lang schließen, dann ca. 2 cm für den Daumen offen lassen und die restl Naht schließen. Am Handgelenk das Bändchen einziehen.

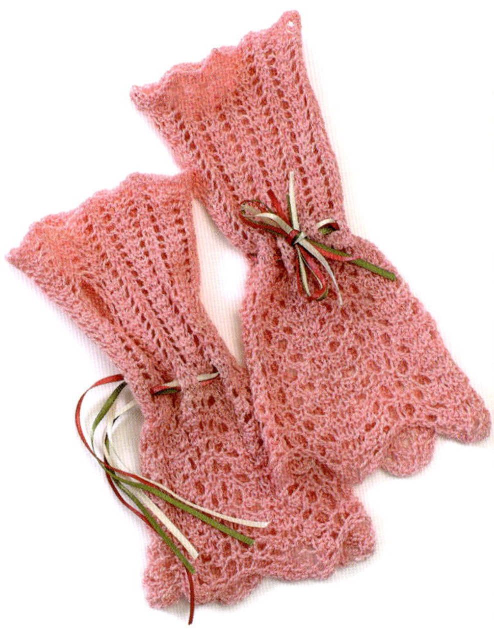

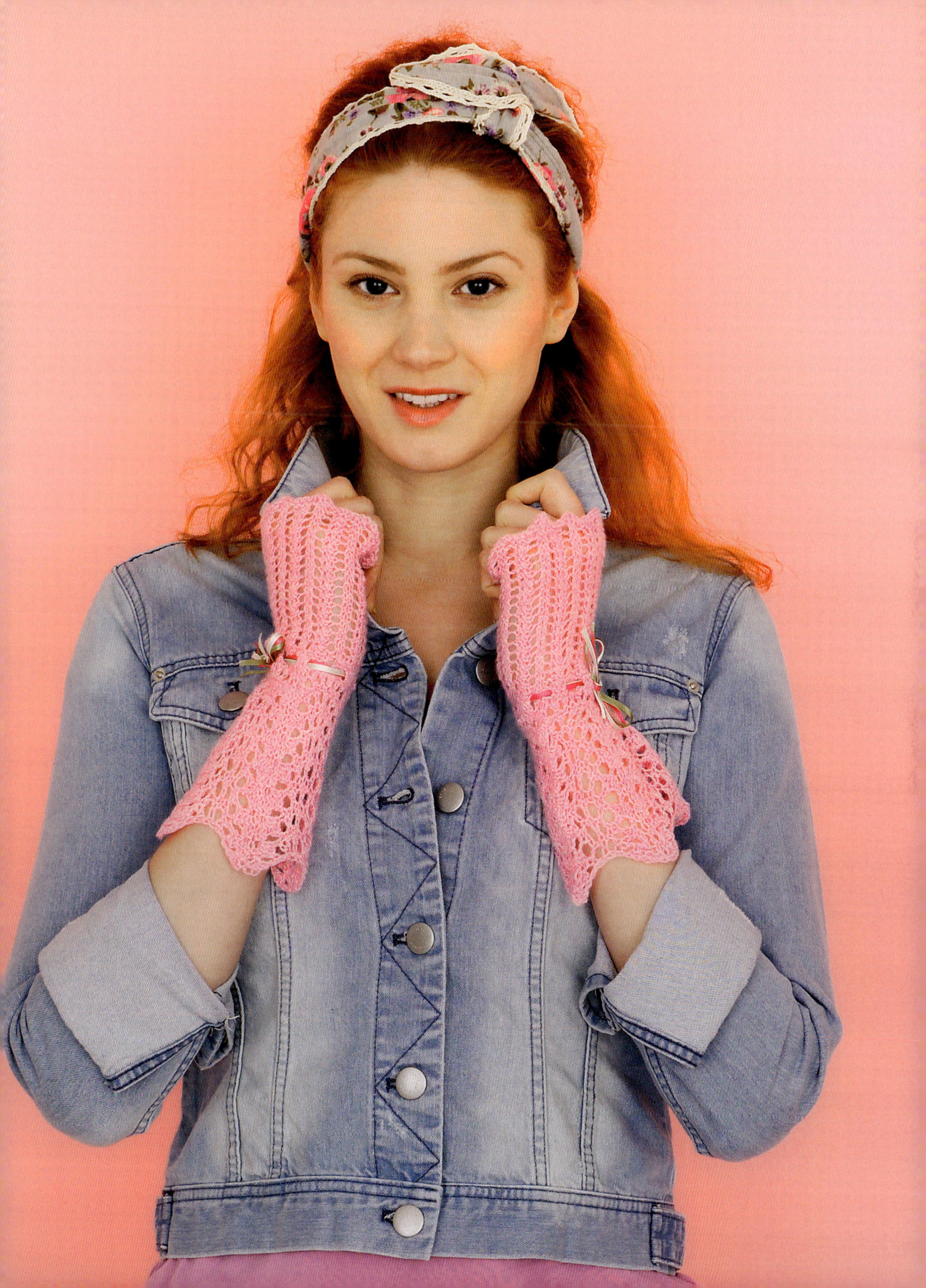

MATERIAL
- Vierfädiges Sockengarn 25 g (90 m)/ 35 g (140 m)/ 55 g (210 m)/ 65 g (250 m)
- Ein Spiel Strumpfstricknadeln 2,5 mm (Nr. 2)/3 mm (Nr. 4)/2,5 mm (Nr. 2)/3 mm (Nr. 4)
- Reihenzähler
- 2 Maschenmarkierer
- Sticknadel

GRÖSSE
Für Kleinkind/Schulkind/ Erwachsenen/großen Erwachsenen. Fußlänge 10/13/19/23 cm. Die genauen Maße hängen von der Maschenprobe des gewählten Lace-Musters ab. Die Länge von Fuß und Schaft lässt sich leicht verändern.

MASCHENPROBE
32 M und 44 Reihen mit Nadeln 2,5 mm (Nr. 2) und 28 M und 36 Reihen mit Nadeln 3,5 mm (Nr. 4) = 10 x 10 cm glatt rechts

ALTERNATIVE MUSTER:

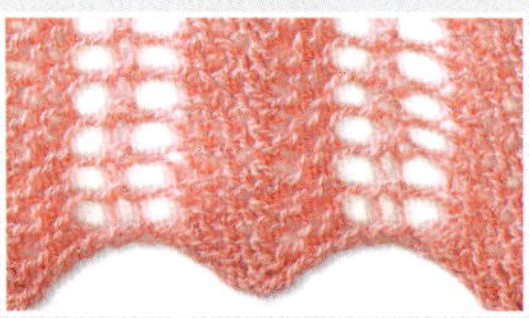
New Shell (S. 75)

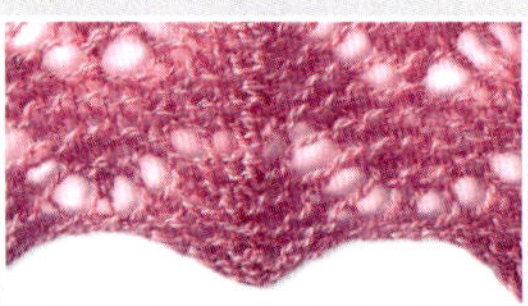
Horse Shoe (S. 76)

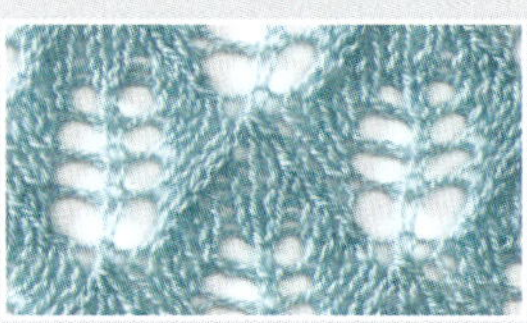
Candle Light (S. 79)

Zehn-Maschen-Strümpfe

Die einfachen Socken kann man mit auch mit jedem anderen Muster stricken, das einen Zehn-Maschen-Rapport hat. Das Muster sollte nur nicht direkt am Anfang und Ende der Ferse beginnen.

Schaft

Mit der entspr. Nadel 40/40/60/60 M locker anschl. Zur Rd schließen, 1 Rd li M, 1 Rd re M.
Für den Schaft mit Rechtsmaschengrund ein beliebiges Muster mit 10-Maschen-Rapport wie Horse Shoe, New Shell oder Candle Light str, bis der Schaft 7/10/15/18 cm ab Anschl lang ist. Hier die Länge anpassen.

Fersenwand

31/31/46/46 M im Muster, es verbleiben 9/9/14/14 M. Die ersten fertigen 10/10/15/15 M auf dieselbe Nadel wie die restl M legen. Diese 19/19/29/29 M nun als Ferse arb, die übrigen 21/21/31/31 M später für den Zwickel verwenden.

Reihe 1: 19/19/29/29 M re über die Fersen-M, wenden
Reihe 2: li M über die Fersen-M
Diese M glatt rechts, in R weitere 18/18/28/28 R arb.

Fersenkappe

Reihe 1 (Vorder-S): 12/12/18/18 M re, abh abh re zus str, wenden
Reihe 2: 1 M abh, 5/5/7/7 M li, 2 M li zus str, wenden
Reihe 3: 1 M abh, 5/5/7/7 M re, abh abh re zus str, wenden
Reihe 4: 1 M abh, 5/5/7/7 M li, 2 M li zus str, wenden
Die letzten beiden R noch 4/4/8/8 Mal wdh. Auf der Nadel bleiben 7/7/9/9 M.

Zwickel

Runde 1: Die 7/7/9/9 M der Ferse re abstr; aus dem Seitenrand der Fersenkappe 10/10/15/15 M aufn und re abstr, MM einf; Muster über die 21/21/31/31 M des Zwickels str, MM einf; aus der anderen Seite der Fersenkappe 10/10/15/15 M aufn und re str. Nun 4/4/5/5 M der Ferse als Ende der folg Rdn in der Mitte der Sohle abstr. 48/48/70/70 M
Runde 2: bis 2 M vor MM re str, 2 M re zus str, MM abh, Muster bis zum folg MM, MM abh, abh abh re zus str, re M bis Rd-Ende (2 M abgenommen)
Runde 3: bis MM re M, MM abh, Muster bis folg MM, MM abh, re M bis Rd-Ende
Rd 3 0/0/0/1 Mal wdh.
Die letzten 2/2/3/3 Rdn wdh, bis 40/40/60/60 M bleiben. Die Sohle weiter glatt re und den Spann des Fußes gemustert arb, bis die Socke 9/10/15/19 cm ab Fersenspitze misst. Fußlänge hier anpassen.

Bandspitze

Runde 1: re M
Runde 2: *re M bis 2 M vor MM, 2 M re zus str, MM abh, abh abh re zus str. Ab * 1 Mal wdh, re M bis Rd-Ende. Rdn 1 und 2 wdh, bis 24/24/28/28 M bleiben. Bis zum ersten MM re str, dann beide MM entfernen.
Die M des Fußes und der Sohle mit Maschenstichen zusammenfügen. Alle Fadenenden gut vernähen.

Den zweiten Strumpf genauso stricken.

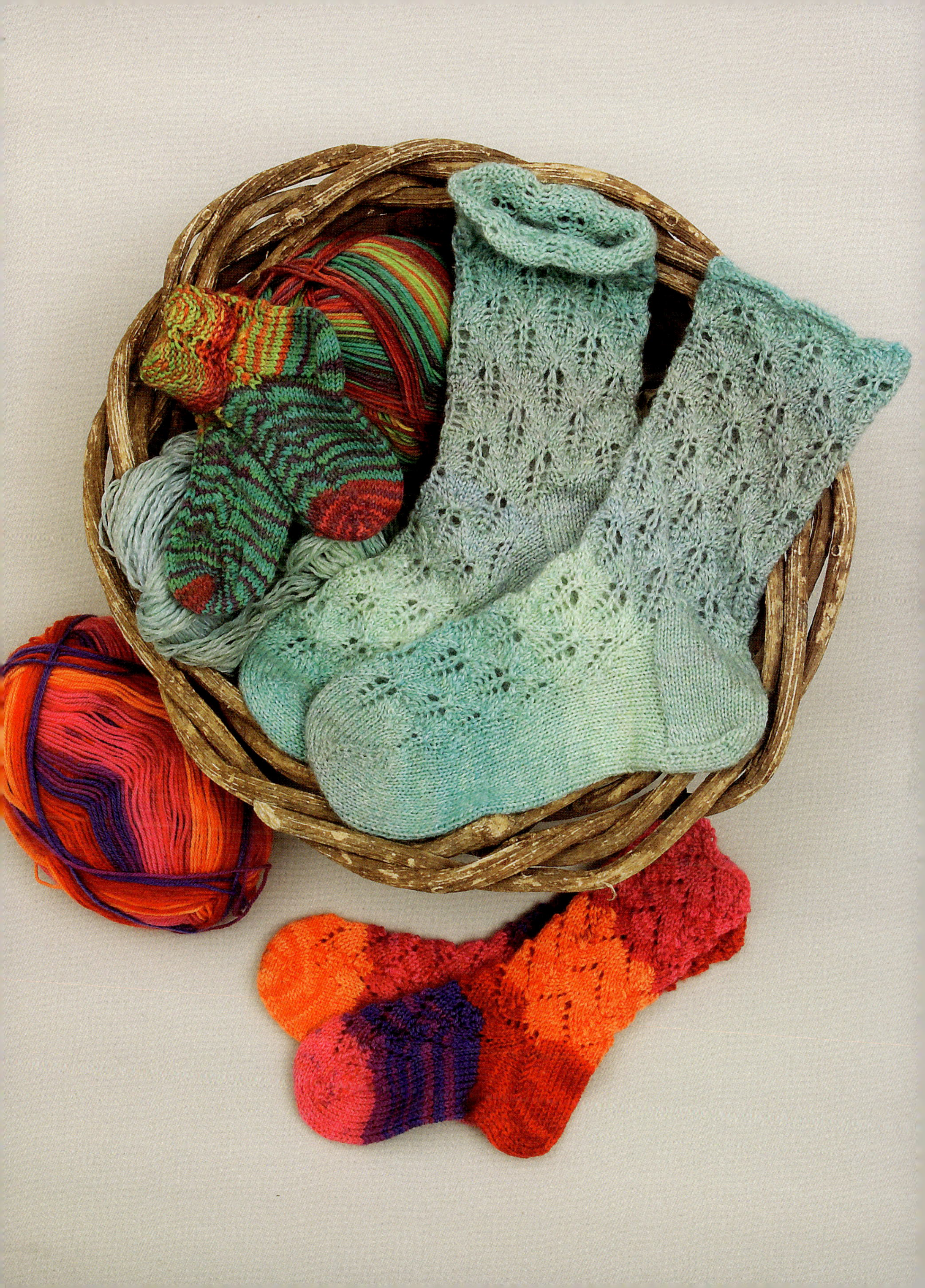

MATERIAL
- 70 g (420 m) feines Garn (Lace Weight)
- Ein Paar Stricknadeln 4 mm (Nr. 6)
- Garnrest
- Reihenzähler
- Sticknadel

GRÖSSE
162 cm breit, 41–46 cm hoch

MASCHENPROBE
16 M und 28 Reihen = 10 x 10 cm im Mittelteil mit Fancy Net-Muster

ALTERNATIVE MUSTER:
Mittelteil:

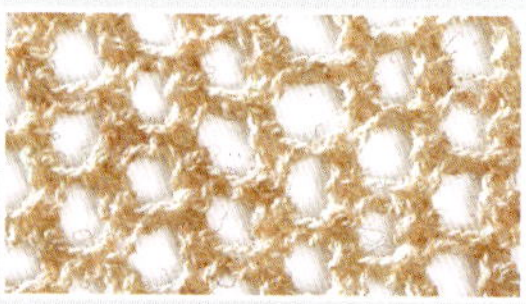
Cat's Eye (S. 55)

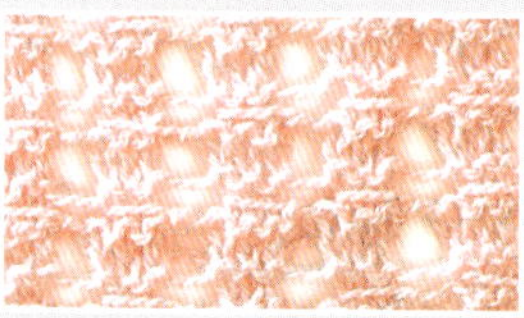
Mrs. Hunter's Pattern (S. 57)

Bordüre:

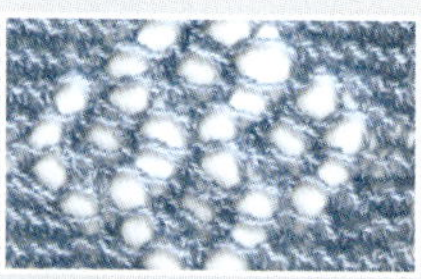
Rose Cluster (S. 95)

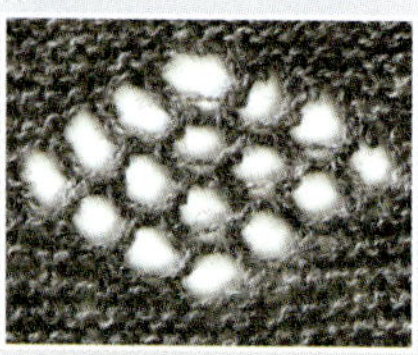
Lace Holes (S. 103)

Halbmond-Stola

Dank ihrer Form ist die Stola sehr vielseitig. Im Sommer trägt man sie elegant locker über die Arme gelegt, im Winter mehrfach um den Hals gewickelt wie einen warmen Schal. Die Einzelmotive in der Bordüre und Blende lassen sich leicht austauschen.

Mittelteil
49 M anschl und 1 R re M str. Nach der Strickschrift für das Mittelteil arb, bis 185 M auf der Nadel liegen. Diese M auf einen Hilfsfaden legen.

Bordüre
68 M aus einem Rand des Mittelteils aufn und re str (1 M aus jeder R), 49 M aus der Anschlagkante aufn und re str, dann 68 M aus dem anderen Seitenrand aufn und re str (1 M aus jeder R); 185 M.

Reihe 1: 1 M li abh, 1 M re, U, re M bis auf die letzten 2 M, U, 2 M re

Weitere 4 M wdh. 197 M

Die 8 R der Strickschrift für die Bordüre 1 Mal str, dann Reihe 1 (oben) 6 Mal wdh.; 225 M.

Lace-Blende
Mit einem Garnrest 12 M anschl und 1 R re M str. Diese 12 M für die Blende auf eine Nadel legen, die 225 M der Bordüre auf die andere Nadel. Mit dem Strickgarn die 32 R der Strickschrift für die Blende arb, dabei jeweils die MM der Bordüre abn, bis alle Bordürenmaschen aufgebraucht sind. Eine R re M bis zur Außenkante. Den Faden nicht abschneiden.

Oberkante
Den Hilfsfaden vom Beginn der Lace-Blende entfernen und diese 12 M auf eine Nadel legen. Mit derselben Nadel 10 M aus dem Bordürenrand aufn, die 185 M von der Oberkante des Mittelteils auf die Nadel legen, 10 M vom anderen Bordürenrand aufn und die offenen M der Lace-Blende aufn.

Nun 4 R re M über sämtliche M str. Sehr locker abk.

Ausarbeitung
Waschen und spannen, dabei jede Lace-Spitze einzeln feststecken. Alle Fadenenden vernähen.

Strickschrift Lace-Blende

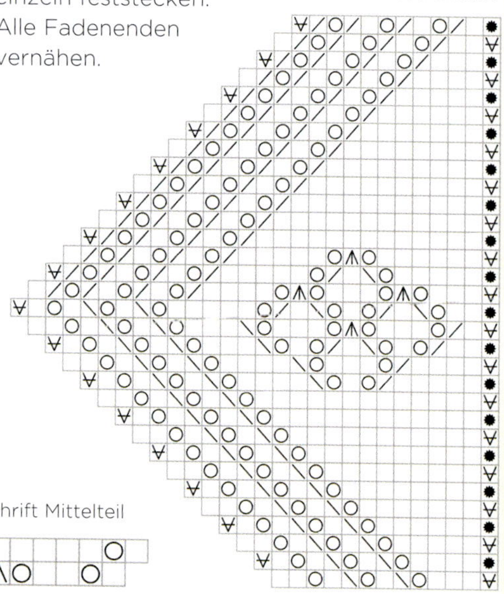

Strickschrift Mittelteil

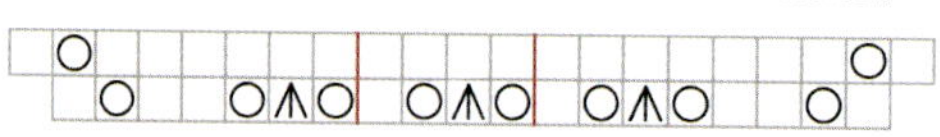

Strickschrift Bordüre

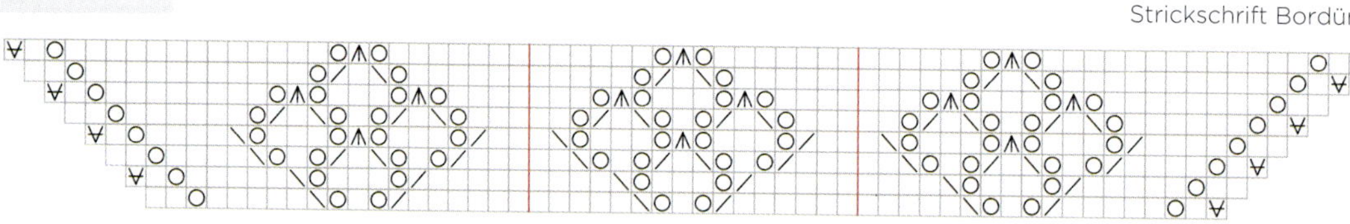

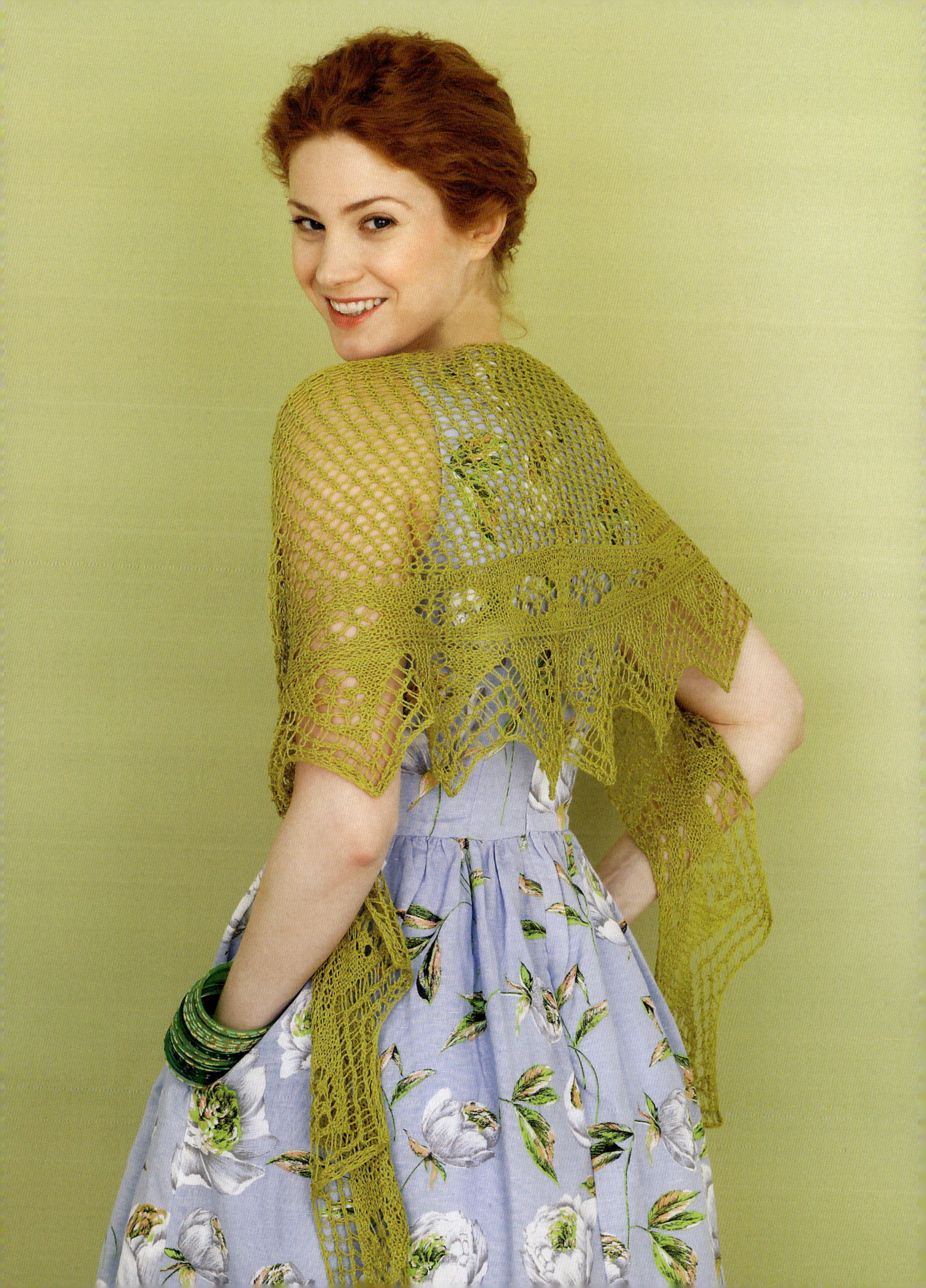

Register

A
Abketten 19
Abnahmen 20
Drei Maschen in eine 21
Linke Maschen abnehmen 21
Zwei Maschen in eine 20
Acre 48, 75
Acryl 16
Alpaka 16
Arches 48, 63
Ausrüstung 14–15

B
Baby-Set 132–135
Fäustlinge 132
Häubchen 134
Jäckchen 135
Babydecken 30
Baumwolle 16
Bead als Einsatz 50, 63
Bead Cluster 51, 95
Bead Pattern 49, 59
Bead und Lace Holes 50, 110
Bird's Eye 48, 59
Brand Iron Lace 51, 90
Broken Acre 49, 78

C
Candle Light 49, 79
Cat's Eye 48, 55
Cat's Paw 48, 77
Cat's Paw als Einsatz 50, 65
Cat's Paw als Lace 50, 72
Chevrons 49, 70
Coburg Lace 50, 86
Cockleshell 49, 109
Crest of the Wave 49, 92
Cyprus Lace 51, 89

D
Da Puzzle 48, 101
Entwerfen 32
Einzelmotiv variieren 40–41
Muster kombinieren 35, 38
Entwurf Schultertuch 35
Entwurf Taufkleid 44
Entwurf Stola 35, 42
Entwurf Hap Shawl 45
Entwurf Schal 35, 43
Grundlagen 32
Grundsätze 33
Konstruktion 33–34
Medaillons 39
Strickproben 35
Strickschrift 36–37
Don's Lace 50, 100
Doris Lace 51, 74
Dot Diamond 49, 82
Dreiecke 32
Längsseite > Spitze 34
Spitze > Längsseite 34
Strickschrift 37
Drops Lace 50, 102

E
Einsätze 40
Einzelmotive 35, 38
Einzelmotiv variieren 40–41
Elaine Lace 50, 113
Eyelid als Einsatz 50, 65

F
Fäden vernähen 22
Knoten und vernähen 22
Spleißen und mitstricken 22
Fadenenden 19
Faggotting 48, 53
Fan Lace 51, 116
Fancy Net 49, 56
Fancy Net als Einsatz 50, 72
Fancy Net als Einzelmotiv 51, 74
Feather and Fan 49, 99
Fehler korrigieren 28
2 M re anstelle von 1 M abh am Reihenanfang 29
Ein Umschlag zu viel = eine Masche zu viel 28
Fallengelassene Masche 28
Fehlender Umschlag 28
Gerissener Faden 29
Großes Stück reparieren 29
Kleines Stück aufribbeln 29
Teil des Musters völlig falsch 29
Zweimal zwei Maschen rechts zusammengestrickt = eine Masche zu wenig 28
Fern 49, 96
Fir Cone 48, 83
Flächenmuster 41
Flee als Einsatz 50, 73
Flee als Einzelmotiv 51, 62

G
Garne 11, 16
Faden lang lassen 25
Fäden vernähen 22
Fasergemische 17
Garne und Stricknadeln 16, 17
Garnknappheit 34
Garnwahl 32
Fasergemische
Vor- und Nachteile 16
Maschen-/Strickproben 16, 17
Superwash-Garne 17
Glatte Rechtsmaschengründe 19
Grundtechniken siehe Techniken

H
Häkelgarn 14
Halbmond-Stola, Modell 140–141
Handschuhe, fingerlose 136–137
Hap Shawl
Entwurf 45
Hexagon Frame with the Brother and the Sister 51, 97
Hilfsfaden 19
Horse Shoe 48, 76

I
Irish Lace 50, 113

K
Kaschmir 16
Kay, Mary 25
Knotenschlingen 18
Konstruktion 33–34
Kraus rechts
Kraus rechter Maschengrund 19
Kraus rechter Rand 26
Maschenstich 25
Kreise 32
Konzentrische Zunahme 33
Strahlenförmige Zunahme 33

L
Lace Cable 51, 104
Lace Holes als Einsatz 50, 66
Lace Holes 50, 51, 54, 103
Lagern 31
Ladder 50, 53
Large Diamonds 48, 66
Leinen 16

M
Madeira Cascade 49, 114
Madeira und Diamond 48, 85
Margaret's Lace 51, 117
Maschen anschlagen 18
Maschen anstricken 26
Anschlagkante 26
Erste Reihe nach dem Anstricken 26
Glatt rechter Rand 26
Kraus rechter Rand 26
Lace-Blende an Bordüre ansetzen 27
Rand aus abgehobenen Maschen 26
Rand aus U, 2 M re verschr zus str 26
Maschenmarkierer 14, 15
Verwendung 19
Maschenprobe 16, 17, 32, 34, 35
Maschenstich 25
Faden lang lassen 25
Freddy, Teddy 25
Kraus rechts 25
Mit Kontrastfarbe üben 25
Medaillons 39
Miniature Leaf 49, 67
Mohair 16
Mrs Hunter's Pattern 49, 57
Mrs Montague's Pattern 48, 105
Muster 32
Zusammenstellen 35
Kombinieren 38
Musterstreifen 41
Mütze und Schal 126–128

N
Nadeln 14, 15
Nadelschablone 14, 15
Nähte 24
Maschenstich 25
Maschenstich kraus rechts 25
Nahtverbindungen 24
Überwendlingsstich 24
New Shell 48, 75

O
Old Shale 48, 108

P
Peterson, Margaret 117
Pflege 31
Textilpflegesymbole 31
Plain Vandyke 50, 88
Polyester 16
Print of the Wave 48, 107

Q
Queen's Lace 50, 94

R
Ränder 24
Glatt rechter Rand 26
Kraus rechter Rand 26
Maschen anstricken 26
Rand aus abgehobenen Maschen 26
Rechtsmasche und Ruck 24
Strickschrift 36
U, 2 M re verschr zus str 26
Razor Shell 49, 58
Reihenzähler 14
Rose Cluster 51, 95
Rose Diamond Frame with Rose Clusters 49, 115
Rosebud Eyelid 49, 80
Rundnadeln 14, 15

S
Schals 35
Entwurf 25, 43
Mütze und Schal 126–128
Schere 14, 15
Schultertuch
Entwurf 35
Modell 129–131
Seide 16
Shetland Lace 8–10
Wedding ring Shawls 10, 11
Wolle spinnen 10–11
Small Diamonds 48, 60
Small Hexagons 49, 68
Small Trees 49, 93
Small Triangle Lace 50, 58
Spanndraht 14
Spannen 30
Spannmatten 14
Spider als Einsatz 50, 73
Spider als Einzelmotiv 51, 64
Spider's Web 49, 111
Spinnen, Wolle 10–11
Stecknadeln mit großem Kopf 14, 15
Steek One 50, 52
Steek Three 50, 52
Steek Two 50, 52
Stola 35 , 124
Entwurf 35, 42
Modell 124–125, 140–141

Strawberry 49, 71
Strickmodelle
  Baby-Set 132–135
  Fingerlose Handschuhe 136–137
  Halbmond-Stola 140–141
  Hauchzarte Stola 124–125
  Mütze und Schal 126–128
  Schultertuch 129–131
  Zehn-Maschen-Strümpfe 138–139
Strickmuster 47
  Einsätze 50
  Einzelmotive 51
  Flächenmuster 48–49
  Lace-Muster 50–51
Stricknadeln 14, 15
  Garne und Nadeln 16, 17
Strickprobe siehe Maschenprobe
Strickschrift 23, 36
  Anpassungen 37
  Erstellen 36–37
  Lesen 23
  Strickschrift für Dreiecke 37
  Strickschrift für Mittelteile 36
  Strickschrift für Ränder 36
  Symbole 23, 143
  Symbole in Rückreihen 23
  Tipps 23
Strümpfe, Zehn-Maschen- 138–139

T
Taufkleid
  Entwurf 44
Techniken 13
  Abketten 19
  Abnahmen 20–21
  Fäden vernähen 22
  Fadenenden 19
  Farbwechsel 22
  Fehler korrigieren 28–29
  Hilfsfaden 19
  Lace spannen 30–31
  Maschen anschlagen 18
  Maschen anstricken 26–27
  Maschengrund 19
  Maschenmarkierer 19
  Nach Strickschrift arbeiten 23
  Nähte 24–25
  Ränder 24
  Umschläge 19
Textilpflegesymbole 31
The Madeira 48, 84
The Saltire 51, 118
Traditional Large Scalloped Lace 50, 112
Traditional Peaked Lace 51, 106
Traditional Scalloped Lace 51, 81
Tree 51, 119
Trellis Diamond 48, 91
Trocknen und spannen 30

U
Überwendlingsstich 24
Umschläge 19

V
Vandyke Lace 50, 61
Vase 51, 98
Victorian Zigzag Lace 51, 103
Vierecke 32
  Mittelteil 34
  Von außen nach innen 35
  Von innen nach außen 35

W
Waschen 30
Wave Lace 50, 87
Wedding ring Shawls 10, 11
Wolle 8, 10, 16
  Spinnen 10–11
  Waschen 30, 31

Z
Zehn-Maschen-Strümpfe 138–139
Zigzag als Einsatz 50, 69
Zubehör 14–15
Zunahme 33
  Konzentrische 33
  Strahlenförmige 33

Abkürzungen

Vorder- u. Rück-S	Vorder- und Rückseite
re M/... M re	rechte Masche(n)
lMnM	letzte M der Blende mit nächster M der Bordüre re zus str
zun	zunehmen
MM	Maschenmarkierer
li M/... M li	linke Masche(n)
MM einf	Maschenmarkierer einfügen
abgeh M überz	abgehobene Masche überziehen
Vorder-S	Vorderseite (des Gestricks)
abh	Masche abheben
MM abh	Maschenmarkierer abheben
M	Masche(n)
hMg	in das/die hintere/n Maschenglied/er einstechen
zus	zusammen
Rück-S	Rückseite (des Gestricks)
R-Reihe	Rückreihe
U	Umschlag
R	Reihe
Rd	Runde
Hin-R	Hinreihe (ungerade Zahl)
Rück-R	Rückreihe (gerade Zahl)
str	stricken
wdh	wiederholen
fortlfd wdh	fortlaufend wiederholen
1 M zun	1 Masche verschränkt aus dem Querfaden zunehmen

Symbole

	M re/re M
	M li /li M
	je 1 M re in vord u. hint M-Glied
	U
	Hin-R: 2 M re zus str Rück-R: abh abh re zus str
	Hin-R: abh abh re zus str Rück-R: 2 M re zus str
	3 M re verschr zus str
	letzte M der Blende mit nächster M der Bordüre re zus str
	abh, 3 M re, abgeh M überz
	abk (abketten)
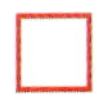	Rapport
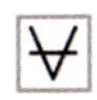	1 M li abh
	4 M re verschr zus str
	4 M re zus str
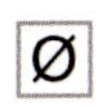	U aus VorR fallen lassen
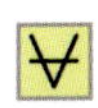	abh, dann diese M re zus str
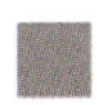	keine M

Dank und Quellen

Mehr über Elizabeth Lovick und Shetland Lace finden Sie auf ihrer Website: www.northernlace.co.uk

Herzlichen Dank an Jamieson & Smith für die großzügige Bereitstellung sämtlicher Garne für die Strickproben in der Musterübersicht.
Sie wurden mit zweifädigem Lace-Garn von Jamieson & Smith gestrickt.

J&S
REAL SHETLAND WOOL
Jamieson & Smith
100% Shetland Wool from the Shetland Islands

Ich danke folgenden Firmen für die Garne, die bei den Strickmodellen verarbeitet wurden:

Hauchzarte Stola (S. 124–125)
Jamieson & Smith
www.shetlandwoolbrokers.co.uk
Einfädiges Cobweb-Garn in der Farbe Pastel Blue

Mütze und Schal (S. 126–128)
Knit Picks
www.knitpicks.com
Reverie in der Farbe Lavender

Schultertuch (S. 129–131)
Artesano
www.artesanoGarne.co.uk
Vierfädiges Alpakagarn in den Farben Anemone, Cream und Fern

Baby-Set (S. 132–135)
Paton's
www.patonsGarne.com
Dreifädige Fairytale-Wolle in Weiß

Fingerlose Handschuhe (S. 136–137)
Lorna's Lace
www.lornaslaces.net
Helen's Lace in der Farbe Whisper

Zehn-Maschen-Strümpfe (S. 138–139)
Regia
us.schachenmayr.com
Strumpf: handgefärbtes Effektgarn in der Farbe 6554
und
Trekking XXL
www.skacelknitting.com
Sockengarn in der Farbe 415

Halbmond-Stola (S. 140–141)
ColourMart
www.colourmart.com
Seide/Leinen 8/48 in der Farbe Lime Gold

Empfohlene Stricknadeln

Signature Needle Arts
www.signatureneedlearts.com
Stiletto Point

addi
www.addinadeln.de
Lace-Nadeln

Empfohlene Spanndrähte

Handworks
www.handworksnw.com

Heirloom Knitting
www.heirloom-knitting.co.uk

Die Autorin möchte folgenden Personen danken:

Margaret Peterson aus Unst, Shetland, die mir im Laufe vieler Jahre so viel beibrachte und die Namen der Muster für mich überprüfte. Ohne sie wüsste ich nur sehr wenig über den Zauber von Shetland Lace.

Danken möchte ich auch dem Team bei Quarto: Kate Kirby, Moira Clinch, Jackie Palmer, Caroline Guest, Julia Shone – und vor allem meiner Lektorin Victoria Lyle. Ashley Knowlton war als versierte Fachlektorin perfekt besetzt; sämtliche noch vorhandenen Fehler gehen nicht auf ihr Konto, sondern auf meines.

Quarto dankt folgenden Institutionen:

Für die Bereitstellung von Fotos zur Verwendung in diesem Buch:
iStockphotos, S. 8u
Shetland Museum Archives, S. 9u, 10ul/ur
Getty Images, S. 11

MOT Models für die Überlassung des Models für die Strickmodelle (S. 120–141).

Alle Schritt-für-Schritt-Bilder sowie die übrigen Abbildungen sind durch Quarto Publishing plc urheberrechtlich geschützt.

Es wurden alle Anstrengungen unternommen, um allen Beteiligten hier zu danken. Sollte es dennoch zu Auslassungen oder Fehlern gekommen sein, entschuldigt sich Quarto und wird dies in späteren Auflagen des Buchs korrigieren.